多彩甘肃

汪建华　雷金瑞　主编

吴晓玲　丁晓莉　金生翠　韩　括　潘　静　副主编

中央广播电视大学出版社　北京

图书在版编目 (CIP) 数据

多彩甘肃 / 汪建华 , 雷金瑞主编 . -- 北京 : 中央
广播电视大学出版社 , 2015.11
　　ISBN 978-7-304-06442-6

　　Ⅰ . ①多… Ⅱ . ①汪… ②雷… Ⅲ . ①甘肃省 – 概况
Ⅳ . ① K924.2

中国版本图书馆 CIP 数据核字 (2015) 第 193229 号

多彩甘肃

DUOCAI GANSU

汪建华　雷金瑞　主　编

吴晓玲　丁晓莉　金生翠　韩　括　潘　静　副主编

出版·发行: 中央广播电视大学出版社
电话: 营销中心 010-66490011　　总编室 010-68182524
网址: http://www.crtvup.com.cn
地址: 北京市海淀区西四环中路 45 号　**邮编:** 100039
经销: 新华书店北京发行所

策划编辑: 夏　亮　　　　　　　　**责任校对:** 宋亦芳
责任编辑: 庄　颖　　　　　　　　**责任印制:** 赵连生

印刷: 北京云浩印刷有限责任公司
版本: 2015 年 11 月第 1 版　　　2015 年 11 月第 1 次印刷
开本: 185mm × 260mm　　　　**印张:** 20.5　　**字数:** 432 千字

书号: ISBN 978–7–304–06442–6
定价: 36.00 元

编委会 Editorial Board

Order

序

甘肃是我们的家园，美丽而多彩。

甘肃的山，多彩多姿；甘肃的河，雄浑壮美；甘肃的地域，狭长广阔，千姿百态。

甘肃是中华文化的发祥地之一。远在旧石器时代，我们的先民就在这方土地生息、繁衍，创造了伏羲文化、女娲文化、轩辕文化等辉煌的远古文化；以大地湾文化为代表的新石器早期文化，以马家窑文化、齐家文化为代表的新时期晚期文化，表明甘肃是中华文明的重要发源地。

甘肃悠久的历史、丰厚的人文土壤、独特的自然条件，孕育了内涵丰富、类型多样的地域文化。黄河文化、长城文化、简牍文化、敦煌文化、丝路文化、石窟文化等，独具特色和内涵，成为甘肃历史文化百花园中的一朵朵奇葩。西域文化、宗教文化、少数民族文化与华夏文化在这里共生共长、交流融合，汇成了辉煌灿烂的丝绸之路文化。

甘肃自古以来就是多民族聚集的地区，有回族、藏族、东乡族、土族、裕固族、保安族、蒙古族、撒拉族、哈萨克族、满族等四十四个民族。从先秦至魏晋南北朝时期的西戎、氐羌、大月氏、匈奴、鲜卑，到隋唐宋元明清的吐蕃、党项、蒙古、回、藏各族，都曾一度或长时间生活于陇原大地。在各民族间相互交流、相互影响的复杂过程中，各民族的文化既得以传承与弘扬，又得到创新与改造，形成了异彩纷呈的甘肃民族民俗文化。

多彩甘肃、厚重陇土，吸引着历代无数文人贤士，激发了他们的文学艺术创作热情。东汉时代的赵壹、王符，南北朝时期的皇甫谧、傅玄、阴铿，唐代的李白、李益、梁肃、李翱、传奇作家"陇西三李"、晚唐词人"二牛"，宋代及以后的许多作家，诸如李梦阳、金銮、胡缵宗、巩建丰、吴镇、王权、安维峻等文学家，都世代生长在这片黄土地上，他们辉煌的文学成就、独特的人格魅力，代表了甘肃古代文学独特的风貌，奠定了甘肃地域文学在中国古代文学史上的地位。

河西走廊是铁马金戈的古战场和古丝绸之路的交通要道，这里产生了五凉文学、敦煌文学、边塞军事文学、少数民族文学等。关山陇头特殊地域环境与民间音乐又生成了《行路难》《陇头吟》《陇头水》《关山月》《陇西行》《凉州词》《从军行》《出塞》《塞下曲》《出关》《度关山》等乐府民歌。它们是甘肃古代文学对中国文学乃至世界文学的独特贡献。

艺术是生命的律动，是心灵符号，是情感和意志的特殊表现方式。甘肃民间艺术正是西部人典型性格、情感和意志的体现。"西凉伎""胡腾舞""狮子舞""胡旋"等少数民族特有的歌舞，羌笛、琵琶、胡琴、画角等特殊的西域乐器演奏，急管繁弦的场面都证明甘肃民间生活中自古有着浓郁而强烈的艺术创造与享受的氛围，这是甘肃各民族人民真实的生活状态和情感状态，也是培育民族文艺的沃土。

甘肃是"书圣"张芝的故乡。东汉天水的赵壹不仅是著名的辞赋家，而且是著名的书法家，他的《非草书》是目前我国最早的书法专论。成县《西狭颂》摩崖石刻是迄今保存最完好的东汉书法艺术精品。陇西人王了望是清代草书大家、郭丹阳是篆书大家，武威人张美如是行书大家，兰州书画家刘尔炘更以其功力深厚而享誉全国。

甘肃是佛教洞窟艺术的宝库。除敦煌莫高窟、天水麦积山等著名石窟外，河西走廊、黄河中上游、渭河流域及陇东的广大地区，石窟星罗棋布、数量众多。张掖马蹄寺石窟、安西榆林窟、武威天梯山石窟、临夏炳灵寺石窟、陇东南北石窟寺等犹如一颗颗璀璨的明珠，镶嵌于"丝绸之路"的每一个重要节点上，把当时甘肃境内佛教文化的辉煌，表现得淋漓尽致。

多彩的甘肃，旅游资源丰富，具有沙漠戈壁、名刹古堡、草原绿洲、佛教圣地、冰川雪山、红色胜迹和民族风情等独特景观。敦煌莫高窟、万里长城——嘉峪关（部分）、麦积山石窟、炳灵寺石窟、锁阳城遗址、悬泉置遗址、玉门关遗址7处被列为世界文化遗产；甘肃"花儿"、甘南藏戏（部分）被列为世界非物质文化遗产。武威出土的铜奔马是中国旅游标志，嘉峪关出土的驿使是中国邮政标志。敦煌莫高窟、天水麦积山石窟、天下雄关嘉峪关、道教名山崆峒山、夏河拉卜楞寺等，更是堪称民族和世界文化的瑰宝，也是旅游胜地。

甘肃民俗文化多姿多彩，特色鲜明。甘肃"花儿"、甘南藏戏两项民俗文化已被列入世界非物质文化遗产；五十四项民俗文化被列入了国家非物质文化遗产名录，其中最具地方和民族特色的有：兰州市的太平鼓、兰州鼓子、苦水高高跷、黄河大水车制作技艺，临夏回族自治州和政县的松鸣岩花儿会、临夏砖雕、保安腰刀锻制、东乡擀毡技艺，庆阳市的道情皮影戏、香包刺绣，甘南藏族自治州的拉卜楞寺佛殿音乐"道德尔"、藏族民歌、史诗《格萨尔王传》演唱、舟曲多地舞、卓尼巴郎鼓舞，定西市岷县二郎山的花儿会、洮砚制作技艺，天水市的伏羲祭典、清水道教音乐、武山旋鼓舞、秦安小曲，河西走廊各市、县的河西宝卷、夜光杯雕、凉州贤孝、裕固族民歌、裕固族服饰、敦煌曲子戏、永昌万字灯会，陇南市西和县与礼县的七夕节（当地人叫"巧娘娘节"）、武都高山戏、文县傩舞"池哥昼"，平凉市泾川县的西王母信仰习俗、庄浪县抬阁等。这些民俗文化或以民族、地方特色浓郁见长，或以古老风俗本真性的存留而凸显其价值。

甘肃也是红色沃土。中国革命历史在这片土地上留下了众多厚重记忆和精神财富。南梁政府是西北第一个陕甘边区苏维埃政权；哈达铺被誉为红军长征的"加油站"；红军三大主力实现会宁会师是中国革命走向胜利的转折点和里程碑；陇东陕甘边根据地是在土地革命战争时期"硕果仅存"的一块革命根据地；红西路军将士西渡黄河血战河西，书写了英勇悲壮的一页；兰州战役是西北最大规模的城市攻坚战，奠定了解放大西北的胜局。两当兵变、陕甘边区苏维埃政府、腊子口战役、哈达铺整编、"岷州会议"、三军大会师、西路军浴血奋战等历史性事件在中国革命历史上影响深远。

多元的文化形态、众多的文化遗迹、厚重的文化内涵，是多彩甘肃、美丽甘肃的典型特征，是甘肃引为自豪的精神支柱。

甘肃在革命、建设和改革发展的伟大实践中，谱写了一曲曲壮丽诗篇。玉门油田开发、金昌镍都、铜城白银、戈壁钢城、兰州石化城、酒泉航天城、河西风电城和刘家峡水电站、庄浪梯田、引大入秦工程、景电提灌工程是共和国发展历史上的里程碑，培养出以陕甘边根据地党政军民在斗争中形成和凝聚成的南梁精神、以会宁会师为代表的长征精神、以酒泉航天城为代表的航天精神、以玉门油田王进喜为代表的铁人精神、与自然抗争的庄浪精神等，造就了陇原儿女独特的精神风貌，形成了以"人一之，我十之；人十之，我百之"为核心的甘肃精神和"诚实守信、包容创新、执着坚韧、团结奋进"的陇人品格。

《多彩甘肃》是在海内外众多学者专家已有研究成果基础上编写而成的一部普及读物，将甘肃历史文化、文学、音乐舞蹈、美术、旅游等领域零散的研究成果进行了系统整合，以开放的理论视野，尽可能呈现出多彩甘肃的全貌；力求通过对甘肃历史文化资源知识的系统介绍，让人们进一步了解甘肃、认识甘肃、走进甘肃，激发广大青年热爱甘肃、建设甘肃的情怀。

是为序！

汪建华

2015年7月于兰州

目录

■ 第一篇 甘肃的历史与文化

第一章
时空嬗变中的甘肃

第一节 自然条件对甘肃的历史影响   3
第二节 甘肃的历史嬗变   11
第三节 甘肃人口的历史变迁   18

第二章
甘肃少数民族

第一节 甘肃古代民族及其源流   21
第二节 甘肃少数民族文化   25

第三章
甘肃历史文化

第一节 大地湾文化   43
第二节 伏羲文化   45
第三节 周祖文化   47
第四节 秦早期文化   51
第五节 丝绸之路文化   54
第六节 甘肃的宗教文化   61
第七节 红色记忆   66

第二篇 甘肃文学

第四章

甘肃古代文学

第一节 甘肃古代文学概述　　　　77

第二节 先秦甘肃文学　　　　78

第三节 秦汉甘肃文学　　　　81

第四节 魏晋南北朝甘肃文学　　　　87

第五节 隋唐五代甘肃文学　　　　93

第六节 宋元明清甘肃文学　　　　106

第五章

甘肃当代文学

第一节 崛起的甘肃文学　　　　116

第二节 新时期甘肃文学　　　　122

第三篇 甘肃民间音乐与舞蹈

第六章

甘肃民间音乐

第一节 甘肃民间歌曲　　　　151

第二节 甘肃民间歌舞　　　　165

第三节 甘肃民间说唱　　　　171

第四节 甘肃民间戏曲　　　　179

第七章

甘肃民间舞蹈

第一节 民间舞蹈　　　　187

第二节 敦煌舞　　　　194

第四篇 甘肃美术

第八章
甘肃古代美术的物质文化遗存

第一节 甘肃的史前美术 199
第二节 甘肃的宗教美术 204
第三节 甘肃古代美术的其他遗存 214

第九章
甘肃美术中的非物质文化遗产

第一节 陇东、陇中民间美术 228
第二节 河西走廊民间美术 236
第三节 临夏回族民间美术 238
第四节 陇南山地、甘南藏族自治州等地的藏族民间美术 239

第十章
甘肃美术名家

第一节 历代书画名家 241
第二节 为西北美术教育事业做出贡献的艺术家 245
第三节 致力于敦煌艺术保护研究的艺术家 248

第五篇 甘肃旅游

第十一章
中国西北游，出发在兰州

第一节 兰州市概况 253
第二节 兰州市主要旅游景点 254

第十二章
西线——精品丝路之旅

第一节 武威市主要旅游景点 260

第二节　金昌市主要旅游景点　264

第三节　张掖市主要旅游景点　266

第四节　嘉峪关主要旅游景点　270

第五节　酒泉市主要旅游景点　273

第十三章

南线——回藏风情草原风光游

第一节　临夏回族自治州主要景点　282

第二节　甘南藏族自治州主要景点　287

第十四章

东线——胜迹寻根朝觐游

第一节　定西市主要旅游景点　292

第二节　天水市主要旅游景点　294

第十五章

北线——黄河奇观石林风光游

第一节　白银市概况　300

第二节　白银市主要旅游景点　301

第十六章

东北线——道源胜境黄土风情休闲养生游

第一节　平凉市主要旅游景点　303

第二节　庆阳市主要旅游景点　307

第十七章

东南线——峡谷天池溶洞生态游

第一节　陇南市概况　309

第二节　陇南旅游　310

参考文献　314

后记　316

第一篇

甘肃的历史与文化

　　站在中国地图前，我们可以看到，甘肃像一柄如意，镶嵌在祖国的西部。境内地势起伏、山岭连绵、江河奔流，气候多样，山地、高原、平川、河谷、沙漠、戈壁交错分布。多样的地形和气候，决定了甘肃史前文明的生产与生活形态、文化形态和发展水平，也影响了甘肃历史的走势与文化的特征。

　　甘肃历史悠久，远古时期就有人类繁衍活动。大约在8 000年以前，大地湾人就在天水的秦安创造了大地湾文化，他们不仅把中国新石器时代的文化向前推进了3 000年，而且创造了许多古代文明的奇迹。随后的齐家文化、马家窑文化、马厂文化都代表了中西部古代文明的高点。传说中的伏羲文化、黄帝文化都告诉我们，甘肃是中华民族和中华文明的重要发祥地。

　　进入夏、商、周三代以后，甘肃的行政区划有所变迁，甘肃的历史也随着中原王朝的兴盛和政策的变化有起有落，但甘肃一直在中国历史中扮演重要角色。作为军事重地，甘肃是中原的安全屏障；作为重要的生产区域，甘肃为戍边军民提供了大量的粮食、军马和其他物质；作为民族大通道和丝绸之路"黄金段"，甘肃促进了民族交流和中西文化的大交流。

　　甘肃自古就是多民族聚居区和民族迁徙的大通道，古代中国大部分民族几乎都在甘肃生活过、走过、演绎过他们的历史，留下了他们的足迹。今天，许多古代民族的身影已经消失，但仍然有四十多个民族生活在陇原大地。伴随着各民族的脚步，带来了多彩的文化，也留下了珍贵的文化遗产。

　　悠久的历史，密切的交流，勤劳的创造，使甘肃拥有辉煌的文化积淀。周祖文化、秦早期文化、丝绸之路文化、三国文化、宗教文化、石窟文化、西夏文化、五凉文化、敦煌文化、黄河文化、红色文化等内涵丰富、个性鲜明的历史文化使甘肃成为文化大省。这些文化是中华文化的重要组成部分，也为人类的发展做出了重要贡献。

∷ 第一章
时空嬗变中
的甘肃

| 第一节 | 自然条件对甘肃的历史影响

一、人类与环境的关系

人类社会的历史，是整个物质世界运动发展过程的一部分。人类生活，包括人类自身的生存繁衍，以及创造物质财富的生产活动，都离不开一定的地域、阳光、空气、温度、雨量、土壤、河流、动植物资源等客观条件。人类是自然环境的产物，是依赖自然环境而存在的。在人类文明起源时期，某个人类共同体从事何种物质生产活动，主要是由他们生存其中的某种地理环境所提供的自然条件决定的。如生活在高原、草原地带的人们主要从事畜牧业，生活于大河流域的民族多过着农耕生活。

自然环境不仅为人类的生存发展提供必需的物质，而且磨炼人类的意志和品质，为人类智能的开发和进化构设了壮阔的场景。因为人类和其他动物最大的区别之一就在于，人类并非单纯、被动地适应自然环境，而是能不断探索自然规律，努力利用环境，改造并支配环境。从消极地享受大自然的恩赐，到有目的的劳动生产，创造自己所需要的一切，人类沿着智能化与社会化的途径，跨进文明时代。人类学会制作和使用石质、木质、骨质、陶质乃至金属质的生产工具和生活用具，并不断改进它们，提高它们的功效。人类从栖居于崖洞岩穴，进化到建筑房舍；从采集植物果实、掘取块茎，进化到垦土播种的农耕生产；从猎杀走兽、捕捉鱼禽，进化到饲养牲畜，归结起来，都是在适应环境进而改造环境。与此相应，人类自身也在经历演变：不仅确定了直立形态，完成了上肢与下肢的分化，而且双手越来越灵活，大脑越来越发达，语言越来越完善，谋生技能越来越精巧，种族群体越来越繁衍，精神生活越来越丰富。

作为劳动对象，地理环境因素决定着物质生产活动的类型、方式等，并通过决定人类的物质生产活动，进而影响人类的社会生活、政治生活和精神生活。由此，世界各地区不同的地理环境就使不同地区的人类文明产生了许多差异，使之呈现出不同的面貌，形成了不同的类型。人类又凭借这日益进步的文明，继续对环境做出新的开发和利用。人类的存在与发展，其实就是人与自然相互作用、和谐共处的过程；人与人的关系，即人类的社会性，也是在上述过程中建立起来并为这个过程所制导的。人类就是这样书写着自己的历史。

一个人类群体在某一地域是否能够生存，生存的质量如何，群体繁衍的规模和速度如何，都受地域物质和能量供应的支配。换句话说，作为生态循环物质形式的环境，其状态和变化，都直接影响着人类的生存和发展。如果一个地区气候持续变冷，许多植物便会消失，一些食草动物趋于灭亡，部分食肉动物种群将随之衰减或者迁徙。在这种情况下，生活在该地区的人类群体的采集和狩猎，就要面临困境；即使已经发展到农业和畜牧业阶段，其生产也会遭到严重威胁，使人们陷入食物匮乏的境地。食物来源的减少，势必引起人们行为的改变。人们被迫调整谋生方式，变更食物结构，寻找新的食物来源，改进或发明新的生产工具；如果食物短缺情况十分严重，人们还可能离弃故土，到他处去选择新的居所。历史上民族的大迁徙，乃至民族关系的改变也大多受此因素的制约。

即使自然条件没有发生突然变化，一个具体环境内所能提供的食物量即其"供养力"也是有限的，生存于其中的人类群体的规模要受这种供养力的制约，人们的生活模式也会因供养力的不同而变化。反过来说，人们也可以通过增强自身能力、优化社会结构、提高生产技术等手段发掘环境的潜能量，增多食物来源，扩大供养力。不过，这种进取性和能动性，只有在环境所允许的范围内，只有在不违背生态循环系统的前提下，才是有效的。

环境对人类的影响，还表现在群体与群体的关系上。一方面，如果两个群体所处地域的生态系统不同、各自的生存方式不同，创造的财富也便不同，这样，彼此的产品便具互补性，能满足相互需要的产品交换，便会在群体间发展起来，从而增进群体间的关系。另一方面，地域环境差别所形成的不同生活模式，有时也会导致群体间的宗教信仰、社会习俗等领域的差异和冲突。尤其是当区域内生态系统有限的供养力已严重遏制着群体的繁衍时，群体必然向外扩展；而扩展到一定程度，就会威胁、侵犯相邻群体的利益，群体间便会频频出现矛盾纠纷，乃至发生战争。

二、自然环境对甘肃古文化的滋育

（一）甘肃的自然地理及其分区

甘肃省地处黄河上游，位于我国地理版图的几何中心，介于北纬32°31′~42°57′、东经92°13′~108°46′之间，东接陕西，东北与宁夏毗邻，南邻四川，西连青海、新疆，北靠内蒙古，并与蒙古国接壤。历史上甘肃的行政区域虽然多次变化，但总的区域没有大的变化，现在甘肃省的总面积为45.4万平方千米。甘肃大多数地区海拔都在1 000米以上，四周为群山峻岭所环抱：北有六盘山、合黎山和龙首山；东为岷山、秦岭和子午岭；西接阿尔金山和祁连山；南壤青泥岭。境内地势起伏、山岭连绵、江河奔流，地形相当复杂。

甘肃省地貌复杂多样，山地、高原、平川、河谷、沙漠、戈壁，类型齐全，交错分布，地势自西南向东北倾斜。地形呈狭长状，东西长1 655千米，南北宽530千米。根据地貌类型和分布特点，甘肃全省可以分为6个不同的自然区域。

1. 陇东、陇西黄土高原区

陇东、陇西黄土高原区位于甘肃省中部和东部，东起甘陕边界，西至乌鞘岭，南接陇南山地，北连宁夏回族自治区，海拔1 200~2 200米，相对高度500~1 000米，被近乎南北走向的六盘山分为陇东黄土高原和陇西黄土高原。陇东高原地势大致由东、北、西三面向东南部缓慢倾斜，受流水的长期侵蚀切割，黄土原面被分割为大小不等的塬、梁、峁、嶂、岘和纵横深切的沟壑等地形，目前唯一保存完整的只有董志塬；陇西部分是我国黄土高原最西边的部分，祁连山的余脉向东延伸而进入本区，黄河干流流贯本区。陇西部分地形起伏较大，水土流失严重，此部分黄土高原被分割得更为破碎，是沟壑遍布的典型地区。登高远望，陇西部分好似一片起伏的"黄土海"，被黄土包围的石质山岭犹如突出于"黄土海"中的"岩石岛"，因地利不便而苦"甲"天下的定西地区也在此区。黄河干流分布着兰州、靖远、景泰等串珠状盆地，有发展灌溉农业之利。该区北半部则基本上是干旱的荒漠草原景观。

2. 陇南山区

陇南山区地区位于甘肃省东南部，南接四川，东邻陕西，西与甘南藏族自治州相连，包括渭河以南，临潭、迭部一线以东地区，为秦岭的西延部分。本区海拔从东部的800米上升到西部3 500米左右，相对高度500~1 500米，地势西高东低。因受新构造运动引起的强烈隆起与流水下切的影响，山高谷深，峰锐坡陡，河流多险滩急流，经常发生泥石流。区内以徽（县）成（县）盆地为界，又将陇南山地分为南北两部分。北区为北秦岭山地，山势较为低缓，相对高度一般在500~1 000米，河谷开阔平坦，适于发展农业；南区为南秦岭山地，山势高峻，岭谷高差较大，介于洮河、白龙江之间的迭山，甘川交界一带的岷山，海拔均在4 000米以上，谷地中川坝面积小，多坡耕地，交通不便。徽成盆地是一个充填红色岩层的丘陵盆地，海拔1 000~1 500米，面积近4.8万平方千米，青山对峙，溪流湍急，既有北国山川的壮美，又具江南水乡的秀色，在历史上是重要的农业区。

3. 河西走廊区

河西走廊东起乌鞘岭，西迄甘肃、新疆边界，南依祁连山地（又称河西走廊南山），北傍走廊北山（合黎山、龙首山、马鬃山等），是一个东西长约1 000千米，南北宽几千米至百余千米不等的狭长地带。大部分海拔在1 000~1 500米，地势自东向西、由南向北倾斜，中间形成一个天然的平坦通道，地势坦荡，绿洲、沙漠、戈壁断续分布。河西走廊内的大黄山（又名焉支山）、黑山、宽台山把河西走廊又分为三个主要区域，每个区域又与一个较大的内陆河流相对应，分别是石羊河流域的武威、永昌平原，黑河流域的张掖、酒泉平原，疏勒河流域的玉门、敦煌平原。这三个流域是河西走廊的主要农业区。

4. 北山山地区

北山山地位于河西走廊平原以北，包括马鬃山、合黎山、龙首山等，系断续的中山，海拔1 500~2 500米，相对高度500~1 000米，山势大致为西北—东南走向，两端高，中间低。由于气候干燥，植被稀疏，风力剥蚀严重，北山已呈半夷平状态，地面起伏平缓，山地岩石与山麓砾石裸露，形成典型的戈壁"砾漠"。这里经常可以见到古人所吟"大漠孤烟直"的景观。

5. 甘南高原区

甘南高原区位于甘肃省南部、陇南山地以西,属青藏高原的东缘部分。区内海拔高度3 000～4 000米,地势大致西高东低,但起伏不大,分布有大片的平坦滩地,水草丰美,有大片的天然牧场;河流切割轻微,曲流很多,局部地区分布着沼泽。阿尼玛卿山的最东端伸入甘肃省西南角,高峰乔木格日,海拔4 806米,是本区的最高峰,山地阴坡散布着针叶林地。碌曲、夏河为高原盆地,但是本区气候寒冷,不利于农耕,而广布的草滩,自远古以来即为优良的牧场。

6. 祁连山地区

祁连山地位于河西走廊南部,甘肃、青海两省的交界处。山脉西起当金山口,东止于乌鞘岭。甘肃省的高山几乎全部集中于本区,区内山地高度多为4 000～4 500米。祁连山地由一系列平行山岭和山间盆地组成,大致呈西北—东南走向,有些山口(扁都口、当金山口)曾是历史上著名的交通孔道,山间盆地有很好的草场,适于放牧。河西走廊的主要河流石羊河、黑河、讨赖河、疏勒河、党河、大哈勒腾河等均发源于祁连山,祁连山许多山峰终年积雪,冰川众多,总面积近2 000平方千米,是河西走廊农耕区的"高山水库",也是内陆河的源泉。

(二)甘肃地理特点对古文化及历史发展的影响

甘肃位于中国地理版图的几何中心,也是我国三大高原的交汇地带,山地起伏,岭塬绵延,深谷纵横,塬虽高而少见阻断,峰虽叠却有路可通。而且,省境东毗关中,西接中亚,北临蒙古草原,南连巴山蜀水,长达千余千米的河西走廊横贯其西,在陇东、陇南和走廊西部,均天然存在多条通联外域的孔道。甘肃的地理特点,对于甘肃古文化的孕育及后来的历史发展,都产生了巨大的影响。

在人类成长的幼年期,甘肃地区不仅是原始人种的迁徙通道,也是不同经济结构文化圈的切合部。甘肃泾渭流域发现的古人类化石系蒙古人种,与内蒙古河套人、北京山顶洞人等同源;出土的大量旧石器类型样式及制作方法,也基本上都属于同一体系。这表明远古时代甘肃东部的自然环境适宜于早期人类的生存繁衍,而且在旧石器时代即已存在境内外的族群流动。演进至新石器时代,农业文化、牧猎文化,在省内不同地域的不同生态环境中各自发展,并相互影响,形成多种经济形式并存互补的局面。大致属于农业文化圈的甘肃东部,同农业高度发达的关中地区关系紧密,在文明时代成为连接甘肃与中原王朝的牢固纽带。大自然神工造就的河西走廊,更与华夏文明血肉相连,成为东西方文化交流的大陆通道。它是玉石之路、丝绸之路、佛教东传之路,更是历代王朝加强西北边防、巩固多民族大家庭的国运之路。它所承负的历史重任,使甘肃地区在中国版图上长期居于特殊而显要的地位。

复杂特异的地理形势,种属纷繁的土壤植被,地区差别巨大的气候水文,为甘肃塑造了千姿百态的自然景观。不同的地域类型,孕育着许多各具特色的生态环境,使古代人类有了多样化的活动领域。

从经济价值方面说,不利因素和有利因素是并存的,如祁连山地,它是青藏高原东北方向隆起的最大边缘山系，阻挡了印度洋北上的温暖气流，高耸而寒冷，不适于人类群体生存；但祁连山脉面迎东亚季风，年降水量相对较大，其雪峰、冰川的融水是甘肃省内陆河的主要水源，河西地区繁盛的农业和畜牧业，在很大程度上仰仗于祁连山。又如黄土高原，太阳辐射极其强烈，加重了干旱的威胁；但阳光辐射同时也蕴藏着光能潜力，足量的优质光能有利于农作物蛋白质含量的提高和糖分的积累，这又正是人类生活所需要的。再如陇南山地，群山绵延，坡陡沟深，可耕地面积相当有限；但该区位处长江流域，气候相对温暖湿润，降水较为充沛，且河流密布，形成了许多规模不大却水土肥美的河谷川原，农畜并宜。

多样化的生态环境，为古代人类群体提供了丰富的可选择性生存资源，这是甘肃境内早期人类活动遗迹有较多发现、考古学文化类型异彩纷呈的重要原因。

早在1920年，法国神甫、古生物学家桑志华，就曾在华池县更新世（2 588 000年前—11 770年前）地层中发现过旧石器，那是我国旧石器文化遗存信息首次问世。中华人民共和国成立后，考古工作者又在泾川县太平乡的中更新世地层中发现了一处基本上可以确认为旧石器时代早期的遗址，出土了不少打制石器。遗址位于塬顶断崖间，十分隐蔽。陇东和陇中正在发育着的黄土地貌，以及穿插其间的梁峁与沟涧，黄河及其一级支流洮河、湟水、渭河、大夏河、清水河和二级支流泾河、马莲河、葫芦河、耤河等河流沿岸发育的多级台地，对于以采集和渔猎为生群体规模不大的早期人类来说，是较为有利的活动地域。

晚更新世时代，我国北方气候冷暖变换更加明显和频繁。甘肃地区由于具有高海拔特征，气候变化的总趋向是越来越寒冷、干燥。这一时期甘肃省境内发现的脊椎动物化石点，分布范围比以前广泛，东起泾河流域，西到肃北霍勒扎德盖，南至徽县盆地，北达民勤县境，大致在六盘山两侧的黄土高原范围内，到处都有发现，至少有四五十处。而且，这一时期还出现了具有西北特色的河套大角鹿动物群和野马动物群。动植物化石表明，当时甘肃北部一些地区，已经是荒漠草原，而南部还保有茂密的森林，东部和中部则是以草原为主而夹有森林草原型的景观。和脊椎动物化石点分布较广的情况相一致，这一时期甘肃古人类的活动踪迹也在进一步扩展。

1973年，在泾川县泾明乡的牛角沟，不仅发现了打制石器，而且发现了距今大约5万年的一件完整的人类头盖骨。这是甘肃境内古人类化石的首次发现，是陇原大地滋育早期人类生存发展最直接、最有力的证据。

第四纪的最后阶段，即距今1万年左右的全新世，冰期结束，全球气候转暖。在以后的几千年间，尽管仍多次出现过冷暖波动，但幅度并不太大，气候总的来说朝温暖、湿润的方向发展。特别是在距今8 000~4 000年这个时段，被称作"全新世大暖期"。对人类来说，这是气候最适宜的一个阶段，人类文明由此进入快速而持续的发展期。缓慢延存了约200万年的旧石器时代结束，以陶器的发明和农业、畜牧业的出现为标志的新石器时代开始。

甘肃西部山地冰川后退，雪线上移，河流水量增大，下游能够形成湖泊和绿洲，出现小片灌丛和林地，荒漠景观发生变化，生态环境已渐适于人类居住。而东部的情况更为优越，年平均气温估计8℃~10℃，年降水量估计在500~600毫米，地表土壤肥沃，植被茂密，河流湖泊众多，水量充足，高原、山地和沟谷也都有森林生长，出现了大量喜暖动物，人类生活群落也已有更广泛的分布。平坦而疏松的黄土堆积面，以及水土肥美的河谷川原，极有利于锄耕农业的发育，许多古文化遗址中发现有数量可观的窖藏粮食，显示了种植业的发达；草原广阔、水草丰茂的植被条件，又使畜牧业和饲养业具备了经营优势，墓葬中盛行随葬猪、羊、狗等家畜的习俗，即是很好的证明。

上限距今将近8 000年的大地湾文化，就是在这种环境中繁荣起来的。大约距今4 000年，又出现了一次对甘肃地区生态环境影响巨大的寒冷期。但甘肃境内的古文化群体还是顽强地生存下来，并在适应寒冷环境的前提下，继续向前发展。在大地湾文化之后，历经马家窑文化和齐家文化的繁荣，最后演变为一系列地域性的青铜文化。

三、自然环境对甘肃社会进步的制约

自然环境对甘肃历史发展发生积极影响的同时，地形、地貌及所处纬度等复杂的自然因素，也导致甘肃地理环境总体说来不够理想，适宜于人类生存发展的地带比较分散，且范围都不太大。在人类成长的早期，人们从依赖采集、狩猎为生向原始农业和家畜饲养业过渡，在群体成员数量尚少而易采资源比较丰富的情况下，范围较小的生态环境足以维持群体生活的需要，而且，相对艰苦的生态条件更能激发人类的创造力。

然而，随着时间的推移，当生活在甘肃境域的原始部落在农业、畜牧业以及家庭手工业逐渐成熟之后，人口便迅速繁衍，消费和交换的需求也日益增长，导致小生态环境内有限的能量资源越来越紧张，经济进化的步伐随之放慢。此时，自然条件中那些不利因素，诸如海拔高、山地多、气温低、降水量少、可耕地面积狭小、塬面易被冲割、水土流失严重等，日益强烈地突现出来。尤其在气候出现较大变化的背景下，原来的生活模式难以为继，一些先进的、强大的族体被迫向生态环境较好的中原地区转移，原有生活在甘肃的一些群体聚落或者消失，或者走向衰落，社会演化进程趋于滞缓。这就是甘肃史前文明产生较早，但在中原地区已经进入文明期之后甘肃未能形成导致国家产生的大文化的重要原因。

距今4 000年左右，地球上出现过一次持续了约200年的低温期。这个"新冰期"导致甘肃地区生态环境发生了巨大变化，推测年平均气温下降3℃~4℃，地带性森林南离或下移，植物群中耐寒耐旱品种剧增，大部分高原被草原和荒漠草原占据，古土壤发育停滞，西北方的风沙再度活跃，高山地带冰川向前推进，湖泊水位下降，降水量明显减少，喜暖动物如苏门犀、苏门羚等连同熊、虎、豹、鹿等一起消失。甘肃东部地区，在全新世温暖期发育起来的锄耕农业，因这次新冰期的到来而受到严重摧残。那时黄土疏壤种植的农作物主要是粟类，而粟类作物对气候变化相当敏感。持续的气温下降和雨量减少，使粟类作物只能在水位较高的低平河谷种植，这显然难以满足已经习惯于依赖粟类的众多人口的需要，于是，大部分地区变成了畜牧区或半农半牧区。

新冰期延续了近200年，以粟类种植为支柱的锄耕农业经济形态趋于萎缩。分布面十分广阔、农业曾经相当繁荣而且已进入青铜时代的齐家文化，就是在这种生态环境大变异的

情况下衰落的。伴随齐家文化的衰落，甘肃境内兴起了一些规模较小、来源复杂的地域性文化，如四坝文化、辛店文化、寺洼文化、沙井文化等，它们各自既独立发展又有较大共性，组成了甘肃地区原始社会后期青铜文化多元结构的格局。这些地域性青铜文化，大都属于以养羊业为中心的游牧经济，至后期才渐向农业、畜牧业并重的形态发展。它们应当是史前人类群体适应新生态环境的产物。

这种以游牧为主要生存方式的地域性文化，其生产性质和聚落规模，都决定了其社会发展的落后性；经济形态具有的较强的共性，抑制了群体间的产品交换，而地理条件又加重了各自相对封闭的状态。这一切都导致这些分散的青铜文化未能相互融合、促进，最终形成一个具有核心性和开拓性的主流文化。它们普遍显示出社会机制滞缓乃至倒退的迹象。制陶业显著衰落；青铜制品量少形简，工艺粗糙，且多为小件器物、武器和装饰品，不见大型容器，未能明显超越齐家文化已经达到的青铜业发展水平；随葬品也简单、贫乏，反映出物质生活的相对低下。

人口减少，聚落缩小，经济形态退化，必然影响社会组织结构的演变，在发达的农业经济基础上方能孕育的政治体制和文化观念，失却了构建成长的土壤，以城市机制为中心的国家形态也就不可能产生。已经接近文明大门的历史脚步，忽然停了下来。而此时的中原地区，却正在完成着一次划时代的飞跃。在繁荣的农业经济哺育下早已形成的、分别以泰山和华山为中心的两大文化区，在经历了长时期的交往、碰撞、融会、同化之后，终于形成了国家，出现了我国文明时代的第一个王朝——夏。甘肃地区的社会发展，由此和中原地区拉开了差距。可以说，生态环境的恶化与地理条件的局限，使甘肃地区在全新世昌盛起来的新石器文化，未能与华夏文明中心形成的壮阔旋律相呼应，而被时代的车轮远远甩在了后面。

甘肃的自然环境除了造成华夏文明形成期甘肃历史演进同中原地区脱节之外，还导致了省境东部与西部发展的严重失衡。

晚近地质时期的喜马拉雅构造运动，使甘肃西部地势持续抬升，海拔普遍较高。祁连山地、阿尔金山地、北山山地高耸而寒冷，其他地区则多为沙漠戈壁，贫瘠而干旱。即使在第四纪的间冰期气候略呈温和状态时，高山、戈壁及荒漠型植被状态也都不适宜人类生存。

河西走廊内虽零星散布有小片绿洲，但其面积和稳定性都不足以支撑人类群落的繁衍发展。所以，在甘肃西部很难找到早期人类活动的踪迹。晚至新石器时代后期，西部的一些内陆河流域才开始出现游牧文化群体，但其社会始终处于较低的发展阶段。而甘肃东部情况则全然不同，陇东黄土高原上南北走向的六盘山、陇山山系，使夏季季风带来的雨量更多地降在陇山东侧，在冬季它又遏阻了西伯利亚冷空气东进的势头，这样便在陇东地区形成了一个相对温暖湿润的小气候；黄土层壤面疏松，肥力较好，植被茂密，脊椎动物群活跃，河流阶地发育完善，而且塬高涧深，地形多样。这种种因素都有利于早期人类的生存发展，甘肃旧石器文化遗存绝大多数发现在陇东并非偶然。

陇南地区虽多山地，但位处我国阶梯地形的过渡带，属长江流域，水系较密，纬度偏南,降水量比较充沛。区内山地、丘陵、河谷、盆地错落相间,森林广布,植被条件优越,所以,虽无大规模的连片耕地作为主流性大文化的活动舞台,却到处散布有宜农宜畜的小气候环境,其河谷阶地一直是新石器时代多种文化类型群落的分布区域。陇南地区后来成为众多民族交接错居之处,缘由也在此。

甘肃东部与西部发展的不平衡,除了生态环境方面的因素外,也和各自的地理位置有关。甘肃东部北与宁夏回族自治区邻接,东与陕西省交界,南同四川省接壤,虽有陇山、秦岭、岷山的一些支脉阻隔,但山间河谷通道甚多,很早以前就存在和宁夏、关中、汉中以及巴蜀地区的联系,是最有条件率先接受中原文化、草原文化、巴蜀文化乃至楚文化影响的地域。尤其是同关中地区的联系,对甘肃东部发展所起的作用不可低估。

甘肃东部就是因为深受商周文化的影响,才被较早纳入华夏文明总体系之中的。这里不仅和关中地区同属农耕文化圈,而且出现了一批臣属于中原王朝的小方国,它们开拓、繁荣了甘肃东部的经济,并培育了对华夏文明的向心力,成为在文化上、精神上和行政关系上把我国西部地区同中原王朝连接起来的桥梁。而甘肃西境的地理邻接区则多为沙漠荒原,只在生态环境较好的地段,活跃着一些牧猎部族。当中原文化已开始主导甘肃东部社会发展的时候,甘肃西境相邻地区却没有一种先进文化能对周边发生引领性影响。甘肃西部的地域性青铜文化长期处于分散的游牧状态,直到西汉才正式纳入中国版图。

上述种种因素决定了甘肃的历史地位。在史前期,它不可能成为具有强大凝聚力的诸种文化融会的中心区域,不可能经过军事民主制阶段的部族组合形成部落联盟;在文明时代,它不可能成为经济上举足轻重、文化上影响巨大的政区,而始终被视作民族复杂、各方面发展滞缓的僻远地带。在封建社会中期以后我国政治、经济重心逐渐东移的情况下,更是如此。

历代王朝很重视甘肃,那主要不是由于甘肃的经济、文化占据多么重要的地位,而是基于一些国家利益攸关的特殊需要。比如说,甘肃位处西北中心,军事上具有控制西北防务的战略意义,于是在甘肃境内修长城、筑塞障、设烽燧、兴屯田。甘肃是诸多民族聚居之地,又和我国西部三大民族省域即今内蒙古自治区、新疆维吾尔自治区、西藏自治区邻接或靠近,在甘肃建立的民族事务机构以及所推行的民族政策,对于稳定全国民族关系大局,保持西部社会稳定,至关重要。甘肃河西走廊,是沟通东西方文化的天然渠道,它不仅肩负着中外物资交流的商业任务,也是中央政权加强同西域各国的联系、传递外交信息的国际通途。此外,甘肃的畜牧业向来发达,许多地区水足草美,是优良的牧场,可以辟建大规模繁殖马匹的基地;古代马匹是“甲兵之本,国之大用”,从西周到清代,甘肃地区一直保持着为国家育马、供马的传统,沿袭日久,便形成了一种历史定位,甘肃地区的发展,也便被局限于这种定位的格式之中。这既是甘肃可引以为自豪的特色,又是甘肃经济、文化难以和全国同步发展的根源。不得不说,长期以来,这种局面把甘肃置于一种地位特殊但相对落后的境地。这种局面当然不是人为的设计,实乃王朝政体下的现实需要,而归根结底还是由甘肃的地理位置及自然环境所决定的。

|第二节| 甘肃的历史嬗变

甘肃建省有700多年的历史;县的建制早于省,从春秋时开始萌芽算起,迄今已达2 200余年。北宋初期西夏统治河西时设有甘肃军司,驻甘州(今张掖市),这是最早出现的甘肃之名。元代建立大一统帝国后,创立行省制度,元世祖至元十八年(1281年)设甘肃行中书省,这是中国历史上第一次出现甘肃省的行政区划。甘肃省的命名,系取西魏、唐代曾置甘州(今张掖市)、肃州(今酒泉市)的第一个字组合而成,简称甘。因省境的大部分在陇山之西,故亦称陇西、陇右,或简称陇。

一、史前时代

甘肃是中华民族灿烂文化的重要发祥地。根据考古发掘的大量文物证明,早在一二十万年前的旧石器时代,我们的先民就在这块地方生息、繁衍,并利用简陋的石器顽强地同大自然作斗争。新中国成立以来,先后在镇原县姜家湾、寺沟口、黑土梁,庆阳县巨家塬,环县楼房子和刘家岔处,发现了旧石器时代中晚期的石器、骨器、动物化石和早期人类用火的遗迹。属于新石器时代的文化遗迹,已发现的有1 000处,其中著名的有处于母系氏族公社阶段的齐家文化;已经进入原始社会末期或奴隶社会早期的辛店、寺洼和卡窑文化。古代传说中的炎帝(号神农氏)、黄帝(号有熊氏,又号轩辕氏)也起于西北。20世纪70年代,甘肃省考古工作者在省境东部秦安县大地湾发现并挖掘了一处距今7 800~4 500年的新石器早期文化遗址。这处遗址堪与西安半坡村遗址相媲美。这里发现的罕见的三足钵、三足罐珍品,比仰韶文化半坡类型要早1 000多年。

二、春秋战国以前

夏代,甘肃大部分地方尚未进入文明时代,只在东部地区出现了一些城邦性质的小方国。

商代,处于氏族部落阶段的周部落的祖先,在陇东改善耕作,开拓农业。这一时期,甘肃境内还有羌方、共(今泾川县北)、密(今灵台县西)等方国部落。

西周时,秦人的祖先在甘肃省东部即今天水地区定居下来,开始了由游牧经济向农业经济的缓慢过渡,而游牧生活仍占据主要的地位,由于"好马及畜,善养息之",所以,他的首领非子被周孝王封为"附庸","邑之秦",在秦亭(今甘肃省天水市清水县东北秦亭铺乡秦子铺村)筑城建邑,始有立足之地。

春秋时期甘肃省境属秦国和西戎。西戎中较大的有绵诸(天水附近)、邽戎(天水西南)、冀戎(今甘谷县南)、义渠戎(六盘山附近,今甘肃庆阳和宁夏回族自治区固原地区)、翟(今临洮县)、貘(今陇西县北)。这些戎族,仍保持着"以国为氏"的习惯,虽号称为国,实际上还处于原始社会阶段。西戎各国与秦国相邻。公元前770 年刚刚立国的秦国为了扩充势力,把它的视野对准西戎。到秦武公时,先后征服并吞了绵诸、邽戎、冀戎、义渠戎、翟和貘等戎族。为了对新开辟的地区进行控制，秦国开始在这些地区建县。秦武公十年（公元前688年），秦国在已被征服的邽戎、冀戎地区，设邽县（今天水北道区南）、冀县（今甘谷县）。这是甘肃历史上建立最早的两个县。

战国时期，秦国的疆域已达今甘肃的东南部。秦昭王二十七年（公元前280年）设置陇西郡，9年后，即秦昭王三十五年（公元前272年）再建北地郡。

秦国的崛起，是春秋、战国时期甘肃历史上意义最深远的篇章。甘肃东部地区的社会制度由贵族制度向封建制度转变，许多游牧部落逐步向农业和畜牧业相结合的定居社会过渡，农耕文化圈大幅度地向北、向西推进。民族关系也相对稳定，秦在甘肃修建长城，稳定了西北边疆形势，为统一六国提供了坚实的后方基地。

三、秦汉时期

秦汉时的甘肃地区，在中国历史上处于主流地位。秦汉王朝为了政权的巩固，以及与匈奴、羌族作战的需要，致力于甘肃地区政治、经济和边防的开发，使其社会快速发展，农业也有了巨大发展，畜牧业居于全国前列，人才辈出，文化独特。这个时代是甘肃历史发展的一个黄金时代。

秦统一六国，建立起统一的、多民族的封建中央集权国家，全面推广郡县制，分全国为36郡（后增为40郡）。当时，甘肃省境行政区划为郡、县两级制，共设陇西、北地二郡。陇西郡郡治狄道（故治在今临洮县东北），辖区约当今甘肃东南部区域；北地郡治义渠（故治在今宁县西北），辖区约今甘肃东北部和宁夏回族自治区东南部区域。今甘肃东南隅之一部属于汉中郡（治南郑，今陕西省汉中）。

西汉时期的行政区划同秦一样，仍为郡县两级制。公元前205年，汉高祖始占有陇西、北地两郡。元狩二年（公元前121年）置武威、酒泉二郡。过了10年，于元鼎六年（公元前111年），分武威郡置张掖郡，析酒泉郡置敦煌郡。其后于汉武帝元鼎三年（公元前114年）又增置天水、安定郡；元鼎六年（公元前111年）设武都郡；汉昭帝始元六年（公元前81年），从天水、陇西、张掖三郡各分出两个县建立金城郡。这样，就使甘肃省境郡的数目由秦代的两个郡增为10个郡，共辖115县、10道（县一级，在少数民族地区设置）。10个道是：嘉陵道（故治在今成县西北）、循成道（故治在今陕西略阳县西北）、下辨道（故治在今成县西）、略畔道（故治在今合水县西南）、义渠道（故治在今宁县西北）、阴平道（故治在今文县）、平乐道（故治在今康县西北平洛镇）、戎邑道（故治在今秦安县东）、绵诸道（故治在今天水市北道区东）、略阳道（故治在今秦安县东北）。除行政区以外，西汉王朝为加强中央集权，还在地方设置监察区。汉武帝元封五年（公元前106年）分天下为13个刺史部（州），即13个监察区，每部派一刺史（汉成帝时更名为州牧），每年农历八月巡行所属郡国，按照西汉中央政府规定的六条，省察地方政务，黜陟罢否，检举官吏的不法行为，纠察强宗豪右，断理冤狱。当时甘肃属凉州刺史部。

西汉时期在河西地区实行军屯和民屯，兴修水利，引入中原生产技术，进行大规模开发, 河西地区的农业和养马业均得到发展, 河西遂成为"仓廪丰足, 牛马布野"和"民庶殷富"的地区。这一时期, 由于陇东地区大量移民, 大片草原和森林逐步被辟为耕地。总之, 今甘肃省境于汉代分属凉州、朔方及益州, 共计11郡92县(道), 为甘肃省境有统一政区的开始和郡、县(道)最多的时期。

东汉时, 行政区划大体上是州、郡、县三级制。当时甘肃属凉州, 治陇(故治即今张家川回族自治县), 辖区约今甘肃大部和宁夏回族自治区的南部。凉州共辖10个郡、2个属国、99个县。10个郡与西汉时的建置相同, 但增加了两个属国, 即张掖属国(今张掖市东北, 长官为都尉)、张掖居延属国(在居延海西, 故址即今内蒙古自治区额济纳旗, 长官为都尉)。属国在政区上相当于郡, 为少数民族管理区。另外, 甘肃省境南部边缘的一小部分地区分属益州。 东汉时期, 由于政治重心东移, 东汉对于甘肃的开发不及西汉, 但军事屯田扩展到东部诸郡, 水利建设规模扩大, 民间和少数民族的畜牧业发达, 河西诸郡成为中西文化和商业往来的重镇。

四、魏晋南北朝时期

魏晋南北朝时期是中国历史上典型的分裂割据时期。甘肃也是政权林立, 争战不休, 导致了陇上各区域的人口大量外流, 经济受到严重破坏。但是河西各地相对稳定, 甘肃东部和中原流民大量进入河西, 河西人口猛增, 移民和当地原住民投入对河西的新一轮开发之中, 河西经济发展迅速, 文化也随之发展, 特别是以石窟艺术为代表的佛教文化得到巨大发展。民族的融合也进入了一个高潮时期。

魏、蜀、吴三国鼎立时期, 甘肃省境共置凉州1州(另有一部分地方分属雍州和益州)、12郡、77县, 大部分地方属魏国, 南部的部分地区属蜀国。

西晋, 甘肃省境设凉州、秦州, 兼属雍州, 统12个郡、72个县。凉州, 治姑臧(今武威市), 辖6个郡、41个县, 即金城郡、武威郡、张掖郡、敦煌郡、酒泉郡、西郡(今山丹一带); 秦州, 治冀县(故治在今甘谷县东南, 后迁至上邽, 即今天水), 统6个郡、24个县, 即陇西郡、南安郡、天水郡、略阳郡(原广魏郡, 晋武帝时更名)、武都郡、阴平郡(今文县和四川省平武县)。属雍州(治长安, 今陕西省西安市)的为安定郡, 治临泾(今镇原县), 统7个县。

进入东晋, 社会动荡, 北方形成分裂割据局面。从西晋末到十六国时期, 跨境或在甘肃境内先后建立的割据政权有: 后赵、前秦、后秦和"五凉"等。"五凉"政权是指:

前凉(公元314—376年), 历时63年, 治姑臧(今武威市), 辖区东至秦陇, 北及居延, 南逾河湟, 西至葱岭。

后凉(386—403年), 都姑臧, 建国18年, 初有前凉旧地, 后除姑臧外, 仅有仓松(今古浪西)、番禾(今永昌西)二郡。

南凉(397—414年), 立国18年, 都廉川堡(今青海省乐都县), 辖地东至金城, 西到青海, 北据广武(今永登东南), 南有河湟。

北凉(397—439年), 历时43年, 初都张掖, 后迁姑臧, 据有武威、张掖、敦煌、酒泉、金城、西海、西平、乐都等郡地。

西凉（400—420年），立国21年，都敦煌，后迁酒泉，辖区约有今酒泉、玉门、安西、敦煌几县地。

从三国至两晋，丝绸之路自长安经甘肃省境东部到凉州武威进入河西走廊，其形成和畅通，促进了甘肃农牧业、手工业和商业的发展和繁荣。

南北朝时期，甘肃先后为北魏、西魏、北周的统治地区。这一时期，南北对峙，国家分裂，州县林立，政权更替频繁，"百户之邑便立州名，三户之民空张郡目（《南齐书·州郡志》)"的情况比比皆是，行政建置十分混乱。

北魏，甘肃境设置8州、35郡、91县。北周，甘肃境设22州、56郡、104县。

五、隋唐五代时期

隋唐五代，实行郡县两级制。

隋朝省境共设16郡、76县。隋统一全国以后，社会稳定，甘肃人口和生产发展较快，到大业初年已拥有189万多的人口。当时，陇右和河西是天下闻名的富庶之地，丝绸之路上又出现商旅不绝的盛况。大业五年（609年），隋炀帝西巡，在张掖接见西域二十七国使节，这是隋朝在甘肃境内的一次重大活动。张掖成为国际性大都市，对促进中西方的经济文化交流起到了积极作用。武威的经济、文化随之发达，并成为国际贸易城市，而敦煌则成为中西交通的门户，经济、文化更趋繁荣昌盛。

唐朝，初改郡为州，唐玄宗时又改州为郡，肃宗时再改郡为州，终唐之世，仍为州、县两级制，郡只是地理区域的名称。按照唐的定制，州分辅、雄、望、紧、上、中、下七等，县分上、中、下三等。类似这样的划分，一直延续到清代。当时甘肃省境共设22州，辖67县。

整个隋唐时期，河西农田水利和屯垦再度兴盛，农业发达，积粮甚多，商业也很繁荣，出现了"自安远门（长安西门）西尽唐境万二千里，闾阎相望，桑麻翳野，天下称富庶者无如陇右（《资治通鉴》216卷)"的景象。甘肃地区的畜牧业也很发达，成为国家重要的军马基地。丝绸之路贯穿河陇地区，甘肃的政治、军事地位更加重要。汉人和胡化的少数民族和平相处，和少数民族的互市贸易发达。甘肃的文化也呈现出繁荣的景象，佛教、摩尼教、景教、祆教及吐蕃人的苯教都有所传播，佛教石窟艺术在这一时期达到鼎盛。但是，渭水上游和陇南的继续开发，使森林遭受大面积的破坏和采伐，水土流失日益严重。历史上陇东曾为重要的牧区，唐以后陇东农业日趋发达。

六、宋元时期

宋金辽时期，行政区划大体是路、州（府）、县三级制。

北宋初分全国为10道，至道三年（997年）改10道为15路（后增为26路），甘肃属陕西路。宋仁宗庆历元年（1041年），分陕西沿边为秦凤、泾原、环庆、鄜延4路（前3路在甘肃境）。宋神宗熙宁五年（1072年），增置熙河路。后几经变化，甘肃省境共置永兴军路、秦凤路2 路, 辖21州（府、军）、51县（监、尉司）。永兴军路（治京兆府, 今陕西省西安市）在甘肃省的辖区有庆阳府、环州、银州、宁州。秦凤路（治秦州, 今天水市北道镇）, 辖秦州、成州、凤州、阶州、渭州、泾州、原州、会州、熙州、河州、巩州（原为通远军）、岷州、兰州、洮州、西宁州、德顺军（今静宁县）、镇戎军（今宁夏回族自治区固原县）。军, 在宋代设于军事要冲之地, 是与府、州同级的行政区划。北宋以后, 陇东已成为稳定的农耕地区。

11世纪初叶, 党项族建立的西夏（1038—1227年）崛起, 于宋仁宗明道元年（1032年）建国, 都兴庆府（今宁夏回族自治区银川市）, 辖区有22州, 其中在甘肃境内的有甘（西夏改为宣化府）、凉（西夏改为西凉府）、肃、瓜、沙、会6 州。

南宋时, 甘肃大部隶属金朝, 属南宋利州西路（北宋时称秦凤路）的有文州、阶州、西和州（今西和、礼县）、凤州、同庆府（今成县）、天水军［绍兴初因秦州为金占领, 遂置南天水县、北天水县, 嘉定元年（1208年）改县为军, 为今天水市］。

元代, 甘肃行政区划大体是省、路、府（州）、县四级制。元世祖至元十八年（1281年）甘肃正式设省, 称"甘肃等处行中书省"（长官为平章政事）, 简称甘肃行省, 治所在甘州路的甘州（今张掖市）。省辖7 路、5 直隶州、4 府、22属州、24县。甘肃省境东部地区属陕西行省, 另外还置河西陇北道肃政廉访司, 主掌监察, 隶属于陕西诸道行御史台, 属甘肃行省的有甘州路、永昌路（原凉州）、肃州路、沙州路、亦集乃路（今内蒙古自治区额济纳旗）、宁夏府路、兀剌海路。两个直隶州是: 山丹州（元初为阿只吉大王封地, 至元二十二年升为州）、西宁州。5 个属州是: 西凉州（隶属永昌路）、瓜州（隶属沙州路）、灵州（隶属宁夏府路）、鸣沙州（隶属宁夏府路）、应理州（隶属宁夏府路）。甘肃省境东部隶属于陕西行省的有泾州、开成州（今宁夏回族自治区固原县）、应浪州、河州路（属吐蕃等处宣慰司都元帅府）、洮州、岷州、铁州（今岷县东）、巩昌等处总帅府（统巩昌、平凉、临洮、庆阳府, 秦陇、宁、环、金、兰、会、徽、阶、成、静宁、宁西、镇远、西和等州）。

这一时期, 甘肃历史发展既受全国形势的影响, 又因地处西北一隅, 因而呈现出具有特色的历史风貌与民族、地域特色。这一时期, 在甘肃有甘州回鹘、沙洲回鹘、曹氏归义军、凉州吐蕃、西夏、北宋、南宋、元朝等诸多政权。生活在甘肃的少数民族有回鹘、党项、吐蕃、蒙古、女真等, 不同民族文化互相影响, 使甘肃文化内涵深刻、绚丽多彩、多元荟萃。

七、明清时期

明初, 沿用元朝的行省制, 实行省、府（州）、县三级制。明朝没有在甘肃设置省一级建制, 甘肃属陕西承宣布政使司管辖。甘肃境内共设置5 府、9 州（隶属于府）、50县。5 府是庆阳府、平凉府、巩昌府、临洮府、灵州（直隶州）。甘肃境还设21卫（属陕西都指挥使司）, 9 个千户所（属陕西行都指挥使司）。另外, 属于明朝9 个重镇的有: 宁夏（今宁夏回族自治区银川市）、固原（今宁夏回族自治区固原县）、甘肃（今张掖市）。

明朝建立以后, 西北沿边屡遭瓦剌、鞑靼、吐蕃的侵扰, 战事多发, 甘肃的战略地位突出。为此, 明代在西北边沿修建了大规模的军事设施, 配置了大量的军队, 进行戍边屯田,甘肃的经济有所发展。但随着海上交通的发展，丝绸之路逐步被取代，加之连年战乱及对自然资源的掠夺性开发，甘肃经济日渐衰落。随着蒙古族和当地居民的融合，以及回族、东乡族、保安族、裕固族、撒拉族、土族等民族的出现，最终形成了甘肃省现有民族分布的基本格局。

清朝的地方行政制度是省、府（直隶州、直隶厅）、县（散州、散厅）三级制。清初，分全国为18行省。清圣祖康熙三年（1664年）设陕西左、右布政使司，右布政使司驻巩昌（今陇西）。康熙六年（1667年）改陕西右布政使为巩昌布政使司，次年，又改巩昌布政使司为甘肃布政使司，同时将治所从巩昌移至兰州。清高宗乾隆二十九年（1764年）裁甘肃巡抚（原驻宁夏，顺治五年即1648年迁至兰州），以陕北总督行巡抚事，并迁陕甘总督置至兰州。当时甘肃辖区除包括今新疆、青海、宁夏一部分外，大体上和今甘肃的境域相同。可以说甘肃的行政区域，奠定于两汉，正式形成于元代，完成于清代。清德宗光绪十年（1884年），从甘肃分出新疆单独建省。建省以后的甘肃省辖8府、6直隶州、1直隶厅、61县。

清代是甘肃政治、经济、社会、文化等各项事业全面发展的时期。清政府继续在此垦荒兴屯，使得农业人口随之大增。19世纪70年代，甘肃近代工业开始萌芽，但其发展极其缓慢，和东部经济发达地区的差距进一步扩大。

八、民国时期

1911年辛亥革命以后，清政府的统治土崩瓦解。甘肃举行了秦州起义，响应共和。以赵维熙为代表的封建官僚也宣布共和，成立了甘肃军政府及临时会议，废除了清代的府、州、厅制。民国初期实行省、道、县三级制。1912年，甘肃共设7道，下辖77县，即兰山道（治皋兰县，清兰州府地）、宁夏道（治宁夏县，清宁夏府地）、西宁道（治西宁县，清西宁府地）、泾原道（治平凉县，清平凉、庆阳府、泾州、固州、化平川厅地）、渭川道（治天水县，清秦、阶二州地）、安肃道（治酒泉县，清肃州、安西二州地）、甘凉道（治武威县，清甘、凉二州地）。1914年，改省的长官民政长（民国初期称都督）为巡按使，道的长官道尹为观察使（后改称道尹），次年，又改巡按使为省长。

1927年，废除道的建制，改县的行政长官知事为县长。1928年，划甘肃西宁道属之西宁、大通、乐都、循化、贵德、巴燕、湟源7县，另建青海省；同时划甘肃宁夏道属之定夏、宁朔、灵武、盐池、平罗、中卫、金积、豫旺（原镇戎县，今固原县）8县和宁夏护军使所辖的阿拉善额鲁特、额济纳土尔扈特2部地，成立宁夏省。区划调整分置以后，甘肃省辖64县，1929年增至68县。从1934年开始，甘肃省在县的行政建制之上，又新设立行政督察专员，作为省的辅助机关。1934年开始在皋兰、固原、临夏等地设置行政督察专员公署，以后陆续增设，到1944年增加到9个，即岷县、平凉、庆阳、天水、临夏、武威、酒泉、武都、临洮行政督察区（专员公署）。至新中国成立前夕，甘肃省共设9个行政督察专员公署，辖71县、1市（兰州市，1941年正式设市）、3局（卓尼、肃北设治局、湟惠管理局）。

国民革命时期（1924—1927年），甘肃在中国共产党的领导下开始了红色割据。1932年3

月，正宁县寺村塬周围72个村相继成立了革命委员会，建立了甘肃省第一个工农民主政权，同年，成立了中共甘宁青特委。1933年3月，建立了中共陕甘边特委。不久，陕甘边区苏维埃政府于1934年11月在华池县荔原堡诞生。接着华池、庆北（1936年与华池县合并）两县也成立了苏维埃政府。1935年11月，根据中华工农民主共和国中央执行委员会的决定，陕甘边区根据地划为陕甘省。1936年7月，改陕甘省为陕甘宁省，驻地迁往甘肃曲子，辖区在甘肃境内的有华池、环县、曲子、固北、赤庆、定环等县。1937年1月，中共关中特委派代表与国民党代表谈判，将正宁、宁县"一分为二"，国民党在其白区设两个县，共产党在红区设新宁、新正县，隶属关中分区。同年，陕甘宁省划分为三边分区和庆环分区。庆环专署辖华池、曲子、固北（后并入环县）、赤庆（后并入华池）、环县、定环（后分别并入环县和定边）。1940年3月，庆阳、合水、镇原3县正式建立抗日民主政权。同年4月，陕甘宁边区政府决定建立陇东分区，在庆阳设立陇东分区行政督察专员公署，辖华池、环县、曲子、庆阳、合水、镇原6县。1949年6月，宁县、正宁两县划归陇东分区管辖。

民国历史只有短短的38年，在这38年里，甘肃政局动荡，战乱不休，灾害频繁，民不聊生。但同时，甘肃的社会变革也在进行，新鲜事物不断出现，工业、交通、文化、教育都有了较快的发展，红色革命力量也在发展壮大，新生政权不断建立。这一时期甘肃的行政区划非常复杂，同时甘肃也对中国革命做出了重大贡献。

九、中华人民共和国成立以后

中华人民共和国成立后，建立了省、专区（州、市）、县（市、区）三级地方行政体制。

1949年8月，甘肃省解放以后，即成立甘肃行政公署，下辖庆阳、平凉、天水、武都、岷县、定西、临夏、酒泉、武威、张掖、兰州11个分区（专区、市）、73县（局）。甘肃行署隶属于西北军政委员会（后改为西北行政委员会，1954年撤销）。1950年成立甘肃省人民政府，1954年根据内务部的通知精神，将撤销的定夏省合并于甘肃省。1955年，甘肃省人民政府更名为"甘肃省人民委员会"。以后，根据第一届全国人民代表大会第四次会议关于成立宁夏回族自治区的决定，1958年划3个专区（自治州）、19个县市归宁夏回族自治区管辖。"文化大革命"中，甘肃省人民委员会更名为"甘肃省革命委员会"，1979年复改为甘肃省人民政府。到2012年，甘肃省总面积42.58万平方千米，东西长1 655千米，南北最窄处仅25千米。全省现辖12个市、2个民族自治州，86个县市区，常住人口2 557.55万。甘肃是一个多民族省份，56个民族全部都有，少数民族人口241万，占全省人口的9.43%。

新中国成立后，经过60多年的艰苦奋斗，甘肃的社会经济得到全面发展。经过改革开放特别是西部大开发以来的发展和积累，甘肃已经站在一个新的历史起点上，迈上了加速转型跨越的高位平台，展现出更加美好光明的发展前景。

|第三节| 甘肃人口的历史变迁

　　甘肃是华夏民族和华夏文明的诞生地之一。自西汉元始二年（2年）到1949年的约2 000年历史中，伴随着经济的兴衰、边防的安危、战乱的起落、自然的福祸和民族交融，甘肃的人口数量时消时涨，起伏曲折。

　　通过甘肃人口几千年历史发展的回顾，可以看到甘肃人口的增长和分布有如下特点：

　　第一，自西汉元始二年到1949年的近2 000年中，甘肃历史人口发展总的状况可说是一个"一千六百年徘徊，五十年暴增，八十年停滞，五十年恢复"的过程。从西汉元始二年到雍正二年（2—1724年）的1 700余年间，甘肃人口数量始终在100万上下徘徊，从未突破过200万。从雍正二年到乾隆四十一年（1724—1776年）的50余年中，甘肃人口从30万暴增至1 200余万。从乾隆四十二年（1777年）至同治元年（1862年）的80余年中，当甘肃人口达到1 200万以后，就基本上停滞下来，始终不能超过1 250万人。从同治年间甘肃人口大幅下降后，直到1911年，前后50余年，甘肃人口就再也没有达到1862年的1 200余万人的水平，始终处于恢复性发展状态。起伏曲折，大起大落，是甘肃历史人口数量发展的突出特点之一。

　　第二，甘肃人口的分布，从古代开始到近代结束，其基本布局是由东向西逐渐稀疏，东部人口密度较高，中部居中，西部较少。只是在魏晋南北朝和隋唐时期，河西曾出现过人口密度较高的时候，与此同时，也存在南部人口较多，北部人口较少的情况。

　　第三，甘肃历史人口受甘肃商业状况的影响较明显，尤其是河西地区，东西交通和商业状况对人口的发展有很大影响。西汉、魏晋南北朝、隋唐、清代等历史时期，河西的东西交通畅达，商业繁荣，造就了河西人口的繁庶。

　　第四，西北的边防状况坚固、安定与否，既影响甘肃人口的数量发展，又影响甘肃人口的地理分布状况。一般来说，西北边防牢固、安定，甘肃人口的数量发展较快，总量水平较高，河西及北部人口密度也相对增高；反之，甘肃人口的数量发展就较慢，总量水平也较低，河西及北部人口密度就相对降低。西汉元始二年（2年）甘肃人口达129万，是在平定匈奴入侵、开发河西之后；魏晋南北朝前期甘肃人口的猛跌，是正当各少数民族大量进入甘肃并进行角逐之时；隋大业年间（604—617年）甘肃人口达到历史上的新高峰，则是出现在各民族融合为新的大家庭而新的外族入侵尚未形成之时；金代甘肃人口的回升，与金的军事力量比北宋强大，边防较为巩固有关；明代中叶后甘肃人口的减少与明代西北边防日渐废弛有着密切的关系；清代雍乾时期甘肃人口的暴增，发生在雍、乾二帝平定新疆和青海叛乱的军事胜利之时。

　　第五，甘肃历史人口数量的消长，大体上与各个历史时期的政治、经济形势的发展相适应。一般来讲，历史上比较强大而统治较长的王朝在其统治初期人口增长十分迅速，约到中期便达到高峰，而后停滞，到新旧王朝交替时便急剧下降。但是，由于甘肃地处西北，距离中原遥远，扼守东西交通要道，因此在中原战乱而甘肃相对安定的情况下，甘肃人口因东部难民的涌入而呈现相对增长的状况。从西晋的"永嘉之乱"时期到近代的抗日战争时期都是这种情况。

第六，甘肃历史人口的一个明显特点是人口的迁移和流动十分频繁，且规模较大。仅《甘肃通志稿·民族五·移徙》记载的人口迁移，从上古到1933年就有200多次。至于由战争、自然灾害造成的各种形式的人口流动，更是一种经常现象。大体说来，由东部向甘肃迁入人口，即西向人口迁移和流动，往往带来先进的生产技术和文化，使甘肃人口和经济都得到发展。而东向的人口迁移和流动，即由甘肃向东部各省迁移人口和流动，会对甘肃人口和经济发展带来不同程度的消极影响。省内的迁移和流动，多半与灾害、战争相伴，而又加重了社会秩序的混乱，对甘肃人口的发展和经济发展会产生不利影响。

第七，甘肃的历史人口状况自始至终与民族问题错综复杂地交织在一起。民族关系的好坏，民族之间战争的多寡、范围、激烈程度，不仅影响甘肃人口数量的消长，也影响着甘肃人口的文化结构、文化水平、民族结构、宗教成分、地理分布，等等。东汉时期汉王朝与羌人的战争，使甘肃人口减少；魏晋南北朝的民族大交流、大融合，奠定了甘肃多民族省份的基础；唐代吐蕃入主甘肃使甘肃人口减少；宋代西夏统治河西及其对宋的侵袭，使甘肃人口向河东压缩；元代蒙古族的统治，使甘肃人口发展缓慢，回族逐渐兴起；清代的多次回民起义，特别是同治回民起义中甘肃人口大幅度的减少，以及回汉民族的迁移形成了现在甘肃民族分布的格局。

第八，甘肃自古以来就是一个多民族大迁徙的通道，也是各民族繁衍生息的地方。在漫长的历史岁月中，众多的民族聚居、融合，冲突、流动。今天，55个民族聚居在甘肃45万平方千米的土地上，和睦相处，辛勤耕耘，继续创造着甘肃的现在和未来。

作为一个比较典型的多民族聚居的省份，甘肃全省共有甘南、临夏两个民族自治州，天祝、肃南、肃北、阿克塞、东乡、积石山、张家川7个民族自治县，39个民族乡。民族自治地方总面积19.45万平方千米，占全省总面积的45.68%，少数民族人口241万，占全省人口的9.43%。少数民族人口大多分布在山地和高原，自然环境比较严酷。信仰伊斯兰教的回、东乡、保安、撒拉等穆斯林人口主要集中在临夏回族自治州内，人口密度很高；从事牧业的哈萨克、蒙古、藏族人口，绝大部分分布于海拔3 000米以上的青藏高原和内蒙古高原上。甘肃全省现有伊斯兰教、佛教、天主教、基督教、道教5种宗教，信教群众262.21万人，占全省总人口的11%。 改革开放尤其是西部大开发战略实施5年多来，在党和政府民族政策大力扶持和全省各族人民的共同努力下，甘肃省民族地区经济建设和社会各项事业取得了长足发展，面貌发生了历史性的变化，但是，民族地区经济社会发展同全省发展水平相比差距还比较大，突出地表现在受教育程度、生态环境改善、计划生育与人口再生产服务、人民收入与生活水平、城镇化水平、产业结构与就业结构、人均生产总值等众多方面。

表1-1为甘肃历史建制沿革的具体情况。

表1-1 甘肃历史建制沿革

时期及年代	建制沿革
先秦时期	全国分为九州,甘肃省境大部属雍、凉二州,旧称"雍凉之地"。
西周时期	秦人的祖先在甘肃省境东部,即今天水地区定居下来,开始了由游牧经济向农业经济的缓慢过渡,而游牧生活仍占据主要的地位。
秦时期	公元前688年秦国在已被征服的邽戎、冀戎地区,设邽县(今天水麦积区南)、冀县(今甘谷县),这是中国历史上建立最早的两个县。战国时期,秦国的疆域已达今甘肃的东南部。 秦昭王二十七年(公元前280年)设置陇西郡,9年后,即秦昭王三十五年(公元前272年)再建立北地郡。
唐时期	唐代改郡为道,省境分属关内道、陇右道和山南道,共辖22州。
元时期	设甘肃行中书省,辖黄河以西7路22州,黄河以东地区为陕西兴远路。
明时期	改省设司,甘肃省境属陕西布政司、陕西都司、陕西行都指挥使司,辖地大部继承元朝,按照明的定制,卫、所设于边境和要害地区,在边境重镇设行都指挥使司,每省设一都指挥使司;卫、所实行军屯,属军事机关,但后来在边境地区卫、所也兼理民政。
清时期	设陕西右布政司,后改甘肃布政司,行政中心从巩昌(今陇西县)迁至兰州市,辖今甘肃、新疆、青海、宁夏省区部分范围;光绪十年(1884年)分出新疆。
1912年	又划分为宁夏(原朔方)、西宁(原海东)、兰山、泾原(原陇东)、渭川(原陇南)、甘凉(原河西)、安肃(原边关)7道,辖今甘肃、内蒙古西部、青海北部和东部一些地方、外蒙古西南边、宁夏。
1927年	撤道为省,1929年分出青海和宁夏两省区。第二次国内革命战争时期,省境陇东地区属陕甘宁边区的陇东和关中两分区。1949年8月26日成立甘肃行政公署。
1950年1月	甘肃省人民政府正式成立,辖今甘肃、内蒙古西部。
1954年	根据中华人民共和国内务部的通知,将撤销的宁夏省并入甘肃省。
1957年	以1929年的原宁夏省行政区域为基础成立宁夏回族自治区。甘肃省名从元朝相沿至今。

第二章
甘肃少数民族

|第一节| 甘肃古代民族及其源流

在历史上，甘肃曾是一个民族交汇的地方，众多的古代民族先后活动于甘肃的历史舞台，展示过自己的风采，其中最主要的有以下14个民族。

一、义渠戎与绵诸

战国以前，中国割据着许多大大小小的氏族部落，东方曰夷，南方曰蛮，西方曰戎，北方曰狄。义渠戎与绵诸便是西戎中两个强大的部族。

义渠戎为西戎中最强大的部落，主要分布在今甘肃庆阳西北。其地包括宁夏贺兰山、青铜峡以东及甘肃环县、马莲河一带。义渠戎在春秋时势力相当强大，其首领自立为王，有城郭，称义渠戎国。因地与秦相接，二者经常发生冲突。公元前452年，秦厉公伐义渠戎，虏其王以归。后秦国又多次讨伐义渠戎，夺取了义渠戎国的郁郅（今甘肃庆阳）等25城。至公元前272年（周赧王四十三年、秦昭襄王三十五年），秦宣太后诱杀义渠王于甘泉宫，灭了义渠戎国。此后，义渠戎逐渐被融合。

绵诸，亦有称"繇诸"者，同为西戎之一，与义渠共为西北方强国。绵诸大约是西周末年由西东迁而进入甘肃，最后定居秦地天水的。《括地志》记载："绵诸城，秦州秦岭县北五十六里，汉绵诸道，属天水郡。"其绵诸故城，在今天水东50里（1里=0.5千米）之邽山下，至今仍保留有古城遗址。绵诸因与秦国相邻，开始时与秦保持着友好关系，后臣服于秦，秦惠公五年，（公元前395年）为秦所灭。此后，绵诸逐渐和秦人融合。

二、月氏与乌孙

月氏，一称月支，或称肉氏。月氏早在商代就在塞北一带活动，约战国初年，自塞北经今新疆东下，进入甘肃河西走廊，"居敦煌、祁连间"。秦汉之际，月氏是我国北方最强大的民族之一，"控弦者可一二十万"（《史记·大宛列传》）。

月氏强大时，匈奴头曼单于曾把太子冒顿质于月氏。冒顿单于即位后，于公元前174年派遣右贤王领兵打败了月氏，迫使大部分月氏人迁至今新疆伊犁河上游一带。不久，月氏人再次西迁至中亚妫水（今阿姆河）一带，并征服了大夏人，以大夏巴克特拉为都城，成为中亚一大强国。未西迁的月氏人被称为小月氏，他们迁居于祁连山以南，长期与青海羌人杂居，又称为"湟中月氏胡"，另有数百户仍在张掖，称"义从胡"。小月氏以后融合于羌人。

战国时期，乌孙居住在以敦煌为中心的河西走廊西部，也是一个游牧民族。月氏人迁到河西走廊后，与乌孙经常发生冲突。后来，乌孙王昆英杀了月氏王，把月氏人从伊犁河流域赶走，并在此建立了乌孙国，都赤谷城，人口有63万。张骞第二次出使西域，曾到过乌孙。为联合乌孙，汉武帝曾先后以宗室女细君公主和解忧公主嫁给乌孙王。到南北朝时期，乌孙西迁葱岭以北。后来，乌孙与邻族融合。至今，新疆的哈萨克族中，尚有乌孙部落。

三、匈奴、卢水胡

匈奴，亦称胡，是秦汉时期我国北方一个历史悠久的民族。匈奴名始显于战国，先民即殷周之鬼方、猃狁。

匈奴族兴起于漠北黄河河套及阴山，是一个"逐水草迁徙，毋城郭常处耕田之业"（《史记·匈奴列传》）的游牧民族。战国时期，活动于燕、赵、秦以北地区。秦末，匈奴乘楚汉相争之机，迅速强大起来。公元前209年，具有雄才大略的冒顿单于即位，经过几年的南征北战，占领了甘肃河西走廊。其境南起阴山，北抵贝加尔湖，东尽辽河，西逾葱岭。其政权机构由三部分组成，即单于庭、左贤王庭、右贤王庭，单于是匈奴及其政权的最高首领。

西汉初年，匈奴"控弦之士三十余万"（《史记·匈奴列传》），力量最强盛，不断侵扰汉朝边境。汉武帝即位后，开始对匈奴发动反掠夺战争，收复了河西走廊。从此，匈奴一蹶不振。汉宣帝以后，匈奴内部发生了五单于纷争。结果，呼韩邪单于降汉，汉元帝以宫女王嫱（昭君）嫁呼韩邪单于。

东汉初年，匈奴于汉光武帝建武二十四年（48年）分裂为南北二部。南匈奴南下附汉，屯聚于朔方、五原、云中等郡；北匈奴被迫西迁至欧洲。南匈奴留居边塞后，至西晋末，曾先后建立赵等割据政权，后逐渐与其他民族融合，迁到欧洲的匈奴族，也逐渐与当地民族融合。

卢水胡，是融合匈奴、羌、小月氏诸族于一体的杂胡，但其中以匈奴族为主。

卢水胡在东汉时期主要居住在河西地区的临松郡，即今张掖南卢水一带。这里水草丰盛，冬暖夏凉，宜于放牧。魏晋时期，卢水胡由临松向外移动、发展。一部分迁徙到了今四川西北部，一部分迁徙到了陕西，一部分迁徙到了凉州。十六国后期，张掖、武威一带的卢水胡，以临松卢水胡酋豪沮渠蒙逊为首，建立了北凉政权。北凉亡后，卢水胡再未见于史册，可能是逐渐与其他民族融合了。

四、羌、氐、党项羌

羌族是中国最古老的民族之一。远在殷商时，羌人曾多次出现于甲骨文卜辞中，可见羌人同殷商曾有过频繁的交往。其中居住在今青海、甘肃一带的羌人，汉代时被称为"西羌"。

羌族是一个游牧民族。《说文》释"羌"曰："西羌牧羊人也，从人从羊。"早期的羌人，除畜牧业外，还以射猎为业。战国以后，方兼营田畜。至汉时，河湟及洮河地区的羌人不只开土成田，而且开渠灌溉，种植稻禾。

春秋战国之际，羌人从青海的赐支河河曲大批南下，向长江上游迁徙，共有3支羌人，即武都地区的参狼羌、广汉地区的白马羌，以及越巂地区的牦牛羌。西汉初年，西羌臣服于匈奴。汉武帝打败匈奴后，西羌归服了汉朝。据《后汉书·西羌传》云："自爰剑后，子孙支分凡百五十种。"魏晋时期，与其他民族杂居的羌族开始被融合。少数散居的部众，如宕昌、邓至、白兰、党项等，仍以游牧为主。十六国时期，烧当羌姚苌建立了后秦政权。隋唐时期，居住在秦陇地区的羌族，逐渐融合于汉族；河湟地区的羌族逐渐融合于藏族。另外，原迁到四川西北岷江上游的羌族，一直保留至今。

氐族远在殷商初年就出现于历史记载，不过当时是与羌连在一起的。如"昔有成汤，自彼氐羌，莫敢不来享，莫敢不来王"（《诗·商颂·殷武》）。

古代氐族，主要分布在今甘肃东南部的西汉水和白龙江流域。在其十多个部落中以白马氐最为强大。白马氐主要分布在今甘肃成县和武都。汉时，氐人不仅有发达的畜牧业，农业也相当发达。汉武帝把一部分氐人迁到了河西的酒泉郡，以后，氐人又进行了两次迁徙。至魏晋时，氐族除武都、阴平二郡原有一个分布中心外，在关中、陇右又形成了两个分布中心。陇右的氐人分布在天水、南安、略阳等地。这时，氐人大量接受汉族文化和农业生产技术，讲汉话，穿汉服，习农耕，从汉姓。西晋后，略阳氐人苻氏和吕氏，先后建立了前秦和后凉政权。白马氐杨氏也建立了仇池政权。隋唐时期，氐族已基本上汉化了。

党项是羌族的一支，为"西汉羌之别种"，是一个尚武的游牧部落联盟。魏晋南北朝后，西羌衰落了，党项开始强盛起来。其种族以"姓别自为部落，一姓之中，复分为小部落，大者万余骑，小者数千骑，各有酋帅，不相统一"（《旧唐书·列传第一百四十八》）。在诸多部落中以拓跋氏最为强大。唐初，党项首领拓跋赤辞归附于唐，赐姓李氏。到唐朝末年，党项族已形成为一支强大的地方割据力量。1038年，党项族人李元昊自立为帝，国号大夏。元统一中国后，党项羌逐渐和其他民族融合。

五、陇西鲜卑与河西鲜卑

鲜卑是东胡族的一支，相传是有熊氏的苗裔。东汉末鲜卑的社会经济得到发展。魏文帝时，其部落分散成互不统辖的几支，其中，活动于雍、凉一带的为秃发部、乞伏部两支。晋泰始初，乞伏鲜卑祐邻，"率户五千迁于夏"，后又迁居高平川。四传至乞伏司繁时，为了躲避后赵石勒的扩展锋芒，率部迁徙到甘肃陇西一带，故又称"陇西鲜卑"，并以宛川（今甘肃省榆中县北）为活动中心。385年，司繁子乞伏国仁正式建立了西秦政权，都苑川。北魏统一北中国后，陇西鲜卑逐渐融合于汉族及其他民族之中。

鲜卑秃发部由漠北内迁秦、雍后，因大部分定居于河西走廊，故又称"河西鲜卑"。鲜卑秃发部七传至秃发乌孤。乌孤是一个很有作为的人，397年他在西平（今青海西宁）建立了南凉政权。此后，河西鲜卑在北方各民族大融合中也逐渐被融合了。

六、吐谷浑

吐谷浑原属鲜卑族之慕容氏部，西晋永嘉末，又从阴山南下，经陇山，到今甘肃临夏西北，据洮河。继后，向南、向西发展，占据了今甘南、四川西北和青海湟水流域地区，与氐、羌人杂居。吐谷浑是一个游牧民族，"随逐水草，庐帐为室，肉、酪为粮"。除畜牧业外，吐谷浑也有原始的农业，种植大麦、蔓菁、菽粟等。

十六国时期，吐谷浑之孙叶延正式建立政权，以祖父吐谷浑之名作姓氏，亦为国号和部族名。

唐初，吐谷浑人扰兰州、凉州，阻挠中西交通。贞观八年（634年），唐太宗派遣李靖击败吐谷浑，另立新王。后来，唐政府又把归降的吐谷浑迁至灵州。内迁的吐谷浑，与当地的汉族一直保持着友好关系，逐渐与汉族及其他民族融合；而留居在青海、甘肃一带的吐谷浑人，以后又与藏、蒙古等族融合，形成今天的土族。

七、吐蕃

7世纪，吐蕃在我国西部兴起。其祖先是东汉羌人起义失败后远徙到康藏高原的发羌、唐羌等部落。经过400多年的生息繁衍，松赞干布以武力统一了羌人各部，于唐初正式建立了吐蕃王朝，都逻娑（今拉萨）。松赞干布与唐修好，唐太宗以宗室之女封为文成公主，嫁给松赞干布。安史之乱爆发后，吐蕃乘机攻占了河西、陇右。直至848年，沙州张议潮起义，才结束了吐蕃在河西、陇右的统治。以后，居住在河西、陇右的吐蕃人逐渐被融合。

八、甘州回鹘

回鹘原称回纥，为南北朝时期铁勒六氏之一袁纥氏的后裔。隋朝，袁纥改称韦纥。唐朝又改名回鹘。唐末，由于内乱与天灾，回鹘为黠戛斯所灭。大部分回鹘人向西迁徙，其中一支迁到河西走廊，分布在甘州、沙州、凉州、合罗川（今额济纳河）等地，其中以甘州回鹘最为强大，牙帐（边境少数民族匈奴、鲜卑、羌、铁勒、柔然、回纥、突厥、沙陀的"首都"）就设在甘州，故又称河西回鹘为甘州回鹘。

甘州回鹘主要从事畜牧业，有文字即古回鹘文，属突厥语系。甘州回鹘以后大部分与当地居民融合，一说其中之黄头回鹘即撒里维吾尔，与蒙古、汉族长期相处，发展成为今天的裕固族。

今天，甘肃省有54个少数民族。人口较多、世居甘肃的少数民族有10个，分别是：回族、藏族、东乡族、保安族、裕固族、蒙古族、撒拉族、哈萨克族、土族、满族，其中东乡族、保安族、裕固族是甘肃省的独有民族。

|第二节| 甘肃少数民族文化

在甘肃,沿着逶迤的祁连山,一路向西,你会感受到裕固族风情,体验到蒙古族的豪迈,倾听到哈萨克族的冬不拉;往南,穿过古老的母亲河,会品味到回族、东乡族、保安族特色民族风情;最后来到神秘的甘南草原朝圣拉卜楞寺,感受藏区的信仰与民俗。保安族的腰刀舞,裕固族的迎宾舞,藏族的面具舞、水歌、锅庄,还有漫起的"花儿",飘扬的"拉也"……歌舞交织的最炫民族风都将会一一呈现在我们面前。

民族众多,是甘肃省的基本省情;文化多元,是甘肃省基本的文化生态。

甘肃少数民族文化资源十分丰富,特点非常鲜明。一是历史悠久,源远流长。甘肃省的回族、藏族、裕固族、东乡族、保安族、蒙古族等各民族都有自己独特的历史和文化传统,拥有丰富多彩的文化遗产。二是形式多样,内容丰富。少数民族文化成就表现在衣食住行、宗教、伦理、哲学、文学、艺术、医药、建筑、服饰、风俗等诸多方面。以藏传佛教、伊斯兰教为代表的宗教文化,以裕固族、蒙古族和哈萨克族为代表的草原游牧文化,以回族等民族为代表的穆斯林商业文化,在全国乃至世界都享有盛誉。三是载体独特,特色浓郁。各少数民族由于语言文字、生活地域、生产方式的不同而具有各自长期形成和传承的文化底蕴和语言、文字、歌舞、工艺等各个方面的艺术表现形式。四是相通相融,相互补充。各少数民族文化风格迥异,各具风采,但在精神价值上既相通相融,又相互补充。少数民族文化与汉族文化之间,各少数民族文化之间,互相交流,相互影响,互相吸收,你中有我,我中有你,既深化了甘肃文化的内涵,增强了甘肃文化的地域性,又保持了甘肃文化的多样性、丰富性。

一、回族

甘肃自古就是回族的聚居地之一,2010年第六次人口普查结果显示,甘肃回族人口已达1 258 641人,仅次于宁夏回族自治区。

甘肃的回族主要有两种来源:一是沿"丝绸之路"来华进行"茶马互市"而定居下来的中亚、西亚商人;一是元代戍边的回回军士以及贡使、商贾等。明代,回族最终形成一个独立的民族。清初,甘肃回族已开始形成大片聚居区。甘肃的回族以农耕牧养为其基本的经济基础,同时擅长经商。

经过1 300余年的发展,在以汉文化为主体的多种文化圈内生长、繁衍、交融、积淀,使回族文化形成了多重性、复合型的特点。从宏观方面说,回族文化是伊斯兰文化和华夏文化的综合体,其表现为用共同的宗教信仰来规范自己的思想、行为、生活、娱乐;在继承伊斯兰文化传统的基础上,有选择地兼收并蓄,创造发展具有独特色彩的中国回族文化。从微观方面说,由于百里不同风,千里不同俗,各地回族的民俗受到特定地域的生存环境、文化习俗的制约和渗透影响,东西南北中,同中有异、大同小异、五彩缤纷。

（一）回族独特的生活习俗与礼仪习俗

独特的生活习俗与礼仪习俗是回族人民为适应各个历史时期的不同境遇和社会生活需要，约定俗成、世代传承、共同自觉遵守的思想行为规范和生活方式，带有浓厚的宗教性与民族性。而分散聚居于全国各地的回族，由于种源、教派、客观环境和文化类型的不同，其生活习俗与礼仪习俗又具有复合性、地域性的特点。

1. 回族的生活习俗与禁忌习俗

回族长期与汉族杂居，为保持自己的宗教信仰、风俗习惯和禁忌习俗，一般采取小范围集中的方式聚居在一起，即便是在城市里也愿意一条街、一幢楼、一个单元或一家一独院居住。农村的回族人盖房不看风水，只注意选择地势好、日照足、清洁和用水方便之地。其住房建筑格局一般与汉族无多大区别，但门窗喜欢采用具有阿拉伯建筑风格的拱形门窗，门帘屏风、廊檐等饰以富贵吉祥的花卉或果木图案，大门两侧一般有用阿拉伯文或汉文书写的楹联，下面墙壁喜欢绘上壮美的自然景观或用瓷砖拼成阿拉伯风格的白绿相间的几何形图案，室内西墙上一般都悬挂阿拉伯文书写的中堂及伊斯兰教圣地天房的挂图或著名清真寺的图画。因为伊斯兰教禁止偶像崇拜，大多数回族住宅内外，都不用人像、神像、动物等做装饰图案。

回族民居讲究清洁卫生和环境的优美，一般每家都备有铜制、搪瓷制、铝制、锡制的汤瓶，以备平日大人、小孩洗手洗脸用，聚居城市的回族家庭，即便是住上了现代化的住房，中年以上的人还是习惯在卫生间放个汤瓶洗手洗脸。回族家庭一般都有洗大净用的吊罐，吊罐挂在专用的浴房中。清真寺里也设有中型、大型的沐浴堂，以备穆斯林礼拜前做"小净"。

回族日常生活中的卫生习俗，主要源于伊斯兰教习，如禁食未经宰杀的自死禽畜、血、猪（伊斯兰教认为这些是会传染疫病的不洁之物）等，吃牛、羊、鸡、兔时，要提前几天为牛、羊、鸡、兔喂洁净的食物和水，使其成为洁体后再宰杀。回族群众还讲究衣帽整洁，勤剪指甲、毛发，饭前洗手、饭后漱口，注意环境、家庭卫生，家中庭院喜欢用各种花卉美化。水井、水窖都要加盖以防脏物入内，就是去河里挑水也要等水流百步无脏物时再取。伊斯兰教禁用烟酒，禁求签、赌博和请巫婆神汉装神弄鬼等陋习，这些良好的生活习惯反映了回族人民热爱生活、积极向上的民族精神风貌，也为健康长寿带来了莫大益处。

自明代官方禁止"胡服"以来，回族在部分改着汉装的同时，也保留了一些带有伊斯兰教和民族特色的着装习惯，明显的特点是：男顶号帽女盖头。各地回族男子都爱戴无檐帽，俗称号帽、孝帽、巴巴帽或礼拜帽（回族礼拜叩头时要前额鼻尖着地，戴无檐帽方便礼拜，也有洁净、清真之意）。号帽以白色为多，也有灰、绿、棕、黑等色，多在秋冬季戴深色帽。因地区或教派不同，有戴小圆形开檐帽的，也有戴四角或六角形尖顶无檐帽的，如哲合忍耶教派的穆斯林一般戴白黑色圆边六角尖顶无檐帽，帽顶还用同色布缀成疙瘩，六瓣表示坚守六大信仰（信真主、信天使、信经典、信圣人、信后世、信前定），帽圆表示万教归一，帽顶表示真主独一。回族伊斯兰教职人员阿訇，一般戴绿色号帽，穿白、灰、黑色的准拜（阿拉伯语,译为拜衣或长大衣,近似现代西式大衣,但用对襟制服领),教长、阿訇在主持礼拜或会礼时,要用白、黄、绿色绸料或布料缠头,教法上称为缠"太思达尔"(波斯语音译)。

回族男子一般都爱穿白色对襟褂子,外套黑色夹棉对襟坎肩,即所谓的"白汗褡,青甲甲",以前还穿大裆裤和麦赛袜子(原为麦赛海,阿拉伯语,译为皮袜子)和字鞋(当地回族妇女习惯在自制的鞋跟和鞋势上绣上花饰或图案,故称"字鞋"。)。

回族女子爱戴用纱、麻、绸等制成的盖头,把耳朵、头发、脖子都遮盖起来,从头顶披至肩上。一般是未婚姑娘戴绿色的,中年或已婚女子戴黑色的,老年妇女戴白色的。过去回族妇女的服饰讲究宽、大、肥、素净,即便是年轻女子着装也讲究鲜亮而不妖艳。

回族男子一般不留长发,却有留胡须的习惯。中年男子喜留一字胡,老年人一般都剃光头,留"山羊胡"。

回族的饮食习俗具有鲜明的伊斯兰教风格和民族特色,现代的清真食品与菜肴许多都是由唐至今世代传承下来的。如油饼(俗称油香),"本为胡食,中国效之";哈鲁瓦(糕点,原为波斯语)是阿拉伯地区的甜食;还有饦饦馍(阿拉伯语称为"图尔木",烤饼之意)、秃秃麻食(俗称麻食)、糊饽(炒烫面饼丝)、卷煎饼、粉蒸牛肉、塔斯密(烩羊肉丝)、米粉汤、油茶等。明末清初,回族在传统食谱基础上创新发展出羊肉泡馍、腊羊肉、粉蒸肉、牛骨髓油茶、水盆牛羊肉、柿子面饼等特色食品,以及兰州的牛肉拉面,宁夏的手抓羊肉、烩羊肉、羊羔肉、羊杂碎和油香、馓子、花花等各色油炸食品,北京的涮羊肉、爆肚、豆汁等,也是代代相传的回族日常食品。

回族人喜吃佳美干净且性情温顺的牛、羊、鸡、鸭、鱼和各种甜食、炒货等,这主要是尊崇伊斯兰教规定和长期农牧和经商生活中形成的养身、补益、保健习俗所致。回族有独特的饮茶习惯,喜欢饮加有芝麻、豆子、桂圆、葡萄干、枸杞、果干、核桃仁、冰糖的"八宝盖碗茶"和用陕青茶、白糖、柿饼、果干冲泡的"白四品",用砖茶、红糖、红枣、枸杞冲泡的"红四品",以及用绿茶、山楂、芝麻、姜片、果干冲泡的"五味茶"等。这些茶饮都是根据饮食习惯,从滋补养身、生精益气、消食健体及热情待客等方面考虑配制的,同时也为闻名世界的中华民族茶文化增加了新色彩。

回族的禁忌习俗,主要有三大类。在饮食方面,禁食猪、狗、驴、骡、猫及一切凶猛禽兽,自死的动物以及非伊斯兰教徒宰的牲畜,禁止抽烟、喝酒等;在信仰方面,禁止崇拜偶像等;在社会行为等方面,禁止放高利贷,赌博等。

2. 回族的信仰习俗和礼仪习俗

回族不崇拜图腾,不崇拜偶像,不信仰福、禄、寿、财、风、雨、雷、火等杂神外道。伊斯兰教是回族普遍信仰的宗教,这与回族的族源和形成发展历史有密切的关系。回族穆斯林的信仰特点为内心诚信、身体力行、诵念表白、贯彻始终。回族伊斯兰教将其基本信仰归纳为六种,通称为六大信仰(信真主、信天使、信经典、信圣人、信后世、信前定)。回族宗教学者将其归纳为"包总的伊玛尼(信仰)"和"伊玛尼颂歌"。为便于教习、记忆,还配上音调,教给教民,在日常宗教活动中反复诵念咏唱,并认真贯彻执行。

回族群众的礼仪可分为宗教性礼仪和民俗礼仪两个部分，宗教礼仪严格按伊斯兰教的传统礼仪和不同教派的规定进行，民俗性的礼仪既受到伊斯兰教规定的制约和影响，也有入乡随俗，与中国传统礼俗和临近民间礼俗交流融合的成分。回族穆斯林的宗教礼仪有念、礼、斋、课、朝五大功修。

3. 回族的婚礼习俗

回族人在历史上实行早婚，基本上是奉父母之命、媒妁之言，同时受宗教信仰影响，多实行教内通婚，并有宗教程序。因为回族人居住分散，各地举办婚礼的形式或名称难免有一些小的差异，但都是大同小异，基本过程有提亲（也叫落活）、定亲（送订茶）、送礼、完婚、回门。

(1) 提亲。

男家看中一家姑娘，先请亲友中的一位长辈或德高望重、能言善辩者，携带茯茶、四色包包、衣料（两件）去女家提亲，俗称"下茶"或"送问包""送说茶"。经商议，女家若同意这门亲事，即留下礼物，否则当即退还。有时女家无法当场确定，双方就商定延期答复，男家定亲心切而久等无音时，再次请人携带礼物上门催问，叫"送催包"。

(2) 订婚。

待女家同意后，双方共同协商选定媒人各一，并言定具体日期，准备订婚仪式，俗称"送礼""下占茶"或"下定茶"。男方送女方茯茶、肉方、衣料等物和脑粉花儿、红绿头绳等化妆品，女方回敬以鞋、绣花袜子等。在订婚后至结婚前的一段时间里，若遇到斋月卡尔德节、古尔邦节，男家须按自己的财力，携带礼物去女家拜访，这一礼节不可缺少；女家则应送时鲜果子回礼。

(3) 送礼。

订婚以后，双方协商具体日期送彩礼，俗称"送礼"。彩礼的轻重，一般按女方的意愿和男方的财力多寡磋商而定。

(4) 完婚。

按照商定的日子举行婚礼。一般人家在婚礼前一天先要念"亥亭"，以祈祷真主保佑，告慰列祖列宗；同时，新郎新娘还要行沐浴礼（做大净）和修面、开面礼，男女傧相有责任向新郎新娘传授简单的性知识。

举行婚礼的当天，新郎连同自己的父亲、伯父、叔叔、阿舅、兄弟等有关人，在媒人的带领下，大盘子里端着核桃、枣儿、肉方、大米等礼物，一早去女家举行婚礼仪式——念"尼卡亥"。主客按规矩在大炕上就座后，开始念"尼卡亥"。第一项，由跪在大炕上座的主婚人阿訇向跪〈或坐〉在地下的新郎——考问有关伊斯兰教信仰（"伊玛尼"）、信仰箴言（"克利买"）等常识，答得上者，即行下一项；答不上者，要受到指教，直至当场学会。第二项，阿訇询问一对新人的经名（小名），并向他们及双方父亲询问是否同意这桩婚事，在得到肯定的回答后，即宣布这一婚姻合乎教法，并当众说定"买亥日"钱（一种宗教聘礼）。第三项，全体肃然而跪，由阿訇用阿拉伯文念颂婚姻证词经文，念毕，众人作"都哇"（祈祷）。最后一项，阿訇撒核桃、枣儿，孩子们向新郎讨喜钱、眼泪钱、破面钱，女方家设宴席招待客人。

席散客走，男家即由两名娶亲的人带一盘花卷馍、一顶盖头（或一手帕）、一套衣服等俗称"要裹"的礼物，随马（或车、轿）前往女家迎亲。待娶亲的吃过饭，新娘子梳妆打扮停当，便以红毡裹严，由她的兄长抱着送到马上。其兄长再同各位长辈、兄弟、妯娌、两位送亲的、一位压马的男孩、一位掌管箱子钥匙的小孩，陪同两位娶亲的，组成送亲队伍，浩浩荡荡，护送着新娘及嫁妆向男家而去。新娘临出门时，有的地方将一碗牛奶泼洒在接亲马的马蹄上及其周围，谓之"白奶送"；到了男家门口，又有一位妇女迎来，仍旧泼洒牛奶，谓之"白奶接"。新娘下马行至门道时，新郎到屋顶上踩几脚，意喻期望制伏妻子，以求婚姻扎实。

卸嫁妆时，拉马压轿的小孩可以得到一份酬金，叫"压轿钱"。若男家不给或所付钱数太少，他们就不搬嫁妆、不入席，直至满意为止。

新娘子在人们的呼唤簇拥下进入洞房，前来闹床的人们蜂拥而至。有些地方的农村，宴席曲唱家们口唱《恭喜歌》前来恭喜闹床，并为东家演唱宴席曲。闹床闹到一定的时候，新娘的姐姐（或嫂子或其他送亲的人）携带夜餐和核桃、枣儿前来洞房铺床，将核桃、枣儿压在毡角下，又各置数枚于新娘怀里，祝福儿女满堂。有的地方，还请二位新人睡前各喝一碗放有两枚熟红枣的牛奶。也有的在新被子的角中塞上枣儿、花生、瓜子等，意为早生贵子，白头偕老。这时，新郎要给铺床人送些钱，以示谢意。

(5) 回门。

新婚第二天，新郎新娘一大早就要起床沐浴，并由陪客（伴郎）陪同，新郎去女家向岳父岳母及有关长辈亲戚说"赛俩目"请安（也叫回门），娘家以饺子款待新女婿，表示婚事圆满成功。

次日，丈母娘偕同娘家人中的女性亲戚一道，来男家认亲吃席，探望女儿。

最后是拆篷，款待各位为婚事出过力的"跑窜"（协理），庆贺喜事圆满告成。

婚姻是构成家族、产生亲族的基础。成年男女因需要而结婚是"瓦直卜"（意为当然），为繁衍子孙而结婚是"逊奈"（圣行）。因此，回族从形成至现在，始终反对禁欲，反对绝欲，反对终生独身。无论是阿訇，还是一般穆斯林，一般都结婚成家。

回族严禁血亲、近亲之间结婚。

回族还注意婚姻道德，认为不正当的两性关系为最不道德、最卑污的行为。《古兰经》强调说："你们不要接近私通，因为私通确是下流的事，这行径真恶劣！"

回族对离婚比较慎重，一般不随意离婚。有的夫妇在万般无奈的情况下欲离婚时，回族当中的阿訇或有威望的老人尽量劝说，劝说后确实无效者允许离婚。离了婚的妇女或丈夫死后改嫁的妇女，都要等待一段时间再结婚，这主要是看女方是否怀孕。有些夫妇离婚后，经过一段时间的冷静思考想复婚时，须经德高望重的回族老人说和，在政府登记后，由阿訇念"尼卡哈"复婚。回族人认为这是合情合理、合法合教的。

4. 回族的丧仪习俗

回族按教规不论贵贱贫富都要平等对待,葬之以礼。回族殡仪及祭奠亡人的礼俗则严格按照伊斯兰教的规定举行,有速葬、薄葬、土葬的传统,与汉族和其他不信仰伊斯兰教的民族差别很大。

5. 回族的其他礼仪习俗

回族的礼仪习俗包括信仰、人生、生活三大部分。除上所述外,还有诞生礼、命名礼、满月礼、百日礼、抓周、割礼、宰牲、接待等带有宗教性的礼仪。

(二)回族节日

回族穆斯林奉行伊斯兰教的天命五功,也把伊斯兰教的宗教节日和带有传奇色彩的纪念日作为全民族的重大节日来庆祝,其欢度节日的程序和方式也保持着浓厚独特的伊斯兰教色彩。

1. 开斋节

开斋节,阿拉伯语称为"尔德·菲图尔",因而有些地区的回民称开斋节为"大尔代"(称古尔邦节为"小尔代")。开斋节、古尔邦节、圣纪节并称为回族的三大民族节日,在斋月期满的教历10月1日举行,是一个规模盛大、礼仪隆重的民族节日。开斋节一般要过三天,节前外出的回民都要提前赶回家中,把院内院外打扫干净,家家备足富有民族风味的食品以备过节和给亲友拜节。开斋节的主要活动是举行盛大隆重的宗教性会礼,节日那天人们都要早早起床,成年穆斯林洗大净,其他男女老幼都要梳洗干净并换上喜爱的民族服装和鞋帽,有些地方还要张灯结彩挂上欢庆开斋节的横幅。太阳升起之后,人们从四面八方赶来,高诵赞词,汇集到清真寺或寺外较大的庭院广场,先互致祝贺,散乜贴或交纳开斋节捐,看教职人员招手后站好举意:虔诚面向克尔白(沙特阿拉伯麦加城禁寺中央的立方形高大石殿,为世界穆斯林做礼拜时的正向,又称"天房")方向,跟随伊玛目(领拜人)咏诵"大赞词"。会礼结束后,由阿訇带领游祖坟、念"锁儿"(又译为"苏勒",《古兰经》选段),追悼亡人,然后走亲串友,相互拜节祝贺。回族青年还喜欢在这喜庆的日子里举行婚礼,有些回民聚居的地区还组织各种文娱活动,增添喜庆欢乐气氛。

2. 古尔邦节

古尔邦节,阿拉伯语音译为"尔德·古尔邦"(牺牲节)或"尔德·艾杜哈"(献牲节),又称宰牲节、忠孝节、小尔代节,是伊斯兰教三大节日之一,在开斋节后70天(教历12月10日)举行。回族人民的古尔邦节规模一般很大,多以乡、镇或教坊为单位举行,习惯要过三天(也有过一天的)。古尔邦节的会礼活动程序与开斋节相同,只是举意时把名称改为"尔代·艾杜哈拜"(宰牲节拜),并在会礼后举行盛大隆重的宰牲典礼。有条件的穆斯林都要宰牲祭献真主,一般规定一人宰一只羊,七人宰一头牛或一匹骆驼。回族穆斯林认为这天宰的是自己离世后过"岁拉提"桥(通向天国的桥)的乘骑,所以要挑选体壮健美无残缺的牲畜。所宰的肉要分成三份,一份自食,一份送亲友,一份舍散给穷人,其血液、粪便和吃剩的骨头都要深埋。节日这天要举行宰牲仪(阿语称为"古雷巴尼"),负责宰牲的教职人员要高诵"宰牲赞词",然后操刀放血、剥皮剔肉,场面极为壮观。典礼后,家家访亲拜友,馈赠油香、果品、肉菜祝贺节日,有的要请阿訇到家念经吃油香或游坟祭祖、举行文娱体育活动。

3. 圣纪节

圣纪节是伊斯兰教三大宗教节日之一,是伊斯兰教创始人穆罕默德诞辰和逝世的纪念日,相传穆罕默德诞生于教历纪元前五十一年三月十二日(571年4月21日),归真于教历十一年三月十二日,因此这日被定为"圣纪"(又称"圣忌")。国外穆斯林一般都是纪念穆罕默德诞辰,在这天诵经、赞圣,讲述其生平贡献和精神美德。我国回族穆斯林一般将二者合并举行(俗称"圣会"),像给先人做周年一样,要过"尔麦里"(念经做善事),自愿捐献粮、油、肉、菜和钱物,并在清真寺大院里张灯结彩。过节这天,回族穆斯林聚集在一起围桌而坐,诵经、赞圣、高声咏唱"经堂歌调",等肉煮好后设宴聚餐,有的几十桌,有的上百桌。

回族除过以上三大节日外,还过阿舒拉节、法图麦节和登霄节等。除宗教节日外,有的回族穆斯林还要过白拉提夜和盖德尔晚夕等珍贵的纪念日,聚在一起进行礼拜、祈祷,讲经文及宗教传说故事,回族民间称为"念夜"。有些教派还崇拜本民族本地区的圣徒、圣墓,祭日时为他们举行"尔麦里"祭祀。哲合忍耶教派不定期在礼拜后或专门时间举行"打意尔·迪克尔"(围成圈子的记主圣会),数十人围在一起,把记主词、清真言、穆罕麦斯、麦达耶亥等赞词和喜主诗词、圣歌等串起来咏诵。有领、有合,咏诵到喜主狂热的境界时,可以不受教法约束,用乐器伴奏,甚至还可以翩翩起舞。

回族的宗教性习俗一般均具有全民性、稳定性、纪念性的特点和较浓的宗教性、商贸性特点,娱乐性居于次要地位。不同地区、不同教派的庆祝活动方式也不尽相同,就是共同信仰伊斯兰教的民族之间也存在一些差异。

(三)回族民歌

回族民歌是回族人民在生产劳动和社会交往中形成的一种口头文学,从古传至今。

1. 花儿

"花儿"是回族民歌中最具特色、最为丰富的一种民间艺术形式,也是西北一带回族群众喜唱的一种山歌。"花儿"又称"少年",是一种高腔山歌。在"花儿"对唱中,男方称女方为"花儿",女方称男方为"少年",这种对人的昵称逐渐成为回族山歌的名称,亦统称为"花儿"。"花儿"约产生于明代,有关它的起源众说纷纭。有人说它是在蒙藏民歌影响下形成的一种特殊的民歌,有人认为它是由从外地迁来的回族人民的思乡曲演化而成,也有人认为是明初从南京迁往洮州地区的移民常以花卉为比兴的一种民歌。总之,"花儿"自近代以来成为回族人民传唱的一种主要艺术形式。"花儿"按传唱地区划分,又分为"青海花儿""河州花儿"和"宁夏花儿",其源泉则是河州(今甘肃临夏)。甘肃回族主要唱临夏花儿。

"花儿"曲调丰富,文词朴实、生动。其基本样式是每首4句或6句,也有个别为5句或6句的;唱词大多采用比兴方式,每首开头两句与下文内容无关联,以地理典故、历史典故、眼前事物作比兴,后两句为本题;演唱比较自由,以独唱为主,曲调悠扬、辽阔、高亢、奔放。花儿多吟唱爱情,也有表现劳动人民痛苦生活和不幸遭遇的,曲子很丰富,现已整理出的曲谱达100多种, 在群众中广为流传的有40多种, 如《白牡丹令》《河州令》《尕马儿令》《脚户令》《大眼睛令》《水红花令》等。花儿的唱法很多, 有以自哼自唱为主的轻声唱法; 有以真声为主并通过胸腔和口腔共鸣的苍音唱法; 有以男声提高八度音的假声来与女声对唱的尖声唱法; 有将尖音和苍音结合, 将真声和假声融为一体的尖苍音唱法。

在回族聚居的临夏地区, 几百年以来, 每年在固定的时间, 人们都要聚集于山清水秀、风景秀丽的山间举行传统的"花儿会"。每年农历六月初一至初六的莲花山"花儿会"和农历四月二十八日的松鸣岩"花儿会"久负盛名。每逢花儿的歌咏集会, 参加者达数千人, 甚至几万人。人们在野外搭起帐篷, 燃起篝火, 通宵达旦, 歌声不绝。

2. 宴席曲

宴席曲是西北地区回族人民专门在婚礼及其他喜庆集会上演唱的一种民歌。宴席曲是单一的清唱, 并伴有简单的舞蹈动作, 其曲调婉转柔和, 内容十分丰富。一般把宴席曲分为5类: 叙事曲(多为2句和4句式, 以爱情故事和历史故事为主)、说唱曲(民间说唱形式, 说文分起头、正文、结尾, 句子长短不齐、语言生动、内容广泛)、酒曲、散曲和五更曲。宴席曲演唱形式有独唱、对唱、和唱、随唱、问答、独唱加和唱、对唱加和唱等。宴席曲舞蹈基本上是2人或4人对歌对舞, 旁人伴唱或众和形式。宴席曲均由男子参加, 妇女不能参加。

二、藏族

甘肃藏族主要居住在青藏高原东北边缘和祁连山北麓, 居住面积较广, 人口40余万, 多从事畜牧业, 兼事农业。由于其地理环境的特殊性, 造成了其生活方式及人文环境的独特性。藏族人民在日常的生产劳动及社会生活中创造了灿烂而独特的节日文化、建筑文化、服饰文化, 以及绘画、雕塑、戏剧、音乐、舞蹈等艺术。

(一)传统节日

藏族的传统节日是藏族人民在长期的发展过程中, 通过用纪念日和特定习俗来表达对一些重大历史事件和重要历史人物的怀念而形成的。其中, 大部分与宗教有关, 有些直接来源于宗教, 有些则与农牧业生产的季节相联系。最具群众性和最受重视的宗教节日有: 正月法会、藏历年、七月法会、四月娘乃节和五月的采花节。

1. 正月法会

正月法会即传昭大法会, 也称祈愿法会, 是祈求来年人畜两旺、万事如意的盛会。举会期间, 僧侣聚会诵经、辩论、放生、晒佛、跳神、举行酥油花会, 附近群众去寺庙朝佛、观看藏戏等。

甘南各地的祈愿法会是从正月初三始, 到正月十七日止, 历时15天。而天祝、肃南一带的祈愿法会则正月初六始, 正月十五日止, 历时10天。诵经是法会的主要内容之一, 日诵6次。祈愿法会源于1409年, 藏传佛教格鲁派祖师宗喀巴在拉萨大昭寺第一次举行了规模空前的祈愿大法会, 纪念正月初一至初八日佛祖释迦牟尼破除外道、广弘佛法的功业, 并借此宣扬他将整顿宗风、创立格鲁派的主张。嗣后, 这个宗教节日历经数百年, 现已成为藏族僧俗共同的节日。

2. 藏历年

藏历年是藏族人民一年之中最隆重、最欢乐的传统节日。每年的十二月份起，人们便开始忙碌地准备各种年货。他们的年货办得丰富齐全，正如当地的一句俗言所说，"宁穷一年，不穷一天"，可见他们对一年一度的藏历年的重视程度。

除夕的那天，各家都将屋内院外打扫得干干净净，洒上清水，门旁用白底红纸糊上三角香斗，屋檐下挂上纸糊的方灯笼。佛龛披彩挂绸，酥油灯彻夜不熄。半夜以后，全村齐起，燃灯点香，然后到房顶上煨桑、吹海螺、放鞭炮，庆贺新年的到来，这时欢呼声、鞭炮声响彻全村。

大年初一，天未大亮，各家就带礼物到长辈和亲戚家拜年，各街各巷提着灯笼拜年的人，络绎不绝，欢呼之声，直至天明，天明后，回到家里，全家老小穿上新衣，按辈排座，共进吉祥团圆的早餐。初二，从早到晚拜年逛亲戚。初三，凌晨到寺院祭神，之后去全村公房煨桑。祭礼完毕，开始赛马，参赛的人盛装乘马，显得格外剽悍英武。跑马时还进行发枪射击、马腹绕枪、枪掷空中等马术表演，表现出藏族古时尚武的精神。初四以后，各家各村轮流宴请，由这家到另一家的路上，剽悍男子列队，边歌边舞。主人在正屋炕上设好小桌，两侧铺有藏式卡垫，客人进屋后席地而坐，桌上摆有蕨麻米饭、抓羊肉、灌汤包子、白酒糖果等。大家边吃、边喝、边唱，表现出一种欢乐、幸福、祥和、兴旺的气氛。酒宴结束时，男一队、女一圈地跳一曲"吉祥如意"舞，然后，又到另一家去做客。这样持续五六天，方才结束。

3. 娘乃节

"娘乃"藏语"闭斋"的意思。"娘乃节"也称"四月闭斋节"。娘乃节在旧历四月十五日举行。这一天，在甘南藏地，各地寺院的佛殿全部开放，供善男信女们随意朝拜、磕头和添酥油灯。另外，还要转经轮、吟嘛呢，闭斋忌食一日，行善戒杀一月。据传，四月十五日是佛祖释迦牟尼降生、成道、涅槃之日。后来，为了纪念起见，把这一天特定为闭斋日，遂又成了传统的民族节日——娘乃节了。

4. 柔扎节

柔扎节即七月法会，柔扎节是僧人们辩经说法的法会。柔扎节的时间是从旧历六月二十七日开始，至七月十五日结束，共历时19天。法会期间，闻思学院举行辩论法会，举行授予多仁巴格西学位和然谏巴格西学位仪程。七月八日举行米拉日巴劝化猎夫皈依佛门的法舞法会，远近教民前来朝佛、观赏。"柔扎"节内容丰富、妙趣横生，成为僧俗群众一年一度的重要节日之一。

5. 香浪节

"香浪"是藏语"采薪"之意，是甘南藏族群众根据僧人野炊采薪的习俗和古老的苯教祭山习俗，结合高原自然环境和生活条件逐渐形成的一种民间夏游节日。香浪节在甘南藏区，尤其在拉卜楞一带非常盛行，

究其渊源，香浪节最早是拉卜楞寺四世嘉木样大师噶藏图丹旺秀之时所创。当时，由于

拉卜楞寺附近没有柴薪市场，所以各学院、各府邸所需的柴薪，一律由本寺僧人到郊外自行采伐，每年规定三、四、五、六、八、九月为进山砍柴月份，过了规定的香浪日，一律不准进山。所以，僧人们每年都在风和日丽、鸟语花香的夏季，带上丰盛的食品，到山前溪边野炊砍柴。后来，约定俗成，慢慢形成习惯。这一习惯又从寺院传到了民间，由僧人劳动采薪转变形成俗人夏游娱乐的节日了。每年到了盛夏六月，满山遍野都扎满了帐篷，人们开始过狂欢的香浪节。

节日期间，民间还要举行盛大的祭祀山神的插箭活动。插箭时，给山神诵经煨桑，以示崇敬。祭完山神，就开始赛马射击、光脚赛跑和狩猎表演等香浪节的各项文体活动。

僧人们的香浪节，也是内容丰富，热闹非凡。一到六月，各大学院都陆续开始放假，集体过香浪节。一顶顶白底蓝图的帐篷扎在碧绿的草坪、河畔、山腰、林中，僧人们一边吃喝，一边玩耍。僧人们最喜欢臂挽臂地转嘛呢经轮圈和与群众打手球，间有下围棋、掷石子、甩骰子、演藏戏等娱乐活动。

6. 采花节

采花节是流传在舟曲县博峪乡一带的传统节日。相传，很久以前，从遥远的南方来了一位叫莲芝的姑娘，她热情地为博峪的人们传授织布、缝衣、绣花、采花医伤的技术，就在五月初五的这一天，莲芝姑娘上山采花时，不幸丧生。当地人们为了纪念她，也为了求吉祥、图吉利，每年五月初五这天都要上山采花。

这天，藏族青年男女身着节日盛装，进山采花，在山中戏水、跳舞、唱歌、祝酒、祝福。下山时头戴花环，手提、怀抱、身背野花，追逐嬉戏，伴以歌曲，撒下一路的歌声、一路的笑声。回村之后，青年们集体唱歌跳舞，相互祝福身心健康，期望来年再相聚。

（二）饮食习俗

藏族大部分世居在高寒阴湿的高原牧区，由于从事畜牧业生产，离城较远，加之交通不便等原因，导致其饮食结构比较简单。一日三餐，主食为糌粑、牛羊肉、鲜奶和酥油。早晨一般喝茶、吃酥油糌粑，中午吃酸奶烧饼，晚上吃肉吃面。

1. 糌粑

糌粑为热性食物，其原料为青稞。糌粑的制作方法较简单，先将青稞晒干、簸净、炒熟，然后磨成粉面，即可食用。食用时，先放酥油，后倒沸茶，等到酥油融化后，放上糌粑、曲拉（奶渣），用手指搅、搓，最后捏成糌粑团，一边喝茶，一边食用。糌粑的特点是易携带、食用方便、耐饥。

2. 酸奶

酸奶亦为热性食品，原料为牛奶。酸奶的特点是消暑、解渴、开胃。

3. 藏包

制作藏包的馅主要以牛羊肉为主，调和羊油、花椒、盐、葱、蒜、肉汤搅拌而成。藏包手工制作，讲究口子高、皱褶多，捏成宝瓶形状，最尖端留有一个小孔。蒸熟进餐时，要先咬一个小口，吮吸肉汤。藏包的特点是汤鲜、味美、健神。

4. 奶茶

奶茶是藏族地区最常见的饮料，一日三餐，从不间断。制作奶茶的方法极为简单，一般用铜壶熬煮湖南茯茶或松潘大叶茶，当茶叶在壶中煮沸时，用漏勺掠去茶叶的沫子，然后倒上鲜奶，煮沸后再加一点清水，煮到水奶融和，茶稠味浓时，即可饮用。奶茶的功效是消食、御寒、解乏。

5. 蕨麻米饭

蕨麻米饭可算是藏族人家待客的上等食品。蕨麻是一种有地下块根的野生植物果实，果味甘甜，极富营养，俗称"人参果"。每逢春秋，遍地都可采掘。蕨麻米饭的制作方法是，先将大米和蕨麻分别洗净、煮熟，盛入小碗，先盛米饭，后盛蕨麻，再放白糖，糖上面浇上一层过滤了的酥油，即可食用。蕨麻色红，大米色白，象征着吉祥和团结，表达了主人祝愿客人食后健康长寿、合家欢乐的愿望。蕨麻米饭的作用是健脾、强身、下奶（指妇女分娩后）。

6. 手抓肉

手抓肉是藏族的主食，也是待客的上餐。以牛羊肉为主的手抓肉做法很简单，将新鲜的肉放到锅里，加上清水煮，煮沸掠去沫子，加盐、姜、花椒等调料煮熟即可食用。用手抓肉待客时，讲究在盘中要有羊尾巴，象征彼此交情如盘中之肉，有头有尾，善始善终。手抓肉的特性是味美、御寒、强身。

地处海拔2 000米以下的卓尼、舟曲、文县、宕昌、迭部多儿一带的藏族，因海拔低、气候好、雨量足，多从事农业，兼营林业，人们的饮食习俗与牧区藏族差异也较大。他们以小麦、青稞、豌豆、洋芋、玉米、荞麦、大肉为主食。饮酒，是这些地方藏民的一大嗜好，无论男女都喜欢饮酒，每到秋收之后，即便自家不喝，各家各户也都要自酿几大锅酒储存起来，以便待客之用。

（三）传统服饰

甘肃藏区地处甘肃、青海、四川交界的"卫藏通道"的腹地。由于地理、气候、生产条件的不同，以及历史传统习惯的不同，各地服饰，包括色泽款式都有很大的差异。归纳起来，大致可分为5种类型。5种类型中又有牧区与农区之别，即天祝、肃南、夏河、玛曲、碌曲、卓尼牧区一带为牧区的一种类型，其余的文县、舟曲、宕昌、迭部4县为农区，各分一种类型。甘肃甘南藏族自治州夏河、玛曲、碌曲等牧区及卓尼、迭部、舟曲等农区的藏族人民，其服饰在日常的生产劳动和社会生活中不断演变发展，具有或华贵艳丽或朴素庄重的独特风格。夏河县的藏族妇女头饰多为碎辫子，她们将头发编成数十根细，下面接上黑色或咖啡色的丝线，一直坠到脚踝；头部还坠着饰有玛瑙、琥珀、珊瑚、银泡的彩色硬布条。部分藏族妇女在头顶脑门处饰有较大的绿松石串，自腰部起有垂及踝部的硬布条，上缀有碗形银质饰物或数行银圆、铜圆，多至数十枚。未婚女子则留两根辫子，饰以缀有数行红珊瑚或蜜蜡珠的红布条。舟曲地区因气候较暖，妇女常着薄而宽大的黑长袍，外穿一件短上衣，腰束黑色或蓝色宽幅长腰带，长袍下摆挽在腰带里；裤子很宽，裤口束起，有些还扎裹腿布；头缠折叠成二寸宽的头帕，胸前及上腰部饰有串联的整块珊瑚，胸前经常戴一个直径为26厘米的被称为"欧斗子"的圆形银盘子，上面绘饰有八宝吉祥图案。

（四）婚姻习俗

甘肃藏区，由于各地区的历史传统不一样，表现在婚姻上的习惯也有同有异，但一般以"父母之命，媒妁之言"为主，自由恋爱为次。其形式一般为提亲、订婚、上头、送亲、迎客、婚礼等几种形式。

1. 提亲

小伙子或其父母看准某家的姑娘后，就请村里善于辞令、通达情理、德高望重的长者做媒说亲。在提亲订婚之前先请寺院高僧卜合属相，看其属相是否相合。

2. 订婚

按照常规仪程，第二次上门是正式订婚，这一次，女方家长婉转地提出聘礼要求，男方也相应地给予满意的答复，而后双方家庭才开始进行忙碌的准备。从第一次提亲到第二次上门订婚，再到结亲的日期，大约相距一年。在这一年当中，双方积极筹措准备陪嫁品和聘礼。

3. 上头

结亲之前，要郑重其事地举行一次"上头"或"梳头"仪式。上了头，姑娘从此步入新的生活里程。姑娘的"上头"仪式是在娘家举行的，要改变姑娘过去的发型，佩戴上全部头饰，全副装扮后，姑娘显得格外婀娜娟秀、美丽非凡。

姑娘"上头"是甘肃藏区普遍流行的一种古老的传统习俗，尤其是在天祝、肃南、夏河、碌曲、玛曲、迭部、卓尼一带的牧业地区非常盛行。"上头"的时间是姑娘将要出嫁的前一两天，这一天全家举行梳头宴庆，藏语称"甲敦"，全家老少亲属都前来讨喜庆贺。"上头"时，选择两名有家教、有涵养，上有老、下有小的"全吉"妇女来焚香洗沐，梳理发辫。天祝和肃南藏区由新娘的婶母二人一面给姑娘上头梳辫，一面唱《哭嫁歌》。《哭嫁歌》伴着洗沐、梳头、更衣、戴首饰以及对姑娘的良好祝愿等过程，姑娘也借以表达自己对家乡的厚爱、对父老乡亲的嘱托以及对自己今后的祝愿。"上头"完毕，按照惯例，朝佛龛磕三个长头，绕煨桑台转三圈后回到家里，度过在娘家的最后一夜，第二天破晓就要送亲。

4. 送亲

按照传统习惯，严格选定送亲的人，一般由新娘的舅父、哥哥、弟弟来一路伴送。

天祝、夏河、碌曲、玛曲、上迭、卓尼一带牧业地区，到迎亲的这一天，男方家要找一位有身份、有地位的人，带上几个人，骑马带上一只羊和百八十元零钱及哈达，牵上一匹考究的骏马（必须是白色的），半夜出发前去娶亲。天还未亮，迎亲的人马就要赶到女家门前，然后呼叫开门，不开时，从门缝里递钱，若给少了，女方不仅不答应，而且还会泼洒清水，戏弄婚使。这样，几经周折，最后开门，相互礼节性地献上哈达，进屋吃肉喝酒，等待时辰到来。天将破晓，到了出发上马的时间，新娘在自家佛堂前磕三个头，祈祷之后，在伴女的陪同下，哭泣着走出大门，母亲和家人也含泪相送。在依依不舍的哭嫁声中，新娘被搀扶上马，随送亲的和婚使媒人一起启程。

按过去传统的婚俗是男女双方事先约好后，进行抢婚。抢婚是古代氏族部落外婚形成的一种用战争形式掠夺妇女的遗风，今武都藏族地区的坪牙一带，仍保留着这种抢婚的遗俗。

5. 迎客

甘肃藏区，由于地域和农牧之间的差异，在迎客形式方面，各地也形成了自己的一套完整的规矩和习俗，而这些习俗表现在观念形态上则反映了古老的苯教的一些习俗。例如，认为午夜起程，人干净，路不干净，所以，要为新娘洁身清垢，禳灾避邪。如天祝、肃南藏区一带，在迎客的这天早晨，男方家派人在离家不远的地方，燃起牛粪火，铺好马褥子，设路席，迎客人。这样，不仅表达了对客人的尊重，而且还为远道而来的客人提供了小憩之地。当客人到跟前时，主人先敬献哈达，捧酒致意，然后，双方对歌竞赛，最后迎客到家。而夏河拉卜楞一带的习俗是，当新娘来到门前时，男方将一条崭新的白毡铺在新娘的马前，直至脚底下，为图吉利，由一位"全吉"的妇女端上一碗漂着酥油的奶茶，献给新娘，新娘礼节性地喝上一口，然后入门，向门神、灶神、佛龛、父母各磕三个头，便开始正式举行婚礼。

6. 婚礼

婚礼的形式，各地都有些差异，总的来讲，农区的气氛比牧区的热烈一点，保留的传统民族特色也比牧区浓厚一点。例如：卓尼一带在举行婚礼之前，先请高僧念诵"吉祥祝福"经；天祝一带在开宴之前，让新娘、新郎站在用青稞酒成的"雍仲"字形的旁边，向客人祝酒，"雍仲"是苯教的符号，意为"永恒不变"；文县白马藏区一带，婚礼入席以后，每人要过5关，即喝5道酒：媒酒、问酒、知酒、接酒、喜酒，气氛十分热烈。

甘肃藏区举行婚礼，一般客人进门以后，先被领到正房，客右主左，依次入座，然后，由一位老人致祝福词。致完祝福词后，开始进行婚礼的第一项仪程——摆嫁妆。右面摆上男方家的彩礼，左面摆上娘家的陪嫁，全部摆好之后，当着大家的面，由客人向男方家长点交陪嫁实物和金钱。"摆嫁妆"仪式结束后，开始上藏餐：手抓肉、藏包子、蕨麻米饭、糖果瓜子，轮流唱酒曲，敬青稞酒。酒曲一般唱赞颂祝福曲，运用日月星辰、山川树木、花鸟草虫、江河湖海、草原蓝天等形象作比喻，祝福父老寿如雪山、长命百岁，赞美人民福如江河、长久安乐。酒曲间歇时，跳起欢乐优美的"嘎尔"舞，男女分跳，互不相混，少则二人，多则不限，也可男女混合跳，舞姿婀娜舒展；跳完了舞，又继续敬酒，唱酒曲，一直这样喝、唱、跳，通宵达旦。天亮后，男男女女又跳起吉祥祝愿舞。跳完舞之后，全家人上前喜送贵客，整个婚礼便在这样一种欢乐祥和的气氛中宣告结束。

（五）丧葬习俗

藏族的葬仪分天葬、土葬、水葬、火葬、塔葬五种，并且等级森严，界限分明。至于采用以上哪种葬仪，主要取决于喇嘛的占卜。甘肃藏区除实行五种葬俗之外，还有穴葬。

1. 天葬

天葬是甘肃藏族的主要葬式。当人在病榻上停止呼吸后，一般在家停尸3~5天。在这期间，根据亡者的生辰属相，首先请时轮学院的高僧卜算出殡日期、超度亡灵所诵的佛经，等等。然后将尸体用绳子捆缚，并腿屈膝成蹲式，双手交叉于胸前，男性亡者左手贴胸，女性亡者右手靠胸，状似胎儿。为亡者在佛堂前设置灵位，摆放供品，燃酥油灯，延请僧人念自入经，超度亡灵。全村出动，前来吊丧。出殡之日的早晨，由全村的男子将尸体运往天葬场，先煨桑祭祀之后，将尸体肢解剖开，让群鸟啄食，以食完为吉兆。然后都回到亡者家里，共进一顿丧饭，以表哀悼之心。

2. 土葬

土葬是盛行于甘南藏族自治州夏河县东部曲奥一带农业区的一种葬法，人咽气后，尽快洗理着装，用腰带将尸体捆缚成坐"禅"式，殓入一件藏衣中，最后置入形同房舍的四方高座式棺内，男略右倾，女微左侧，延请僧人卜算出殡日期、下葬方位等。

按照所卜算的停尸日期，请僧人诵经超度，全村男性来亡者家中守灵，女性有的帮着做活儿，有的念嘛尼。出殡之日，全村的男子都出动，将棺木抬往茔地，按选定的墓穴、方位下葬。这种土葬方式，在天祝一带也很盛行。

3. 水葬

水葬是一种极为简便的葬式，无固定的水葬场，主要盛行于江河沿岸地区。如地处黄河首曲的甘南藏族自治州玛曲县一带就实行水葬。葬地的选择主要由僧人卜算决定，事先请僧人诵经、超度，然后按卜定的时间将尸体背到河边，在地上划个符号，将尸体置于上面，松绑解衣，男性亡者伏放，女尸仰放，待做完法事后，才开始砍尸。一般情况下是在水深流急的地方进行水葬。

4. 火葬

火葬在过去一般用于高官僧侣，但也因地而异，今甘肃天祝藏区、迭部多儿一带火葬已成民间盛行的一种葬俗。在这些地区，人去世后，停尸于堂屋，然后根据亡者生辰属相，请僧人卜算，给亡者诵经超度，选择出殡的吉日，停尸三五天。出殡时，尸体呈坐式，置于木轿中，抬到火葬场，先将木轿放到已堆架好的柴堆上，然后把已融化的酥油浇到尸体上，点燃干柴将尸体、木轿一起焚烧。焚化高僧时，俗人一般不介入。僧人坐旁诵经，超度亡灵。火葬完后，僧俗骨灰有3种处理方式：其一，僧人的舍利子移至灵塔之中，在寺内供养。其二，俗人的尸骨残骸捡于木制的小匣里，挖土穴埋在地下，逢七则诵经纪念。其三，将骨灰留在葬场，或与红泥土搅和，制成若干小佛塔形状，抛撒在高山之巅和江河之中。

5. 塔葬

塔葬是佛教寺院中一种高规格的葬仪。一般有品位的活佛圆寂后，将遗体用盐水抹擦、风干，再涂以各种香料和名贵药物，然后置于灵塔之内。在安置遗体时，还要举行盛大的法事活动。灵塔的大小规格、工艺造型都不一样，有金制、银制、铜制和木雕的。灵塔的类型等级是由活佛的品位高低而定的。但每座灵塔，都显得珠光宝气，供在殿内，满堂生辉！

6. 穴葬

穴葬盛行于文县白马藏族地区。穴葬一般是在人死后，洗理更衣，捆缚成蹲坐式，然后置于土坑中，上盖一块木板，木板之上用泥土掩埋。

三、东乡族

东乡族因居住在临夏的东乡而得名。东乡族原是甘肃特有的少数民族，近些年随着部分东乡族人西迁至新疆，而改变了这种地区界限。根据2010年第六次全国人口普查统计，东乡族人口数为515 000人，主要从事农业，善种瓜果，使用东乡语，属阿尔泰语系蒙古语族，大部分人会说汉语，没有本民族文字，通用汉文。

东乡族、撒拉族以及保安族与回族关系密切，又因为共同信仰伊斯兰教，因此在文化习俗等方面与回族相同。

东乡族的服饰同回族大致相同。在婚姻上，一直保留着一种属于族外婚性质的习俗。在东乡族中，宗教系统即"阿哈交"及其观念相当浓厚，同属于一个"阿哈交"的男女之间不能婚配，违者将受到社会舆论的普遍谴责。

东乡族十分好客，有条件的家庭一般要用油香、"尕鸡娃""全羊"来款待宾客。待客食用"尕鸡娃"时，将整鸡按各个部位分成13个等级，各按辈分吃相应的等级，其中以"鸡尾"最为尊贵，要由最尊贵、最年长者或"首席"宾客享用。

东乡族有自己丰富多彩的民间文学和艺术传统，不仅有古老的史诗、传说、故事、民歌，还有富于讽刺和哲理性的笑话、谚语和谜语。长篇叙事诗《战黑那姆》《璐姑娘斩蟒》和《勇敢的阿里》，脍炙人口。《白羽飞衣》等童话故事颇富启迪和教育意义。现代民族文学领域，东乡族涌现出了不少作家。如著名诗人汪良玉的长诗《米拉朵黑》十分有名。另外，后起的东乡族实力派青年作家了一容的小说《沙沟行》《去尕楞的路上》《挂在月光中的铜汤瓶》《向日葵》等成为东乡族文学的瑰丽篇章。东乡族人非常喜爱"花儿"，不仅人人会唱，而且人人会编。

四、裕固族

裕固族是甘肃特有的少数民族之一，80%以上聚居在河西走廊的肃南裕固族自治县境内，其余住在酒泉的黄泥堡。2000年人口数为13 719人。裕固族自称"尧乎尔""西拉玉固儿"，1953年，经群众协商讨论，取与"尧乎尔"音相近的"裕固"（富裕巩固的意思），作为民族的名称。

（一）宗教信仰

裕固族最初信奉萨满教，其先民回鹘人西迁至甘州一带后，由于佛教兴起，开始信奉佛教，到了明清时期，藏传佛教成为裕固族主要信仰的宗教。

（二）居住习俗

裕固族牧民居住的是用牦牛毛编织的毛毡做成的方形帐篷，一般长约5米、宽3米、高2

米，四周用牛毛绳拉紧固定。坐在帐篷里似乎能看见星星点点的天空，但不漏雨，且能遮风。帐篷内左侧是用原木搭成的贴地板床，大约占帐篷的一半，上面铺着厚厚的毛毡，这是全家人安睡、谈天、用餐之处，也是会客厅。帐篷的右侧就是厨房。

（三）服饰习俗

裕固族服饰既与游牧文化息息相关，也受到相邻各民族潜移默化的影响。另外，裕固族的族源和民族形成的历史，也造成了裕固族服饰文化的多元成分。裕固族的服装样式与藏、蒙服装有类似之处，都属于袍服，但由于裕固族有自己特定的生活环境和生活方式，有自己独特的历史传统和审美观，因此也就形成了不同于其他民族的风格。

裕固族男女均戴镶边白毡帽，身穿高领偏襟长袍，束腰带，衣袍袖口、下摆口、两侧衩口镶有多色图案花边，足穿高腰子翘头皮靴或花边布鞋，按季节、地区穿坎肩、夹、绵、毡、布、皮衣，视经济条件由绸、缎、布、褐、皮做料。

"衣领高、帽有缨"，是裕固族服饰的一大特点，生活和文化传统形成了服饰上的审美标准，服饰的样式、花色、刺绣图案、花纹都按其民族习惯形成并代代相传。民间流传着"水的头是泉源，衣服的头是领子""帽无缨子不好看，衣无领子不能穿"等民歌。

裕固族的服饰喜欢用红、蓝、黑、白等对比强烈的色彩，给人以深刻的印象。如头面的编织图案，虽然极为简单，仅以方、圆等几何形状组成，但因以红色为底，以蓝、白、黄、黑构图，故十分醒目，而不使人觉得单调，尤其是银牌缀在红色的头面上，更见效果，立体感极强。又如白毡帽上镶以红、黑色的边沿饰纹，也因色彩的对比鲜明，而使边沿饰纹非常清晰，令人产生玲珑、轻快的美感。这种以强烈的色彩对比来造成图案醒目、生动的手法，在绿色的大草原中，显得很得体，与裕固族粗犷、豪放的性格相协调。

裕固族妇女的头饰很有特色，她们头上戴的是喇叭形红缨帽或用芨芨草编织的帽子。据说这帽子是为纪念本民族历史上一位女英雄的，红缨穗子代表其牺牲时头顶的鲜血。

（四）饮食习俗

裕固族人民的饮食与他们从事的畜牧业相适应，一般一日喝三次加炒面的奶茶，吃一顿饭。主食是米、面和杂粮，副食是奶、肉。他们还喜欢饮烧酒，抽旱烟，禁吃大雁、鱼，忌食尖嘴圆蹄的动物，如马、驴、骡、狗等（不吃马、驴、骡是因为裕固族人在游牧时代需要他们来驮运物品，不吃狗肉是因为狗是裕固族人最得力的帮手）。裕固族人不吃猛禽，如鹰、雕、隼等。

奶和茶在裕固族人民日常生活中占有十分重要的位置，民间有一日三茶一饭或两茶一饭的习惯。每天早晨起床后，一般都先将净水或刚开锅的茶舀一勺洒在帐篷周围，意味着新的一天已经开始，然后在茶水中调入酥油、食盐和鲜奶，反复搅动后即可饮用。如果再加上酥油、奶皮、曲拉（奶疙瘩）、炒面、红枣或沙枣就可当早点了。中午也要喝茶，到了晚上，待一切劳动结束后，才开始正式吃饭。晚上吃的饭一般以米、面为主，有米饭、面条、面片等。

（五）节日习俗

裕固族的节日主要有春节、敬奉点格尔汗活动和藏传佛教的宗教节日。

1. 敬奉点格尔汗

"点格尔"在裕固语中是"天"的意思,"汗"是"可汗"的意思。"点格尔汗"意为"天可汗"。裕固人认为"点格尔汗"能使他们避邪免灾,一年四季太平吉祥。供奉"点格尔汗",是一种原始崇拜。所说的敬奉"点格尔汗",就是在一根细毛绳上面缠上各种牲畜的毛穗和各色布条,下端有一个小白布袋,里面装上带皮和脱皮的五谷杂粮,供奉在帐篷内的上方右侧。

敬奉"点格尔汗"仪式,由"也赫哲"主持。"也赫哲"多为男性,有父子相传的,也有自发的,就是有人某一天突然全身颤抖,自称"天神"附了体,即成为"也赫哲",据说群众对自发的"也赫哲"比较信任。"也赫哲"的衣着与常人相同,只是头上留着一条长辫子,上面缠有许多绿、白、蓝布条,平时盘在头上。"也赫哲"平日参加劳动,信喇嘛教。

敬奉"点格尔汗"的活动,一般每年举行两次。一次是从农历正月初开始,每家都必须请"也赫哲"敬神,一家一天,直轮到二月初;一次是在立秋以后,但不一定每家都请"也赫哲"。正月敬"点格尔汗"的活动比较隆重。

2. 剪鬃毛

剪鬃毛是裕固族的传统农祀活动,流行于甘肃肃南一带,一般在每年农历四月十一日以后的几天内择日举行。裕固族人非常爱护牲畜,当小马驹长到一周岁时,要举行隆重的第一次剪鬃仪式。在这一天,要请来亲朋邻友祝贺。剪鬃时,一边唱《剪鬃歌》,一边剪,剪下的第一撮鬃毛,拿进帐篷,献给佛像,以求保佑。剪完后,主人要盛情款待客人,客人借酒助兴,恭喜主人有了骏马。最后,主人要骑上马驹串帐篷。每到一处,人们都要以吉利的话祝贺。

五、保安族

保安族也是甘肃特有的少数民族之一,是我国信仰伊斯兰教的10个民族中人数最少的一个民族。保安族原居青海省同仁县境内隆务河两岸的保安三庄,清代同治年间,迁入甘肃,现在主要聚居在甘肃省积石山的大墩、甘河滩、梅坡三庄,这三庄仍被人们习惯地称为保安三庄,故称"保安人",少数散居青海与新疆。中国有保安族16 505人(2000年人口普查统计数据),其中甘肃省有15 170人,占保安族总人口的91.9%。

保安族的语言属阿尔泰语系蒙古语族,与东乡、土族语言比较接近。由于和周围汉族、回族长期交往,保安语中汉语借词较多。保安族没有文字。

保安族的服饰、饮食与回族、东乡族等信奉伊斯兰教的民族大致相同。文学艺术以口头文学为主,目前整理出来的有20多篇。保安族"花儿"以"保安令"为主调,辅之以其他调会,是河州"花儿"中的一枝奇葩。

保安腰刀是保安族的传统手工业,反映着保安族人民剽悍的性格。保安腰刀有100多年的历史。保安腰刀的生产以一家一户为生产单位,制作技艺高超,锋利耐用,精致美观。著名的"双刀"和"双垒刀"的刀把,多用黄铜或红铜、牛骨垒叠而成,图案清雅美丽,享有

"十样景"的赞语,享誉甘肃、青海、西藏等省、自治区。保安腰刀与新疆的英吉沙刀、云南阿昌族的户撒刀齐名,号称"中国少数民族三大名刀"。

六、蒙古族

甘肃蒙古族主要聚居在河西走廊西端的肃北蒙古族自治县境内,现有人口17 000人。蒙古族信仰藏传佛教,语言属阿尔泰语系蒙古语族卫拉特方言。甘肃蒙古族以畜牧业为主要产业,畜群以牛、羊为主,马和骆驼次之。服饰与国内其他地区的蒙古族相同。饮食以茶、肉、奶为主,辅之以粮、菜等,喜欢饮酒,用马奶、山羊奶、骆驼奶酿成的酒是蒙古族的日常饮料。主要节日是春节,从初一到十五都是节日。民族文化以音乐、诗歌最有特色,文学艺术形式多样,有"好来宝"(民间流传很广的演唱形式)、谜语、谚语、故事、神话、传说、说书等。

七、撒拉族

甘肃撒拉族来自青海,主要居住在积石山县,现有人口10 000多人。撒拉族自称"撒拉尔",简称"撒拉",撒拉语属阿尔泰语系突厥语族乌古斯语支。由于长期与汉、藏、回各族交往,也吸收了不少汉语和藏语词汇,很多人兼通汉语。撒拉族没有文字,通用汉文;生产方式以农业为主,手工、商贩等活动也较为普遍。撒拉族信仰伊斯兰教,在风俗习惯、婚丧嫁娶、服饰上大致与甘肃其他几个信仰伊斯兰教的民族相同。撒拉族口头文学非常丰富,经甘肃、青海两省文艺工作者和业余爱好者共同整理、搜集的传说、故事、民歌等已达200多种。

八、哈萨克族

甘肃哈萨克族主要分布在阿克塞县境内,2010年有人口3 164人。哈萨克族人信仰伊斯兰教,能歌善舞,热情好客。哈萨克族人在婚礼、各种节日等庆典中,常常举行赛马、叼羊、姑娘追等体育活动。哈萨克族节日分两种:一种是伊斯兰教的节日,另一种是民间节日,有达罕礼、猎礼、骑马庆典礼等。哈萨克族有丰富的民间文学和民间工艺,文学形式有快板、鼓词、对唱、寓言、神话、史诗等;民间工艺主要体现在服饰、帐篷及生产工具方面。

第三章 甘肃历史文化

甘肃是中华文明的重要起源地之一，是中华民族重要的文化资源宝库，历史文化品位高雅，价值非凡，魅力永恒，许多方面不仅在全国，而且在世界上都享有盛誉。"黄河文明八千年"是甘肃历史文化引以为豪的一大特色。

第一节 大地湾文化

大地湾文化遗址位于甘肃东部、渭水上游的天水市秦安县五营乡邵店村，总面积275万平方米，是我国一处新石器时代文化的重要遗存。

大地湾文化遗址包括三个阶段的遗存，即大地湾文化、仰韶文化、仰韶文化向齐家文化过渡的常山下层遗存。经碳14年代测定，遗存距今约8 000~4 800年，上下跨越3 000余年，最早的遗存比著名的西安半坡遗址还要早1 000年，是西北地区最早的新石器时代聚落遗址之一，是一座尚未完全打开的地下博物馆，具有很高的历史文化价值。

一、世界上最早的彩陶文化

大地湾一期文化遗存中的彩陶是中国乃至世界上最古老、最原始的彩陶文化。它将中国彩陶文化产生的时间上溯至距今8 000年，这和国外目前发现的最早的、含有彩陶的、两河流域的耶莫有陶文化和哈苏纳文化的年代大致相当，同是世界上最早出现彩陶的古文化。尽管彩陶纹样很简单，即在圆底钵的口沿外绘一圈红色宽带纹，但这是最早的彩陶花纹样式，犹如曙光中的一抹朝霞，照亮了人类古文明之路。这也至少从两个方面给我们提供了重要启示：其一是以红色作为最早的装饰画材料，表现了先民对生活的信心和追求。因为红色是远古人们在旧石器时代最先认识的色彩，在先民眼里，红色是生命力的象征。其二是绘在陶器口沿外的宽带纹，从侧面看是一条带箍，从上面俯视，又是一个圆圈，表明中国彩陶艺术从萌芽起，就有后世人们所注重的多效装饰法的表现手法。简单的花纹凝聚了氏族先民巨大的智慧和丰富的想象力，是制陶工艺和原始装饰艺术发展的标志。

二、世界上最早、最古老的混凝土

在F901 "原始宫殿" 遗址131平方米的前厅内壁和居住面上发现了5 000年前的原始水泥地面，表层坚硬平整，色泽光亮，呈青黑色。科研人员对其地面用回弹仪打压测试，共测试300个点，平均抗压强度为每平方厘米120余千克。经打压检测、化验、考证分析，其化学成分、物理性能及抗压强度与现代水泥相近似，相当于今天的100号水泥砂浆地面强度。

三、世界上最早的农业文化

在大地湾一期H398出土的炭化植物种子，经鉴定是禾本科的黍（俗称糜子），这是国内同类标本中年代最早的种子。这一事实说明大地湾文化是我国乃至世界上最早的农业文化之一，以大地湾遗址为中心的清水河谷是中国最早的粮食作物的种植地。

四、中国最早的原始文字

大地湾一期彩陶钵口沿内和部分彩陶片的内壁发现有十余种红彩符号，在大地湾二期仰韶文化半坡类型圆底彩陶钵口沿外的黑色宽带纹上发现了十几种刻画符号。这些符号的发现，为研究我国古代文字的形成和发展提供了宝贵的新资料。这些符号虽然现在还不能释读，但是它作为表达一定意思的原始文字是毫无疑义的。

五、中国最早的房屋建筑

在大地湾一期文化遗存中出土了三处早于仰韶文化的房屋建筑，经碳14年代测定，距今约8 000年。这三处均为圆形深穴式建筑，结构基本相同，房基直径在2.5~2.6米，居住面与门道呈曲转的斜坡状，三个屋门，两个朝北，一个朝西。居住面不太平整，穴壁外、居住面和门道内皆有柱洞，其中穴壁外的柱洞向内倾斜，未见灶址，距地表2米以上。这三座圆形深穴式房屋建筑遗迹，在黄河流域新石器时代文化中是仅有的，它标志着人类居住方式从穴居向半穴居的迈进，为研究新石器时代早期人类活动的历史提供了珍贵的实物资料，是我国至今为止发现的最早的房屋建筑之一。

六、中国最早的雕塑

在大地湾二期文化遗存中出土了一件距今6 000年前的人头形器口彩陶瓶，细泥红陶，高31.8厘米，孔径4.5厘米，原始艺术家将面庞五官、发式纹理，巧置于器口部位塑造刻画：耳鼻高耸如生，眼口镂刻传神、生动自然，身段部位形体饱满而具张力。仔细观察，头的左右和后部披发，前额垂一排整齐的短发，眼和鼻都雕空成洞孔，两耳各穿一孔，腹部以上施浅红色陶衣，黑彩，画三排弧线和斜线组成的二方连续图案，仿佛裹着的霓裳羽衣，美感和神秘感紧紧地咬合，交织出节奏和韵律。整体形态在宁静中不失运动和变化，通体造型富于活力，充满生机。无论雕塑技艺还是绘画水平在当时都已是登峰造极。

七、中国最早的绘画

在大地湾四期文化遗存F411房址的居住面上发现了一幅距今5 000余年的绘画作品。画长1.2米,宽1.1米,绘有人物和动物图案。绘画用笔粗犷古朴,寥寥数笔就勾勒出一幅生动的画面,反映的是原始先民狩猎的情景。如此完好和清晰的画面,在我国史前考古中确实是罕见的。

八、中国最早的宫殿

大地湾四期文化遗存F901遗址距今5 000年左右,是一座举世震惊的"原始宫殿"式建筑,由前厅、后室、左右侧室及门前棚廊式建筑组成。其前厅约131平方米,后室面积约54平方米,再加左右各宽4米的"侧室"和门前宽余7米的棚廊式建筑,总计建筑面积约460余平方米。在没有金属工具的条件下,出现这样宏伟的建筑,反映了当时建筑技术水平已达到了惊人的程度。它摆脱了延续数千年的半地穴的窠臼,既开创了我国后世房屋土木结构建筑的先河,又是中国宫殿建筑的雏形。

九、中国建筑史上的奇迹——人造轻骨料的发明

F901原始水泥地面下层是15～20厘米厚的砂粒、小石子和非天然材料组成的混合层(F405居住面下同样发现了这种混合层)。混合层中的非天然材料有的呈片状,有的呈棒状,青灰色,有一层光滑的釉质面,比石子轻,用力可掰断,内多空隙。此类材料显然系人工制成,建筑学上称之为"人造轻骨料"。这种人造轻骨料是大地湾先民采用大地湾随处可取的料礓石粉碎后,掺和一定量的红黏土,调水后制成泥浆,手工搓成棒状、压成片状或做成无定形颗粒,然后在陶窑中烧制而成的。这种人造轻骨料的运用,是古代建筑史上的一项重大发明创造,是中国建筑史上的奇迹。

总之,大地湾遗址以其文化类型多、延续时间长、历史渊源早、技艺水平高、分布面积广、面貌保存好而享誉考古界。它对于研究黄河流域新石器时代文化的产生、发展及探讨中华文明的历史进程都具有十分重要的意义。

|第二节| 伏羲文化

伏羲传说生于陇西成纪,也就是今天的甘肃省天水市。天水市位于中国版图的几何中心,素有"羲皇故里""龙城天水"之称,是中华古文明的重要发祥地之一。

伏羲与女娲在中国古史系统中,既是创世英雄,又是华夏始祖,而且是华夏文明的奠基者。伏羲及其文化创造活动共同形成的伏羲文化,内涵丰富,渗透于中华文化的许多层面和领域,对于中华传统文化的发展和中华民族精神的形成,都具有重要意义。自先秦以来,

由于其独特的地位和非凡的贡献,伏羲乃至女娲成为中华民族历代口耳相传又见诸典籍的人物,是人们推崇、歌颂、祭奠、信仰、寻根的对象和旗帜。于是,历代贤哲学人乃至统治阶层,遂以伏羲、女娲事迹及其文化创造活动为基础,复经演绎加工和增益扩展,加之民间传说推衍流传、民间信仰崇拜与风俗习尚浸润习染,逐渐形成了源远流长、内容博大、内涵深奥丰富而蔚为大观的伏羲文化。

一、物质文明

(一)结网罟,兴渔猎

据史书记载,伏羲是渔猎工具的发明者。网罟的发明,使撒网捕鱼成为可能,极大地改善了人们靠采集自然果实和集体围猎而不敷食用的状况。

(二)豢育牺牲,发展牧业

伏羲教先民对猎获之活兽进行豢养驯化,使之成为家畜,逐步开始了牲畜的圈养。这是原始畜牧业的一大革命,也是对人类社会生产发展的一大贡献,同时也标志着我国原始畜牧业的开始。

(三)作历度,兴农业

伏羲氏族通过长期劳动实践,逐步对自然界的一些变化规律有了认识。特别是他们在农牧业生产和日常生活中发现,日出月落、月出日落的循环变化,气候的变化,温度的变化都是有规律的。而这些变化着的物候对农牧业生产产生着重要影响。随着时间的推移,他们不断地进行观察思考,逐渐地掌握了这些变化的规律,逐步总结出了简单的历法,并用于农业生产。

(四)钻木取火,养蚕化布,建造屋庐,改善生活

人类从动物中分离出来后,随着生产生活的实践,逐渐对火有了新的认识,伏羲时人们从使用、保存天然火,发展到有意识地钻木取火,使人类茹毛饮血的生存状态逐渐结束。人类早期夏季用树叶遮体或裸体,冬季用皮革御寒。伴随着原始锄耕农业的兴起,纺织业得到了较快发展,出现了麻布,麻布可以遮体御寒,既轻柔又保暖。麻布的出现,使人们的生活水平提高了一大步。从居住条件看,随着原始锄耕农业的形成,人们开始趋于半定居或定居生活。在聚落址内大量营建房舍或"因丘陵掘穴而处"。屋舍建造的大发展与先民生活居室质量的逐步提高,使原始先民的整体生活水平有了很大的改善。

二、精神文明成就

(一)创立龙文化,奠创中华传统文化之根

伏羲带领他的部族在东徙的过程中,通过兼并、吸纳,融合了其他氏族、部落,在学习其他部族先进文化的同时,也取代了其他部族的图腾崇拜,逐步形成了自身的精神信仰与图腾崇拜物"龙"。在中国神话里,相传伏羲蛇身人首,与其妹女娲成婚,生儿育女,成为人类的始祖。由于人首蛇身是图腾主义的痕迹,"蛇身"也就是"龙身",故华夏民族有"龙的

传人"之说。

（二）创立八卦学说，肇启华夏文明之源

伏羲创画的先天八卦为中华文明的起源奠定了基础，是中华民族文化发展史上的伟大创举，也是世界文化史上的一个闪光点。八卦是中华先民理性思维和科学思想的结晶和高度智慧的标志。由八卦而《周易》，并由此形成的易学思想与体系，是中华民族解释世界、认识自然、规范社会人伦的钥匙与百科全书。八卦与易学体系在哲学层面上既是中华民族认识世界、指导人类社会发展的解释系统，也是一个操作系统。因而，这一完整严密、富有民族特色和阴阳变异、和合大同的辩证思维理论和逻辑方式体系，深刻影响了中华民族的思维方式和文化进程。在文化层面上，八卦与易学体系，是长期占据正统文化的儒家学说、与儒学并立而存的道家文化、在民间社会有广泛基础的巫术占筮等神秘文化的活水源头。所以，八卦符号与易学思想，实乃中华传统文化的源泉与核心。

（三）制瑟作乐，开中国音乐艺术之先河

从我国古代文献记载中可以看出：琴、瑟、箫、埙等乐器都被认为是伏羲氏发明的，笙簧是其妹女娲发明的。《网罟歌》《立基歌》《扶来歌》《立本歌》《驾辩曲》等也都是伏羲氏创作的最早的乐曲。

（四）造书契，开中国文字之先河

文字发明之前，曾有一段"结绳而用"的时代。伏羲氏"造书契以代结绳之政"，在过去结绳记事的基础上创造发明了符号、图画记事。虽然这些符号、图画并不是今天意义上的文字，但其已有书契之功用，与象形文字有着承启关系，对以后表意文字的形成起到了很重要的作用。

（五）始制嫁娶，促进了人类自身进化的进程

伏羲氏之前的婚姻是母系氏族社会"知其母而不知其父"的族内血缘杂婚生活。伏羲氏倡导"不媒不聘"的聘婚制，将人类婚姻制由族内血缘杂婚制改变为族外媒聘婚姻制，以至最后进化到一夫一妻的家庭制度。这是人类婚姻史上的一大进步，为人类自身的繁衍进化做出了重要贡献。三国谯周《古史考》说："伏羲制嫁娶，以俪皮为礼。"俪皮就是两张鹿皮，送俪皮表示希望成双成对。

|第三节| 周祖文化

周朝以前的历史，我们称之为先周；周朝建立以前的历代君王我们称之为周祖。周的祖先从后稷到不窋、公刘，在庆阳开疆拓土，实力不断强大，到公刘时，周的活动已扩展到庆阳大部和平凉的部分地区，并向陕西的关中地区扩展，史称"公刘迁豳"，极大地开拓了周的基业，后经九代到古公亶父时迁到岐山。周祖在陇东开疆拓土的同时创造了周祖文化。

一、周先王不窋奔庆，开创黄土高原农耕文化的先河

《国语·周语》韦昭注："不窋失官，去夏而迁于豳，豳西接西戎，北接狄也。"豳地据唐《括地志》云："宁、原、庆三州，秦北地郡，为义渠戎之地，周不窋、公刘居之。""不窋故城在庆州弘化县南三里，即不窋在戎狄所居之城也。"这里所说的宁、原、庆三州即今宁县、庆城和镇原三县，不窋故城即今庆城县城。唐代的弘化县即今庆城县。清顺治和乾隆年间分别编修的《庆阳府志》均记"庆阳乃《禹贡》雍州之地，周之先后稷子不窋所居，号北豳，即今庆阳也。子鞠陶，孙公刘，俱历世为兹人"。清代乾隆年间编修的《甘肃通志》载，在庆城县东十里地多花木，古称花坡，相传为"不窋遗园"。明、清《庆阳府志》和《庆阳县志》均载"不窋坟在庆阳县城东山顶"。明代大文学家李梦阳在《秋怀》一诗中有"庆阳亦是先王地，城对东山不窋坟"的诗句。

不窋到达戎狄居住的这个地方后，"不敢怠业，时序其德，纂修其绪，修其训典，朝夕恪勤，守以敦笃，奉以忠信，奕世载德，不忝前人"（《国语·周语》）。就是说，不窋到戎狄后，不敢懈怠自己的事业，仍然按照过去的做法，勤勤恳恳地创业；按照过去的道德规范要求自己的民众，并且修订法律训典，朝夕恪守，提倡忠信道德，使其世世代代相传，不敢违反前人的优良传统和教诲。

北豳原来是以游牧为主的地区，故称北荒，此后因是北荒之地被称为北地，北地之北，又被称为朔方。不窋原任夏朝农官，他的家族都长期在邰地从事农业生产，所以他到北豳后，做的第一件事就是教民稼穑，大力发展农业生产。他在以庆城为中心的区域内定居后，继承历代后稷之业，辛勤创业，使原来由戎狄经营的畜牧区逐渐发展为以农业为主的农牧区。由于不窋开创了黄土高原农耕文化的先河，因此被世人称为周先王。不窋儿子鞠陶主政后，联合当地戎狄民族，将畜牧业、农业一起抓，种植、养殖、狩猎同时并举，迅速推动了北豳经济的发展。《甘肃通志》记载，庆阳府人"好稼穑务本业，有先王遗风，陶复陶穴以为居，于貉为裘以御寒"。在合水有"务耕作事樵采，人无逐末，依然古风"的记述。在合水县九站文化遗址中，不但发现了谷物，还发现了纺织。《汉书·地理志》云：安定、北地"以射猎为先"，"《诗》言，农桑衣食之本甚备"。这些古风都是从先周时期开始的。

二、公刘大展农耕，始兴周道

公刘，他是周先祖来庆阳后的第三代领袖人物，也是真正在庆阳这块黄土地出生的庆阳人。公刘，可以说是周祖中功绩最大、影响最深远的一位领袖。他是整个豳地疆域的开拓者，古豳国的创建者，我国农耕文化的奠基者。《史记·周本纪》云："公刘虽在戎狄之间，复修后稷之业，务耕种，行地宜，自漆、沮度渭，取材用，行者有资，居者有蓄积，民赖其庆。百姓怀之，多徙而保归焉。周道之兴自此始，故诗人歌乐思其德。"对于公刘在豳地的贡献，今天我们可以用两句话来概括：扩大疆域，统一豳地；大展农耕，始兴周道。

为了使周族和周先王在北豳开拓的事业得到更大的发展，公刘继承父业后，就着手向

南迁移，以扩展疆土和治理范围。《庆阳府志》记："夏桀二十二年公刘迁豳。"《诗经·大雅·公刘》中有"逝彼百泉，瞻彼溥原。乃陟南冈，乃觏于京"的诗句，记述了公刘向南迁徙的经过。诗中有关环境的描述同庆阳的地形是一致的。比如"陟则在巘，复降在原"，是说公刘从川里上山，上到山上却又像降到了平原。这是陇东黄土高原的基本地形和独特的地貌特征。公刘带领人从庆城县所在的川道上到大原上，望到了广阔的原野，站在这个原上又望见了南冈，认为南冈是可以建立京城的好地方。南冈在什么地方？就是今天宁县的庙嘴坪，古为公刘邑，也是正式建立豳国后的都城。

正宁县文化馆保留的宋代承天观碑文上也有"豳土分疆，乃公刘积德之地"等语，证明正宁、宁县均为豳地（当时正宁为宁州属县）。公刘如何大展农耕，除了《周本纪》所记之外，《诗经·公刘》篇对此也做了充分的歌颂。

笃公刘，匪居匪康。乃埸乃疆，乃积乃仓；乃裹餱粮，于橐于囊。思辑用光，弓矢斯张；干戈戚扬，爰方启行。

笃公刘，于胥斯原。既庶既繁，既顺乃宣，而无永叹。陟则在巘，复降在原。何以舟之？维玉及瑶，鞞琫容刀。

笃公刘，逝彼百泉。瞻彼溥原，乃陟南冈。乃觏于京，京师之野。于时处处，于时庐旅，于时言言，于时语语。

笃公刘，于京斯依。跄跄济济，俾筵俾几。既登乃依，乃造其曹。执豕于牢，酌之用匏。食之饮之，君之宗之。

笃公刘，既溥既长。既景乃冈，相其阴阳，观其流泉。其军三单，度其隰原。彻田为粮，度其夕阳。豳居允荒。

笃公刘，于豳斯馆。涉渭为乱，取厉取锻，止基乃理。爰众爰有，夹其皇涧。溯其过涧。止旅乃密，芮鞫之即。

一是说，忠诚周民的好公刘，不敢安居享福，而是划分疆界，扩大耕地，把生产的粮食囤积起来，装满大囊小囊。二是说，忠诚周民的好公刘，经常深入原野田间察访，忽而登上小山坡，忽而又来到平原上，民心归顺，心情舒畅，受到众多百姓的拥护。三是说，忠诚周民的好公刘，有一天来到泉水边上，眺望前面一片平原宽又广。他登上高原，望见南面的山冈，发现这里是建立京城的好地方，于是决定迁徙南岗。四是说，忠诚周民的好公刘，建立新京城后，宰猪斟酒，宴请群臣，大家公推公刘当了君长。五是说，忠诚周民的好公刘，带领军民，开垦出的豳地农田又宽又长，并在山南山北经过勘查，查明了豳地的水源和流向，军民一齐屯田种粮，上山向西望，豳地土地又宽又广。六是说，忠诚周民的好公刘，在豳原营建了宫室，基地初定，民康物丰，河岸两边都住满了老百姓。

以上说的都是建基地、开垦农田的活动。至于农业如何种植，老百姓怎么生活，《诗经·豳风·七月》篇给我们提供了答案。

七月流火，九月授衣。一之日觱发，二之日栗烈。无衣无褐，何以卒岁？

三之日于耜，四之日举趾。同我妇子，馌彼南亩。田畯至喜。

七月流火，九月授衣。春日载阳，有鸣仓庚。女执懿筐，遵彼微行，爰求柔桑。

春日迟迟，采蘩祁祁。女心伤悲，殆及公子同归。

七月流火，八月萑苇。蚕月条桑，取彼斧斨。以伐远扬，猗彼女桑。

七月鸣鵙，八月载绩。载玄载黄，我朱孔阳，为公子裳。

四月秀葽，五月鸣蜩。八月其获，十月陨萚。一之日于貉，取彼狐狸，

为公子裘。二之日其同，载缵武功。言私其豵，献于公。

五月斯螽动股，六月莎鸡振羽。七月在野，八月在宇，九月在户，十月蟋蟀，

入我床下。穹窒熏鼠，塞向墐户。嗟我妇子，曰为改岁，入此室处。

六月食郁及薁，七月亨葵及菽。八月剥枣，十月获稻。为此春酒，以介眉寿。

七月食瓜，八月断壶，九月叔苴，采荼薪樗。食我农夫。

九月筑场圃，十月纳禾稼。黍稷重穋，禾麻菽麦。嗟我农夫，我稼既同，上入执宫功。昼尔于茅，宵尔索绹，亟其乘屋，其始播百谷。

二之日凿冰冲冲，三之日纳于凌阴。四之日其蚤，献羔祭韭。

九月肃霜，十月涤场。朋酒斯飨，曰杀羔羊，跻彼公堂。称彼兕觥：万寿无疆！

首先，我们从诗中看到了当时豳地所种的庄稼品种有小麦、稻子、谷子、糜子、高粱和豆类，其他经济作物有大麻、野葡萄、葵花、葫芦、苇子、韭菜、远志等，经济林有桑树、臭椿、枣树、郁李等。除农耕业外，还有养蚕业、纺织业、饲养业、酿酒业和狩猎等生产活动。其次，我们从诗中看到了豳地一年内的农时季节和农事活动：正月农具休整好；二月下地春耕忙；三月动手修桑树，砍掉高枝留嫩桑；四月远志结子囊，乡村人人忙；五月知了声声唱，蚱蜢弹腿响；六月蝈蝈抖翅膀，郁李葡萄请君尝；七月蟋蟀野地鸣，伯劳树上唱，煮葵烧豆汤，采瓜食瓜瓢；八月庄稼要收割，割苇好收藏，打下大红枣，葫芦摘个光，家家织布纺织忙；九月天高气又爽，女工缝衣裳，筑好打谷场，拾麻好收藏；十月落叶随风扬，庄稼要进仓，熏鼠封北窗，两壶美酒大家饮，举到宰了小羔羊；十一月风，毕拔响，打貉上山冈，剥下狐狸茸茸皮，好为公子做衣裳；腊月寒风刺骨凉，凿水冲冲响，送进冰窖藏。再次，从诗中，我们还看到了豳地的一些其他品种。如豵（小野猪）、豝（大野猪）、蜩（蝉）、斯螽（蚱蜢）、萑（草）、蘩（白蒿）、鵙（伯老鸟）、葽（远志）、薁（野葡萄）、葵（苋菜）、苴（麻子）、樗（臭椿）等，这些自然物种都同当时的农业生产和人民生活息息相关。最后，从诗中，还可以看到农业生产工具和生产技术的发展情况，比如，搓绳索技术、用耜（犁头）技术、对桑树的修剪技术、用泥塞缝涂墙技术、酿酒技术、用葫芦制瓢技术、纺纱织麻技术，等等，在公刘时代都得到了很大的发展和进步，这无疑是公刘倡导"务耕种，行地宜"的结果。由此，"行者有资，居者有蓄积，民赖其庆"。

三、修建窑洞，实行定居，为农耕创造了条件

周先祖到庆阳后，大力实行"陶复陶穴"，即利用可筑窑的有利条件，大挖窑洞，改善居住条件，实行定居。只有定居，才能开展农业生产。这项浩大的工程是不窋子鞠陶领导人民

开展并完成的，所以人们才称他为鞠陶（鞠者，抚养也，盈多也；陶者，窑也。也就是说，他为人民修了很多很多的窑洞）。《诗经·大雅·绵》说周人迁岐以前，周人"陶复陶穴，未有家室"。周人迁岐后，《史记·周本纪》云：太王古公亶父贬戎狄之俗，而"营筑城郭家室"。这就清楚地说明住窑洞是周人在庆阳豳地一带居住的一种方式。庆阳市从北至南全由厚厚的黄土覆盖，其特点是黄土层厚，又很坚实，在上面挖窑洞实为周先祖的一大发明，一大进步。窑洞修建方便，牢固安全，冬暖夏凉，避寒防暑，相传几千年，至今仍是庆阳农村特别是山区群众主要的居住方式。历代有许多歌颂窑洞的诗词，如光绪年进士，庆城人惠登甲赋诗曰："远来君子到此庄，休笑土窑无厦房；虽然不是神仙洞，可爱冬暖夏天凉。"此诗生动地赞扬了庆阳窑洞的优越性。窑洞的出现，为村落的形成创造了条件，也为游牧民族的定居奠定了基础。从此，窑洞村落遍布陇原高原，成为人民经济和文化生活由落后走向繁荣的象征。

如今，庆阳的窑洞，引起了世界人士的极大兴趣。20世纪60年代，有几位日本客人来陇东黄土高原考察访问，被这里古老的窑洞倾倒。他们总结说，这些窑洞除了丰富的文化积淀外，还是养生保健的理想境地。因为土窑中温度适中，温度宜人，一年四季无大差别；况且空气新鲜净化，无任何环境辐射；更重要的是能防御放射性元素的侵害，真正是养身长寿的绝佳之地。2002年6月，首届中国香包民俗文化艺术节期间，中国民俗学会将庆阳市命名为"窑洞民居之乡"。

周祖农耕文化起之于晋，行之于秦，兴之于陇，遍及于天下。"兴之于陇"，即是"周道之兴自此始"，是周代最重要的阶段。周王朝之所以能有八百年国祚，庆阳这一段历史功不可没。

第四节 秦早期文化

关于"秦"字的来源，《说文·禾部》里解释："秦，伯益之后所封国，地益禾。"传说秦人始祖伯益因协助大禹治水有功，被舜帝赐予嬴姓；又曰"秦，禾名"，意思是"秦"字，是由种植的禾苗而得来的。秦人的祖先最早生活在犬丘，即现在天水地区的礼县、清水县和张家川县一带，是一个以畜牧业为主的部落。秦人先祖一方面靠优越的自然条件，一方面靠种植"秦"这种上等饲料植物驯养出彪肥体壮、能征善战的马匹，所以，秦的祖先是靠种植"秦"这种饲料植物而建立国家的，为了纪念创业的根本，就起国号为"秦"。《史记·秦本纪》记载，早在西周初期，秦人的祖先大骆和他的儿子非子在犬丘牧马养畜，生息繁衍，从而开始了秦人、秦族和秦文化的历史。

秦早期文化是秦人入主中原之前（公元前890年前后非子邑秦到秦文公四年即公元前762年入关中为止的这一区段内），融合西戎游牧文化和中原华夏文化的优点而形成的一种带有鲜明地域特色的地方文化。秦早期文化主要由政治文化、经济文化和精神文化构成。

一、政治文化

从政治文化来讲,秦早期主要有宗法制度、宗庙制度、人殉制度,其中宗法制度占有相当大的比重。

(一)宗法制度

秦早期政治制度的重要标志仍是嫡子承位,它是用以区分嫡庶高下的宗法制度。秦早期宗法制是根据周制而建立的。《史记·秦本纪》排出的世系是:非子(秦嬴)—秦侯—公伯—秦仲—庄公—世父(未立)襄公—文公—静公(早卒)—(子)宪公……从秦嬴非子到庄公凡五世均一脉嫡长,父传子,家天下,唯有秦襄公是个例外。秦襄公以下又是一脉嫡长,包括秦文公的太子静公早死,其孙宪公即位,可见嫡长制执行得非常严格。但秦襄公的个案说明在秦早期,嫡长子继承制下也有着非常措施。

(二)宗庙制度

公元前771年秦襄公为诸侯后,并没有立足关中,去争夺周平王许诺的岐、丰之地,而是急急忙忙返回老家西犬丘建立祠庙,完成诸侯国的祭祀及礼仪制度。秦襄公立西畤,是秦早期发展史上的一件大事,由此揭开了秦人祭祀祖先和天地鬼神的先河。近年来礼县大堡子山秦襄公墓地以及圆顶山早期秦墓的发现,表明了秦人在甘肃东部建有自己的陵区,即"西陵园"或"西山陵区"。

(三)人殉制度

早期秦人在完成立祠建陵的同时,也创立了最野蛮最残酷的人殉制度。《史记·秦本纪》载:"秦武公二十年(公元前678年),武公卒,葬平阳。初以人从死,从死者六十六人。"这是史书关于秦最早殉人的记载。但实际上早于秦武公九十年就已经实行了人殉制度,并在礼县大堡子山的考古发现中得到了证实,而且"分为生殉和杀殉两种","多为青少年"。礼县大堡子山秦襄公墓地人殉的发现,推翻了《史记》关于秦武公开始实行人殉制度的说法,可以肯定秦的人殉制度当起源于西周,至迟在春秋初年的秦襄公时就已经形成。

二、经济文化

从经济文化讲,秦早期主要是农业经济、畜牧业经济和传统的手工业经济,其中农业经济占有相当大的比重。

(一)农业经济

秦作为少昊的后裔,有着好农的优良传统,特别是到了西部以后依旧是以农业为主,畜牧业为辅的经济模式。考古也证实,在天水的秦水谷地和西汉水上游谷地,是主要的农耕区。

从考古发现看,早期秦人已使用铜、铁生产工具。在毛家坪遗址A组遗存中发现了一件长8厘米、宽2~3.5厘米、厚0.3~0.9厘米的铁镰,以及一批陶制的生活用具。其中有炊具、鼎、鬲、甗(yǎn)、甑、釜的组合,还出土了两件陶仓。"尤其是陶仓的发现,反映了其饮食生活当以农作物的粮食为重要食物来源"。特别是出土了一件用于饮酒的小杯，很有特色，表明秦人在这一时期已经开始出现了酿酒业。从渊源上讲早在大汶口文化晚期就已经生产鬶、盉(hé)、壶、瓶、杯等成套的酒器。酿酒是以黍等粮食作物为主要原料的，只有在粮食富足的情况才有可能酿酒，而早期秦人的活动区正是盛产黍的农业区，因此就地取材发展酿酒业是完全可能的。

（二）畜牧业经济

畜牧业是秦的传统经济，自伯益起就以此业见长，至非子更是以养马而博得封邑。秦早期牧区分别在秦邑牧区和西犬丘牧区。秦邑牧区是秦嬴非子牧马受封，并且继续为周室养马及家畜的地方，主要分布于甘肃张家川县海拔在2 400~2 600米的山地草甸草原和海拔在2 300~2 400米的山地森林草原，主要在陇山两侧，以天然草场为主。牧草有早熟禾、披碱草、苔草、羊草、野棉花、唐松草、淫阳霍、野苜蓿、杜鹃、野豌豆、水蒿等，这些牧草除了养马亦可牧羊。西犬丘牧区是非子奉王命替周孝王放马以前的牧区，主要分布在礼县大堡子山以北与古冀县（今甘谷县）交壤的今固城乡一带。这里为山地草甸草原，海拔在1 900~3 000米，属于西汉水上游支流永坪河流域，主要草种有草木栖、禾草、野苜蓿等。另外在西汉水上游还有一些山地灌丛草甸草场，属于次生类型草场，宜于放羊。重要的是西汉水上游盛产井盐，这为大牲畜的生长、繁殖提供了必要的物质支持。

（三）手工业经济

在秦早期的经济活动中，兴起的手工业占有很重要的地位。这主要表现在两个方面：一是为广大民众提供生产、生活用具；二是满足秦贵族们奢侈生活的需求，主要表现在采金及铸造业等方面。

采金在天水、礼县一带历史十分久远，近年来在这一地区发现了早期秦人留下来的以金箔饰片为代表的金器。从工艺上讲秦早期出土的金箔饰片是用锤制成型，并用木器冲打而成，有些部位运用金属工具进行修饰，点缀花纹。无论是镂空的鸥鸮图案、虎食羊图案，还是整片的牛、日月图案等，其制作之精美、工艺水平之高都是以前秦器当中少见的。作为棺木上的饰品，它表明秦人对黄金有着特殊的嗜好。秦人在青铜器的制造上也颇具特色，特别是礼县大堡子山及圆顶山等地出土的金器及鼎、簋、壶、盉、盒等青铜器，其造型之优美，工艺之精湛，足以证明秦早期工艺水平之高超，就是与中原的青铜器相比也毫不逊色。

三、精神文化

精神文化在秦早期主要体现在图腾与崇拜和初兴的礼乐制度上。

（一）图腾崇拜

秦在东方的图腾是玄鸟，即小燕子。燕子是候鸟，春天来，秋天去，每次迁徙都预示着节气的变化，同时也代表着春天和秋天两个不同的季节，预示着春种和秋收。以候鸟作为图腾崇拜，是农业民族的象征。在历法不精确的古代，以不同习性的候鸟作为农时节气的标志，起着替代或补充历法的重要作用。直到近代，我国西南少数民族中还在使用这种古老的

"候鸟纪历"。但是，秦迁至西方以后，在与西戎长期的交往中融入和接受了部分西戎文化，逐渐形成了新的崇拜物，这就是考古所发现的鸱鸮图腾。作为猛禽，鸱鸮是当地土生土长的代表性图腾，而且就源于距今4 000多年前的天水西山坪。

（二）礼乐制度

礼乐制度是社会文明发达的重要表现，秦早期的礼乐制度主要来源于周文化。非子受封以后，对周文化的接触开始加快，到了秦仲、庄公至襄公时有了更大的发展。秦仲为周的西陲大夫，自然要向周人学习礼乐，至少也要装装门面。《诗·车邻》中的："未见君子，寺人之令"，"既见君子，并坐鼓瑟"，"既见君子，并坐鼓簧"等，都是礼乐的反映。鼓、瑟、簧均是乐器，这里既有阉人侍奉，又有乐人奏乐，所以《秦风谱》称："秦仲始大，有车马礼乐待御之好焉。"瑟、簧，今不见实物，而鼓，就出自秦邑西边的大地湾三期文化，距今已有5 600年以上的历史，是秦地的特产。其他还有"缶""瓮"和"埙"等乐器。瓮是瓦罐；缶是瓦盆，二者均为生活用具，至今流行于甘青一带。应劭说："缶者，瓦器，所以盛浆。秦人鼓之以节歌。"除了瓦器以外，天水还流行古老的乐器"埙"。埙是古老的乐器之一，已有8 000年的历史，为八音之土，最早就是陶制的，并且出土于大地湾一期文化中。埙在秦人故地叫"哇呜"，就出产于秦安县的大地湾一带。自秦仲而下，礼乐制度在秦襄公时期得到了进一步的发展。所谓"襄公于是始国，与诸侯通使聘享之礼"，就是按照周王规定的礼仪与东方诸侯国进行平等的交往。而礼县大堡子山出土的秦公鼎、秦公簋以及鼎、簋、壶、盘、匜的组合和编钟、石磬，还有秦公镈等，为我们研究这一时期秦人的礼乐制度提供了珍贵的实物资料。

|第五节| 丝绸之路文化

一、丝路古道

漫天的黄沙、独行的驼队、异域的舞娘、强悍的部族、凶残的马贼和沙盗……数千年来，王公贵族、贩夫走卒、乞丐狱犯都曾在这留下足迹——这就是极富浪漫气息和神秘色彩的丝绸之路。

有人说，几千年来的中国古代史一直在上演西部片，而这电影的胶片，就是由华丽的丝绸引发出的漫漫历史。德国地理学家李希霍芬（Richthofen, Ferdinand von 1833—1905年）早在1877年出版的《中国亲程旅行记》一书中，最先把"从公元前114年到127年，中国于河间地区以及中国与印度之间，以丝绸贸易为媒介的这条西域交通路线"誉之为"丝绸之路"。这条东起中国古都长安，西达地中海东海岸安都奥克，经过27个国家，全长8 000余千米的线路，是沟通古代东西方经济、文化交流的重要桥梁。它沿途所经之地产生的美索不达米亚文明、花剌子模文明、印度文明与中国文明，也是当今世界主要文明的母胎。著名国学大师季羡林先生曾经说过："世界上历史悠久、地域广阔、自成体系、影响深远的文化体系只有四个,就是中国、印度、希腊、伊斯兰,再没有第五个;而这四个文化体系汇流的地方只有一处,就是中国的敦煌和新疆地区,再没有第二个。而这一处所指,其实就是整条'丝绸之路'的精华部分。"

提起甘肃,人们脑海中所闪现的除了孕育着古老华夏文明的黄河文化之外,更多的恐怕就是一条如梦幻般的线路——丝绸之路。丝绸之路在甘肃段全长1 600多千米,在甘肃境内分为两段三线。丝绸之路横贯甘肃,根据经过地域又分陇西段和河西段,另外还有草原丝绸之路和西南丝绸之路也部分经过甘肃。

（一）陇西段

在丝绸之路正式开通时期的汉代,都城在长安(今西安西北),到中原来的商人、使者和僧侣,大都以到达长安为他们的目的地。所以,丝绸之路的起始点从长安算起。

陇西段分为北、中、南三线。

陇西段丝绸之路北线,由长安出发到咸阳,沿渭河经凤翔、千阳、陇县,北上再经安口越六盘山,沿祖历河而下,在靖远石门川索桥古渡处或阴口渡黄河到达武威。这条道上还有三条岔道。

陇西段丝绸之路中线开辟较晚,应该在汉武帝元鼎三年(公元前109年)在即襄县(今通渭)设天水郡时开辟。这条路从长安到陇县,在陇关(后称大震关)翻越陇山,经张家川、陇城(秦安北)、通渭、定西、榆中,在金城(兰州西固)过黄河,再经永登(汉令居)越乌鞘岭达武威。这条路的陇山段有三条路可通。丝绸之路中线是汉代重要的军事运输线和商道,是到达兰州的捷径。在汉代,北有匈奴,南有羌氐骚扰,因而这条路是最安全的。

陇西段丝绸之路南线从长安到陇县,出大震关翻越陇山,在张家川马鹿折向南经清水,过天水(古秦州),沿渭河西行经甘谷(冀县,东汉汉阳郡治)、武山、陇西(古襄武)、渭源、临洮(古陇西,又称狄道),渡洮河,再经临夏(古河州、枹罕),在永靖渡黄河出积石山经乐都至青海西宁,然后经大斗谷(今扁都口)到张掖。这条路的陇山段开通于汉,盛于隋、唐,标准较高,石板路至今尚存。

（二）河西段

丝绸之路陇西段几条路线过黄河后都向一个方向靠拢,最后成为一条主要的通道,即丝绸之路河西段。

河西走廊东起乌鞘岭,西到敦煌,东西长1 000千米,南北宽100~200千米,北部是走廊北山,南部是走廊南山,即祁连山,中间形成一条天然的平坦通道。丝绸之路沿河西走廊依次经过武威、永昌、山丹到达张掖,由张掖西行,到酒泉,由酒泉往西到达嘉峪关,是明长城的西端,是丝绸之路必经之地。进出关口的商人、使者都要登记注册,商人要写明驮运何物,来自何方,前往何处。

敦煌,丝绸之路十字路口。由嘉峪关往西,经玉门镇到敦煌。敦煌是中西交通上的咽喉之地,汉代由敦煌出西域有两条路,南线:由敦煌西南行,出阳关沿南山(今昆仑山)北麓,经鄯善、且末、精绝、于阗、皮山、莎车、疏勒,然后翻越葱岭,向南到达大月氏、大夏、今毒

（今印度）等国。北路：由敦煌西北行，出玉门关（今甘肃敦煌县西北），穿过白龙堆，沿北山（今天山山脉）南麓，经尉犁（今新疆焉耆县南）、乌垒（今新疆轮台县东北）、龟兹（今新疆库车县）、姑墨（今新疆阿克苏县）、温宿（今新疆乌什县），到疏勒与南道汇合，然后越过葱岭，向西北经大宛，到达康居、奄蔡等国。唐代北路有所变化，即由玉门关西北行，过莫贺延碛沙漠北缘到伊吾（今新疆哈密），经蒲类、北庭、沙钵城守捉、冯洛守捉、耶勒城守捉、促六城守捉、轮台县，至弓月城（今新疆霍城一带），渡伊犁河至碎叶城。

丝绸之路河西段有一条重要的支线，即由张掖或酒泉沿黑河到居延，居延是汉代的战略要地，沿途设有肩水都尉府和肩水金关，也可以由敦煌南下青海。

除上述丝绸之路陇西、河西段外，在甘肃的陇东、陇南地区还通过两条丝绸之路，即草原丝绸之路和西南丝绸之路。

"一驿过一驿，驿骑如星流。平明发咸阳，暮及陇山头。"这是唐代诗人岑参的《初过陇山途中呈宇文判官》。这首诗中形象地记述了唐代丝绸古道上驿站的繁忙景象。

地处丝绸之路东段的甘肃，是古代中国通向西方的门户，也是东西方交往的主干道和最活跃的地区之一。丝绸之路的开拓与发展、东西文化的交融与碰撞，在甘肃留下了无数璀璨瑰丽的历史文化艺术珍品，呈现出了古代文明的辉煌。

现在在丝绸古道上遗存有1.33万多处文物点，烽燧、城址、驿站、渡口、关隘、墓葬、寺塔、石窟等丝绸之路文化遗址繁星般地分布全境，著名的有：莫高窟、嘉峪关、瓜州榆林窟、锁阳城、酒泉西汉胜迹、张掖大佛寺、马蹄寺、武威文庙、雷台汉墓、麦积山、伏羲庙；古代著名边关玉门关和阳关，绵延1 000余千米的汉、明代长城；哈萨克族、蒙古族、土家族以及甘肃独有的民族——裕固族，民族风情独特诱人；汉晋简牍、敦煌文书、金石碑刻、壁画造像等出土文献和艺术品，内涵极为丰富。

甘肃境内丝绸之路留下来的最丰富的遗产当属宗教文化。丝绸之路上有佛教石窟70多处，其中敦煌莫高窟、天水麦积山石窟、永靖炳灵寺石窟与洛阳龙门石窟、大同云冈石窟并称为中国五大石窟寺。中国境内最早的石窟造像在新疆，但是印度痕迹非常明显，进入甘肃，中国传统文化的原素骤然增多，而且时代越晚，中国文化元素越多。可以说，甘肃是佛教文化中原化的早期摇篮。炳灵寺"建弘元年题记"是目前我国石窟寺中最早的题记，为炳灵寺石窟和中国其他重要石窟的分期断代提供了参考标志和线索。武威市天梯山石窟有中国石窟艺术中的"凉州模式"之称，直接影响了云冈石窟和龙门石窟的建造风格，为探寻中国石窟造像艺术的源头所在提供了极为重要的线索。

在漫漫丝绸之路上，西去或东进的有案可稽的人物数以百计，其中西游求法者中有籍贯可考者65人。西进人物张骞、法显、宋云、玄奘、高居诲等，东进人物鸠摩罗什等都经过甘肃，他们是丝绸之路甘肃段辉煌历史的见证人。同时，他们留下的极为重要的历史遗迹和对行程的文字记载，成为了解丝绸之路不可多得的重要史料，如武威的罗什塔、炳灵寺石窟中的法显题记、瓜州县境内玄奘偷渡之"五烽"及《法显传》《宋云行记》《大唐西域记》等。

人类文明的历史几乎沐浴在丝路花雨之中,以至于超越了世人的想象。在今天,人们把丝绸之路看作连接东西方文明的纽带,是世界各民族物质文化和非物质文化交流、语言和信仰多元对话的历史见证,是人类通向第二轴心时代的光明之路。

联合国教科文组织"2002年丝绸之路国际学术研讨会"在丝绸之路的起点古城西安召开,来自29个国家的120位学者共同发表的《西安宣言》呼吁:将丝绸之路以文化线路的身份,作为一个整体列为世界文化遗产。其目标是向全世界展示"丝路"文化的辉煌成就和对人类文明的巨大贡献,以东西方丰富多彩的伟大实践和相互理解的历史经验,启迪当代人重视文化交流、文明对话的必要性和必然性,促进世界的和谐与发展。2014年6月22日,第38届世界遗产大会宣布,我国和哈萨克斯坦、吉尔吉斯斯坦联合申报的跨国项目"丝绸之路"通过审议,正式被列入《世界遗产名录》,成为首例跨国合作、成功申遗的项目。其中甘肃省有5处,即玉门关遗址、悬泉置遗址、麦积山石窟、炳灵寺石窟、锁阳城遗址被列入遗产点。

二、绚丽的敦煌文化

敦煌是古丝绸之路上的名城重镇,是古代中西文化交流之孔道,是世界上历史悠久、地域广阔、影响深远的中国、印度、希腊、伊斯兰四大文化体系交流融汇之地。由绚丽多彩的壁画、彩塑和包罗万象的莫高窟藏经洞文献构成的莫高窟是举世瞩目的文化艺术宝库,它包容了古代儒、佛、道、摩尼、景、祆等宗教之精华,也保存了古代汉、藏、梵、回鹘、于阗、粟特、西夏、吐火罗等语言文字,是真正的世界文化遗产。玉门、阳关、锁阳城等古代的关隘烽燧、文物遗迹都是瑰丽的敦煌文化的充要组成部分。敦煌文化的特点有:

(一)宽容性与包容性

敦煌所处的地理位置不是封闭的,而是丝绸之路上"华融交汇一都会",具有兼容并蓄的特质,通过南来北往的胡商群体,沟通了包括中国在内的世界四大文化体系,因此形成了敦煌文化中一面是中原主流文化,一面是多民族支流文化的格局。同时,敦煌石窟、壁画、彩塑的表现题材绝大多数都与佛教相关,藏经洞文献中绝大部分也是佛教文献,所以在敦煌文化中,佛教文化表现得比较丰富,并且也占据了相当大的比重,虽然不能将敦煌文化等同于佛教文化,但是佛教文化兼容的特性也影响了敦煌文化的宽容与包容性。

(二)延续性与稳定性

敦煌文化的生成和传承跨越了千年,从莫高窟早期北凉石窟中的壁画到明清时代重绘的壁画,经历了1 000多年;从公元前2世纪西汉敦煌建郡到11世经藏经洞封闭,也经历了1 000多年的时间。这都充分说明了敦煌文化处于相对的稳定状态中,没有受到过严重的破坏。正是因为敦煌文化宽容、包容、延续、稳定等特性,使我们直至今天都能领略到历经千年仍在的绚烂文明。

三、长城文化

中国的长城是举世无双的古代军事防御工程,它气势磅礴,雄视古今,堪称中华瑰宝、世界奇观。长城早在几百年前，就与罗马斗兽场等被列为中古世界七大奇迹；1987年，当之无愧地被联合国评为世界文化遗产；2007年，又经全球5 000万人"海选"为"新世界七大奇迹"之首，成为世界人民了解和认识中国的一张亮丽的名片。长城凝聚着中华民族历代劳动人民的勤劳、聪明、智慧，它是祖先遗留给我们的一笔丰厚的文化遗产，是屹立在中华大地上的一座不朽的历史丰碑，是人类文明的骄傲。长城既是中华民族形成和发展的历史见证，也是光辉灿烂的中国文化的厚重载体。

长城文化是中华民族在长期历史实践过程中所创造的物质财富和精神财富的总和。

甘肃境内古长城总长度达4 400多千米，有秦、汉、明三代长城以及魏晋、宋、西夏和元代的城隍，而且秦、汉、明三代长城的西部起点均在甘肃境内。沿古长城分布有大量的关隘城堡，其中敦煌的玉门关和阳关扼丝路古道之咽喉，高台骆驼城和安西锁阳城分别为国内保存规模较大和较为完整的汉唐古城，嘉峪关更是气势雄伟，堪称"天下第一雄关"。

正是由于长城在甘肃境内的历史存在，长城文化就与甘肃文化结下了不解之缘。沿长城一线，在甘肃形成了一条长城文化带。无论丝路文化，还是敦煌文化，都与长城文化息息相关。甘肃长城文化的作用主要体现在以下几个方面：展现中华民族爱好和平与统一的精神，影响建置形成，保障推进先进生产力，屏护丝绸之路，促成民族融合与发展。

绵亘万里的长城沿线上，建有不计其数的形制多样的关隘、城堡、要塞、楼台，遗存着极其丰富多彩的珍贵文物，这不仅是了解中国古代军事科学、交通往来、建筑艺术的重要实物，而且也是探索中国北方经济文化发展不可缺少的证据；长城翻高山，越峡谷，跨江河，走大漠，成为中国农牧区的界墙和天然防护"墙带"，是研究中国古代农业、牧业、气象、水文、地震等学科的重要依据；长城是一座丰富的艺术宝库，千百年来，作为千古绝唱的主题，孕育了无数壮丽优美的诗篇，产生了无数动人心弦的故事；长城身上，凝结着中国历代各族劳动人民的智慧和血汗，是联结中华各民族的神圣纽带，雄辩地展现了中国多民族形成发展的历史进展……可以说，长城像一部中国两千多年文明史的百科全书，包蕴着众多的已知和未知的科学内容。

长城文化既有浓烈的民族特性，又深深植根于人类追求真善美的共性厚土之中，具有令人向往和陶醉的魅力。1964年5月31日，国际古迹遗址理事会通过的《威尼斯宪章》指出："人们越来越意识到人类价值的统一性"，长城所具有的价值，也就是人类古文化遗址所具有的价值，长城文化已被国际上越来越多的人所认识、理解和认同。美国前总统尼克松在登临长城时说："我认为，你一定会得出这样一个结论：只有一个伟大的民族，才能造得出这样一座伟大的长城。"他还说："我看过卫星拍下的长城照片，它是地球的标志，应该是人类和平的标志。"而1987年联合国教科文组织把长城列为世界文化遗产则是一个最好的说明。

四、西夏文化

西夏是由党项族拓跋氏于11世纪至13世纪初在我国西北地区建立的少数民族政权，先后与宋、辽、金并立长达两个世纪。其典章制度多仿唐宋,创制了西夏文字,以儒学治国,崇信佛教,大量翻译汉文典籍和佛教经典,创造了辉煌而独特的西夏文明。

"大夏开国,凉为辅郡"。在近200年的历史中,作为陪都的武威"辐辏交会,日有数千",是西夏的西部经济都会和文化中心,境内保留有丰富的西夏文化遗存。

武威是近代西夏学的发祥地。自西夏灭亡后的100多年,建立西夏王朝的党项族带着他们创造的文化渐渐消失得无影无踪。首先揭开西夏面纱的是清代著名学者武威人张澍。清嘉庆九年(1804年),张澍与友人在凉州大云寺游览时,在一封闭的碑亭中发现了一通石碑,此碑是西夏天祐民安五年(1094年)所立的护国寺感通塔碑,正面和汉字相似的方块字正是消失已久的西夏国字——西夏文。张澍根据背面的汉字对应解读了正面的西夏文,这也使张澍成为近代第一个辨识出西夏文字的学者。西夏碑是迄今所见唯一的西夏文和汉文对照文字最多、保存最完整的西夏碑刻,碑刻在研究西夏的社会经济、土地制度和阶级关系,西夏国名、帝后尊号、纪年和官制、民族关系、佛教盛况等方面都是丰富而珍贵的资料。1961年,西夏碑被国务院列为全国重点文物保护单位。

就在发现西夏碑的第二年,即1805年,金石学者刘青园在武威发现了几坛钱币,从中发现了西夏文"大安""乾祐""天庆"以及汉文"元德""天盛""乾祐""天庆""皇建""光定"诸品。他根据西夏碑文字,判断出其中的梵字钱,即"西夏文钱",这是西夏钱币考古史上第一次有明确文献记载的重大发现,使得西夏钱币在钱谱中初具规模,形成系列,成为人们进一步研究的基础。

武威是西夏的佛教中心,西夏社会笃信佛教。西夏时期的武威寺院广布,塔庙林立,是重要的佛教中心和佛经译场。皇家寺院护国寺规模宏大,僧侣众多,香火旺盛,寺内感通塔多有灵瑞,被称为"护国宝塔"和"凉州金塔"。此外,金刚亥母洞石窟寺、天梯山石窟寺、小西沟岘修行洞、海藏寺、圣容寺、崇圣寺等也是西夏重要的佛教传播寺院。西夏中后期,藏传佛教开始在武威盛行,这为蒙元时期"凉州会盟"的成功举行奠定了坚实的宗教基础。

武威丰富的西夏文化遗存是揭开西夏神秘面纱的珍贵资料。新中国成立以来,武威是发现西夏遗址最多、出土西夏文物最多的城市。迄今为止,武威西夏博物馆保存金银器、木器、西夏文献、佛造像、青铜器、瓷器等各类文物2 000多件。武威发现的西夏文物不仅数量上全国最多,而且在国内所藏西夏文物中也是独具特色。有的价值极高,被视为国宝;有的为首次发现,填补了考古空白。特别是西夏碑、泥活字版西夏文佛经、木缘塔、木版画、金碗、银锭等在国内更是独一无二。

五、简牍文化

甘肃不仅是近世以来最早发现汉简的地方,而且也是出土汉简最多的地方。1907年和1914年,英籍匈牙利人斯坦因第二、第三次赴中亚考察,在敦煌、酒泉长城沿线挖掘了3 000多枚汉代简牍,揭开了20世纪初简牍大量出土的序幕。20世纪30年代,中瑞西北科学考察团在汉代的居延一线包括今天的酒泉金塔和内蒙古额济纳旗发现汉简10 000多枚,是当时中瑞西北科学考察团的重大成果之一。

1959年，武威磨咀子《仪礼》简和"王杖十简"的发现，是古代典籍的第一次成册出土。1972年到1974年，居延考古又以新出20 000多枚汉简而引起世人的再度注目。1979年，离敦煌95公里的马圈湾烽燧遗址出土汉简1 200多枚，为我们研究玉门关位置、西域诸国以及丝绸之路提供了新材料。20世纪90年代初发掘了悬泉置遗址，在一个遗址上一次就出土23 000多枚汉简，被评为当年和"八五"期间全国十大考古发现之一。到目前为止，全国共出土汉简73 600多枚，而甘肃就出土了60 000多枚。除了汉简外，甘肃还出土了天水放马滩的秦简，河西一些地方出土了魏晋十六国简和唐宋吐蕃简；除汉文简外，还有佉卢文简、吐蕃藏文简等。

甘肃汉简有着极高的学术价值，是研究两汉时期政治、法律、经济、文化、军事、外交、民族、民俗、邮驿交通、西北史地、丝路贸易、文字书法、科学技术以及生态环境等诸多领域的第一手资料。汉简中大量郡县官职的记载，补充了历史文献中官职资料的不足；诏书律令的出土为研究秦汉法律制度和法律条文提供了新材料；大量经济资料的出土为研究两汉西北地区农业、畜牧业、手工业、商业的发展以及地租、赋税形态提供了新证据；汉简中保留的儒家经典和古代典籍有的为我们提供了与今不同的新版本，有的则是亡佚了几千年的古书；汉简中西北障塞防御体系、屯兵戍守、军队布防的详细记录是当年国家统一强盛的反映，是研究军事史的珍贵史料；汉简中关于西域各国的详细情况以及对中亚、西南亚、地中海沿岸各国的记载不仅是研究西域各国早就归入中原版图的第一手资料，而且是古代中国同中亚、印度、伊朗、罗马等商贸往来、友好交往的历史见证；汉简中对月氏、乌孙、匈奴、羌等少数民族的记载，证明我国自古以来就是一个多民族聚居融合的国家，各民族人民共同努力才开拓建设了我们美好的家园；有关当时人们衣、食、住、行、用方面的翔实记录，提供了两汉时期西北社会生活及民俗风情的方方面面；大量的邮驿资料、交通车马方面的记录，为我们显示了汉代邮驿交通方面的生动景象；文字书法的再现，不仅使我们看到了小篆、隶书、草、行、楷各种书体的产生和流变，同时还是今人研习书法艺术的实物范本。关于历法、算术、医学等方面的古籍，体现了当时的科学发展水平。

甘肃的汉简是甘肃省古代文化的特色和优势，是一笔极其珍贵的历史文化遗产。

六、五凉文化

武威是中国历史文化名城。汉辟河西四郡后，历代王朝在这里设郡置府，建立国都，致力经营，使它成为长安以西的大都会、中西交通的咽喉、丝绸之路的重镇、民族融合的熔炉。武威在历史上优越的地理位置和得天独厚的社会条件，使它创造了绚丽多彩、丰富灿烂的历史文化。尤其在魏晋时期，以凉州为中心建立起来的前凉、后凉、南凉、北凉、西凉五个王朝，除西凉外，其他均建都于凉州姑臧（今武威），前后统治时间长达130多年，形成了独具特色的五凉文化，在中华民族发展史上产生了极其深远的影响。

五凉时期的姑臧城，建筑豪华独特，格局别致，北魏新建的都城洛阳就是参照姑臧城的布局扩建而成的,以至于影响了隋唐长安城的布局,在中国古代都城建筑史上影响深远。现存城东北隅的大云寺及古钟楼是前凉国王宫殿遗址所在地,海藏寺后院台和雷台是前凉国王张茂所筑的灵钧台;城内北大街、摩罗什寺及舍利塔是著名佛经翻译家鸠摩罗什译经、讲经的地方,是后凉的重要遗迹;城东50千米的天梯山石窟,为北凉王沮渠蒙逊开凿,史称中国石窟之祖,这些古迹充分反映了五凉时期的辉煌与繁荣。

五凉时期的文物主要有:新疆吐鲁番阿斯塔那(属五凉辖区)等墓群出土的文书180多件;河西酒泉、嘉峪关等地发现的大量这一时期的画像砖墓;武威境内保存的众多墓葬和丰富的出土文物,以前凉的木牍、北凉的壁画,以及碑刻、凉造新泉等最具代表性。

五凉时期的乐舞也很有名,举世闻名的《西凉乐舞》从龟兹传入凉州后,经过当地发展创新,成为"胡华合一"的乐舞典范,隋朝时确定为国乐。河西节度使献给唐玄宗的著名的《霓裳羽衣曲》也出自凉州。

五凉时期凉州成为北中国佛教文化的中心,吕光西征请来龟兹著名高僧鸠摩罗什,在凉州驻锡长达18年之久,后到长安草堂寺翻译佛经约70多部,300余卷;北凉印度僧人昙无谶在凉州译经80余部。此外,我国现存的最早写经,如前凉的《法句经》、后凉的《维摩经》、北凉的《贤劫千佛品经》、西凉的《律藏初分第三》等,均出自凉州。这些都说明了凉州在我国早期佛教文化中居于重要的地位。

五凉时期在文化上取得的主要成就有:

(1)保存了中原先进文化。

西晋末年,中原动乱,凉州相对安宁,中原大批达官士族、文人学士纷纷来到凉州,促进了凉州经济文化的发展,客观上保存了中原文化,对后世影响极大。

(2)继承儒学传统,培养了大批人才。

五凉时期的统治者,采取笼络礼遇士人的政策,征聘名流,任用贤达,开办学校,奖掖著述,文化教育事业兴旺发达,传授求学之风甚为浓厚,在全国赢得了"多士"的美称。

(3)吸收西域文明,推进了中西文化的交流与融合。

西域文化与当地的游牧民族文化和中原文化相互融合,共同发展,创造了独具特色的五凉文化。

| 第六节 | 甘肃的宗教文化

甘肃因为其位居丝绸之路东段,紧接汉唐帝国中心,所以东去西来的商品和文化交流融合在甘肃留下了辉煌的纪录。宗教文化也一样,甘肃全省有佛教、道教、伊斯兰教、基督教、天主教五种宗教。甘肃省汉传佛教有2 000多年的历史,藏传佛教即喇嘛教有1 200多年的历史,道教有1 700多年的历史,伊斯兰教有1 300多年的历史,天主教和基督教则是在鸦片战争之后传入的。汉传佛教、道教和基督教、天主教信仰者以汉族为主,藏传佛教在藏、蒙古、裕固、土等少数民族中几乎全民信仰，伊斯兰教在回、东乡、保安、撒拉、哈萨克等少数民族中几乎全民信仰。2011年，甘肃省有信教群众344.3万人，约占全省总人口的13.15%；有批准开放的宗教活动场所6 700多处，有教职人员两万多人，有各类爱国宗教组织230个；有兰州伊斯兰教经学院和甘肃省佛学院两所宗教院校，根据各宗教需要，进行宗教教职人员培养教育，并开展伊斯兰教阿訇函授学历教育。

一、甘肃佛教文化

佛教在传入我国内地的过程中，甘肃全境是最早得闻佛法的地域。史料记载，公元前4世纪甘肃的武威、天水就有佛教传入，比一般认为佛教传入内地的时间早了300多年。两汉时，有大月氏国王的使者口授佛经给秦景宪的明确记载。此时，甘肃成为中西文化交流的必经之地，东来西往的高僧很多，甘肃成县已有大云寺建成。

魏晋南北朝时，佛教在中国空前发展，五凉政权在西部的先后建立，尤其是前凉以佛教为国教，直接推动了佛教的发展，敦煌和凉州成为佛经翻译中心和到洛阳、江南一带传佛高僧的输出地，除大名鼎鼎的竺法护、帛远、佛图澄、竺佛念、鸠摩罗什、昙无谶外，先后还有敦煌高僧昙猷、于道邃、超辩，庆阳高僧释慧虔，兰州出生、凉州出家的高僧慧玄畅，陇西高僧僧镜等，他们不但到江南传播佛教，主持建寺，而且和玄学名士谈佛论玄。佛玄结合推动了佛教的大流行。这一时期，佛教在甘肃的发展和传播已经由小乘向大乘过渡，中国佛教宗派也开始出现，而且，佛教石窟和寺庙也大量建造，佛教艺术初显其独特的光辉。崇佛的北魏在大破凉州后东迁河西人口到大同，大批凉州工匠带去建造石窟的技术和艺术，才有了云冈石窟的鼎盛。

唐朝时期，甘肃佛教进入鼎盛期，敦煌莫高窟等石窟里佛教艺术从内容到艺术都有了新的创造，达到了高峰。

五代、宋、元、明、清时期，甘肃佛教由盛而衰。清代和民国时期，佛教建筑遭到破坏，佛事式微，佛教积存大量流失海外，引发了世界对中国西域佛教文化及历史的研究热潮并且持续到现在。

佛教在甘肃的传播发展和对中国内地及朝鲜、日本的影响，原因总结起来主要得益于这样几点：一是地域。丝绸之路、古代中西商贸和文化交流的大道在我国的主要路段在甘肃，高僧往来传播佛教是必然的；其二，政权更迭。五凉立国、北魏崇佛、吐蕃统治、归义军供养等，持续推动了佛教的立足和发展；其三，高僧云集、行僧过境、译场广布、源源不断的艺术交流等，造就了佛教及其艺术在甘肃的独特地位。

二、甘肃道教文化

甘肃陇西在战国时期，就有道家方士活动，道教史上著名的尹喜，即关尹子，是有记载的最早在甘肃修炼的道士，后被道教尊为无上真人、文始先生。他是陇西人，曾任函谷关令尹。相传老子看透了当时的形势，知道周天子王治不久，所以离开周西出函谷关。函谷关守令尹喜久仰老子大名，所以盛情款留，希求指教，老子为他留《道德经》五千言，骑牛西去，关尹子随之西行，后又返回故里传习道术。

东汉中叶，张道陵创五斗米道于四川鹤鸣山。榆中兴隆山不久便有道士传教并兴建宫观。三国魏文帝咸熙二年（265年），狄道（今临洮）城东东山（岳麓山）北麓兴建道教太平观，道教从甘肃东部逐渐南传。东山也即传说中老子西行传播道与德后飞升的地方，有凤台古遗迹。东晋时道教开始在甘肃广泛传播，修炼之术在一批儒士之中盛行开来，于是他们便走上崇道谈玄之路，安定朝（今甘肃灵台）人皇甫谧受崆峒山道家的影响，与司马谈、王弼、向秀等并称道儒，他所著《针灸甲乙经》成为中国医学史上针灸理论的奠基之作。进入南北朝，甘肃道教更盛，各地争相兴建宫观，秦安慈航宫等即为此时所建。唐朝李氏祖籍陇西成纪，受道教思想影响较深，尊老子为祖先，笃信道教，好神仙方术。道教在陇西、平凉、泾川等地尤为盛行，出现了一批著名道士加文士，如天水的尹文操、陇西的李抱祖、岷县的李渤等。

宋时甘肃各地都有道教丛林，如兰州的九阳观、玄妙观，天水的三清阁，庆阳的正阳观等。金世宗大定十四年（1174年），道教全真七子之首丘处机曾赴甘肃陇州隐居修道，道士追随者甚多，由此丘处机被视为甘肃道教龙门派的创始人。元时藏传佛教渗透，但未阻止道教的流传。元世祖至元六年（1269年），丘处机弟子黄青松为纪念丘氏，在陇西城南创建七真观，使该观成为道教十方丛林之一。明代封藩甘肃的肃庄王朱瑛笃信道教，在兰州筹资修建金天观，并请武当玉虚宫真人孙碧云为住持，由此全真教在甘肃盛行，而且逐步形成习武风尚。清代，甘肃道教从全真道中演化出了龙门、榆山两个宗派，龙门派在榆中、平凉、陇西、泾川等地流传，一直沿袭到清末。其中清乾隆、嘉庆时期的刘一明（1733—1821年，山西曲沃人），定居榆中兴隆山，练功、课徒、行医、研究教理，在此兴建十方丛林，弟子信徒达100多人，使兴隆山成为中国道教在西北的根据地，刘一明被视为甘肃道教龙门派开山祖师。榆山派形成于雍正年间，创始人为崂山道士马榆山（凉州人），榆山派主要在兰州，以金天观为中心传播。

三、甘肃伊斯兰文化

伊斯兰教在甘肃的历史，最早可以追溯到唐代。唐代国力兴盛，丝路商旅不绝，善于经商的穆斯林络绎于途，其中不乏中途落居者，成为甘肃穆斯林的先民。宋、西夏与金时期，河湟、兰州、天水，以及陇西等地又成为穆斯林商人商贸的重镇。蒙元时期，一批批中亚各族人、波斯人、阿拉伯人作为战俘被征调到中国，中国穆斯林人口骤增，多数地方形成了较大的穆斯林聚居区，伊斯兰教的传播有了较大发展。在长期的历史发展中，伊斯兰教逐渐成为一些少数民族信奉的宗教。甘肃信奉伊斯兰教的有回族、东乡族、撒拉族、保安族、哈萨克族、维吾尔族6个民族。甘肃也是中国伊斯兰教各派的主要产生地和传布地区。教派众多，是甘肃伊斯兰教的一大特点，清末民初以来，相继形成格底目、伊赫瓦尼、赛莱费耶、西道堂四大教派和苏菲四大门宦虎夫耶、哲赫忍耶、嘎迪忍耶、库布忍耶及其40多个支系门宦。

（一）四大教派

1. 格底目教派

"格底目"系阿拉伯语古老的意思。"格底目"属于逊尼派，传入我国时间最早，已有1300多年的历史。

"格底目"实行以清真寺为中心、互不隶属的教坊制；教务管理上采取教长或阿訇的聘任制，伊玛目、赫蒂布、穆艾津三道掌教制，清末改为开学阿訇、二阿訇和穆艾津三掌教；寺务管理实行学董、乡老或清真寺董事会制。格底目教派是在中国信仰伊斯兰教的回、东乡、撒拉、保安等民族中传播最广、人数最多的一个教派。

在宗教思想上，该派坚持伊斯兰教最基本的"认主独一"和"顺圣"原则；在宗教功课方面，严格实践规定的五大圣命。它在长期的发展中形成了守旧的传统，反对标新立异，坚持按老规矩办事，同时又不干预其他教派的事务，具有适应性和宽厚性。该派的另一大特点是重视文化教育，在教派的组织下，以教坊为单位，在清真寺内开展经堂教育，一般学习阿拉伯文、波斯文的各种经典，有几十种以上。

2. 伊赫瓦尼教派

伊赫瓦尼教派属于逊尼派的哈乃斐学派，19世纪90年代由著名阿訇马万福创建于甘肃河州（今临夏回族自治州）。20世纪40年代末期，伊赫瓦尼已成为遍布甘肃、宁夏、青海的具有较高社会政治地位和宗教实力的一个宗教派别，并在全国各地穆斯林中得到了发展。伊赫瓦尼教派重视经堂教育，鼓励宗教人员和穆斯林学习汉文，主张汉文、阿拉伯文并重，举办"中阿学校"，改革经堂教育，所以又称"新教"。

3. 赛莱费耶教派

赛莱费耶教派是中国伊斯兰教派和门宦中形成历史最短的一个宗教流派。20世纪30年代产生于甘肃临夏，20世纪70年代后期，逐渐在西北各地获得了广泛传播，尤其在新疆回族穆斯林中有了更大的发展。

4. 西道堂教派

西道堂教派是中国伊斯兰教唯一没有受到国外伊斯兰教某个学派思想直接影响而"土生土成"形成的派别。由马启西创建于甘肃临潭县旧城，最初取名"金星堂"，后改为"西道堂"。因其以中国回族伊斯兰教著名学者王岱舆、马注、刘智等人"以儒诠经"的汉文著述为传教依据，故有"汉学派"之称。

西道堂的基本信仰是"认主独一""顺主从圣""尊经依训"，履行天命五功。西道堂很重视发展民族文化教育，主张凡儿童到学龄时，均应上学念书，男送启西小学，女送启西女小，愿念经者送西大寺。西道堂教民的婚丧大事，亦由道堂统一料理，男女婚配，首先是要两情相悦，然后取得双方父母的同意，呈明教主，请阿訇按照伊斯兰教仪式完婚；也实行集体结婚，阿訇在同一天为数对男女分别念"尼卡海"，然后统一办喜筵。西道堂重视临终讨白，一般请教主在教民垂危之际，为其念"讨白"忏悔生前罪愆，以示关怀。西道堂的教权结构具有门宦特点，实行教主集权制，教主既是宗教领袖，又是道堂大家庭内世俗生活中总管经济、文化等一切的权威，教主实行"选贤制"。组织结构，分集体户（堂内教民）和个体户（室外教民）两部分，个体户散居西北各地，经济独立，生活自主，遇有困难，道堂给予资助；集体户聚居于临潭旧城西道堂内，约400户千余人，集体生活，共同劳动经营，发展经济文化事业，财产及收入全部归道堂所有。堂内教民生活一律平等，实行统一管理，统一分工，统一分配，堂内设有大、中、小灶，实行集体生活。西道堂既是一个教派，又是一社会经济团体。

西道堂的创建，打破了回族伊斯兰教传统的教坊制度，它不仅是一个伊斯兰教派别，还是一个"穆斯林大家庭"。它受伊斯兰教"乌玛"（穆斯林公社）思想的影响，以公有制为基础，结成一个集宗教、经济和文化生活于一体的穆斯林公社，称为"穆斯林大家庭"，开展商业贸易，经营农、牧、林业，发展经济文化和宗教事业，在国内外伊斯兰教中走出了一条独特的道路。

（二）苏菲四大门宦

苏菲学派属于伊斯兰教中的神秘主义派，主张守贫、苦行和禁欲，在西北穆斯林中的影响很大。明末清初，苏菲派经中亚等地传入我国西北回族穆斯林中，它吸收了中国传统文化和当地习俗，相继形成了西北回族穆斯林伊斯兰教苏菲主义四大学派（亦称苏菲四大门宦），即虎夫耶、哲赫忍耶、嘎迪忍耶、库布忍耶。门宦是伊斯兰教苏菲学派分支传入中国西北地区后逐渐形成的通称，首先产生于甘肃的临夏、临洮，青海的循化、湟中地区，以后逐渐发展到西北、东北、西南各地。

门宦的特点是崇拜教主或道祖，教徒要绝对服从其"口唤"，接受精神指导，死后教徒要朝拜其墓地拱北，忌日举行宗教活动。除教乘的基本义务外，门宦更重视道乘的静修和参悟；强调道统世系，奉行独特的修道方式和宗教礼仪。有的教主世袭，教权高度集中，形成控制大片教区的教权结构，拥有大量财产。据统计，苏菲四大门宦共有支系门宦40余个。

四、甘肃藏传佛教

藏传佛教自10世纪后就在甘肃境内传播发展，现在甘肃藏传佛教的分布地区主要是甘南藏族自治州、天祝藏族自治县及文县、肃北蒙古族自治县、肃南裕固族自治县以及汉藏交界地带。甘肃省藏传佛教主要教派是格鲁派，同时还有宁玛派、萨迪派等教派。藏传佛教在上述地区传播发展的同时，还创建了很多寺院。

元代，萨迦派八思巴大师在甘肃等地弘扬佛法，创建了很多萨迦派寺院，如卓尼禅定寺、河州韩家寺等。由于当时元统治者尊崇萨迦派，一些汉传佛教寺院如张掖大佛寺、凉州海藏寺、天祝天堂寺、河州炳灵寺等亦改宗为藏传佛教寺院。明朝扶持藏传佛教，给藏传佛教上层人士封以法王、国师、禅师等名号，这使藏传佛教在甘肃以及西北地区得到了长足发展。当时河州的弘化寺、显庆寺、普冈寺，庄浪的大通寺，岷州的大崇教寺、卧龙寺、广福寺、报恩寺、弘教寺、石崖寺，临洮的正觉寺、圆通寺、宝塔寺，凉州的庄浪寺、广善寺，平凉的圆光寺、景云寺，巩吕府的寿圣寺等都受到明王朝的册封。明代中后期，随着格鲁派在西藏地区的发展壮大和三世达赖索南嘉措到安多地区传授格鲁派教义，格鲁派不断传入甘肃藏区，许多寺院都改奉格鲁派。清代，拉卜楞寺等格鲁派寺院相继建立，不少佛寺如张掖大佛寺、凉州海藏寺、天祝天堂寺、河州炳灵寺改宗为藏传佛教，重塑佛像或壁画重绘，加入密宗元素，格鲁派遂成为甘肃藏传佛教最主要的教派。

中华人民共和国成立之初，甘肃共有藏传佛教寺院414座，僧侣21 049人，其中活佛310人。甘南藏族自治州共有寺院100座，其中宁玛派寺院8座（夏河4座、玛曲2座、卓尼2座），萨迦派寺院2座（夏河1座、迭部1座），苯教寺院9座（夏河1座、迭部8座），其余都是格鲁派寺院。当时，甘南共有喇嘛15 592人，其中活佛275人。拉卜楞寺有僧人3 432人，其中活佛68人。拉卜楞寺在安多地区管辖的寺院有141座（甘肃甘南境内102座，青海省境内9座，四川、西康境内30座）。中共十一届三中全会以后，随着党和政府宗教信仰自由政策的全面贯彻落实，甘肃许多藏传佛教寺院又得到维修重建，至1986年，共有寺院108座，僧人4 700多人。其中宁玛派寺院5座（包括夏河阿木去乎宁玛寺、夏河九甲宁玛寺、玛曲阿万仓宁玛寺、玛曲木西合宁玛寺、卓尼完昌乡康木本宁寺），有僧158人；萨迦派寺院1座（迭部朵耳乡白古寺）。

|第七节| 红色记忆

甘肃是一个有着悠久历史和光荣革命传统的省份，发生过许多在中国革命史上具有深远影响的重大历史事件和重要活动，在此我们采撷一些记忆的碎片，昭示来者，告慰先烈。

一、中国共产党甘肃组织的创立

20世纪初，当中国共产党在全国各地建立组织开展革命活动的时候，地处西北边陲的甘肃，也不例外。1922年年底，甘肃榆中人张一悟到兰州一中任教后开始利用课堂向学生宣传民主与科学，宣传马克思列宁主义。1925年10月，中共北方区委负责人李大钊指示在国民军中开展政治工作的宣侠父和钱泉等共产党员随军西进兰州，为中国共产党甘肃地方组织的建立做准备。宣侠父、钱泉根据李大钊提供的线索，与张一悟取得了联系，向他传达了中共北方区委关于在甘肃建立党组织的指示，互相交流了情况，商定了相关事宜。

1925年冬，在兰州市张一悟家中，甘肃最早的中国共产党组织——中共甘肃特别支部宣告成立，张一悟任特别支部书记，宣侠父、钱泉为支部委员，党员贾宗周、寿耀南、邱纪明、李印平等参与特别支部工作。特别支部直属中共北方区委领导，特别支部的主要任务是：公开宣传孙中山的新三民主义，建立广泛的革命联合战线，推动反帝反封建斗争的蓬勃发展；利用国共合作的有利态势，公开帮助国民党整顿和发展党务，推动国民党各级组织在全省建立；努力发动工农群众，大力开展国民革命运动；创办《民生》《醒社》等进步书刊，建立政治人员训练所，宣传马列主义，宣传十月革命思想，培养进步分子，秘密发展中共党员,壮大党的组织。中共甘肃特别支部的成立,标志着甘肃人民在中国共产党的领导下,开始了有组织的革命斗争。

1927年2月,中共甘肃特别支部改选,胡廷珍(临夏市人)为书记,王孝锡(宁县人)为组织部部长,马凌山为宣传部部长,支部成员有保至善、贾宗周、张一悟、王陶、秦仪贞、焦亚男等,并发展党员十余人,第二届中共甘肃特别支部成立。

1927年4月17日,中共兰州特别支部成立,胡廷珍任书记,王孝锡任组织委员。到5月底,中国共产党在甘肃已经有4个特别支部,32名党员。他们组织民众成立了工会、农会、妇女会等机构,短短几个月,就在全省动员了3 000多人参加各种协会。

1927年4月,蒋介石发动反革命政变后,冯玉祥开始动摇。6月,他开始同蒋介石同流合污,下令解散共产党组织,"礼送"共产党员离开国民联军,接着,便公开镇压共产党人。在甘肃先后有20多名共产党员被捕或惨遭杀害,党在甘肃的工作受到严重的损失。7月,王孝锡、胡廷珍、保至善、马凌山接到冯玉祥电令,前往郑州"开会",离开兰州。从此,中共甘肃特别支部实际上已不复存在,所属党员有的转战外地,在白色恐怖下继续坚持革命斗争;有的壮烈牺牲;有的脱离组织。

王孝锡一路东行,在西安找到了陕西省委组织部长李子洲,学习了"八七会议"精神后,王孝锡便以中央西北特派员的身份回陇东开展工作。他秘密联络了宁县、泾河川、长武等地的党员,建立了秘密党组织——中共彬宁支部。1928年春,旬邑农民举行了武装暴动,王孝锡同志领导宁县支部的同志参加了这次暴动。同年10月,王孝锡同志被反动派逮捕,押往兰州,1928年12月10日英勇牺牲,时年仅25岁。

胡廷珍同志回临夏后被追捕,于是前往新疆,后被国民党反动派杀害。钱清泉、宣侠父被押赴西安时,被刘伯坚同志营救。钱清泉同志后来赴上海工作,不幸被捕牺牲。宣侠父同志曾任八路军驻西安办事处负责人,后被敌人杀害。张一悟同志曾前往陕西,参加渭华起义,后来在山东被捕,身体受到摧残,1950年年初在兰州病逝。

由于许多共产党员和革命群众惨遭杀害,中国共产党甘肃特别支部遭到破坏,党在甘肃的早期活动陷于停顿,革命暂时转入低潮。

中共甘肃特别支部虽然成立两年多就被敌人破坏了,但是,它的成立及其活动,无疑是甘肃近代史上的重大事件,对甘肃人民的革命斗争做出了不可磨灭的贡献。

二、武装斗争和建立革命根据地

大革命失败后,中国革命由此进入低潮,但由中国共产党领导的武装斗争和根据地建设也正式开始。

1931年10月下旬,以红军晋西游击队为基础组成的陕北游击支队,在南梁林锦庙与刘志丹领导的南梁游击队会合。1932年1月初,会合部队在正宁县柴桥子村改编为西北反帝同盟军。2月,西北反帝同盟军改编为中国工农红军陕甘游击队,谢子长任总指挥,后来改由刘志丹、阎红彦先后任总指挥,杨重远任参谋长。这次改编,正式打出了工农革命的旗帜,公开了这支队伍是中国工农红军的组成部分。

1932年4月初，在陕西省委领导下，习仲勋、刘林圃等在甘肃两当县城，领导发动了著名的"两当兵变"。"两当兵变"成功后，部队在太阳寺整编为陕甘红军游击队第五支队，成为陕甘地区首支兵变即被授予红军陕甘游击队序列番号的红军武装。

1932年春，中共陕西省委在平凉成立中共陇东军特委组织，刘杰三担任军特委书记，王杰、樊世荣任委员。军特委成立后，于1932年组织蒿店起义、合水县西华池等地武装起义。陇东军特委组织的这些起义，不仅扩大了党在西北的影响，鼓舞了人民群众的革命士气，更从战略上减轻了国民党军队对陕甘边区和红四方面军的军事压力，积极配合了陕甘边根据地的建立和红四方面军的战略转移。

为了巩固起义取得的成果，促进陕甘边区和西北革命根据地的建立，陕甘边区党、政、军领导机关在华池县与合水县境内的南梁地区休整并召开会议，决定恢复红二十六军建制，开辟和巩固以南梁为中心的革命根据地，并成立以南梁为中心的三路游击区，分别为以安定（今子长县）为中心的陕北第一路游击区，以南梁为中心的陇东第二路游击区，以照金（陕西省铜川市）为中心的关中第三路游击区。三路游击区各自为战，相互依托，相互策应，为巩固南梁革命根据地、维护南梁苏区周围的稳定做出了重大贡献。

随着南梁革命根据地的不断巩固发展壮大，陕甘边区工农兵代表于1934年11月在南梁荔园堡选举产生了以习仲勋为主席，贾生秀、牛永清为副主席的陕甘边区政府，亦称"南梁政府"。政府下设土地、劳动、财政、食粮、肃反、工农监察、文化、妇女等委员会，通过了关于政治、土地、军事、财政、粮食等决议案，并创办党内刊物《布尔什维克的生活》和政府机关刊物《红色西北》；会议还选举成立了刘志丹任革命军事委员会主席、朱子清任赤卫军总指挥的边区革命军事委员会和赤卫军总指挥部，同时还相应成立华池、赤安、庆北、合水、新正、新宁、永红等县级苏维埃政府和广大乡村苏维埃政权，为中国共产党以后的治党、治国、治军积累了宝贵的经验。南梁革命根据地于第二次反"围剿"胜利后的1935年7月与陕北根据地统一，形成了西北革命根据地。

三、中国工农红军长征过甘肃

（一）红25军首先进入甘肃

1934年10月，中国工农红军实行战略转移，开始了举世闻名的两万五千里长征。

诞生于鄂豫皖苏区的红25军3 000多人，于1934年11月开始转移，1935年8月1日，在陕甘交界的双石铺，消灭胡宗南部4个连后，经凤县西进入甘肃。8月3日，攻克两当县城，然后挥师北上，夜袭天水北关，乘胜北渡渭河，克秦安，逼静宁。由于得不到党中央和红军一、四方面军的消息，红25军决定前往陕北，与红26军会师。东进途中，红25军不断与前来围追堵截的毛炳文部6师17旅，马鸿宾部35师105旅、骑兵团和104旅展开激战，军政委吴焕先在战斗中不幸牺牲。1935年9月7日，部队抵达陕北根据地豹子川，随后又到达延川的永坪镇，与刘志丹领导的红26军、红27军会师，合编为红15军团。红25军在甘肃境内活动1个月零5天，边战边进，行程1 500余千米，牵制了大量国民党政府军，截断西兰公路交通18天，为红军长征的整体胜利做出了可贵的贡献。

（二）三军会宁大会师

中共中央率领的中国工农红军第一方面军越雪山、过草地，历经千难万险，于1935年9月初进入甘肃迭部县境内。

为了扭转张国焘错误行为对红军所造成的严重不利局面，1935年9月12日，中共中央政治局召开了紧急扩大会议。会后，红一方面军一举攻克甘肃军阀鲁大昌以3个团的兵力扼守的天险腊子口，打通了北上抗日的大门，9月18日，抵达哈达铺。从缴获的国民党报纸中，党中央了解到陕北革命根据地的情况和红25军到达陕北的消息，遂决定向陕甘革命根据地进军，并对部队进行了整编，组成了由彭德怀任司令员、毛泽东任政治委员的"中国工农红军陕甘支队"，全军约7 000余人。

陕甘支队于1953年9月27日抵达通渭县西南的榜罗镇，并于同一天中央政治局召开常委会议，决定放弃原来创建川陕甘苏区的战略方针，正式制定了"以陕北作为领导中国革命的大本营"的战略决策。随后，部队经通渭县城继续北上，跨西兰公路，越过六盘山，经陇东，翻梢山，于10月19日胜利到达陕北吴起镇，与红15军团会师，并合编为中国工农红军第一方面军。

与此同时，中国工农红军第二、四方面军在四川甘孜会师后也分头北上。1936年8月初，红四方面军进入甘肃境内，在岷县二郎山歼灭鲁大昌部2 000余人，接着发动了"岷（县）洮（州）西（固）战役"，先后攻占了漳县、洮州（今临潭）、渭源、通渭4县。9月初，红二方面军进入甘肃，到达哈达铺一带，发动了"成徽两康战役"，解放了成县、徽县、两当、康县数座县城，占领了西和、礼县和陕西省凤县、略阳等县的广大乡村。9月30日，红四方面军从岷县、漳县等地开始北上。10月9日，红军总部和红四方面军指挥部抵达会宁城，受到了为接应红二、四方面军而先期到达的红一方面军的热烈欢迎。10日，两军在会宁召开了庆祝会师的盛大联欢会。在陇南的红二方面军也根据党中央的指示，于10月22日抵达红一方面军1军团指挥部所在地将台堡。

红军三大主力会师后，继续北上，国民党政府军继续追击堵截。11月21日，红一、二、四方面军密切配合，在环县山城堡全歼胡宗南部232旅及234旅两个团，以辉煌的胜利宣告了红军长征的胜利结束。

红25军和红一、二、四方面军长征在甘肃境内行程3 500余千米，占领了10余座县城及30余县的部分乡村，扩大了中国共产党和红军在甘肃人民中的影响，播下了革命火种，促进了甘肃人民的觉醒。

（三）西路军的悲壮历程

1936年10月25日，红四方面军第5、9、30军，在靖远奉命渡黄河西征。11月8日，中共中央复电正式同意其西渡黄河进入河西走廊的部队称西路军，并批准成立西路军军政委员会，军政委员会主席兼政委陈昌浩，副主席兼总指挥徐向前。此后，两万余名西路军指战员，在无粮草弹药补充、自然环境恶劣等极其困难的条件下一路血战，开始了悲壮的历程。

河西走廊是军阀马步芳长期盘踞的重要基地。1931年后，马步芳的新2军和马步青的骑5师，先后分驻河西走廊各县。西路军渡河后，马步芳得蒋介石电令，任马元海为总指挥，马廷祥为副总指挥，率步骑兵1.6万人日夜兼程向景泰进发，阻击西路军。

西路军首战吴家川，击溃马禄第1旅和祁明山第3旅；一条山战役，歼敌2 000多人，击毙副总指挥马廷祥；打拉排一战，又击溃马全义、马呈祥两个团，于11月15日进抵古浪。在古浪城下血战3昼夜，虽歼敌2 000余人，但红9军亦伤亡惨重，军参谋长陈伯稚等先后牺牲，遂于17日夜绕开古浪，进军永昌县城。12月21日，马元海率重兵，并配以飞机、大炮向永昌县城发起进攻。红军战士英勇反击，激战3昼夜，歼敌2 000余人。尔后，主动撤离永昌城。

永昌战役之后，西路军以红5军为前卫继续西进。12月下旬，红5军从山丹出发，进军临泽、高台，红9军进抵沙河堡，30军进抵临泽县倪家营子。西路军从高台到倪家营子摆成百里长蛇阵。

1937年元旦拂晓，红5军攻克高台。12日，马步芳、马步青集结4个旅、3个团及部分民团共约2万余人开始围攻高台。红5军主力在城外抗击数日后，被迫全部退守城内。20日，马部集结所有的兵力及炮火发起猛攻，红军血战一昼夜，终因众寡悬殊，弹尽粮绝，高台失陷，军长董振堂、政治部主任杨克明等壮烈牺牲。守城红军3 000余名，除少数幸免外，全部血洒沙场。

高台失陷后，驻守临泽的红军突出重围，集结于倪家营子，很快又遭马步芳等部重兵围攻。红军苦战月余，歼敌3 800余人。1937年2月21日，西路军突围东返，在张掖西洞堡一带，全歼马家军一个主力团。26日，西路军重返倪家营子，复陷马军包围之中，血战7昼夜，3月5日，由倪家营子再次突围，两天后，在临泽西南之三道柳沟恶战5天，伤亡严重。在掩护部队经梨园口向祁连山转移过程中，红9军几乎全部覆没。3月14日，西路军军政委员会在祁连山中的石窝召开会议，根据中央指示精神，决定部队分散行动，保存有生力量；陈昌浩、徐向前离开部队东返陕北；有战斗力的人员编为左右两个支队打游击；同时，成立西路军工作委员会，由李卓然负责政治领导，李先念负责军事指挥。不久，西路军右支队因遭敌人的追击包围而溃散。左支队在李先念率领下在祁连山中顽强奋战，3月23日收到中共中央电令后向新疆转移。部队在冰天雪地中，经过月余的艰苦行程，于4月16日走出祁连山，到达安西城南十工村，这时部队只有903人（一说850人）。接着在王家围子、红柳园突破敌人重围后，于4月25日胜利到达甘新交界的星星峡。5月1日，中共中央代表陈云、滕代远从迪化（今乌鲁木齐）带领数十辆汽车、大批衣服、食物、药品和节日礼品，到星星峡迎接历经艰难险阻的西路军战士。

两万余名西路红军在极端艰难的环境中前仆后继，经过大小70余次战斗，毙敌两万余人。西路军7 000余将士血洒疆场，9 000余人不幸被俘（其中近5 000人遭残害），还有1 300多人流落在甘、青、新、宁一带。西征中，西路军地方工作部门曾建立了中共甘州中心县委和中共山永、高抚两个县委，并建立了永昌、山丹、高台、临泽4个县苏维埃政权及两支地方武装。

对西路军的失散被俘人员,中共中央通过多种途径,组织营救。八路军驻甘办事处投入主要精力从事营救工作,至1937年年底共营救2 000多人。进步人士高金城受党的委托在张掖以开办"福音堂医院"作掩护,千方百计收容西路军失散伤员200余人,高金城因此被马步芳部师长韩起功逮捕并杀害。

西路军在河西的历程是悲壮的,但它在中国和甘肃革命斗争史上,同样占据着重要的一页。

四、陕甘宁边区领导下的中共庆环分区和陇东特委

抗日民族统一战线建立以后,根据国共两党的协议,中国共产党于1937年9月决定将陕甘革命根据地改称为陕甘宁边区,并成立了以林伯渠为主席的边区政府。边区东临黄河,西至甘肃的固原(今宁夏)和宁夏的豫旺堡,北起长城线的府谷和横山,南达陕西中部的淳化、旬邑,辖有延安、绥德、三边、关中和陇东5个分区,20余县,150万人,面积近13万平方公里。1947年3月,胡宗南调集39个旅、23万多人的部队进攻陕甘宁边区。1947年3月19日,毛泽东等率领共产党中央机关和部队,撤离延安。1948年3月28日,毛泽东和中共中央东渡黄河,迁往河北省平山县西柏坡村,陕甘宁边区建制依旧存在,但已被蒋介石政府认定为非法。1949年10月1日,中华人民共和国成立后,陕甘宁边区的建置被撤销,政府解散。

陕甘宁边区政府成立后,在陇东地区成立了庆环分区和关中分区,具体负责领导陇东根据地各县的工作。

1937年9月,中共庆环分区委员会(简称庆环分委)在曲子县(今环县曲子镇)东沟成立,马文瑞任庆环分委书记;同时成立庆环分区行政督察专员公署和保安司令部,马锡五任庆环分区行政督察专员公署专员,王世泰任保安司令。庆环分区初辖环县、曲子、华池、定环、固北5县和定边中心县委。1940年1月,陇东分区行政督察专员公署在庆阳县城成立,党的工作仍由中共庆环分区党委负责。此时,中共庆环分区党委辖环县、曲子、华池、固北、庆阳、合水、镇原、固原8个县委和宁县、西峰两个工委,成为统一领导陇东根据地和统战区党的工作的领导机构。1940年4月,陕甘宁边区党委决定撤销庆环分区党委,成立中共陇东分区特委会(简称陇东分委),当年7月庆环分区并入陇东分委,8月陇东分委由曲子迁驻庆阳城(今庆城县)。

1937年7月,中共陇东特区委员会正式成立,机关驻地庆阳城冯翔清家大院,对外称"陕甘宁边区政府驻陇东办事处",袁国平任书记,主要领导新成立的庆阳、合水、镇原、宁县、驿马关县委和西峰、固原工委开展工作。

1937年8月,为了加强平凉、泾川、崇信、隆德、华亭、庄浪等地党的工作,中共陇东特委决定将镇原县委改为中心县委,对外称"国民革命军第八路军129师留守处",9月又改为"八路军129师办事处",陈仁麒任书记,王永平任副书记。

1938年春,中共陇东特委进行人事调整,因袁国平调任新四军政治部主任,李铁轮任陇

东特委书记。中共陇东特委同时决定任质斌以中共陇东特委常委身份兼任镇原中心县委书记，负责指导平凉、泾川、华亭等县党的工作，并成立了中共平泾工作委员会，就近开展平凉的工作。7月，中共陇东特委决定成立中共平凉市委，张可夫任市委书记兼组织部部长，赵守一任宣传部部长。平凉市委隶属于镇原中心县委领导。至此，中共陇东特委主要领导上述五县二委及平凉地区地下党的工作。

1938年7月，为了适应陇东斗争形势发展的需要，中共中央和陕甘宁边区党委决定撤销陇东特委，其所辖党的组织，除宁县工委和县委合并改属关中分区党委、合水秘密县委直属陕甘宁边区党委领导外，其余庆阳、合水、固原及镇原中心县委、西峰和平泾工委，统一划归庆环分区党委领导，马文瑞任书记，机关驻地曲子镇。庆环分委统战部仍以"陕甘宁边区政府驻陇东办事处"的名义设在庆阳城，负责原陇东特委所属统战区党的工作。与此同时，调整了平泾工委领导成员，吴铁鸣兼任书记；将中共镇原中心县委恢复为镇原县委，不再兼管平凉等国统区的工作。至此，建立于1937年7月的中共陇东特委，经过1年的艰苦工作后，于1938年7月被撤销合并，完成了它的历史使命后而不复存在。

五、八路军兰州办事处

八路军兰州办事处是抗日战争时期中国共产党设在兰州的公开办事机构，是领导甘肃抗日救亡、进行后方发动、实现全民族抗战的主要基地，也是西北国际交通线上的重要枢纽。从1937年8月至1943年11月的6年间，办事处在党代表谢觉哉，处长彭加伦、伍修权等同志领导下，在坚定地执行党的抗日民族统一战线政策、营救被俘流落的红军西路军将士、接待党的过往人员、输送进步青年奔赴延安和抗战前线、转运苏联援华物资，以及指导中共甘肃工委开展工作等方面发挥了重要作用，被周恩来亲切地誉为"革命的接待站，战斗的指挥所"。

兰州离中苏军境较近，加上当时新疆的"新疆王"盛世才表现出倾向革命的样子，许多同志从延安取道新疆去苏联，往返都要经过兰州。1939年夏到1940年春，周恩来去苏联治病时途经兰州，和邓颖超、孙维世都住在这里。在这里先后住过的还有王稼祥、刘英、任弼时、李先念、程世才、蔡畅、邓发、萧三、陈郁、李天佑、杨至成、谭守述等。1937年12月，贺子珍离开延安去苏联时也曾住在这里。这里还接待过越南共产党领导人胡志明、日本共产党领导人冈野进。办事处还营救流落和关押在张掖等地的西路军战士，找到了1 000多名散落在张掖，被迫做苦力的西路军战士。1937年年底，马步芳将被俘的1 500名西路军战士编成"新兵团"，准备交给驻河南的卫立煌，谢觉哉和八路军驻西安办事处的林伯渠联手将他们解救出来送到延安。八路军兰州办事处还承担了援助物资转送的任务，1937年冬到1938年夏，滕代远及盛世才的副官从新疆运来的12车高射机枪子弹和西药，高自力带来的10车皮衣和军火，都由这里送到边区。

办事处成立后，宣传民族抗日统一战线，开展抗日救亡活动，输送进步人士到延安，指导和创建了一大批进步团体，影响较大的有"甘肃青年抗战团""省外留学生抗战团""妇女慰劳会""西北青年救亡读书会""伊斯兰学会""联合剧团""回民教育促进会"。贺耀祖夫人倪斐君组织的"妇女慰劳会"在办事处的指导下创办《妇女旬刊》,宣传妇女解放思想和全民抗战的思想。

1937年12月,国民党第八战区司令长官朱绍良兼任省政府主席,他解散进步团体,查禁进步书刊,谢觉哉领导办事处对此进行了严正的交涉。1938年夏,伍修权接替彭加伦任办事处主任,同年秋天,谢觉哉回到延安。1940年12月1日,谷正伦接任省政府主席,办事处处境日益恶化,1943年11月,八路军兰州办事处被迫撤销。

六、甘肃的解放

1949年7月10日至14日,中国共产党第一野战军在陕甘交界歼灭胡宗南主力4.3万余人,粉碎了胡宗南与青海马步芳、宁夏马鸿逵部的作战联盟。在这一有利形势下,中国人民解放军第一野战军和华北野战军十八、十九兵团遵照中央部署,向西挺进,揭开了解放甘肃的序幕。至1949年12月15日,甘肃最南端碧口镇解放。历时5个月,甘肃全境解放。

第二篇

甘肃文学

甘肃文学起源于古代传说中的伏羲、女娲神话。中国最早的诗歌总集《诗经》中《秦风》的部分诗歌描写了秦人的尚武精神。两汉时期文学蓬勃发展，甘肃文学此时较突出的题材是诗歌和赋，在数量上和质量上相较先秦时期都有了较大的进步。魏晋南北朝时期，甘肃文学进入"自觉时代"，与前一时期相比，诗歌和小说均达到了较高的艺术水平。隋唐时期，甘肃文学得到了全面的发展，在诗歌、散文、小说等领域均有空前的成就，进入了甘肃古代文学最为鼎盛的时代。两宋时期甘肃文学不断衰落，金元时期甘肃文人著名者甚少，可圈可点者亦甚少。明代甘肃文学从宋元时期的沉默转向活跃，使得甘肃文学从低谷中走向繁荣。清代甘肃作家不乏知名者，他们多热爱家乡，留下了许多歌咏甘肃的诗篇，此外，外省籍作家也留下了许多歌咏甘肃的作品，然而，相较于有唐一代，终有寂落之感。

进入现代后，与百花齐放的全国现代文学相比，现代文学在甘肃留下了一个大大的空白。1949年8月26日以前的甘肃，没有成熟的作家和比较有影响的作品。直至兰州解放，以此为标志，甘肃的文学创作才翻开了新的一页，并渐渐在全国文学界崭露头角。

从1949年8月兰州解放到1954年年底这一时期是甘肃社会主义文学建设的一个准备时期。这个阶段比较有分量的作品毕竟很少，甘肃本省作家的较有规模的优秀之作尚未产生。从1955年到1966年"文化大革命"之前是甘肃社会主义文学全面发展的一个重要时期，其主要标志是文学创作有了突破性进展，产生了一大批优秀作品，甘肃省文联和中国作家协会兰州分会于1954年年底和1958年年中先后成立，对于促成这个阶段甘肃文学的发展发挥了重要作用。1966年至1976年的10年间，即"文化大革命"时期，甘肃文学遭到了空前浩劫，文学园地变成了一片荒漠。从1977年到1989年，这是新时期甘肃文学史上最兴旺发达的时期。甘肃文学紧追全国文学大潮，由复苏而兴旺，生机勃勃，出现了大发展的势头。

上述即为甘肃古近、现当代文学的大致脉络走向。可以看到，甘肃文学源远流长，为中华文明的源头之一。

::: 第四章
甘肃古代
文学

|第一节| 甘肃古代文学概述

　　古代传说中的伏羲、女娲神话是甘肃乃至中华文明的源头，《诗经·国风·秦风》中的《车邻》《驷驖》《小戎》《蒹葭》和《无衣》等诗歌，所描写的均是秦人在今甘肃天水一带的活动。其中一些战争诗歌大力描绘军车战马，表达战士的高昂战斗精神，体现了秦人的尚武精神。

　　秦统一六国后，采用极端的文化专制政策，甘肃文学部分为空白。

　　两汉王朝共四百余年，为中国古代的昌盛时期，社会昌明，促进了文学的蓬勃发展。两汉时期的甘肃文学突出的题材是诗歌和赋。诗歌的代表人物主要有李陵、梁竦、侯瑾、仇靖、秦嘉、徐淑、赵壹等人，其中秦嘉、徐淑、赵壹三人的诗赋作品影响较大。赋的代表作主要有赵壹的《穷鸟赋》和《刺世疾邪赋》。《穷鸟赋》构思巧妙、感情激越，《刺世疾邪赋》抨击时政、痛快淋漓；又有班彪的《北征赋》，记述他北行始于长安，终于高平（今宁夏固原县），中途经义渠（今甘肃庆阳西南）、安定（今宁夏固原）的行程。此赋四句一转，曲尽其意，文辞典雅，颇具情韵，可谓是东汉抒情赋作中纪行赋的代表之作。可以看出，两汉时的甘肃文学处于繁荣发展的时期，不论是甘肃籍的作家的作品还是描写甘肃的作品，在数量上和质量上相较先秦时期都有了较大的进步。

　　魏晋南北朝时期虽然社会动乱、战争频繁，但甘肃文学已进入"自觉时代"，与前一时期相比，诗歌和小说均达到了较高的艺术水平。魏晋南北朝时期的甘肃籍文人诗歌主要以张骏、李暠为代表，外省籍作家主要以庾信为代表。他们的诗赋均能有感而发，再现陇上风物。除了文人的创作外，北朝也有许多民歌再现了甘肃的风貌，如《陇头歌》《陇头歌辞》《陇头流水歌辞》等。魏晋南北朝时期的小说主要分为志怪小说和志人小说两类，甘肃籍作家王嘉的《拾遗记》便是魏晋南北朝小说中的志怪一类，主要内容虽然是杂录和志怪，但其中某些幻想却表现出丰富的想象力。

　　隋唐时期国家统一，经济富足，社会安定，为文学发展提供了良好的土壤。此时的甘肃文学也得到了全面的发展，在诗歌、散文、小说等领域均有空前的成就。诗歌方面，诗人们或从军入幕，或边塞漫游，为我们留下了大量慷慨大气的边塞诗歌。而甘肃的河西走廊又是通往西域的必经之路，诗人们在路经甘肃时也为我们留下了大量的吟咏甘肃的诗篇。这其中较著名的诗人有王之涣、王翰、王昌龄、王维、高适、岑参、李益等人。诗圣杜甫也曾到过甘肃，其间生活虽甚艰难，但创作却颇丰，除了咏物、咏怀的悲歌外，杜甫也以其凌云健笔谱写下了陇右的形胜山川。唐代既是诗歌艺术的巅峰时代，也是古文的中兴时期，产生了许多古文理论和创作上的巨匠。此一时期的甘肃散文也发展迅猛，产生了许多优秀的作家，如权德舆、李翱等。他们在疏论、表状、序说、碑铭、小品杂记等文体上均有创获，留下了一大批优秀的散文作品。唐传奇是指唐代流行的文言小说，作者大多以记、传名篇，以史家笔法，传奇闻异事。唐五代时期的甘肃文言小说作家纷涌，影响深远。可见，隋唐时期确为甘肃古代文学最为鼎盛的时代。

两宋时期甘肃地区成为战场或前线，战火纷繁，经济凋敝，文学也不断衰落。虽然如此，戍边西北的文人、抗击辽金的将领也留下了诸多描写甘肃的爱国诗篇。

金元时期甘肃文人著名者甚少，外省寓居陇上的文人描写甘肃的诗作多写陇右风光，可圈可点者甚少。

明代甘肃文学从宋元时期的沉默转向活跃，出现了文坛复古领袖李梦阳、文学家胡缵宗等人，使得甘肃文学从低谷中走向繁荣。清代甘肃作家不乏知名者，如巩建丰、吴镇、胡釴等人，留下了许多咏甘肃的诗篇。此外，外省籍作家也留下了许多咏甘肃的作品。即便如此，相较于有唐一代，尤其是盛唐时期，终有寂落之感。

最后，甘肃的行政区划历史上几经变迁，也曾旁及今陕西、宁夏、青海、新疆等其他省份，本章所述甘肃古代文学的"甘肃"是以当今的甘肃行政区划为准。所述甘肃文学主要包含两部分，一是甘肃籍作家的作品，一是非甘肃籍作家但有甘肃风物出现其中的作品。

|第二节| 先秦甘肃文学

一、远古神话

在中华民族众多的古老神话中，伏羲神话和女娲神话是其中较早的始祖神话，它们反映了中华民族部族成员对于祖先的追念，表现出了强烈的民族自豪感。并且这两类神话均与甘肃有关，成为甘肃乃至中华文明的源头，长久而深远地影响着华夏文明。

（一）伏羲神话

伏羲又称宓羲、庖牺、包牺、牺皇、皇羲及太昊等，在《史记》中称伏牺，是传说中的中国古代君主。古籍中记载了很多有关伏羲的神话，如皇甫谧《帝王世纪》说："太昊帝庖牺氏，风姓也。燧人之世，有巨人迹出于雷泽，华胥以足履之，有娠，生伏羲于成纪，蛇身人首，有圣德。"《太平御览》卷七十八引《诗纬·含神雾》说："大迹出雷泽，华胥履之，生宓牺。"《潜夫论·五德志》称："大人迹出雷泽，华胥履之，生伏羲。"《纬搜》卷十一载："燧人之世，大迹出雷泽，华胥履之生伏羲。"《河图握矩起》载："燧人之世，大迹在雷泽，华胥履之，而生伏羲。"《孝经·钩命诀》说："华胥履迹，怪生皇牺。"王嘉《拾遗记》也说："春皇者，庖牺之别号。所都之国有华胥之洲。神母游其上，有青虹绕神母，久而方灭，即觉有娠，历十二年而生庖牺。"

伏羲的母亲是风兖部落的女首领，被称为华胥氏。她与族叔风偌率族人逐水草而居，过着游牧生活。相传华胥氏外出，在雷泽湖边无意中看到一个非常大的脚印，好奇的华胥氏用脚踩了一下，竟然感应受孕，在怀胎12年后，生下了伏羲。

伏羲生于成纪，据史学家考证，古成纪就是今天的天水市秦安县。《汉书》载："成纪属汉阳郡，汉阳郡即天水郡也。古帝伏羲氏所生之地。"所以，天水被称为"羲皇故里"。中华文明史上一些重大的发明创造都附着在伏羲身上，如画八卦、结网罟、兴嫁娶、创乐器等，因此伏羲也就成了文化的化身，古往今来被尊称为"人文始祖"，民间称"人宗爷"或"人祖爷"。伏羲神话对后世较大的影响主要有"创制龙纹"和"始画八卦"。

（二）女娲神话

女娲的神话也与伏羲神话一样，在中华大地上广为流传。关于女娲的出生地，众说纷纭，有很多争议，其中一种说法是，女娲出生在古成纪，即今甘肃省天水市秦安县。据《甘肃新通志》所载："女娲庙在州北四十里秦安县，在县东北龙泉山，建于汉代以前，国朝乾隆初龙泉山崩，庙移陇城镇城东门内。"可见，早在两千多年前的汉代，秦安便建有女娲庙祭祀女娲了。天水民间还有女娲"生于风谷，长于风台，葬于风茔"一说。

有关女娲的神话体现出人们对人类自身起源的极大兴趣。女娲补天的神话显示出她作为宇宙大神的重要地位。《淮南子·览冥训》载：

> 往古之时，四极废，九州岛裂。天不兼覆，地不周载。
>
> 火爁焱而不灭，水浩洋而不息，猛兽食颛民，鸷鸟攫老弱。
>
> 于是女娲炼五色石以补苍天，断鳌足以立四极，
>
> 杀黑龙以济冀州，积芦灰以止淫水。
>
> 苍天补，四极正，淫水涸，冀州平，狡虫死，颛民生。

神话中的女娲为人类的生存创造了必要的自然条件，她辛勤劳动，努力拼搏，重整宇宙，是人类的创造者。《太平御览》卷七十八引《风俗通》：

> 天地开辟，未有人民，女娲抟黄土作人，剧务，力不暇供，乃引绳絚于泥中，举以为人。故富贵者，黄土人也；贫贱凡庸者，絚人也。

这一则神话不仅解释了人类的产生，同时也试图解释人类为什么会有社会地位的差别，意蕴丰富。

以上有关女娲的神话为我们塑造了一个有着神通而又辛勤劳作的妇女形象，充满了对人类的慈爱。女娲神话主要产生于母系氏族时期，女娲补天和造人的功绩，反映了人们对女性延续种族作用的肯定。

二、先秦甘肃诗歌

先秦时期甘肃的诗歌主要出自《诗经·国风·秦风》。《秦风》中的《车邻》《驷驖》《小戎》和《无衣》，所描写的均是秦人在今甘肃天水一带的活动，诗歌表达了战士的高昂战斗精神，也是秦人尚武精神的体现。如《小戎》：

> 小戎俴收，五楘梁辀。游环胁驱，阴靷鋈续。文茵畅毂，驾我骐馵。
>
> 言念君子，温其如玉。在其板屋，乱我心曲。
>
> 四牡孔阜，六辔在手。骐骝是中，騧骊是骖。
>
> 龙盾之合，鋈以觼軜。言念君子，温其在邑。
>
> 方何为期？胡然我念之！俴驷孔群，厹矛鋈錞。
>
> 蒙伐有苑，虎韔镂膺。交韔二弓，竹闭绲縢。
>
> 言念君子，载寝载兴。厌厌良人，秩秩德音。

关于此诗的主题思想，大致有以下几种看法：①赞美秦襄公说（《毛诗序》等）；②赞美秦庄公说（魏源《诗古微》）；③慰劳征戎大夫说（丰坊《诗传》）；④伤王政衰微说（朱谋㙔《诗故》）；⑤出军乐歌说（吴懋清《毛诗复古录》）；⑥爱国思想说（陈铁镔《诗经解说》）；⑦怀念征夫说（刘沅《诗经恒解》等）。然而不论何种解释，均离不开秦风的尚武精神。此诗采用了先实后虚的写法，即先写女子所见，后写女子所想。秦师出征那天，她前往送行，看见出征队伍的阵容，十分壮观：战车阵列，兵强马壮，武器精良，她的丈夫执鞭驾车，整装待发，俨然一幅战车兵阵图。从中也可看出，即便是秦国一个妇人，对军事作战的战车、战马、铠甲、装备竟然也是如此的熟悉和喜爱，更何况是秦国的青壮年男子。队伍出发后的情景是女子的联想，其中既有对征夫在外情景的设想，又有自己对出征之人的思念。秦国尚武，男儿从军参战，为国效劳。正像此诗夸耀秦师如何强大、装备如何精良、阵容如何壮观那样，举国崇尚军事，炫耀武力，正是《秦风》一大特点。诗中描写的那位女子，眼中所见，心中所想，都带有《秦风》的烙印。在她心目中，其夫也是个英俊勇敢的男子汉，他驾着战车，征讨西戎，为国出力，受到国人的称赞，她也为有这样一位丈夫而感到荣耀。又如《无衣》：

> 岂曰无衣？与子同袍。王于兴师，修我戈矛，与子同仇！
>
> 岂曰无衣？与子同泽。王于兴师，修我矛戟，与子偕作！
>
> 岂曰无衣？与子同裳。王于兴师，修我甲兵，与子偕行！

周幽王十一年（公元前771年），周王室内讧，导致戎族入侵，攻进镐京，周朝土地大部分沦陷，秦国靠近王畿，与周王室休戚相关，故奋起反抗。此诗似在这一背景下产生。

当时的秦国位于今天的甘肃东部及陕西一带，民风厚重质直。班固在《汉书·赵充国辛庆忌传赞》中说秦地"民俗修习战备，高上勇力，鞍马骑射。故秦诗曰：'王于兴诗，修我甲兵，与子偕行。'其风声气俗自古而然，今之歌谣慷慨风流犹存焉"。朱熹《诗集传》中也说："秦人之俗，大抵尚气概，先勇力，忘生轻死，故其见于诗如此。"

《无衣》这首诗意气风发，豪情满怀，反映了秦地人民的尚武精神。他们团结友爱，协同作战，表现出崇高无私的品质和英雄气概。

《秦风》中除了歌颂秦地人民尚武精神的刚健勇武的诗歌外，也有情致凄婉缠绵的《蒹葭》：

> 蒹葭苍苍，白露为霜。所谓伊人，在水一方。
> 溯洄从之，道阻且长。溯游从之，宛在水中央。
>
> 蒹葭萋萋，白露未晞。所谓伊人，在水之湄。
> 溯洄从之，道阻且跻。溯游从之，宛在水中坻。
>
> 蒹葭采采，白露未已。所谓伊人，在水之涘。
> 溯洄从之，道阻且右。溯游从之，宛在水中沚。

在"白露为霜"的深秋时节，在天刚破晓的河岸边，芦苇叶片上还存留着露水凝成的霜花，诗人来到河边，去追寻那思念的人。出现在眼前的是弥望的茫茫芦苇丛，呈现出冷寂与落寞。诗人所苦苦期盼的人在哪里呢？究竟是在河水的另外一边，或是本就无从知晓呢？诗意的空幻虚泛扩展了诗歌的内涵，读者触及隐藏在描写对象后面的东西，就感到这首诗中的物象，不只是被诗人拿来单纯地歌咏，其中更孕育着象征的意味。"在水一方"为思念的象征。"溯洄""溯游""道阻且长""宛在水中央"也不过是反复追寻与追寻的艰难和渺茫的象征。诗人上下求索，而伊人虽隐约可见却依然遥不可及。

在艺术上，《诗经·秦风》中的这几首甘肃诗歌也带有《诗经》整体的艺术特点。它们都关注现实，抒发现实生活所触发的真情实感，具有强烈深厚的艺术魅力。

总之，先秦时期的甘肃诗歌以《诗经·秦风》中的《车邻》《驷驖》《小戎》《蒹葭》和《无衣》为代表。在艺术上，体现了对赋、比、兴手法运用的圆熟，重章叠句的复沓结构对同样的主题反复咏唱，悠长而绵远。在内容上，着重体现了秦地人民卫国戍边的爱国精神和豪迈的英雄气概，而这也直接影响了后代的边塞诗歌。

|第三节| 秦汉甘肃文学

秦朝统治者采用极端的文化专制政策，加上享国日短，故文学创作冷落，留下的文学作品屈指可数，甘肃部分则为空白。两汉王朝共四百余年，为中国古代的昌盛时期，社会昌明，文学蓬勃发展。秦汉时期的甘肃文学突出的是诗歌和辞赋，下面就甘肃籍作家的诗赋和外省籍作家描写甘肃的诗赋分而述之。

一、甘肃作家之诗赋

秦汉时期的甘肃籍作家主要有李陵、梁竦、侯瑾、仇靖、秦嘉、徐淑、赵壹等人。其中秦嘉、徐淑、赵壹三人的诗赋作品影响最大，下面分而述之。

李陵（？—公元前74年），字少卿，陇西成纪（今甘肃天水市秦安县）人，西汉将领，李广之孙。天汉二年（公元前99年）李陵奉汉武帝之命出征匈奴，率五千步兵与数万匈奴战于浚稽山，最后因寡不敌众，兵败投降。后娶了且鞮侯单于之女为妻，成为匈奴贵族。

在文学上，李陵本身就是文艺作品中悲情人物的典型。尤其是李陵与苏武的故事，读之令人动容。《文选》及《艺文类聚》中载有李陵《答苏武书》及《与苏武诗》，苏武《与李陵诗》等文学作品，作为汉诗中的经典，在文学史上占有重要的地位，但自古以来对于作者一直存在质疑。但是《答苏武书》与"苏李诗"（西汉苏武、李陵二人诗体的合称）作为文学作品本身的价值仍然受到肯定。此外，"苏李泣别"的故事作为一种艺术题材，不断被后人用各种艺术手法演绎。从南朝起就一直有假托苏李离别情景的"拟苏李诗"创作。国家图书馆所藏的敦煌变文中也有《李陵变文》《苏武李陵执别词》。

李陵唯一可以确定的作品是记录在《汉书》本传中的《别歌》。

> 径万里兮度沙漠，为君将兮奋匈奴。
> 路穷绝兮矢刃摧，士众灭兮名已隤。
> 老母已死，虽欲报恩将安归！

诗中流露出李陵对自己身败名裂的伤感和有国不能归的叹息，读之让人泪下，可谓这个时期的佳作。

秦嘉的《赠妇诗》是东汉文人五言抒情诗成熟的标志。秦嘉，字士会，生卒年不详，陇西（今属于甘肃）人。桓帝时，为郡吏，岁终为郡上计簿使赴洛阳，被任为黄门郎，后病死于津乡亭。徐淑，陇西人，秦嘉妻，与夫秦嘉感情甚笃。秦嘉赴洛阳时，徐淑因病还家，未能辞别。两人分隔异地，互以诗书赠答。秦嘉客死他乡之后，徐淑兄逼她改嫁，她"毁形不嫁，哀恸伤生"（《史通·人物》），终生守寡。秦嘉、徐淑今存的诗文并收于严可均《全上古三代秦汉三国六朝文》、逯钦立《先秦汉魏晋南北朝诗》。

秦嘉、徐淑夫妇经历了缠绵悱恻的爱情，也经历了生离死别，他们的诗文赠答也成为文学史上流传的佳话。《赠妇诗》如下：

（一）

人生譬朝露，居世多屯蹇。忧艰常早至，欢会常苦晚。

念当奉时役，去尔日遥远。遣车迎子还，空往复空返。

省书情凄怆，临食不能饭。独坐空房中，谁与相劝勉？

长夜不能眠，伏枕独展转。忧来如循环，匪席不可卷。

《赠妇诗》第一首写秦嘉即将赴京之际遣车迎妇，徐淑因病不能返回面别，使秦嘉伏枕辗转，彻夜难眠。

（二）

皇灵无私亲，为善荷天禄。伤我与尔身，少小罹茕独。

既得结大义，欢乐苦不足。念当远离别，思念叙款曲。

河广无舟梁，道近隔丘陆。临路怀惆怅，中驾正踯躅。

浮云起高山，悲风激深谷。良马不回鞍，轻车不转毂。

针药可屡进，愁思难为数。贞士笃终始，恩义不可属。

第二首写秦嘉想要前往徐淑处面叙款曲，终因交通不便等原因未能成行。

（三）

肃肃仆夫征，锵锵扬和铃。清晨当引迈，束带待鸡鸣。

顾看空室中，仿佛想姿形。一别怀万恨，起坐为不宁。

何用叙我心，遗思致款诚。宝钗好耀首，明镜可鉴形。

芳香去垢秽，素琴有清声。诗人感木瓜，乃欲答瑶琼。

愧彼赠我厚，惭此往物轻。虽知未足报，贵用叙我情。

第三首写秦嘉启程赴京时以礼物赠徐淑，遥寄款诚。秦嘉在抒发难以排遣的离愁别绪时，把夫妇情爱放到彼此的人生经历中加以审视，点出少与多、早与晚这两对矛盾："人生譬朝露，居世多屯蹇。忧艰常早至，欢会常苦晚。""伤我与尔身，少小罹茕独。既得结大义，欢乐苦不足。"秦嘉抛别病妻远赴京城，使他们迟到和本来就深感不足的欢乐被生生剥夺，变得欢乐愈少，忧愁更多；艰难再次提前降临，欢会的日子不知推迟到何时。

秦嘉的《赠妇诗》是一组艺术成就较高的抒情诗，是汉代文人五言抒情诗的成熟之作。

徐淑的诗作仅存《答秦嘉诗》一首：

妾身兮不令，婴疾兮来归。沉滞兮家门，历时兮不差。

旷废兮侍觐，情敬兮有违。君今兮奉命，远适兮京师。

悠悠兮离别，无因兮叙怀。瞻望兮踊跃，伫立兮徘徊。

思君兮感结，梦想兮容辉。君发兮引迈，去我兮日乖。

恨无兮羽翼，高飞兮相追。长吟兮永叹，泪下兮沾衣。

此诗最早见于徐陵所编《玉台新咏》，是徐淑为赠答丈夫秦嘉的《赠妇诗》而作。

诗的前十句写自己患病母家，不得与夫话别。作者首先交代不能送别的原因，虽是叙事，而又化情于事，于事见情。"不令""婴疾""沉滞""不差"，带有无限无奈；"旷废""情敬"，含有无限歉意；"悠悠兮离别，无因兮叙怀"，留下了无限遗憾。秦嘉十分重视他们的夫妇叙别："念当远离别，思念叙款曲。"于是派车去接徐淑，可是徐淑病滞难行："遣车迎子还，空往返空返"，秦嘉至于"临食不能饭""长夜不能眠"，临行之际，又赠送宝钗、明镜聊表深情（见秦嘉《赠妇诗》三首）。徐淑的前十句诗似乎不那么感情强烈，但读者若联想到此，则自能感受女诗人内心蕴藏的复杂情愫，强忍不露的感情更为真挚动人。

后十句是直抒其情。别离之情本就令人神伤，而女诗人身染沉疴，竟连"销魂"的叙别亦不能，只会生出无止境的遗憾，无休止的焦躁不安。丈夫远游，相去日远，诗人不禁幻想自己能插翅高飞，长追不弃。然而幻想终归还是幻想，"长吟兮永叹，泪下兮沾衣"，这是从焦躁中冷静下来和从幻想中清醒过来之后的感伤。"长"字"永"字，同义重复，更见得此情的厚重压抑，深沉含蓄，至此一个羸弱、多情的少妇形象跃然纸上。诗中没有大起大落的感情起伏，也不见细针密线的剪裁加工，平平叙述，自有一种自然的感染力。

赵壹，字元叔，汉阳西县（今甘肃天水）人。体貌甚伟，恃才傲物，为乡党所摈斥。屡次抵罪，几至死，友人援救方得免。光和元年（178年），举郡上计吏，至京师，得到司徒袁逢、河南尹羊陟的赏识，共称荐之，名动京师，士大夫想望其风采。西归，州郡争致礼命，十辟公府，均不就，终老于家。《穷鸟赋》《刺世疾邪赋》为其代表作。另有讽刺当时的社会腐败黑暗的诗歌《疾邪诗》二首，附在《刺世疾邪赋》之后：

（一）

河清不可恃，人寿不可延。顺风激靡草，富贵者称贤。
文籍虽满腹，不如一囊钱。伊优北堂上，抗脏倚门边。

（二）

势家多所宜，咳唾自成珠。被褐怀金玉，兰蕙化为刍。
贤者虽独悟，所因在群愚。且各守尔分，勿复空驰驱。
哀哉复哀哉，此是命矣夫！

赵壹的《疾邪诗》二首都是五言，以秦客和鲁生对唱的形式出现，二人各申己志。诗中作者运用许多鲜明的比喻和强烈的对比，以锋利尖刻的语言对当时社会的腐败黑暗进行了揭露与讽刺。这两首诗具有总结归纳的意义，哲理性较强，有哲言式的凝练和概括力，读起来发人深省，令人沉思。

第一首起句"河清不可恃，人寿不可延"。古人常用"河清海晏"来比喻政治清明，相传黄河一千年才清一次，人的寿命再长也不可能等到黄河清。这就含蓄而愤慨地道出东汉末年的政治已经腐烂透顶，不可救药。后面六句，用三组比喻性的形象描绘出当时社会上的不合理现象。"顺风激靡草，富贵者称贤"，没骨气的小人顺风倒，不分是非；只要是富贵的人就被捧为贤人。"文籍虽满腹，不如一囊钱。伊优北堂上，肮脏倚门边"，一肚子学问不如一口袋钱，谄媚小人端坐高堂，而正直之士却立在门旁。通过鲜明而辛辣的对比把那个时代造成的丑恶和不公正，形象地暴露在读者面前，激发起人们厌恶、不满的情绪。

第二首进一步抒发了作者愤世疾邪的思想感情。前四句用另外的说法和比喻，继续讽刺黑白颠倒的现实："势家多所宜，咳唾自成珠"，挖苦势利小人之无耻与豪门权贵之气焰，既谑且虐，一针见血，尖酸辛辣；"被褐怀金玉，兰蕙化为刍"主要强调贫寒正直之士虽然地位低下，却有高尚的道德品质和高深的学问，但在那个压制人才的社会里，他们被埋没了，不能显示他们的才华，进一步感叹有志有识者不能见用，反被压抑、排斥。作者为人耿介，恃才使气，受过豪门迫害，后虽逢名人推荐，受官府征召，然皆拒不出山。所以作者最后呼喊出"贤者虽独悟，所困在群愚。且各守尔分，勿复空驰驱。哀哉复哀哉，此是命矣夫！"

在东汉文人诗中，赵壹的《疾邪诗》所表达的感情最为激烈，他不是普通的哀怨，而是充满愤怒，具有东汉党人的婞直之风。

《穷鸟赋》和《刺世疾邪赋》为赵壹的代表作。

《穷鸟赋》并序构思巧妙、感情激越：

昔原大夫赎桑下绝气，传称其仁；秦越人还虢太子结脉，世著其神。设囊之二人不遭仁遇神，则结绝之气竭矣。然而糒脯出乎车轮，针石运乎手爪。今所赖者，非直车轮之糒脯，手爪之针石也。乃收之于斗极，还之于司命，使干皮复含血，枯骨复被肉，允所谓遭仁遇神，真所宜传而著之。余畏禁，不敢班班显言，窃为《穷鸟赋》一篇。其辞曰：有一穷鸟，戢翼原野。罼网加上，机窜在下。前见苍隼，后见驱者，缴弹张右，羿子彀左。飞丸激矢，交集于我。思飞不得，欲鸣不可。举头畏触，摇足恐堕。内怀怖急，乍冰乍火。幸赖大贤，我矜我怜。昔济我南，今振我西。鸟也虽顽，犹识密恩。内以书心，外用告天。天乎祚贤，归贤永年，且公且侯，子子孙孙。

序文之中借古代赵盾救灵辄和扁鹊救虢太子之事来表现恩人对自己的恩情之大，正文借一只处于困厄之中的鸟的遭遇，写自己在临死关头却保住了性命。整篇赋回避具体事件，很可能是受当时形势和作者所处的环境所限。虽然不便书写具体事件，然而作品通篇用比的方法抒发了作者的真情实感，表达了内心的激愤和对恩人的感激之情。

《刺世疾邪赋》是极有代表性的政治抒情赋作：

伊五帝之不同礼，三王亦又不同乐。数极自然变化，非是故相反驳。德政不能救世溷乱，赏罚岂足惩时清浊？春秋时祸败之始，战国逾复增其荼毒。秦汉无以相逾越，乃更加其怨酷。宁计生民之命？唯利己而自足。

于兹迄今，情伪万方。佞诌日炽，刚克消亡。舐痔结驷，正色徒行。妪蝜名势，抚拍豪强。偃蹇反俗，立致咎殃。捷慑逐物，日富月昌。浑然同惑，孰温孰凉？邪夫显进，直士幽藏。

原斯瘼之攸兴，实执政之匪贤。女谒掩其视听兮，近习秉其威权。所好则钻皮出其毛羽，所恶则洗垢求其瘢痕。虽欲竭诚而尽忠，路绝险而靡缘。九重既不可启，又群吠之狺狺。安危亡于旦夕，肆嗜欲于目前。奚异涉海之失柂，积薪而待燃？

荣纳由于闪揄，孰知辨其蚩妍？故法禁屈桡于势族，恩泽不逮于单门。宁饥寒于尧舜之荒岁兮，不饱暖于当今之丰年。乘理虽死而非亡，违义虽生而匪存。

有秦客者，乃为诗曰：河清不可俟，人命不可延。顺风激靡草，富贵者称贤。文籍虽满腹，不如一囊钱。伊优北堂上，抗脏倚门边。

鲁生闻此辞，系而作歌曰：势家多所宜，咳唾自成珠；被褐怀金玉，兰蕙化为刍。贤者虽独悟，所困在群愚。且各守尔分，勿复空驰驱。哀哉复哀哉，此是命矣夫！

东汉时处于外戚、宦官篡权争位的夹缝中的士人，志向与才能不得施展，郁结愤懑，故纷纷以赋抒情，宣泄胸中的垒块。赵壹在他的《刺世疾邪赋》中把压抑在胸中的郁闷和不平，化为激烈的言词，公诸世人。他用简练的笔把那个污浊的社会现实勾勒出来。此赋在抒发自己感情时痛快淋漓，对时政进行了空前的揭露和批判，似一篇笔锋犀利的讨伐檄文。此赋在体制上活泼自由，篇幅短小，语言刚劲朴素，是早期抒情小赋的名篇。

二、描写甘肃之诗赋

两汉时期描写甘肃的诗赋作品当属班彪的《北征赋》影响最大。班彪（3—54年），字叔皮，东汉史学家。祖父班况，汉成帝时为越骑校尉。父班稚，汉哀帝时为广平太守。姑母班婕妤是汉成帝嫔妃。班彪是班固、班超和班昭的父亲。班彪赋作今存《北征赋》和《览海赋》。

23年，刘玄称帝高阳，王莽死，刘玄迁都长安，年号更始。25年，赤眉入关，刘玄被杀。在这一时期，班彪远避凉州，从长安出发，至安定，写了这篇《北征赋》。《北征赋》记叙了作者因避难而北行的历程，表达了怀古伤乱的感叹，抒发了安贫乐道的情怀：

余遭世之颠覆兮，罹填塞之阨灾。旧室灭以丘墟兮，曾不得乎少留。遂奋袂以北征兮，超绝迹而远游。

朝发轫于长都兮，夕宿瓠谷之玄宫。历云门而反顾，望通天之崇崇。乘陵岗以登降，息郇邠之邑乡。慕公刘之遗德，及行苇之不伤。彼何生之优渥，我独罹此百殃？故时会之变化兮，非天命之靡常。

登赤须之长阪，入义渠之旧城。忿戎王之淫狡，秽宣后之失贞。嘉秦昭之讨贼，赫斯怒以北征。纷吾去此旧都兮，騑迟迟以历兹。遂舒节以远逝兮，指安定以为期。涉长路之绵绵兮，远纡回以樛流。过泥阳而太息兮，悲祖庙之不修。释余马于彭阳兮，且弭节而自思。日晻晻其将暮兮，睹牛羊之下来。寤旷怨之伤情兮，哀诗人之叹时。

越安定以容与兮，遵长城之漫漫。剧蒙公之疲民兮，为强秦乎筑怨。舍高亥之切忧兮，事蛮狄之辽患。不耀德以绥远兮，顾厚固而缮藩。首身分而不寤兮，犹数功而辞怨。何夫子之妄说兮，孰云地脉而生残。登郇隧而遥望兮，聊须臾以婆娑。闵獯鬻之猾夏兮，吊尉邛于朝那。从圣文之克让兮，不劳师而币加。惠父兄于南越兮，黜帝号于尉他。降几杖于藩国兮，折吴濞之逆邪。惟太宗之荡荡兮，岂曩秦之所图。

阶高平而周览，望山谷之嵯峨。野萧条以莽荡，迥千里而无家。风猋发以漂遥兮，谷水灌以扬波。飞云雾之杳杳，涉积雪之皑皑。雁邕邕以群翔兮，鹍鸡鸣以嘈嘈。游子悲其故乡，心怆恨以伤怀。抚长剑而慨息，泣涟落而沾衣。揽余涕以于邑兮，哀生民之多故。夫何阴曀之不阳兮，嗟久失其平度。谅时运之所为兮，永伊郁其谁诉？

乱曰：夫子固穷游艺文兮，乐以忘忧，惟圣贤兮？达人从事，有仪则兮，行止屈申，与时息兮？君子履信，无不居兮，虽之蛮貊，何忧惧兮？

《北征赋》是一篇纪行赋，为班彪的代表作，在纪行赋的发展过程中具有重要地位，它继承《楚辞》《遂初赋》等的创作传统，在继承中又有变化，对后世纪行赋的创作有较大的影响。

《北征赋》的结构模仿刘歆的《遂初赋》，结合途中所见景物与有关的史事，抒发感想。由于创作《北征赋》时时事比《遂初赋》更为艰难，所以表现的情绪也更为悲沉。此赋用夹叙夹议的手法，将纪行叙事、抒情议论融为一体。作者行程始于长安，终于高平（今宁夏固原县），中途经历义渠（今甘肃庆阳西南，宁县一带）、安定（今宁夏固原）。作者进入义渠城，联想起义渠王和秦昭王的故事，通过对秦昭王诛杀义渠戎王，北征匈奴的功绩的赞扬，批评当权者的为政荒乱。途经安定时，作者沿古长城容与而行，又想起秦代名将蒙恬为秦王筑长城的事。作者认为蒙恬为秦王修筑长城阻止匈奴的侵扰等于为秦王"筑怨"，作为一代名将，置内忧而不顾，结果被胡亥赐死，这是政治上的失误。作者追述这些历史事件，旨在说明应从历史中汲取教训，间接地表达了对现实的不满。

《北征赋》在体制上对刘歆的《遂初赋》多有模拟，在艺术上，此赋四句一转，曲尽其意，文辞典雅，颇具情韵，是东汉抒情赋作中纪行赋的代表之作。

综上所述，甘肃文学在秦汉（主要是汉代）处于繁荣发展的时期，不论是甘肃籍作家的作品还是描写甘肃的作品，在数量上和质量上相较先秦时期都有了较大的进步，在整个中国文学上占有一席之地。

|第四节| 魏晋南北朝甘肃文学

魏晋南北朝时期虽然社会动乱、战争频繁，但甘肃文学进入"自觉时代"，与前一时期相比，诗歌和小说均达到了较高的艺术水平。

一、诗赋

魏晋南北朝时期的甘肃籍文人诗赋主要以张骏、李暠的作品为代表。

张骏（307—346年），字公庭，安定乌氏（今甘肃平凉）人，为前凉政权的第一位皇帝。骏初好学，有谋略，十岁能文，谥文王，东晋穆帝追谥为忠成公。在位期间，勤于政治，关心农业，任人唯贤，轻刑薄赋，境内安定。《隋书·经籍志》著录《张骏集》八卷。今存诗2首，文2篇并残文2篇。张骏的两首乐府诗歌《游春诗》《薤露行》为其代表作品。如《游春诗》：

勾芒御春正，衡纪运玉琼。明庶起祥风，和气翕来征。
庆云荫八极，甘雨润四垌。昊天降灵泽，朝日耀华精。
嘉苗布原野，百卉敷时荣。鸠鹊与鹜黄，间关相和鸣。
芙蓉覆灵沼，香花扬芳馨。春游诚可乐，感此白日倾。
休否有终极，落叶思本茎。临川悲逝者，节变动中情。

作者充满欣喜地歌颂了凉州城外的阳春景色，从春风春雨写到春鸟春花，然而诗歌结尾处忧从中来，究其原因，一方面有匡复晋室的天下之忧，另一方面也有诗人独特的敏感思绪，自然而然地流露出了人生易老、时光易逝之感。

再如《薤露行》：

在晋之二世，皇道昧不明。主暗无良臣，奸乱起朝廷。
七柄失其所，权纲丧典刑。愚猾窥神器，牝鸡又晨鸣。
哲妇逞幽虐，宗祀一朝倾。储君缢新昌，帝执金墉城。
祸衅萌宫掖，胡马动北垌。三方风尘起，猃狁窃上京。
义士扼素腕，感慨怀愤盈。誓心荡众狄，积诚彻昊灵。

此诗题目《薤露行》，本为乐府古题，为丧歌，多写人生短暂，如薤上之露水，转瞬即干。郭茂倩《乐府诗集》引崔豹《古今注》曰："《薤露》《蒿里》泣丧歌也。本出田横门人，横自杀，门人伤之，为作悲歌。言人命奄忽，如薤上致对，易晞灭也。亦谓人死魂魄归于蒿里。至汉武帝时，李延年分为二曲，《薤露》送王公贵人，《蒿里》送士大夫庶人。使挽柩者歌之，亦谓之挽歌。"由此可知《薤露》古题的来龙去脉，然而作者用古题翻新意，来写咏史题材，回顾了两晋易代时期的重大历史事件，如权臣弄柄、贾后专权、惠帝遭禁、八王之乱、五胡乱华等历史事件均在诗歌中有所反映。在对晋代历史的感叹中，表达了作者内心的忧伤、愁苦和愤懑，同时也表达了作者匡复晋室的渴望。

李暠（351—417年），字玄盛，小字长生，陇西成纪（今甘肃秦安）人，自称西汉将领李广十六世孙，十六国时期西凉政权建立者。李暠初为效谷县令，后又升敦煌太守。北凉天玺二年（400年），李暠自称大将军、护羌校尉、秦凉二州牧、凉公，改元庚子，以敦煌为都城，疆域广及西域。405年，改元建初，遣使奉表于晋，并迁都酒泉，与北凉长期争战。唐朝李氏亦称李暠为先祖。唐玄宗李隆基天宝二年（743年），追尊为兴圣皇帝。事见《晋书》本传。

五凉时期的西凉政权相对稳定，促进了文化、文学事业的繁盛，而李暠的《述志赋》是五凉文学中唯一的赋体作品：

涉至虚以诞驾，乘有舆于本无，禀玄元而陶衍，承景灵之冥符。荫朝云之庵蔼，仰朗日之照昫。既敷既载，以育以成。幼希颜子曲肱之荣，游心上典，玩礼敦经。蔑玄冕于朱门，羡漆园之傲生；尚渔父于沧浪，善沮溺之耦耕，秽鸩鸢之笼吓，钦飞凤于太清；杜世竞于方寸，绝时誉之嘉声。超啸吟于崇岭，奇秀木之陵霜；挺修干之青葱，经岁寒而弥芳。情遥遥以远寄，想四老之晖光；将戢繁荣于常衢，控云辔而高骧；攀琼枝于玄圃，漱华泉之渌浆；和吟凤之逸响，应鸣鸾于南岗。

时弗获影，心往形留，眷驾阳林，宛首一丘，冲风沐雨，载沉载浮。利害缤纷以交错，欢感循环而相求。乾扉奄寂以重闭，天地绝津而无舟；悼贞信之道薄，谢惭德于圆流。遂乃去玄览，应世宾，肇弱巾于东宫，并羽仪于英伦，践宣德之秘庭，翼明后于紫宸。赫赫谦光，崇明奕奕，岌岌王居，诜诜百辟，君希虞夏，臣庶夔益。

张王颓岩，梁后坠壑，淳风杪莽以永丧，搢绅沦胥而覆溺。吕发衅于闺墙，厥构摧以倾颠；疾风飘于高木，回汤沸于重泉；飞尘翕以蔽日，大火炎其燎原；名都幽然影绝，千邑阒而无烟。斯乃百六之恒数，起灭相因而迭然。于是人希逐鹿之图，家有雄霸之想，暗王命而不寻，邈非分于无象。故覆车接路而继轨，膏生灵于土壤。哀余类之怅懔，邈靡依而靡仰；求欲专而失逾远，寄玄珠于罔象。

悠悠凉道，鞠焉荒凶，杪杪余躬，迢迢西邦，非相期之所会，谅冥契而来同。跨弱水以建基，蹑昆墟以为墉，总奔驷之骇辔，接摧辕于峻峰。崇崖峼嵘，重险万寻，玄邃窈窕，盘纡崟岑，榛棘交横，河广水深，狐狸夹路，鸮鸱群吟，挺非我以为用，任至当如影响；执同心以御物，怀自彼于握掌；匪矫情而任荒，乃冥合而一往，华德是用来庭，野逸所以就鞅。

休矣时英，茂哉隽哲，庶罩网以远笼，岂徒射钩与斩袂！或脱梏而缨綯，或后至而先列，采殊才于岩陆，拔翘彦于无际。思留侯之神遇，振高浪以荡秽；想孔明于草庐，运玄筹之罔滞；洪操盘而慷慨，起三军以激锐。咏群豪之高轨，嘉关张之飘杰，誓报曹而归刘，何义勇之超出！据断桥而横矛，亦雄姿之壮发。辉辉南珍，英英周鲁，挺奇荆吴，昭文烈武，建策乌林，龙骧江浦。摧堂堂之劲阵，郁风翔而云举，绍攀韩之远踪，佯徽猷于召武，非刘孙之鸿度，孰能臻兹大祐！信乾坤之相成，庶物希风而润雨。

嵼益既荡，三江已清，穆穆盛勋，济济隆平。御群龙而奋策，弥万载以飞荣。仰遗尘于绝代，企高山而景行。将建朱旗以启路，驱长毂而迅征。靡商风以抗旆，拂招摇之华旌。资神兆于皇极，协五纬之所宁。赳赳干城，翼翼上弼，恣薮奔鲸，截彼丑类。且洒游尘于当阳，拯凉德于已坠。间昌寓之骖乘，暨襄城而按辔。知去害之在兹，体牧童之所述。审机动之至微，思遗餐而忘寐。表略韵于纨素，托精诚于白日。

《晋书·李暠传》云："玄盛以纬世之量，当吕氏之末，为群雄所奉，遂启霸图，兵无血刃，坐定千里。谓张氏之业指期而成，河西十郡岁月而一。既而秃发傉檀入据姑臧，沮渠蒙逊基宇稍广，于是慨然著《述志赋》焉。"《述志赋》是李暠的言志抒情之作，全赋洋洋洒洒上千字，繁复而有感情，写实又用比喻，且能运用神话故事，文风刚健，富于进取精神，文辞典雅，在一定程度上表现了创业领袖人物的风度。

在作品中描摹过甘肃的外省籍作家主要以庾信为代表。

庾信（513—581年），字子山，小字兰成，北周时期人，南阳新野（今属河南）人。历仕西魏及北周，先后官骠骑大将军、开府仪同三司等职。据《周书》本传记载，庾信"虽位望通显，常有乡关之思"。他以乡关之思发为哀怨之辞，作品蕴含着丰富的思想内容，充满深切的情感，笔调劲健苍凉，艺术上也更为成熟。杜甫在《戏为六绝句》中说"庾信文章老更成，凌云健笔意纵横"；又在《咏怀古迹》中评论其"暮年诗赋动江关"，正是指他后期作品的这种特色。

北周武帝保定年间（561—565年），李允信出任秦州刺史，在麦积山建造了雄伟的七佛阁，邀请庾信作《秦州天水郡麦积崖佛龛铭》，其文如下：

麦积山者，乃陇坻之名山，河西之灵岳。高峰寻云，深谷无量。方之鹫岛，迹遁三禅。譬彼鹤鸣，虚飞六甲。鸟道乍穷，羊肠或断。云如鹏翼，忽已垂天。树若桂华，翻能拂日。是以飞锡遥来，度怀远至。疏山凿洞，郁为净土。拜灯王于石室，乃假驭风；礼花首于山宪，方资控鹤。大都督李允信者，籍于宿植，深悟法门。乃于壁之南崖，梯云凿道，奉为王父造七佛龛。似刻浮檀，如冰水玉，从容满月，照耀青莲。影现须弥，香闻仍利。如斯尘野，还开说法之堂；犹彼香山，更对安居之佛。昔者如来追福，有报恩之经；菩萨去家，有思亲之供，敢缘斯义，乃作铭曰：

镇地郁盘，基乾峻极，石关十上，铜梁九息。万仞崖横，千寻松直，荫兔假道，阳乌回翼。载莘疏山，穿龛架岭，虹纷星汉，回旋光景。壁累经文，龛重佛影，雕轮月殿，刻镜花堂，横亘石壁，暗凿山梁。雷乘法鼓，树积天香，啾泉珉谷，吹尘石床。集灵真馆，藏仙册府。芝洞秋房，檀林春乳，冰谷银砂，山楼石柱。异岭共云，同峰别雨。冀城余俗，河西旧风。水声幽咽，山势崆峒。法云常住，慧日无穷。方域芥尽，不变天宫。

文中讴歌了麦积山的雄伟奇险和绝佳景色，以及七佛龛建造的精美、香火的繁盛。此铭在当时广为传颂，盛极一时，为庾信"老成"文风的代表。

除了文人的创作外，北朝也有许多民歌再现了甘肃的风貌。北朝民歌大部分保存在《乐府诗集·横吹曲辞》的《梁鼓角横吹曲》中，此外在《杂曲歌辞》和《杂歌谣辞》中也有一小部分，共70首左右。《乐府诗集》卷二十一载：

横吹曲，其始亦谓之鼓吹，马上奏之，盖军中之乐也。北狄诸国，皆马上作乐，故自汉以来，北狄乐总归鼓吹署。其后分为二部，有萧笳者为鼓吹，用之朝会、道路，亦以给赐。汉武帝时，南越七郡，皆给鼓吹是也。有鼓角者为横吹，用之军中，马上所奏者是也。

可见"横吹曲"原是在马上演奏的一种军乐，因演奏的乐器有鼓有号角，所以叫"鼓角横吹曲"。北朝民歌多半是北魏以后的作品，随着南北文化的交流，北方的歌曲陆续传到南方，齐、梁以后也常用于宫中娱乐，并由梁代的乐府机关保留下来，所以叫"梁鼓角横吹曲"。

涉及甘肃内容的多为《陇头歌》《陇头歌辞》《陇头流水歌辞》等，如《陇头歌》：

> 陇头流水，流离四下。念我行役，飘然旷野。
>
> 登高望远，涕零双堕。陇头流水，鸣声幽咽。遥望秦川，肝肠断绝。

又如《陇头歌辞》：

> 陇头流水，流离山下。念吾一身，飘然旷野。
>
> 朝发欣城，暮宿陇头。寒不能语，舌卷入喉。
>
> 陇头流水，鸣声幽咽。遥望秦川，心肝断绝。

又如《陇头流水歌辞》：

> 陇头流水，流离西下。念吾一身，飘然旷野。
>
> 西上陇阪，羊肠九回。山高谷深，不觉脚酸。手攀弱枝，足逾弱泥。

陇头，《乐府诗集·陇头》解题曰："一曰陇头水，《通典》曰：'天水郡有大阪，名曰陇坻，亦曰陇山，即汉陇关也。'《三秦记》曰：其阪九回，上者七日乃越，上有清水四注下，所谓陇头水也。"《乐府诗集》所引虽为南北朝以后之材料，陇山地貌却亘古而有之，向北行役，登上陇山已是艰难，再闻鸣咽的陇山泉水之声，使人顿时百感交集。《陇头歌》《陇头歌辞》《陇头流水歌辞》正表达了这样的主题：旅行生活的艰苦、行人的孤独飘零、山路的险峻难行、北地的刺骨严寒，以及思念家乡的悲痛情绪，无不一一泛上心头，跃然纸上。

反映战争的诗歌也在"陇上"题材之中，如《陇上为陈安歌》（《杂歌谣辞三》）：

> 陇上壮士有陈安，躯干虽小腹中宽，爱养将士同心肝。
>
> 骢骢父马铁锻鞍，七尺大刀奋如湍，丈八蛇矛左右盘，十荡十决无当前。
>
> 战始三交失蛇矛，弃我骢骢窜岩幽，为我外援而悬头。
>
> 西流之水东流河，一去不还奈子何！

此诗描写了东晋明帝太宁元年（323年）秋，匈奴族刘曜出兵甘肃，围攻陇城（今甘肃秦安县东北），原秦州太守陈安坚守孤城，英勇抗敌，兵败被杀的故事。此诗歌颂了陇上壮士陈安的勇武，以及陇上人民对英雄壮士的追思之情。

二、小说

中国古代小说有两个系统，即文言小说系统和白话小说系统。魏晋南北朝时期，只有文言小说。这时的小说可以统称为笔记体小说，采用文言，篇幅短小，记叙社会上流传的奇异故事、人物的逸闻轶事或其只言片语。当时的小说在故事情节的叙述、人物性格的描写等方面都已初具规模，作品的数量也已相当可观，但就作者的主观意图而言，还只是当成真实的事情来写，缺少艺术的虚构。它们还不是中国小说的成熟形态。中国文言小说成熟的形态是唐传奇，白话小说成熟的形态是宋元话本。

魏晋南北朝小说可以分为志怪小说和志人小说两类。志怪小说记述神仙方术、鬼魅妖怪、殊方异物、佛法灵异，虽然许多作品中表现了宗教迷信思想，但也保存了一些具有积极意义的民间故事和传说。志人小说记述人物的逸闻轶事、言谈举止，从中可以窥见当时社会生活的一些面貌。

甘肃籍作家王嘉的《拾遗记》便是魏晋南北朝小说中的志怪一类。

王嘉，字子年，陇西安阳（今甘肃渭源）人，苻秦时的方士，《晋书》有传。《拾遗记》10卷，题（晋）陇西王嘉撰。此书原有19卷220篇，苻秦末年经战乱佚阙，梁代萧绮缀拾残文，改编为10卷，并为之"录"，即加上论赞。明代胡应麟《少室山房笔丛》认为："盖即绮撰，而托之王嘉者。"今书前9卷记载自庖羲、神农至东晋的神话、传说及名人异事，末卷记昆仑等九座仙山。

《拾遗记》的主要内容是杂录和志怪。书中尤注重宣传神仙方术，多荒诞不经。但其中某些幻想，如"贯月槎""沦波舟"等，表现出了丰富的想象力。书中文字绮丽，所叙之事类皆情节曲折，辞采可观。如第六卷记刘向校书于天禄阁，夜有老人燃藜授学：

刘向于成帝之末，校书天禄阁，专精覃思。夜有老人，着黄衣，植青藜杖，登阁而进，见向暗中独坐诵书。老父乃吹杖端，烟燃，因以见向，说开辟以前。向因受《洪范五行》之文，恐辞说繁广忘之，乃裂裳及绅，以记其言。至曙而去，向请问姓名。云："我是太一之精，天帝闻金卯之子有博学者，下而观焉。"乃出怀中竹牒，有天文地图之书，"余略授子焉"。至向子歆，从向受其术，向亦不悟此人焉。

虽有神异色彩，但也可见刘向校书之辛勤，后人多引为故实。又如汉武帝因思念李夫人，而为之招魂的故事：

汉武帝思怀往者李夫人，不可复得。时始穿昆灵之池，泛翔禽之舟。帝自造歌曲，使女伶歌之。时日已西倾，凉风激水，女伶歌声甚道，因赋《落叶哀蝉》之曲曰："罗袂兮无声，玉墀兮尘生。虚房冷而寂寞，落叶依于重扃。望彼美之女兮安得，感余心之未宁！"帝闻唱动心，闷闷不自支持，命龙膏之灯以照舟内，悲不自止。亲侍者觉帝容色愁怨，乃进洪梁之酒，酌以文螺之卮。卮出波祇之国，酒出洪梁之县，此属右扶风，至哀帝废此邑，南人受此酿法。今言"云阳出美酒"，两声相乱矣。帝饮三爵，色悦心欢，乃诏女伶出侍。帝息于延凉室，卧梦李夫人授帝蘅芜之香。帝惊起，而香气犹着衣枕，历月不歇。帝弥思求，终不复见，涕泣洽席，遂改延凉室为遗芳梦室。初，帝深嬖李夫人，死后常思梦之，或欲见夫人。帝貌憔悴，嫔御不宁。诏李少君，与之语曰："朕思李夫人，其可得见乎？"少君曰："可遥见，不可同于帷幄。暗海有潜英之石，其色青，轻如毛羽。寒盛则石温，暑盛则石冷。刻之为人像，神悟不异真人。使此石像往，则夫人至矣。此石人能传译人言语，有声无气，故知神异也。"帝曰："此石像可得否？"少君曰："愿得楼船百艘，巨力千人，能浮水登木者，皆使明于道术，赍不死之药。"乃至暗海，经十年而还。昔之去人，或升云不归，或托形假死，获返者四五人。得此石，即命工人依先图刻作夫人形。刻成，置于轻纱幕里，宛若生时。帝大悦，问少君曰："可得近乎？"少君曰："譬如中宵忽梦，而昼可得近观乎？此石毒，宜远望，不可逼也。勿轻万乘之尊，惑此精魅之物！"帝乃从其谏。见夫人毕，少君乃使舂此石人为丸，服之，不复思梦。乃筑灵梦台，岁时祀之。

虽然此故事《史记》《汉书》均有记载，但多写事件概况大略，而《拾遗记》中所记叙更为详尽，且绘声绘色，引人遐思。

|第五节| 隋唐五代甘肃文学

总体来讲，隋唐时期国家统一，经济富足，社会安定，为文学发展提供了良好的土壤。此时的甘肃文学也得到了全面的发展，在诗歌、散文、小说等领域均有空前的成就，成为甘肃古代文学最为鼎盛的时代。

一、边塞诗歌

唐代是中国历史上一个强盛的帝国，随着国势的强盛，和欧亚各国以及国内各个民族之间加强了经济文化的交流，但也产生了一些民族矛盾，边塞战争时有发生。当时的文人，渴望在战争中求取功名，"投笔从戎"成为潮流，诗人们或从军入幕，或边塞漫游，为我们留下了大量慷慨大气的边塞诗歌。而甘肃的河西走廊又是通往西域的必由之路，诗人们在路经甘肃时也为我们留下了大量吟咏甘肃的诗篇，这其中较著名的诗人有王之涣、王翰、王昌龄、王维、高适、岑参、李益等。

王之涣（688—742年），仅存六首诗，其中《凉州词二首》（其一）：

> 黄河远上白云间，一片孤城万仞山。
>
> 羌笛何须怨杨柳，春风不度玉门关。

于壮观中寓苍凉，慷慨雄放而气骨内敛，深情蕴藉，意沉调响。其沉雄浑厚处与高适诗相近。此诗当时即被配乐传唱，流传甚广。但黄河距凉州甚远，似无关涉，故有的传本第一句为"黄沙远上白云间"，由此引起后人的无数争论。

王翰的代表作《凉州词二首》（其一）：

> 葡萄美酒夜光杯，欲饮琵琶马上催。
>
> 醉卧沙场君莫笑，古来征战几人回？

以豪饮旷达写征战，连珠丽辞中蕴含着清刚顿挫之气，极为劲健。

王昌龄（698—756年），盛唐著名边塞诗人，七绝写得好，质量高，数量多，被后人誉为"七绝圣手"。早年居灞上，曾北游河陇边地，写下了许多边塞诗歌，如他的名作《出塞二首》（其一）：

秦时明月汉时关，万里长征人未还。

但使龙城飞将在，不教胡马度阴山。

诗人从秦汉的明月关山落笔，上下千年，同此悲壮，万里征人，迄无还日，不仅写出了沉思历史时对勇于献身边关者的同情和民族自豪感，还隐含着对现实中将非其人的讽刺。在短短四句诗中，展现出了丰富的内容和深厚的情感。又如他以七绝咏边事的连章组诗《从军行七首》（选四）：

其一

烽火城西百尺楼，黄昏独上海风秋。

更吹羌笛关山月，无那金闺万里愁。

其二

琵琶起舞换新声，总是关山旧别情。

撩乱边愁听不尽，高高秋月照长城。

其四

青海长云暗雪山，孤城遥望玉门关。

黄沙百战穿金甲，不破楼兰终不还。

其五

大漠风尘日色昏，红旗半卷出辕门。

前军夜战洮河北，已报生擒吐谷浑。

前两首写深长的边愁，羌笛吹奏的《关山月》曲中的别情，用"换新声"勾连，又被琵琶撩乱，托之以高天秋月照长城的苍凉景色，苍凉中又弥漫一重壮阔的情思氛围。后两首写追求边功的豪情，不破敌立功"终不还"的壮志，因夜战擒敌而实现，壮烈情怀与胜概英风合并而出。出于人之常情的离愁别怨，与英雄气概相结合，声情更显悲壮激昂。前后章法井然，意脉贯穿，清而刚，婉而健，有气骨，为七绝连章中的神品。

王维（701—761年），是盛唐山水田园诗派的主要代表，但他的边塞诗也写得既多且好，现存三十多首，主要是青年时代尤其是开元二十五年（737年）赴河西节度使幕府任判官后的两年间所作。诗中描绘了他在西北边陲的所见所闻，描摹真切，色彩绚烂，气象峥嵘，高亢雄浑。如他的名作《使至塞上》：

单车欲问边，属国过居延。征蓬出汉塞，归雁入胡天。

大漠孤烟直，长河落日圆。萧关逢候骑，都护在燕然。

开元二十五年（737年）秋，王维被排挤出京，赴河西节度使幕府任判官。此诗作于王维初赴河西之时，诗中描绘了边塞的壮丽风光，流露出诗人的爽朗心境。《出塞》也写于同一时期：

居延城外猎天骄，白草连天野火烧。暮云空碛时驱马，秋日平原好射雕。

护羌校尉朝乘障，破虏将军夜渡辽。玉靶角弓珠勒马，汉家将赐霍嫖姚。

清代方东树曾评论此诗说："前四句目验天骄之盛，后四句侈陈中国之武，写得兴高采烈，如火如锦，乃称题。收赐有功得体。浑颢流转，一气喷薄，而自然有首尾起结章法，其气若江海之浮天"（方东树《昭昧詹言》卷十六）。可以看出，王维的边塞诗歌情绪激昂、气势宏放、笔力刚劲、境界阔大，体现出一种阳刚之美。除上举的两首诗歌以外，《凉州郊外游望》《凉州赛神》等诗歌也展现了甘肃河西地区的壮丽风光和唐朝边地少数民族的人情风俗。

高适与岑参同是盛唐边塞诗派的主要代表。杜甫在《寄彭州高三十五使君适、虢州岑二十七长史参三十韵》中说："高岑殊缓步，沈鲍得同行。意惬关飞动，篇终接混茫。""高岑"并称始于此。后来严羽在《沧浪诗话》中也说："高岑之诗悲壮，读之使人感慨。"二人均有出塞经历，途径陇右、河西时，也都有歌颂篇什。

高适（703？—765年）曾经三次出塞，写下了许多边塞名篇，其中不乏描写甘肃的作品，如《金城北楼》：

北楼西望满晴空，积水连山胜画中。湍上急流声若箭，城头残月势如弓。

垂竿已谢磻溪老，体道犹思塞上翁。为问边庭更何事，至今羌笛怨无穷。

这首诗是作者于天宝十二载（753年）离开长安赴河西节度使哥舒翰幕府时，途经兰州所作，抒发了对仕途的感慨和对边疆战争未能平息的忧虑，同时也以宏大的笔法描绘了登临兰州金城北楼凭栏西望时所见之胜景。

岑参（715—770年），与高适同是盛唐边塞诗派的主要代表，曾两度出塞，沿途也曾对甘肃的风光有所描绘，他的《题金城临河驿楼》同样描绘了金城兰州的壮美风光：

古戍倚重险，高楼见五凉。山根盘驿道，河水浸城墙。

庭树巢鹦鹉，园花隐麝香。忽如江浦上，忆昨捕鱼郎。

这首诗是岑参天宝十三载（754年）赴北庭途经金城时所作，诗歌写出了这座塞上名城的形势、景色和物产，表达了赞美之情，今天读来仍感到亲切。又如《凉州馆中与诸判官夜集》：

弯弯月出挂城头，城头月出照凉州。凉州七里十万家，胡人半解弹琵琶。

琵琶一曲肠堪断，风萧萧兮夜漫漫。河西幕中多故人，故人别来三五春。

花门楼前见秋草，岂能贫贱相看老。一生大笑能几回，斗酒相逢须醉倒。

此诗作于天宝十三载（754年），为诗人第二次出塞时，由临洮赴北庭、途经凉州，与河西节度使幕府中的老同事重逢时的情景。诗中勾勒了月夜凉州繁荣、和平、安定的景象，描绘了凉州的夜晚明月皎洁、北风萧萧、琵琶声声，带有浓郁的边塞风情，表现了诗人宦游他乡，与故人相见时的愉悦心情，表现了积极进取、渴望建功立业的豪迈气概。

李益（750—830年），字君虞，陇西姑臧（今甘肃武威）人，大历四年（769年）登进士第。作为甘肃籍作家，李益是继高适、岑参之后的又一位著名边塞诗人，以其边塞诗歌在大历诗坛中独树一帜。《唐才子传》说他"往往鞍马间为文，横槊赋诗，故多抑扬激励悲离之作"。《全唐诗》录其存诗一百六十余首。李益的边塞诗歌常常是壮烈、慷慨之中带一点伤感和悲凉，如《夜上受降城闻笛》：

回乐峰前沙似雪，受降城下月如霜。不知何处吹芦管，一夜征人尽望乡。

此绝句以色彩鲜明的比喻写景，用哀怨的芦管声作衬托，传达征人深切的思乡之情。《从军北征》也类似这种写法：

天山雪后海风寒，横笛偏吹《行路难》。碛里征人三十万，一时回首月中看。

一样写由乐声引起的思乡之情，一样蕴含着浓烈的乡愁和悲凉的情调。

总之，李益的诗歌带有盛唐诗歌的特色，但其诗歌中伤感的悲凉情调也与大历时期的时代风貌相关。其边塞诗歌主要书写边地士卒久戍思归的怨望之情，偏于伤感，少有盛唐边塞诗豪迈乐观的情调。

二、诗圣杜甫

诗仙李白在提到自己祖籍的时候常骄傲地说自己是"陇西李氏""陇西布衣"，然而李白从未到过甘肃、到过陇西，所称仅是郡望，为了抬高自己的身份而已。诗圣杜甫却亲自到过甘肃，其间生活虽甚艰难，但创作颇丰，除了咏物、咏怀的悲歌外，也以其凌云健笔谱写下了陇右的形盛山川。

乾元二年（759年）七月，杜甫抛弃了华州司功参军的微职，携家前往秦州（今甘肃天水），开启了陇右之行。

杜甫带着一家人翻越了高峻的陇山，在秋风萧瑟时来到秦州。他本以为在秦州可以得到一处避难之所，毕竟那一年秦州的收成较好，而且他的侄儿杜佐贺以及在长安时结识的和尚赞上人都在秦州居住，他到秦州可以得到他们的接济。可是当杜甫到达秦州后，发现这里也并不太平，日益强大的吐蕃正威胁着这座唐时的边城，黄昏时的号角之声，远方传来的烽火警报是这里常见的景色。杜佐贺和赞上人也都没有能够给予他很多帮助，杜甫想在城外建立草堂的想法也随之落空。他被迫重操卖药的旧业，来维持生计。

此时的诗人频频作诗怀远，给李白、高适、岑参、薛据、贾至、严武等寄诗歌以表思念。心情寂寞的杜甫在秦州时的诗兴不减，短短的三个月中，做诗八十三首，其中许多诗歌都堪称佳作。

正当杜甫在秦州走投无路时，同谷县（今甘肃成县）的县宰来信欢迎杜甫到同谷去。同谷在秦州南二百六十多里，气候温暖，物产丰富，故而杜甫在当年农历十月的一天，携家离开秦州，向南进发了。他们历尽千难万险于十一月抵达同谷，却没有得到希望得到的帮助，全家几乎濒临绝境。此时的杜甫不得不在山间捡橡栗充饥，或者到大雪覆盖的山间寻找中药黄独。此时杜甫全家都只能忍饥挨饿。在同谷逗留了一个多月后，诗人携全家再次踏上南去的征程，离开甘肃，于年底抵达成都。

从秦州到同谷，杜甫在陇右寓居约半年时间，留下来的诗歌有一百多首，题材广泛，内容丰富。且有一半以上的诗歌以结构严谨的组诗呈现：如《秦州杂诗二十首》，《发秦州》和《发同谷》两组山水纪行诗，《天河》《初月》《捣衣》《归燕》等一组咏物诗，题曰《遣兴》的十多首咏怀诗，以及荡气回肠的《乾元中寓居同谷县作歌七首》，下面分而述之。

杜甫在秦州期间，游历古刹名寺，走亲串友，访谈作诗，先后以五律的形式写了二十首歌咏当地山川风物、抒写伤时感乱之情和个人身世遭遇之悲的诗篇，统题为《秦州杂诗》。宋代刘克庄评价曰："若此二十篇，山川城郭之异，土地风气所宜，开卷一览，尽在是亦。"（《后村诗话》）如《秦州杂诗二十首》（其一）：

> 满目悲生事，因人作远游。迟回度陇怯，浩荡及关愁。
>
> 水落鱼龙夜，山空鸟鼠秋。西征问烽火，心折此淹留。

此为二十首组诗的第一首，首写作者因满目悲凉而离乡远游，次写到陇山的感受，再写入秋时节月色下陇山的空荡寂寥，最后由眼前实景写旅途心情，突出"怯"意与"愁"思。浦起龙《读杜心解》评价云："其一为二十首之冒，首言'生事''因人'，笼后藏身等篇。末言'烽火''心折'，笼后悲世等篇。"又如《秦州杂诗二十首》（其二）：

> 秦州山北寺，胜迹隗嚣宫。苔藓山门古，丹青野殿空。
>
> 月明垂叶露，云逐渡溪风。清渭无情极，愁时独向东。

组诗从第二首开始具体写秦州各名胜古迹，本诗所写为城北寺、隗嚣宫。王嗣奭《杜臆》：云"地志：州东北山上有崇宁寺，乃隗嚣故居。"隗嚣宫指隗嚣的宫室。隗嚣（？—33年），字季孟，天水成纪（今甘肃秦安）人，东汉初年曾割据陇上，称雄十一年。诗歌实为诗人游览城北寺，缅怀隗嚣旧事，又暗中感叹人生。浦起龙《读杜心解》云："其二，就秦咏秦，明点出'秦州'字，意在通盘布局安顿，但就其名胜处述而志之，不专为寺咏也。"可见，"秦州杂诗"虽名曰"杂"，而实非杂乱无章七拼八凑，各诗之间安排讲求法度，可谓匠心独运。正如杨伦《杜诗镜铨》所云："是诗二十首，首章叙来秦之由，其余皆至秦所见所闻也。或游览，或感怀，或即事，间或有慨河北处，亦由本地触发。大约在西言西，反复于吐蕃之骄横，使节之络绎，恨无能为朝廷效一筹者。结以唐尧自圣，无须野人，惟有以家事付之妇与儿，此身访道探奇，穷愁卒岁。寄语诸友，无复立朝之望矣。公之志可知也。"《秦州杂诗二十首》所记虽然只限于秦州境内，但已露出此后陇蜀山水纪行组诗的端倪，可以视为杜甫陇蜀山水纪行诗的滥觞。

杜甫在陇右的组诗中最为重要的是陇蜀山水纪行诗。《发秦州》和《发同谷》是两组结构严整的山水纪行诗。第一组作于秦州至同谷的途中，共十二首：《发秦州》《赤谷》《铁堂峡》《盐井》《寒峡》《法镜寺》《青阳峡》《龙门镇》《石龛》《积草岭》《泥功山》《凤凰台》。首篇《发秦州》开明宗义，说明南行原因，接下来的十一首皆以地名为诗题，地点全部在甘肃。第二组作于同谷至成都途中，共十二首：《发同谷县》《木皮岭》《白沙渡》《水会渡》《飞仙阁》《五盘》《龙门阁》《石柜阁》《桔柏渡》《剑门》《鹿头山》《成都府》。首篇《发同谷县》说明艰难行役的原因，接下来的十一首皆以地名为诗题。其中，《发同谷县》《木皮岭》《白沙渡》《水会渡》四首，地点在甘肃，后八首地点为四川。两组诗歌形象地展现了空间跨度极大的陇蜀山水和历时三月的行役过程，正如苏轼所云："老杜自钦州越成都，所历辄作一诗，数千里山川在人目中，古今诗人殆无可拟者。"（朱弁《风月堂诗话》卷上引）根据杜甫的这些诗，读者在心中自可勾勒出一幅《陇右山川图》。这里试举几首诗例，如《发秦州》：

> 我衰更懒拙，生事不自谋。无食问乐土，无衣思南州。
> 汉源十月交，天气凉如秋。草木未黄落，况闻山水幽。
> 栗亭名更嘉，下有良田畴。充肠多薯蓣，崖蜜亦易求。
> 密竹复冬笋，清池可方舟。虽伤旅寓远，庶遂平生游。
> 此邦俯要冲，实恐人事稠。应接非本性，登临未销忧。
> 溪谷无异石，塞田始微收。岂复慰老夫，惆然难久留。
> 日色隐孤戍，乌啼满城头。中宵驱车去，饮马寒塘流。
> 磊落星月高，苍茫云雾浮。大哉乾坤内，吾道长悠悠。

本诗为杜甫陇右山水纪行诗的开篇之作，诗中说明了自己离开秦州的种种原因，以及对成州汉源、栗亭、同谷诸县美丽景色和优越生活的向往，同时也抒发了自己生活无着、被迫远游的怅惘。

全诗可分四层，第一层为前四句，说明"发秦州"的原因：自己年纪衰老，全家生活无以为继，不得不另寻"乐土"。第二层从"汉源十月交"到"庶遂平生游"，主要描绘了成州气候的温和、山水的幽美、物产的丰饶。如"栗亭"山下有百亩良田，多产"薯蓣""崖蜜"，又可采冬笋，还可"清池"泛舟。字里行间无不流露出乐土在望之喜悦心情。第三层从"此邦俯要冲"到"惆然难久留"，采用议论的方式再一次探讨自己离开成州的原因：秦州人事繁杂，自己不善应酬，田亩收成甚微等。第四层为最后八句，主要写诗人离开秦州时的情景，抒发自己流浪天涯的落寞失意之情。整篇诗歌交替使用了说明、描写、议论三种方式，层次清晰，文笔跌宕，质朴清新，真挚动人。又如《赤谷》：

> 天寒霜雪繁，游子有所之。岂但岁月暮，重来未有期。
> 晨发赤谷亭，险艰方自兹。乱石无改辙，我车已载脂。
> 山深苦多风，落日童稚饥。悄然村墟迥，烟火何由追。
> 贫病转零落，故乡不可思。常恐死道路，永为高人嗤。

诗歌主要写一家人南行途经赤谷时的所见所感。第一层为前四句，写全家人在天寒雪盛的境况中跋涉，有流离失所的悲慨。第二层为中间四句，写赤谷的荒凉和旅途的艰辛。第三层为后四句，通过议论抒发了作者哀怨绝望之情。正如清人杨伦《杜诗镜铨》的评价："说到穷途生死，语尤哀惨。"诗歌虽没有华丽的辞藻，没有工整的对仗，但一切均出于自然，读之令人同情、感叹。又如《青阳峡》：

> 塞外苦厌山，南行道弥恶。冈峦相经亘，云水气参错。
> 林迥硖角来，天窄壁面削。溪西五里石，奋怒向我落。
> 仰看日车侧，俯恐坤轴弱。魑魅啸有风，霜霰浩漠漠。
> 昨忆逾陇坂，高秋视吴岳。东笑莲华卑，北知崆峒薄。
> 超然侔壮观，已谓殷寥廓。突兀犹趁人，及兹叹冥莫。

诗歌开篇以旅途劳苦入笔，粗略勾勒了"青阳峡"的自然状况，尤其是中间八句的峡中景色描写，虚实相生，实景是：高山夹路，天空窄仄，壁立如削，巨石如发怒般向人垂压下来。虚景是："日车"似乎偏移轨道，大地的轴心过于柔弱，寒风吹面如魑魅呼啸而过，真是令人胆战心惊。最后八句为回顾往昔翻越"陇坂"的情境，通过对比衬托出青阳峡所在山岭的高峻、险要。又如《泥功山》：

　　　　朝行青泥上，暮在青泥中。泥泞非一时，版筑劳人功。

　　　　不畏道途永，乃将汩没同。白马为铁骊，小儿成老翁。

　　　　哀猿透却坠，死鹿力所穷。寄语北来人，后来莫匆匆。

泥功山在同谷西北，山既高峻，路又泥泞，杜甫一家人清晨上山，黄昏仍未下山，虽然不怕道路遥远，但仍恐怕掉进泥中。白马身上沾满了污泥，变成了黑马，小孩本喜欢蹦跳，但在泥泞之中也垂头丧气、无精打采，活像是个老翁，甚至连善于攀爬奔跑的猿与鹿也在泥沼中挣扎、死亡，生动地表达了陇右道路之艰难。

杜甫在陇右时期的诗歌中还有一组多题咏物组诗，特点是以两字为标题，别具一格，如《天河》《初月》《捣衣》《归燕》《促织》《萤火》《蒹葭》《苦竹》《除架》《废畦》《秋笛》《病马》《蕃剑》《铜瓶》等。十几首诗歌以内在的情蕴为线索，托物寓意，构成了宏富壮美的组诗。如《促织》：

　　　　促织甚微细，哀音何动人。草根吟不稳，床下夜相亲。

　　　　久客得无泪，放妻难及晨。悲丝与急管，感激异天真。

诗人客居秦地，国难家愁萦系身，素志难展，心情极其悲痛，又适值入秋，陇右一带蟋蟀极多，鸣声单调，反复不止。诗人缘景生情，把自己的愁情移于促织，吟出"哀音何动人"的诗句。事实上，促织自吟，诗人自哀，而诗人以哀心听去，便觉促织吟声亦哀。物如此，己如何？两相对照，怎么能"无泪"呢？如《茧斋诗谈》所评："《促织》咏物诸诗，妙在俱以人理待之，或爱惜，或怜劝之，或戒之壮之。全付造化，一片婆心，绝作绝作！咏物诸作，皆以自己意思，体贴出物理情态，故题小而神全，局大而味长，此之谓作手。'久客得无泪'，初闻之下泪可知，此一面两照之法。写得虫声哀怨，不可使愁人暂听，妙绝文心。"又如《蒹葭》：

　　　　摧折不自守，秋风吹若何。暂时花戴雪，几处叶沉波。

　　　　体弱春风早，丛长夜露多。江湖后摇落，亦恐岁蹉跎。

诗人对蒹葭从春到冬的遭际及其起落浮沉的变化做了全面的描绘，以此来象征自己曾经充满希望却已先凋零的命运，表现了诗人坎坷不遇的悲哀和时不我待的伤感。如仇兆鳌《杜诗详注》云："蒹葭，伤贤人之失志者。暂时花发，叶已沉波，申上秋风摧折。春苗、夜露，遡其前。江湖摇落，要其后也。北方风气早寒，故蒹葭望秋先零。南方地气多暖，故在江湖者后落。秋风摧折如彼，而远托江湖者，亦蹉跎于岁晚乎。末二句，隐然有自伤意。"

总之，在杜甫陇右时期的咏物诗中，我们可以看到灿烂的天河和新升的初月，可以看到高飞的归燕和低旋的萤火，可以看到水边泽畔的蒹葭和结根幽境的苦竹，可以目睹除架的零落和废畦的凋残，可以听到促织细微的哀鸣和秋虫不断的悲声……杜甫的咏物诗对天象、草木、虫鸟、禽、器等均有题咏，在短短的十几首诗篇中，涉及如此多的事物，可谓范围极广，且集中吟咏边塞深秋中的弱小、细微、病残、废弃之物，借咏物来表达自身的伤感和咏叹，也给读者传递了杜甫个人对当时所处时代的感受。

"遣兴诗"是杜甫陇右组诗中的咏怀诗篇。诗人满怀愤懑，弃官赴陇，到达秦州后，连续写了《遣兴三首》《遣兴五首》《遣兴二首》等以"遣兴"为题的组诗，用以抒发郁闷伤感的情怀，也借以表达作者在经历磨难之后对社会和人生的思考。

具有强烈抒情感染力的组诗《乾元中寓居同谷县作歌七首》，是杜甫诗歌创作中闪耀着卓异光彩的重要作品，其"长歌可以当哭"（肖涤非《杜甫诗选注》），被誉为"奇崛雄深"的"绝唱"（胡应麟语，见仇兆鳌《杜诗详注》），"响彻云霄的悲歌"（冯至《杜甫传》），"千古少有的诗篇"（朱东润《杜甫叙论》），为历代杜诗论者所激赏。

乾元二年（759年）十一月，杜甫携家人一路簸荡，流落同谷。这一年是杜甫行路最多的一年，所谓"一岁四行役"。这一年也是他一生中生活最为困窘的一年，到了"惨绝人寰"的境地。在饥寒交迫的日子里，诗人以七古体裁，写下《乾元中寓居同谷县作歌七首》：

其一

有客有客字子美，白头乱发垂过耳。
岁拾橡栗随狙公，天寒日暮山谷里。
中原无书归不得，手脚冻皴皮肉死。
呜呼一歌兮歌已哀，悲风为我从天来。

其二

长镵长镵白木柄，我生托子以为命。
黄独无苗山雪盛，短衣数挽不掩胫。
此时与子空归来，男呻女吟四壁静。
呜呼二歌兮歌始放，邻里为我色惆怅。

其三

有弟有弟在远方，三人各瘦何人强？
生别展转不相见，胡尘暗天道路长。
东飞䴔鹅后鹙鸧，安得送我置汝旁。
呜呼三歌兮歌三发，汝归何处收兄骨？

其四

有妹有妹在钟离，良人早殁诸孤痴。
长淮浪高蛟龙怒，十年不见来何时？

扁舟欲往箭满眼，杳杳南国多旌旗。
呜呼四歌兮歌四奏，林猿为我啼清昼。

其五

四山多风溪水急，寒雨飒飒枯树湿。
黄蒿古城云不开，白狐跳梁黄狐立。
我生何为在穷谷，中夜起坐万感集。
呜呼五歌兮歌正长，魂招不来归故乡。

其六

南有龙兮在山湫，古木巃嵸枝相樛。
木叶黄落龙正蛰，蝮蛇东来水上游。
我行怪此安敢出，拔剑欲斩且复休。
呜呼六歌兮歌思迟，溪壑为我回春姿。

其七

男儿生不成名身已老，三年饥走荒山道。
长安卿相多少年，富贵应须致身早。
山中儒生旧相识，但话宿昔伤怀抱。
呜呼七歌兮悄终曲，仰视皇天白日速。

这首七言组诗真实而形象地记录了诗人一家困居同谷时艰苦卓绝的生活，描写了一家人惨不忍睹的遭遇和骨肉分离的巨大哀痛。在内容上，第一首从自身作客的窘困说起，第二首写全家因饥饿而病倒的惨况；第三首写怀念兄弟；第四首写怀念寡妹；第五首，由悲弟妹又回到自身，由淮南山东又回到同谷；第六首由一身一家说到国家大局；第七首集中地抒发了诗人身世飘零之感。

《乾元中寓居同谷县作歌七首》的七首诗之间，既独立成章又结构相同，形成了一个有内在联系的完整艺术体系，丰富了杜诗多样化的写作体裁。在写作的方法上，借鉴了东汉《四愁诗》的写作形式，以七言句式为主，兼有不等句的骚体形式，又使用了重言叠字，进行反复的咏叹。明代的王嗣奭曾评价说："七歌创作，原不仿离骚，而哀伤过之，读骚未必坠泪，而读此则不能终篇。"

综上，陇右特有的山川风物使杜甫的陇右诗歌充满了鲜明的地域色彩，咏物诗、山水纪行诗大量出现，咏怀诗歌通过感伤自身来折射时代氛围，沉郁顿挫的诗风中也渗入了清丽峭拔。陇右历练了杜甫，杜甫也成就了陇右。诚如霍松林先生所说："治中华诗歌者，无不注目唐诗；攻唐诗者，无不倾心杜甫；而读杜诗者，又无不向往秦州也。老杜倘无秦州之山川胜迹以发其才藻，固无以激扬创作之高潮；秦州倘无老杜之名章隽句以传其神韵，又安能震荡海内外豪俊之心灵，不远千里万里，来游兹土，以促进经济文化交流乎？"（霍松林《天水诗圣碑林序》）

三、古文中兴

唐代既是诗歌艺术的巅峰时代，也是古文的中兴时期，产生了许多古文理论和创作上的巨匠。此一时期的甘肃散文也发展迅猛，产生了许多优秀的作家，如权德舆、李翱等。他们在疏论、表状、序说、碑铭、小品杂记等文体上均有创获，留下了一大批优秀的散文作品。

权德舆（759—818年），字载之，天水略阳（今甘肃秦安县东北）人，徙居润州丹徒（今江苏丹徒县治）。十五岁时即已为文数百篇，编为《童蒙集》。后唐德宗征为太常博士，转左补阙。唐宪宗元和五年（810年），累升至礼部尚书、同中书门下平章事，参与朝政。今存《权载之文集》五十卷。

权德舆的文章，《旧唐书》本传评为"雅正而弘博"，说是"王侯将相洎当时名人薨殁，以铭记为请者什八九"。所以在他的文集中，最多的自然是碑铭、墓志与行状。在这一方面，他可算是宗匠大师。但是，《新唐书》本传又指出他有"善辩论"的特点，所以他又能写出《两汉辨亡论》《答客问》《酷吏传议》《世祖封不义侯议》这样一些好文章。其中《两汉辨亡论》以为亡西汉的是张禹，亡东汉的是胡广，"皆以假道儒术，得伸其邪心，徼一时大名，致位公辅，词气所发，损益系之，而多方善柔，保位持禄，或陷时君以滋厉阶，或附凶渗以结祸胎"，指出他们所造成的危害，远远超过了王莽与董卓。这样的眼光是深刻的，见解是独到的。不但持论正大，而且笔力雄健，鼓气而不类于怒，言理而不伤于懦。十分尖锐地批判以学术为外衣的封建官僚，能击中要害，确是一篇难得的杰作。

李翱（772—841年），字习之，陇西成纪（今甘肃省秦安县北）人，是西凉王李暠的后代。自幼"勤于儒学，博雅好古"，写文章注重气质。贞元十四年（798年）登进士第，授校书郎。元和初，为国子博士，史馆修撰。在唐文宗大和年间，历任要职。大和九年（835年），为襄州刺史，充山南东道节度使。今存《李文公集》十八卷，《补遗》一卷。

李翱在贞元十二年（796年）结识韩愈，后来又成为韩愈的侄婿，深受韩愈的影响，在古文运动中是韩愈的战友，韩愈古文的主要继承人。

韩愈据儒学反佛，李翱作《去佛斋论》《与本使杨尚书请停率修寺观钱状》《再请停率修寺观钱状》等文，也据儒学反佛。他以为"佛法害人，甚于杨墨"，"浸溺人情，莫此之甚"，反佛的态度是坚决的。

韩愈强调学古文的出发点应是学古道，李翱《答朱载言书》也说："吾所以不协于时而学古文者，悦古人之行也；悦古人之行者，爱古人之道也。"与韩愈的理论完全一致。

韩愈强调独创，李翱也强调独创。他作《答朱载言书》，着重指出"六经"之词、屈原与庄周的作品，无论创意造言，都是各具特色的，互不雷同。韩愈倡导务去陈言，李翱把此点更发挥到极致。他说："假令述笑哂之状，曰'莞尔'，则《论语》言之矣；曰'哑哑'，则《易》言之矣；曰'粲然'，则《穀梁子》言之矣；曰'攸尔'，则班固言之矣；曰'辴然'，则左思言之矣。吾复言之，与前文何以异也。"文学创作当然不可避免地要运用前人留下的艺术遗产，包括前人所创的词汇，但要求作者要以自己的创造去丰富文学的宝库，始终都是必要的，否则文学的财富就不能有所增加，而文学的历史也就不能向前发展了。所以从根本的精神上来说，李翱此论，并不为过。李翱自己写得最好的文章是《题燕太子丹传后》《与陆傪书》，这两篇短文全是神来之笔，奇妙莫测，令人不可思议，确实是实践了他的理论主张，富有艺术创新的意味，足能与韩愈文相媲美。如《高愍女碑》：

愍女姓高，妹妹名也，生七岁。当建中二年，父彦昭，以濮阳归天子。前此逆贼质妹妹与其母兄，而使彦昭守濮阳，及彦昭以城归，妹妹与其母兄皆死。

其母李氏也，将死，怜妹妹之幼无辜，请独免其死，而以为婢于官，皆许之。妹妹不欲，曰："生而受辱，不如死，母兄且皆不免，何独生为！"其母与兄将被刑，咸拜于四方，妹妹独曰："我家为忠，宗党诛夷，四方神祇尚何知？"问其父所在之方，西向哭，再拜，遂就死。

明年，太常谥之曰愍。当此之时，天下之为父母者闻之，莫不欲愍女之为其子也；天下之为夫者闻之，莫不欲愍女之为其室家也；天下之为女与妻者闻之，莫不欲愍女之行在其身也。

昔者曹娥思旴，自沉于江；狱吏嘘囚，章女悲号；思唁其兄，作诗载驰；缇萦上书，乃除肉刑。彼四女者，或孝或智，或义或仁。噫此愍女，厥生七岁，天生其知，四女不伦。向遂推而布之于天下，其谁不从而化焉？虽有逆子必改行，虽有悍妻必易心。赏一女而天下劝，亦王化之大端也。异哉！愍女之行，而不家闻户知也？

贞元十三年，翱在汴州，彦昭时为颍州刺史，昌黎韩愈始为余言之。余既悲而嘉之，于是作高愍女碑。

碑记写愍女感人事迹，叙事简明，文辞朴素，清新流畅，看似平淡而着意郑重，体现了李翱本人的文学主张。其《答皇甫湜书》云：“仆文采虽不足以希左丘明、司马子长，足下观仆叙高愍女、杨烈妇，岂尽出班孟坚、蔡伯喈之下耶？”表现出了对此文的充分自信。

李翱文绩卓著，名重一时，与韩愈并称“韩李”。其散文对后世影响很大。

四、唐传奇

唐传奇是指唐代流行的文言小说，作者大多以记、传名篇，史家笔法，传奇闻轶事。“传奇”之名，似起于晚唐裴铏小说集《传奇》。唐五代时期的甘肃文言小说作家纷涌，影响深远。首先提到的当属李朝威和李公佐。

李朝威（约766—820年），陇西（今甘肃陇西）人，唐代著名传奇作家。他的作品仅存《柳毅传》和《柳参军传》两篇。其《柳毅传》被鲁迅先生与元稹的《莺莺传》相提并论。他本人也被后来的一些学者誉为传奇小说的开山鼻祖。

《柳毅传》写人神相恋故事而“风华悲壮”（旧题汤显祖辑，《虞初志》卷二载汤显祖评语），别具特色。其中男主角柳毅的形象最为丰满。其性格豪侠刚烈，当他于泾阳邂逅远嫁异地、被逼牧羊的洞庭龙女，得知她的悲惨遭遇后，顿时“气血俱动”，毅然为之千里传书。当钱塘君将龙女救归洞庭、威令柳毅娶她时，柳毅昂然不屈，严词拒绝。其自尊自重的凛然正气，赢得了龙王的敬佩。在几经周折后，最终与龙女成婚。除柳毅外，小说中其他几个人物形象也都颇为鲜明生动。如龙女的温柔、多情和勇于追求自由爱情的坚定、执着，钱塘君的勇猛暴烈和知错即改，洞庭君的忠厚仁义、疾恶如仇，均给人以深刻印象。《柳毅传》通过形神兼具的人物形象塑造和波澜起伏的情节描写，将灵怪、侠义、爱情三者成功地结合在一起，展现出奇异浪漫的色彩和清新俊逸的风神，堪称不可多得的佳作。

李公佐（约770—850年），字颛蒙，陇西（今甘肃陇西）人，唐代传奇小说的重要作家，鲁迅说他是“多所著作，影响亦甚大而名不甚彰者”。他的作品，今存有传奇小说四篇，即《南柯太守传》《谢小娥传》《古岳渎经》《庐江冯媪传》。分别被收入《全唐文》《太平广记》中。另有《燕女坟记》一篇，仅存篇名。所存四篇中，以《南柯太守传》成就最高，其次为《谢小娥传》。

《南柯太守传》作于贞元十八年（802年），写游侠淳于棼梦游“槐安国”，做了驸马，又任南柯太守，因有政绩而位居台辅。公主死后，遂失宠遭谗，被遣返故里。一梦醒来，才发现适才所游之处原为屋旁古槐下一蚁穴。这一作品借梦境凝缩了唐代士子的情志欲望，又借梦境的破灭说明功名富贵的虚幻，由此对汲汲于名利富贵的士子予以讽刺，对官场的黑暗予以揭露。尽管作品的框架是虚构的，整个主旨也不无佛道思想的消极影响，但所反映的内容具有现实真实性，描写笔法细致逼真，批判的锋芒异常冷峻，从而达到了真幻错杂、由幻到实、"假实证幻，余韵悠然"（鲁迅《中国小说史略》第九篇）的艺术效果，而"南柯一梦"也成为人们耳熟能详的典实，后世传衍者不衰。

《谢小娥传》写谢小娥之父与其夫在江湖行商，被强盗申兰、申春兄弟劫掠杀害。小娥数年间多方设法侦知仇人后，遂入其家为佣，伺申兰酒醉，将其杀死，并叫来乡邻，捉住申春送官，终于报了家仇。作品热情赞扬了谢小娥的英雄行为，塑造了一位历尽艰难、坚韧不拔、机警多智的女性形象。虽然杂有托梦、解梦之类荒诞的情节，但故事曲折、引人入胜，情节发展合乎情理，因而为人们所喜爱。这篇小说对后世影响也很大，明凌濛初《拍案惊奇》中《李公佐巧解梦中言，谢小娥智擒船上盗》、清王夫之杂剧《龙舟会》均由此改编而成。

比李朝威和李公佐稍晚的牛僧孺和李复言则著有传奇小说集《玄怪录》和《续玄怪录》。

牛僧孺（780—848年），字思黯，安定鹑觚（今甘肃灵台）人，在牛李党争中是牛党的领袖，唐穆宗、唐文宗时宰相，有集五卷。

《玄怪录》是牛僧孺所撰中唐著名的传奇小说。鲁迅说："选传奇之文，荟萃为一集者，在唐代多有，而煊赫莫如《玄怪录》。"（《中国小说史略》）其中所收作品，多托言隋唐以前事。记唐代之事，亦以德宗贞元以前者为多。此书旨趣大都涉及神仙道术、定命再生、鬼怪妖物等内容，这与作者笃信道术、嗜好志怪有关。在艺术上表现为故事新奇，文字委婉，篇幅漫长，逐渐增多了细节描写和人物对话，比之以前的志怪小说，显然有所发展。

李复言（775—833年），名谅，字以行，陇西（今甘肃陇西）人。唐德宗贞元十六年（800年）进士及第，累官至岭南节度使，曾与白居易、元稹等唱和往来，卒于大和七年。

《续玄怪录》也是一部唐传奇小说集，因续牛僧儒《玄怪录》而得名，又名《续幽怪录》。所记多为异闻轶事，写得细致传神，生动引人。如《定婚店》写韦固屡求妻不得，后在月下遇一老者翻检婚书，说他的妻子将是一卖菜老妪的三岁幼女。韦固见后非常恼怒，让人前去刺杀，忙乱中只伤其眉心。十四年后，他娶史氏之女为妻，结果正是那个眉心有伤的女孩。《李卫公靖》写李靖代龙母行雨，因见禾苗将枯，便将本当滴瓶中一滴水改作二十滴，结果大雨成灾，龙母受罚，让人对李靖既敬佩而又惋叹。《续玄怪录》叙事委婉，结构缜密，想象丰富，情节曲折，一些作品能以细腻的心理描写刻画人物性格，对话也能紧扣人物的身份、特定的环境，是唐人传奇中较为成功之作。

唐末至五代时期的甘肃传奇以皇甫枚和王仁裕的作品比较突出。

皇甫枚，字遵美，唐晚期安定郡（今甘肃泾川）人。生卒年均不详，约唐僖宗广明前后在世。有小说集《三水小牍》三卷。

《三水小牍》主要篇目有《王玄中》《王知古》《步飞烟》《缘翘》《却要》《王公直》《温京兆》七篇，其中以《步飞烟》一篇最有名。《步飞烟》写的是一个凄惨的爱情悲剧。步飞烟是唐代咸通年间的一个美女，她精通诗文，懂得音乐，但她的婚姻很不幸。她的丈夫叫武公业，在河南府担任功曹参军。但步飞烟真正喜欢的是邻居家的书生赵象，他们二人用诗文来往，相好约有两年时间。婢女向主人告发了此事，武公业得知后把步飞烟绑在柱子上鞭打。步飞烟宁死不屈，说："生得相亲，死亦何恨。"最后，步飞烟硬是被武公业活活打死了。这个故事反映了当时封建社会婚姻不自由的现实。皇甫枚的作品中还有很多是记述神仙怪异的，但他所记的内容很多都是他亲眼看见、亲耳听见或者亲身经历的事情，对研究晚唐社会问题有很高的参考价值。

王仁裕（880—956年），字德辇，唐朝天水人（今甘肃省天水县）。五代时期的诗人、小说家，今存其笔记小说《开元天宝遗事》和残缺的《玉堂闲话》。

《开元天宝遗事》多载宫中琐事以及宫内外的风情习俗，列有146个标题，主要记述开元、天宝年间的民间传闻、宫廷轶事。写到了许多历史人物，如唐明皇、张九龄、杨贵妃、杨国忠、李林甫等。其中一些故事描绘了唐玄宗早期励精图治、求贤勤政的形象，如《步辇召学士》《金函》《赐著表直》等；另一些故事则揭露其后期君臣妃戚的昏庸及荒淫奢侈，如《肉腰刀》：

李林甫妒贤嫉能，不协群议，每奏御之际，多所陷人，众谓林甫为肉腰刀。又云林甫尝以甘言诱人之过，谮于上前。时人皆言林甫甘言如蜜。朝中相谓曰："李公虽面有笑容，而肚中铸剑也。"人日憎怨，异口同音。

形象地刻画出了李林甫的口蜜腹剑。另有一些故事对当时的一些民俗风情做了描绘，如七月七乞巧、斗花、秋千、灵鹊报喜等。如《乞巧楼》：

宫中以锦结成楼殿，高百尺，上可以胜数十人，陈以瓜果酒炙，设坐具，以祀牛、女二星。嫔妃各以九孔针、五色线向月穿之，过者为得巧之候。动清商之曲，宴乐达旦，士民之家皆效之。

再现了当时陇地七月七日乞巧节的民俗风情。

《玉堂闲话》是杂史琐闻性质的笔记小说集，内容比较驳杂。有些故事揭露唐代藩镇的黑暗，赞扬人民的斗争反抗精神，其题材、内容、表现手法等对后世的小说、戏剧产生了很大影响，尤其是一些断案故事，"可以说是宋代以后公案小说的先驱，是由唐到宋小说题材扩大的一个迹象。"（程毅中《唐代小说史话》）

以上可以看出，在唐传奇的发展过程中，甘肃的小说家们做出了积极的贡献，推动了唐五代时期小说的繁荣，影响深远而广泛。

|第六节| 宋元明清甘肃文学

一、宋元甘肃文学

960年，北宋帝国建立，结束了长达百年的分裂割据、战乱频仍的局面。北宋的统治者从建国之初就采取了崇文抑武的国策，造成了军事孱弱、外患不断、积贫积弱的局面。相反，辽、西夏、金和蒙元则不断强大，相继骚扰、蚕食宋地。宋王朝无力制止，就以每年供给巨额财物的条件求得妥协。这种屈辱的处境成为士大夫心头的重负，也成为诗文中经常出现的题材。

北宋时的甘肃地处西北边陲，延州、庆州（今甘肃庆阳）常受到西夏政权的侵扰，甚至被占领。南宋时的甘肃大部土地尽失，南部的陇南、天水等地则处于抗金前线。长期的战争使得本就在经济上落后的甘肃地区更加凋敝，文学不断衰落。虽然如此，戍边西北的文人、抗击辽金的将军也留下了诸多描写甘肃的爱国诗篇。

仁宗景佑元年（1034年）秋，西夏兵犯庆州，宋兵迎战于龙马岭，败退。宋援兵途中遇敌埋伏，又惨败，士卒被俘无数，主将被活捉。"庆州败"即指此。苏舜钦的《庆州败》作于同一年，毫不留情地揭露了北宋军队的腐败：

> 无战王者师，有备军之志。
>
> 天下承平数十年，此语虽存人所弃。
>
> 今岁西戎背世盟，直随秋风寇边城。
>
> 屠杀熟户烧障堡，十万驰骋山岳倾。
>
> 国家防塞今有谁？官为承制乳臭儿。
>
> 酣觞大嚼乃事业，何尝识会兵之机？
>
> 符移火急搜卒乘，意谓就戮如缚尸。
>
> 未成一军之出战，驱逐急使缘崄巇。
>
> 马肥甲重士饱喘，虽有弓剑何所施？
>
> 连颠自欲堕深谷，虏骑笑指声嘻嘻。
>
> 一麾发伏雁行出，山下掩截成重围。
>
> 我军免胄乞死所，承制面缚交涕洟。
>
> 逡巡下令艺者全，争献小技歌且吹。
>
> 其余劓馘放之去，东走矢液皆淋漓。
>
> 首无耳准若怪兽，不自愧耻犹生归！
>
> 守者沮气陷者苦，尽由主将之所为。
>
> 地机不见欲侥胜，羞辱中国堪伤悲。

姚嗣宗的《崆峒》虽然描写崆峒山叟的遁世自得，但亦对国运有所担忧：

> 南越干戈未息肩，五原金鼓又轰天。
>
> 崆峒山叟笑无语，饱听松声春昼眠。

除了描写战争、表达时议、戍边爱国的诗篇以外，陇右著名风景名胜之地亦为诗人们讴歌的重点，如对崆峒山的歌颂，就有游师雄的《崆峒山》《归云洞》《翠屏山》等。

崆峒山

崆峒一何高，崛起乾坤辟。

峻极倚杳冥，峥嵘亘今昔。

归云洞

山下雨霏霏，山头云气结。

时将雷雨收，片片归云白。

翠屏山

最高翠屏山，举手星可摘。

珠石信囷栾，群峰森剑戟。

均以优美的笔触歌颂了陇右名山崆峒山的秀丽风光。

南宋时期，甘肃地处抗金前线，一大批爱国志士曾亲临前线抗敌，写下了慷慨激昂的诗篇。尤为著名的是南宋著名爱国诗人陆游。

陆游（1125—1210年），字务观，号放翁，越州山阴（今浙江绍兴）人，南宋爱国诗人。陆游诗歌今存九千多首，内容极为丰富，抒发政治抱负，反映人民疾苦，风格雄浑豪放；抒写日常生活，也多清新之作。陆游中年曾至今山西及陇右一带，投身军旅，前后长达九年。戍边抗金、杀敌报国的主题常出现在陆游的诗歌之中，如《陇头水》：

陇头十月天雨霜，壮士夜挽绿沉枪。卧闻陇水思故乡，三更起坐泪成行。

我语壮士勉自强，男儿堕地志四方。裹尸马革固其常，岂若妇女不下堂。

生逢和亲最可伤，岁辇金絮输胡羌。夜视太白收光芒，报国欲死无战场。

《陇头水》的主题多为描写行役至陇地之旅人的旅途艰辛和乡愁百转。陆游拟作并翻新意，只在第一、第二句借"陇头流水，鸣声幽咽。遥望秦川，肝肠断绝"的乐府古意，写将士们在听到陇头的呜咽流水之声时亦起思想之感，但转而以豪壮的笔调勉励将士"男儿堕地志四方"，当为祖国战死疆场，"裹尸马革固其常"。然而面对南宋主和的大政治环境，作者在最后两句诗中也表达了英雄欲报国而无门的慨叹与悲哀，一腔报国热情跃然纸上。

金元时期甘肃文人著名者甚少，外省寓居陇上描写甘肃的作家主要有刘汲、梁志通、邓千江等，诗歌多写陇右风光。

二、明代甘肃文学

明代甘肃文学从宋元时期的沉默转向活跃，出现了文坛复古领袖李梦阳、文学家胡缵宗等人，使得甘肃文学从低谷走向繁荣。

作为明代甘肃文学之泰斗与明代中期复古思潮的领军人物，李梦阳对明代文学有着深刻的影响。

李梦阳（1473—1530年），字献吉，号空同，祖籍河南省扶沟县大岗，1473年出生于庆阳府安化县（今甘肃省庆城县），后又还归故里，故《登科录》直书李梦阳为河南扶沟人。善工书法，得颜真卿笔法，精于古文词。

在弘治（1488—1505年）、正德（1505—1521年）年间，李梦阳、何景明、王九思、边贡、康海、徐祯卿、王廷相，先后中进士，在京任职，不时聚会，研讨文学，逐渐形成了一个以李梦阳为核心的文学群体，史称"前七子"。

《明史·文苑传》称，"梦阳才思雄骛，卓然以复古自命"，"又与景明、祯卿、贡、海、九思、王廷相号七才子，皆卑视一世，而梦阳尤甚"，史称"前七子"在"前七子"之前，以李东阳为首的茶陵派的崛起，虽对当时"纷芜靡曼"的台阁文学有着一定的冲击，但由于茶陵派中的不少人身为馆阁文人，特定的生活环境多少限制了他们的文学活动，从而使其创作未能完全摆脱台阁习气。另外，明初以来，由于官方对程朱理学的推崇，理学风气盛行，影响到文学领域，致使"尚理而不尚辞，入宋人窠臼"（徐𤊰《黄斗塘先生诗集序》）的文学理气化现象比较活跃。面对文坛萎弱卑冗的格局，李梦阳等"前七子"高睨一切，以复古自命，在某种意义上具有重寻文学出路的意味，借助复古手段而欲达到变革的目的。

李梦阳提出"宋德兴而古之文废矣"，"古之文，文其人如其人便了，如画焉，似而已矣。是故贤者不讳过，愚者不窃美。而今之文，文其人，无美恶皆欲合道"（《论学上篇》），认为"今之文"受宋儒理学风气的影响，用同一种道德模式去塑造不同的人物，其结果造成"文其人如其人"的古文精神的丧失。他以为"诗至唐，古调亡矣，然自有唐调可歌咏，高者犹足被管弦。宋人主理不主调，于是唐调亦亡"，因而使得"人不复知诗矣"，并且指责"今人有作性气诗"无异于"痴人前说梦"（《缶音序》）。在贬斥文学"主理"现象的同时，李梦阳提出文学应重视真情表现的主情论调，他将民间创作与文人学子作品进行对比，以为"真诗乃在民间"，而所谓"真者，音之发而情之原也"，文人学子之作"出于情寡而工于词多"（《诗集自序》）。他与何景明甚至还赞赏《锁南枝》这样在市井传唱的民间时调，说学诗者"若似得传唱《锁南枝》，则诗文无以加矣"。这些都在强调文学自身价值的基础上，对传统的文学观念与创作大胆提出怀疑，具有某种挑战性。而所谓"真诗在民间"之说，也反映了以李梦阳为代表的"前七子"文学观念由雅向俗转变的一种特征，散发出浓烈的庶民化气息。

当然，以李梦阳为代表的"前七子"以复古入手来改变文学现状的态度也包含着某些弊端，他们过多地重视古人诗文法度格调，如李梦阳曾提出"文必有法式，然后中谐音度"（《答周子书》），"高古者相，宛亮者调"（《驳何氏论文书》）。这些都多多少少束缚了他们的创作手脚，影响了作品中作家情感自由充分的流露，难免要暴露出"守古而尺尺寸寸之"的毛病。

从创作情况来看，时政题材是一个重要的方面，在这些作品中，作者或描写个人生活遭遇，或直言政治弊端与民生忧苦，有较为浓厚的危机感与批判意识。如《秋望》：

黄河水绕汉宫墙，河上秋风雁几行。客子过壕追野马，将军韬箭射天狼。

黄尘古渡迷飞挽，白月横空冷战场。问道朔方多勇略，只今谁是郭汾阳。

诗歌追思名将郭子仪，真挚地抒发了忧国忧民的情怀，风格老成悲壮，甚有老杜遗风。此外，又如《述愤》《离愤》等诗，以作者因纵论时政得失、攻讦皇后之父张鹤龄与宦官刘瑾而被逮下狱的经历作背景，抒写自己不幸的遭遇与不平的胸襟。《叫天歌》《时命篇》《杂诗三十二首》《自从行》等篇，也属感时纪事之作。如《自从行》：

自从天倾西北头，天下之水皆东流。

若言世事无颠倒，窃钩者诛窃国侯。

君不见，奸雄恶少椎肥牛，董生著书翻见收。

鸿鹄不如黄雀啅，撼树往往遭虬蜉，我今何言君且休！

诗作针对现实中的弊政有感而发，尤其对"窃钩者诛窃国侯"这样一种颠倒的世情，更是疑惑不平，语气慷慨激烈，不难看出作者内心蕴含的愤懑之情。

除时政题材外，李梦阳等"前七子"也注意将文学表现的视线转向丰富的民间生活，从中汲取创作素材。

与反映民间生活相联系，一些下层的市井人物也成为表现的对象。如李梦阳就有不少刻画商人形象的作品，引人注目。作者一生与许多商人有过密切的交往，为他的创作打下了生活基础。他的《梅山先生墓志铭》《明故王文显墓志铭》《潜虬山人记》《鲍允亨传》等篇，都是为商人作的传记、记事作品，其中《梅山先生墓志铭》可为代表：

嘉靖元年九月十五日，梅山先生卒于汴邸。李子闻之，绕楹彷徨行，……辟踊号于棺侧。李子返也，食弗甘、寝弗安也数日焉，时自念曰："梅山，梅山！"……正德十六年秋，梅山子来。李子见其体腴厚，喜握其手曰："梅山肥邪？"梅山笑曰："吾能医。"曰："更奚能？"曰："能形家者流。"曰："更奚能？"曰："能诗。"李子乃大诧喜，拳其背曰："汝吴下阿蒙邪？别数年而能诗，能医，能形家者流。"李子有贵客，邀梅山。客故豪酒，梅山亦豪酒。深觞细杯，穷日落月。梅山醉，每据床放歌，厥声悠扬而激烈。已，大笑，觞客。客亦大笑，和歌，醉欢。李子则又拳其背曰："久别汝，汝能酒，又善歌邪？"

墓主系徽商鲍弼，与李梦阳交情深笃。墓志描绘了作者闻墓主讣音的哀恸及与其生前谑笑不避、亲密无间的交往，亡者的音容笑貌和作者的友情跃然纸上，形象生动，感情自然，与一般的酬应文字大异其趣。

李梦阳以其复古的文学主张与优秀的创作实践，对明代文学产生了深刻的影响，也堪称明代甘肃文学的一刻璀璨明星。

胡缵宗（1480—1560年）也是明代甘肃籍著名诗人，字孝思，又字世甫，号可泉，又别号鸟鼠山人，明巩昌府秦州秦安（今甘肃天水市秦安县）人。明武宗正德三年（1508年）中进士，任翰林院检讨。1510年后，历经嘉定州判官，安庆、苏州知府，山东、河南巡抚，足迹遍及江南、中原。胡缵宗为官爱民礼士，抚绥安辑，廉洁辩治，著称大江南北。1534年罢官归里，遂开阁著书，有《鸟鼠山人集》《安庆府志》《苏州府志》《秦州志》等14部著作传世。

作为甘肃籍诗人的胡缵宗留下了许多咏陇作品，均脍炙人口。如《与麦积山上人》：

> 南有香积寺，北有麦积山。
>
> 山人拾瑶草，白云相与还。

诗歌空灵闲远，自然天成。又如歌颂天水的《天水湖颂》：

> 泠泠天水，源远流长。玉壶其色，冰鉴其光。有莲百亩，馥郁水乡。
>
> 花发如锦，叶垒如裳。绿云荡漾，碧雾回翔。莲乎其华，我侯洸洋。

诗歌以古朴的四言赞颂了天水湖的美丽风光，语言清新隽秀。

除了上述两位明代甘肃籍作家外，一些游历甘肃的外省籍作家也写下了咏甘肃的优秀诗篇。

李攀龙（1514—1570年），字于鳞，号沧溟，历城（今山东济南）人，明代著名文学家。继"前七子"之后，与谢榛、王世贞等倡导文学复古运动，为"后七子"的领袖人物，被尊为"宗工巨匠"，主盟文坛二十余年，其影响及于清初。其咏甘肃诗歌具有独特的审美风貌，如《崆峒》二首：

其一

> 风尘间道欲如何，二月崆峒览胜过。
>
> 返照自悬疏陇树，浮云初断出泾河。
>
> 长城雾色当风尽，大漠喜阴入塞多。
>
> 已负清尊寻窈窕，还将孤剑倚嵯峨。

其二

> 谁道崆峒不壮游，香炉春雪照凉州。
>
> 浮云半插孤峰色，落日长窥大壑愁。
>
> 万乘东还灵气歇，诸天西尽浊泾流。
>
> 萧关只在藤萝外，客子风尘自白头。

诗歌描写了陇右名山崆峒山山势的峥嵘挺拔、山色的壮美与雄浑，堪称描写崆峒的名作。

解缙（1369—1415年），字大绅，号春雨、喜易，江西吉水人，洪武二十二年（1389年）进士，被封为翰林院庶吉士。二十九岁时被贬河州（今甘肃临夏回族自治州），任卫吏，留有较多诗句。后被召回京，任翰林待诏。因编《太祖实录》受朱棣赏识，而受命主修《文献大成》，一年编成，朱棣嫌简，解缙又召集四方学者编修《永乐大典》，终于永乐六年（1408年）完成初稿。永乐八年（1410年）解缙被陷下狱，永乐十三年（1415年）冻死于积雪中，时年47岁。正统元年（1436年）恢复解缙官衔，谥号"文毅公"。解缙在被贬河州时曾留下了许多赞美河州的诗篇，如《登镇边楼》：

> 陇树秦云万里秋，思亲独上镇边楼。几年不见南来雁，真个河州天尽头。

诗歌通过对登上河州镇边楼时所见之景的描绘，表达了作者贬谪生活中的无奈和痛苦。

外省寓居甘肃作家咏甘肃的作品，多以匠心之笔写陇右山川，以真挚之情发慷慨之感，成为甘肃文学的绚烂一笔。

三、清代甘肃文学

清代甘肃作家不乏知名者，如巩建丰、吴镇、胡钊等人，他们多热爱家乡，留下了许多咏甘肃的诗篇。此外,外省籍作家也留下了许多咏陇作品,风格多样,但都脍炙人口。

巩建丰(1673—1748年),字文在,号渭水,别号介亭,伏羌县(今甘谷县)人。康熙五十二年(1713年)中进士,历任翰林院检讨、国史馆纂修、云南学政、侍读学士。雍正十年(1732年)告老还乡,以讲学著书为乐,学生数百人,人称"关西师表"。

巩建丰著述甚丰,著有《日省录》《归田集》《静斋集》《清吟集》《滇南采风集》《就正篇》《一轩小草并清吟》和《静虚南北览胜》等,后由弟子李南晖整理,编为《朱圉山人集》十二卷。《四库全书总目提要》卷一八四评价巩建丰:"诗文简易,无擅胜之处,亦无驳杂之处。"

现存诗304首,散文137篇,均表现出较高的艺术成就,诗风自然平易。

吴镇(1721—1797年),字信辰,又字士安,号松崖,别号松花道人。祖籍甘肃会宁,后迁狄道州,为清狄道州(今甘肃临洮)人。乾隆六年(1741年)拔贡,历任湖北兴国知州、湖南沅州知府。归乡后,主讲兰山书院。《清史·文苑传》有传,是清代甘肃著名诗人,著有《松花庵全集》。

吴镇的诗歌多写陇右山川,诗人热爱家乡,并善于从当地民歌中汲取营养,使其诗歌充满了浓郁的乡土气息,生机盎然。如《我忆临洮好》:

其一

我忆临洮好,春光满十分。

牡丹开径尺,鹦鹉过成群。

涣涣西川水,悠悠北岭云。

剧怜三月后,赛社月纷纷。

其八

我忆临洮好,流连古迹赊。

莲开山五瓣,珠溅水三叉。

蹀躞胭脂马,阑干苜蓿花。

永宁桥下过,鞭影蘸明霞。

虽是古体诗歌的形式,但民歌气息浓郁。

胡釴(1708—1770年),字鼎臣,号静庵,清代甘肃秦安(今甘肃秦安)人。雍正十二年(1734年)拔贡,乾隆六年(1741年)主讲秦安书院,以奖掖后进为己任,致力诗赋,每一篇出,士林争相传诵。乾隆三十一年(1766年)胡釴出任高台训导,四年后兼署肃州学正,同年以病辞归,半月而卒于家中。其诗与吴镇齐名,著有《静庵诗文集》。胡釴穷于遇却工于诗,与狄道(今甘肃临洮)吴镇、潼关杨鸾并称"关陇三诗杰"。后人评他的诗曰:"诗境清腴,而曲尽事情,虽刻苦研炼,而自然流转如脱口出。"

胡釴也有很多诗歌描绘陇上风物,表现了对家乡的热爱,如《早发永昌县》:

水曲青山角,村深碧树梢。行游正荒塞,景物忽芳郊。

欲驻飞鸿迹,堪营乳燕巢。一枝如可借,三径自诛茅。

诗歌中"青山""碧树""飞鸿""乳燕"的描写,颇具画意,富有田园风情。

寓居或游历甘肃的外地作家也留下了大量的咏陇名篇,限于篇幅,这里举两位著名诗人为例,一是著名的虎门销烟的民族英雄林则徐,一是"戊戌六君子"之一的谭嗣同。

清道光十九年（1839年），林则徐于广东禁烟时，强迫外国鸦片商人交出鸦片，并将没收鸦片于虎门销毁。道光二十年（1840年）鸦片战争开始，因战事不利，清政府求和，道光帝下旨斥责林则徐在广东"办理不善"，56岁的林则徐被贬至伊犁，沿途写下《途中大雪》《塞外杂咏》《出嘉峪关感赋》等名篇。如《途中大雪》：

积素迷天路渺漫，蹒跚败履独禁寒。埋余马耳尖仍在，洒到乌头白恐难。

空望奇军来李愬，有谁穷巷访袁安？松篁挫抑何从问，缟带银杯满眼看。

道光二十二年（1842年），林则徐行至永昌县与山丹县交界处的定羌庙，遇大雪满山，前途艰难。自己又将远贬新疆，故有此愁思凝重、渴望放还之作。《出嘉峪关感赋》为途经嘉峪关时所作，其一云：

严关百尺界天西，万里征人驻马蹄。飞阁遥连秦树直，缭垣斜压陇云低。

天山巉削摩肩立，瀚海苍茫入望迷。谁道崤函千古险？回看只见一丸泥。

诗人登临城楼，极目远山，感慨万千。诗歌中描绘了嘉峪关的地理险要、雄奇壮阔，表达了诗人对祖国河山的热爱。

谭嗣同（1865—1898年），字复生，号壮飞，湖南浏阳人。清变法维新的"戊戌六君子"之一。其父谭继洵曾为甘肃布政使。谭嗣同青壮年时曾漫游陕甘，写下了《陇山》《崆峒》等名篇，如《崆峒》：

斗星高被众峰吞，莽荡山河剑气昏。隔断尘寰云似海，划开天路岭为门。

松拏霄汉来龙斗，石负苔衣挟兽奔。四望桃花红满谷，不应仍问武陵源。

诗歌寄托了作者浩荡的胸怀，整体风格大气磅礴，气势雄浑。

综上所述，唐以后的甘肃文学整体处于衰落期，唐代甘肃文学得到了全面发展，宋、元二朝，因甘肃地域偏僻加之战争影响，文学发展缓慢。明清二代，产生过许多在全国有影响的甘肃籍作家，并且许多外省籍作家也留下诸多咏陇名篇，然而相较于有唐一代，尤其是盛唐时期，终有寂落之感。

第五章
甘肃当代
文学

从民国到新中国成立以前的甘肃，文学是一个新鲜词，没有成熟的作家和比较有影响的作品，文学创作几近为零。与百花齐放的全国现代文学相比，现代文学在甘肃留下了一个大大的空白。直至兰州解放，以此为标志，甘肃的当代文学创作才翻开了新的一页，并渐渐在全国文学界崭露头角。

1958年7月，著名诗人李季、闻捷来到甘肃，在两位诗人的积极倡导下，中国作家协会兰州分会成立，标志着甘肃的文学进入重要的新的发展时期。在此后的多年内，甘肃戏剧文学取得了显著的具有全国影响的成就，如创作了话剧《在康布尔草原上》《远方青年》，歌剧《红鹰》《向阳川》，陇剧《枫洛池》等。以此唱响全国，也拉开了甘肃文学发展的序幕。

与当代文学的脉络呼应，新时期甘肃文学的发展，大体经历了以下四个阶段。

（一）第一阶段（1949年8月兰州解放—1954年年底）

第一阶段实际上是甘肃社会主义文学建设的一个准备时期。这个阶段甘肃的文艺工作，以《在延安文艺座谈会上的讲话》为思想旗帜和理论旗帜，坚持文艺为人民服务的方向。这个阶段比较有分量的作品毕竟太少，特别是缺少那种艺术上有创造性、有较大社会影响的作品。除了部队作家的电影文学剧本《智取华山》、歌剧剧本《草原之歌》和李季来玉门体验生活写的"石油诗"等少数作品外，甘肃本省地方作家的较有规模的优秀之作尚未产生。

（二）第二阶段（1955—1966年"文化大革命"之前）

第二阶段是甘肃社会主义文学全面发展的一个重要时期。其主要标志是文学创作有了突破性进展，产生了一大批优秀作品。甘肃省文联和中国作家协会兰州分会于1954年年底和1958年年中先后成立，对于促成这个阶段甘肃文学的发展，发挥了重要作用。文学创作的突破，首先开始于并且也突出表现在戏剧文学的创作上。如《在康布尔草原上》《远方青年》《岳飞》《"8.26"前夜》《教育新篇》《在世界屋脊上》等话剧作品，《向阳川》《月亮湾》《红鹰》等歌剧作品，《枫洛池》等戏曲作品，不仅深深吸引了甘肃的读者和观众，反响强烈，而且带着浓郁的地方色彩和艺术独创性走向全国，其影响范围已经远远超出了戏剧界和文艺界。

这一时期的戏剧创作，及时地反映了作者对当时当地现实生活的细致观察和真实体验，有展现少数民族地区民主建设斗争的，有描摹新中国成立初期农民欣喜或困惑心态的，有表现一代开拓者无畏无私精神的，也有反映知识分子与工农群众相结合的思想历程的。这些丰富的创作题材，比较集中地反映了中华人民共和国诞生初期甘肃各地各民族人民的政治生活和社会面貌。

（三）第三阶段（1966—1976年）

第三阶段，1966年至1976年，即"文化大革命"十年，文学遭到了空前浩劫，文学园地变成了一片荒漠。

（四）第四阶段（1977—1989年）

第四阶段，是现当代甘肃文学史上最兴旺发达的时期。甘肃文学，紧追全国文学大潮，由复苏而兴旺，生机勃勃，出现了大发展的势头。

实力雄厚的甘肃戏剧界，连续推出《西安事变》《丝路花雨》《南天柱》三部大作，震动中国文坛。

甘肃是一个在文化上有着深厚底蕴的省份，也正是这些特点使甘肃的小说创作有别于其他地域的小说创作，并使甘肃的小说创作呈现着不可或缺的独特性。甘肃小说在新时期的30年里发展是迅速的。在这期间，先前的一些老作家在这个时期焕发了活力，他们又以新的姿态、新的面貌进行创作。在过去有过一定影响的作家如赵燕翼、滕鸿涛、清波、曹杰、徐绍武、路野、刘玉、王家达、金吉泰等都有新的小说发表。特别是王家达，在新时期的30年中，他一直不断地进行创作，并不断有短篇、中篇、长篇作品发表。

与此同时，还有一部分作家也在新的历史时期焕发出新的活力，景风、冉丹、祝正祥、何生祖、李百川、唐光玉、王守义、王萌鲜、吴季康、张锐、李民发等都是这其中的佼佼者。他们的短篇小说如《吊丧》《紫色的雾》《寂静的小院》《夜行车》《冰桥》《有那样一排白杨》等在当时都产生过广泛的影响，其中一些还被权威性选刊选载过并获省级以上文学奖。中篇小说有刘玉的《石三妹》《团圆》，徐绍武的《媚居》，张锐的《盗马贼的故事》，王家达的《青凌凌的黄河水》《黑店》《血河》，李民发的《马班长闲话》，景风的《冰大坂那边》，金吉泰的《妈妈是个吉卜赛人》等。

从1949年到1966年，17年的文学发展中，甘肃当代文学处于成长过程中；1966年到1976年的"文革文学"中，甘肃文学与当代文学一样处于沉寂中，甘肃当代没有较为优秀的长篇小说出版过；1978年，"文革"结束，随着新时期文学的到来，甘肃的长篇小说创作不断发展。长篇小说的发展为甘肃的当代文学事业带来了更广阔的远景。在这个阶段，长篇小说有何岳的《三军过后》，黄权舆的《大路向阳》，潘竞万的《丝路风云》，赵启强的《扎西梅朵》，思静的《雁南飞》，张俊彪的《山鬼》，兰永昉的《刘志丹演义》，秦时暐的《延河魂》，马步升的《大梁沟传奇》，孙志诚的《浑浊的祖厉河》，郭灿东的《黄巢》，田雪的《红尘轶事》《铁血金戈》，邵振国的《月牙泉》，王萌鲜的《骊靬书》，李民发的《〈三国演义〉补》，黄英的《梦醒敦煌》，李禾的

《人生的开篇》等。

1984年获全国短篇小说奖的《麦客》（邵振国著）是甘肃短篇小说的里程碑。在这之前益希卓玛的《美与丑》曾获全国短篇小说奖。继《麦客》之后，柏原的《喊会》也获全国短篇小说奖。与此同时，张弛、牛正寰、浩岭、张锐、雷建政、匡文立、蔡磊、阎强国、张存学、马步升等在小说方面都有优秀的作品发表。

新中国成立之初，甘肃诗坛同全国诗坛一样比较寂寞，只有林草、安十坡、杨文林、于辛田等少数诗人的创作。20世纪50年代中后期到60年代初，从偏远的甘肃传出了新时代诗歌的声音，如《玉门诗抄》《河西走廊行》等优秀诗作，《复仇的火焰》和《杨高传》更是那个年代叙事诗的扛鼎之作。这一时期，在李季、闻捷两位诗人的关怀下，甘肃本土出现了高平、杨文林、于辛田、汪玉良、伊旦才让及农民诗人刘志清、张国宏等一批承前启后的诗人，为甘肃诗歌的发展奠定了良好的基础。新时期伊始，甘肃诗坛奏响了"归来的歌"和"新生代"两个最为鲜明的诗歌之音。唐祈，这个因历史原因而中断创作的九叶派诗人，1980年来到他青年时代学习和生活过的兰州工作，以极大的热情关注正在发生深刻变化的西部大地和西部人生，并创作了《大西北十四行组诗》，在甘肃竖起了一面诗的旗帜。20世纪50年代就以《大雪纷飞》《珠穆朗玛》蜚声诗坛的高平，这时也进入其诗歌创作的重要收获期。从1978年开始，出版了《古堡》《冬雷》《高平诗选》《中国情结》等多部诗集。"归来的歌"中比较有影响的作品，还有赵戈的《贺老总，请你再来听我朗诵》《一束红柳祭李季》，段玫的《红松林》等。

新时期是甘肃西部诗丰收的季节，大多地、州、市都有一个成长着的诗歌群体。甘肃青年诗坛大体可分为兰州诗人群落、甘南诗人群落、天水诗人群落、河西诗人群落、其他诗人群落五个相对独立的地域性诗人群落。其中有精神世界的冥想者阳颸、人邻，异质文化培植的诗人张子选、阿信、桑子、高尚，哲思诗人殷实、石厉、杨春、任民凯、朵生春，寻找西部人文精神的罗巴、周舟、雪潇、胡杨、张中定，在女性世界耕耘的葛根图娅、娜夜、完玛央金，还有另外一些诗人王久章、叶舟、柏常青等。与老一代诗人相比，新诗人们更多关注的是在西部环境中生活的人自身，在与环境的和谐或冲突中呈现当代人的生存状态和生命"密码"。胡杨、孙江、谢荣胜、万小雪、王开元、杞伯、西可、老月等都在这方面表现出各自的追求。

甘肃文学直至新时期，各种文体的创作渐次发展，各种题材竞相争艳，逐渐浮出本土，走向全国和世界。

|第一节| 崛起的甘肃文学

一、全国戏剧界的新声音

（一）甘肃话剧的发轫之作：《在康布尔草原上》

20世纪50年代至70年代，是甘肃文学的崛起时期。1955 年 7 月，甘肃省第一届戏剧观摩演出大会上演出的话剧《在康布尔草原上》是甘肃省最早走向全国的成功之作，也是新中国成立后国内最早反映藏族地区社会生活在新时代变革的作品。

剧本反映了党和政府对甘南藏族地区开展剿匪建政的民主改革和积极建设民族关系新秩序的历史进程，表现了藏族这一历史悠久的民族在新旧交替时期的社会真实风貌。剧本成功地塑造了工作组长方振和部落头人焦巴这两个典型环境中的典型人物。方振肩负着党和人民的使命，面对艰苦复杂的社会环境，在隐藏特务罗茂才的挑拨离间之下，经历了一场又一场的严峻考验。在工作组人员不太了解民族习俗、无意间触犯了当地部落的民族禁忌之际，罗茂才又加害头人之子并嫁祸于工作组，使工作组一次又一次面临危机……然而，方振冷静沉着，以党的政策感召，以真挚的情谊相待，揭穿了敌特的阴谋，使藏族同胞认清了敌友，党的威望在草原上树立了起来。作者将人物置身于复杂的此起彼落、环环相扣的矛盾冲突中，把党依靠群众、和群众血肉相连的优良传统，以及党的民族政策融入主人公方振身上，通过真挚的感情打动藏族同胞，使敌特阴谋的失败具有逻辑上和情感上的必然性。

《在康布尔草原上》描写了党的民族工作者如何克服这些困难的过程，以此说明民族之间的团结关系是可以在民族平等和友爱互助的基础上建立起来的。剧本用生动的形象说明在新中国成立之后，兄弟民族间在根本上是不应该有什么隔阂的，一切不了解、不团结的现象主要是敌人挑拨离间的结果。因此，剧本有力地把斗争锋芒指向了隐蔽的敌人，戳穿了敌人恶毒的阴谋诡计，而在最后实现了民族间的真正团结。《在康布尔草原上》所反映的斗争是具有现实意义的，作者在尖锐而复杂的戏剧冲突中刻画出了正面人物工作组组长方振，通过他与各种错误思想、作风的斗争，体现了党的民族政策的正确。我们看到了不够了解兄弟民族风俗习惯的副组长刘敏岗，也看到了作为康布尔草原新生力量的藏族青年娜木措与金巴才郎；看到了正直善良的卡尔泰爷爷，也看到了为敌人所蒙蔽愚弄的焦巴头人。在这些人中间，作者又塑造了反革命分子罗茂才。罗茂才为了达到反革命的目的进行了种种挑拨离间的活动，制造事件，颠倒是非，破坏兄弟民族之间的和谐团结。但是，剧本通过对生活的真实的描写，表明了敌人一切卑鄙的办法都必然遭到失败，党的正确的民族政策必然取得胜利。从中我们得出这样的结论：只要政策执行得正确，就会促成兄弟民族之间的亲密团结，共同前进，最终走上繁荣幸福的社会主义道路。

这部由甘肃省话剧团创作演出的话剧，以新中国成立初期的甘南草原为背景，全剧围绕着人民政府派来的工作组在康布尔草原上团结牧民，配合解放大军消灭土匪，让牧民当家做主的故事展开。作者怀着对草原的眷恋之情讴歌了美好的草原生活，在激烈的斗争中突出了藏族人民淳朴、正直、刚毅的品质，用戏剧矛盾冲突突出了全剧的主题思想，即斗争是艰苦的，生活是美好的。"康布尔草原"的藏语意思为"富饶的草原"。周总理看完这部剧后曾说过："你们这个戏好，大家都爱草原，草原真美。不像有些戏和电影，嫌草原落后。"（孟明君《在康布尔草原上》，《发展》，2009年第11期）

1956年，《在康布尔草原上》在北京首都剧场演出获得了前所未有的成功，一举拿到14个奖项，其中一等奖3项，二等奖5项，其余均为三等奖，甘肃文学终于在全国有了响亮的声音。

1959年9月参加国庆十周年献礼演出的《滚滚的白龙江》，是《在康布尔草原上》的续篇。该剧以已经成为新生活主人的藏族人民同叛乱分子的尖锐斗争为主线，描写了敌我双方的激烈斗争。一方要坚定不移地走合作化道路，积极建设新牧区；另一方则心怀叵测，策划武装叛乱。《在康布尔草原上》剧中娜木措、金巴才郎、勒赫、卡尔泰等几个向往新生活的次要人物，已成长为新生活的主人和新社会的保卫者。女主人公牧业社主任娜木措，在敌人的威胁利诱面前，表现出了一个坚强的共产党员立场坚定、工作热情、临危不惧的精神；方振和勒赫在血与火的斗争中，用鲜血为党的民族事业写下了篇章。

（二）走向全国的陇剧：《枫洛池》

在甘肃戏剧呈现出勃勃生机的同时，有一部甘肃本土剧种悄然兴起，它就是陇剧。陇剧，是甘肃独有的地方戏曲，原名陇东道情，起源于汉代的道情说唱，唐宋时期由宫廷走向民间，扎根于陇东的渔鼓道情，逐渐吸收了当地民间音乐营养，增加了二股弦等乐器，衍化为皮影唱腔音乐。1958年《枫洛池》以此形式搬上舞台，1959年正式命名为陇剧。《枫洛池》也就此成为陇剧的开山之作。

《枫洛池》是甘肃省陇剧院在1959年为庆祝新中国成立10周年创作排演的剧目，也是陇剧奠基性的作品，有了这部作品，由陇东道情（皮影）发展为舞台剧的陇剧才正式宣告形成，并成为具有全国影响的一个新兴剧种。而这部作品也成为20世纪五六十年代中国戏曲推陈出新的代表性成果之一。在回顾中国当代戏曲史时，中国戏曲学会编选的《新中国百种曲》也选录了这个剧本。

《枫洛池》剧本取材于清初朱佐朝的传奇《渔家乐》，陇剧剧本保留了传奇中邬飞霞、马瑶草、简人同以及梁冀、马荣等人物和梁冀选美女祸害百姓、邬飞霞替马瑶草入梁府及"刺梁"等重要内容，但删去了原著中二王相争，清河王刘蒜与渔女邬飞霞相爱及各路节度使勤王等繁杂情节，突出了劳苦群众与残害人民的权贵斗争的主题。唱词、念白也大多重新创作。新中国成立10周年时，该剧曾到北京演出，产生强烈反响，之后也多次演出。《枫洛池》在创作时充分体现了中国戏曲"善恶分明"的传统美学特点，塑造了群众喜爱的人物形象，渔女邬飞霞侠义、大胆、聪明、机智；马荣之女马瑶草出污泥而不染，秉持善良正义的品性，具有纯真的感情；书生简人同清高方正，纯朴可爱；其他人物如花脸梁骥、衰派老生邬洪、老生马荣、丑角牛贵，也都个性鲜明。作品从剧情和人物出发，体现出作品反抗强暴、赞扬正义斗争的主题。

陇剧《枫洛池》作为一部地方戏曲作品，在创作上坚持了地方剧种和地域的特点，如"地游圆场""秧歌步"、侧身摇晃的风摆柳身段等富有音乐感的身段动作，这些动作是吸收了皮影的造型和陇东秧歌、"地游子"等民间舞蹈的素材提炼而成的，因此有很强的民间地域的特点。

（三）甘肃歌剧的里程碑：《向阳川》

歌剧《向阳川》（原名《今朝风流》）的创作演出，是甘肃歌剧史上的一件大事。该剧以"人民公社、大跃进"为历史背景，讲述了一个发生在20世纪60年代的感人故事：1963年，洮河人民公社向阳川生产大队的社员们以奋发图强、自力更生的革命精神战胜了三年自然灾害所造成的困难，赢得了第一个夏季大增产。正当他们庆丰收、办电站时，洮河下游山洪暴发，古牛湾生产大队遭洪水围困，灾民急需口粮，在陆路被冲毁的情况下，只有上游的向阳川大队可以通过水上运输及时送去粮食，以解燃眉之急。向阳川党支部书记常翠林积极筹粮备筏，前往救灾。但是大队长宁永禄不愿拿出建设水电站专用的粮食去救灾，最后在常翠林的感召下勉强同意。他们驾着羊皮筏子行驶在惊涛骇浪的洮河。狂风暴雨，水急浪险，人粮随时都会遇险，宁永禄又一次动摇退却，常翠林说服了他，并带领大家战险滩，闯恶浪，在妹妹常翠华不幸落水的生死关头，强忍着巨大悲痛，义无反顾地把"救命粮"送往灾区。剧本在浓厚的生活气息和强烈的时代感中塑造出老、中、青三代新农村人物群像，性格突出，对比鲜明。常翠林的热情坚定、沉着果敢，常翠华的积极向上、单纯可爱，常大妈的胸怀宽广、刚毅坚强，宁永禄的勤劳朴实、短浅狭隘等，都在感人的戏剧情节和生活细节中得到真实而生动的体现。

歌剧《向阳川》的最大特色是突出了甘肃多姿多彩的地方情韵。

第一，该剧的中心事件清晰而单纯，给抒情场面留有充分的空间，提供了以歌抒情的戏剧情境。歌剧的文学语言也极具抒情性，从流行于西北的"花儿"中汲取了营养，唱词具有浓郁的"花儿"风味，但又不拘泥于"花儿"的旧有格律，多用七字句，而少用四字句、六字句，如该剧的主题歌词："中华儿女斗志昂，毛主席的教导永不忘，身在茅屋想世界，面对洮河望海洋。"语言优美流畅，形象生动，几近口语，质朴清新，大大增强了作品的文学性和艺术表现力。

第二，该剧音乐创作旋律优美、手法多样，充满了强烈的时代气息和鲜明的地方特色。曲作者们为了使音乐与剧本题材相互协调，确立以"花儿"曲调为基础进行音乐创作。同时吸取了地方戏曲秦腔、陇剧和与"花儿"音调相接近的民间音乐（如临夏说唱音乐"贤孝""回族宴席曲""临夏秧歌"等）的特点和表现手法，既弥补和扩展了"花儿"在曲式和调式上的局限性，使音乐具有一定的广度与深度，又保持了全剧民族风格色彩的和谐统一，取得了较好的表现效果。

第三，歌剧《向阳川》的最大地方特色是首次把"羊皮筏子"这一甘肃特有的景观搬上了舞台，这不仅在剧情的发展中起到了主要作用，还为演员的表演提供了充分的活动空间，真实地再现了洮河流域人民生活、劳动的情景。

1965年10月，歌剧《向阳川》进京汇报演出，受到了毛泽东主席的亲自接见，周恩来、陈毅、谭震林等党和国家领导人曾两次莅临观看，给予了该剧极高的评价。1965年10月17日，周恩来总理在中南海紫光阁接见《向阳川》剧组时说道："这个戏很有生命力，自从《洪湖赤卫队》之后，再没见这样有吸引力，有生命力的好戏。"《向阳川》在北京及各地巡回演出成功后，首都报刊和各地报刊纷纷发表了热情洋溢的评论，共50多篇，盛赞该剧的成功。其中，共同的看法是：《向阳川》是对我们伟大的时代、英雄的人民的赞歌，是我国歌剧继《白毛女》《洪湖赤卫队》《江姐》之后又一部具有教育意义的，反映当代生活的成功作品。

歌剧《向阳川》的创作手法和表现形式符合全国广大观众的欣赏习惯和审美情趣，它以鲜明的时代感、意义深远的主题、感人的剧情、生动的人物形象、富有地方特色的音乐、创造性的舞台美术效果和成功的表演征服了观众，与观众产生了强烈的共鸣。它是一部甘肃民族歌剧的优秀典范，是甘肃歌剧发展史上的一座里程碑，标志着甘肃民族歌剧初步走向了成熟。同时，它也在中国民族歌剧发展史上产生了较为深远的影响，丰富了中国民族歌剧的风格和样式，也丰富了中国歌剧民族化道路探索的实践和经验，并成为中国民族歌剧的代表性剧目之一。

二、初露才华的甘肃诗人

20世纪50年代的甘肃诗歌在诗人闻捷、李季的影响下，一批本土诗人的歌声渐起。诗人高平的诗歌就是甘肃文学中一道令人心醉的风景。在各种文学体裁创作中，高平作品数量最多、成就最高、影响最大的还是诗歌。《剑桥中华人民共和国史》提到的为数不多的几位当代中国诗人中就有高平，《中国当代文学史》《中国当代新诗史》《中国新文学大系·诗卷·序言》《中华文学通史》等文学史著作都篇幅不等地论及高平。诗人在国内拥有庞大的读者群，其作品除用汉字传播外还被译成藏文，而且被译成英文、俄文、匈牙利文、罗马尼亚文、马其顿文等。20世纪50年代初期，高平崭露头角，出现在西南边疆诗人群中，他为诗坛奉献了《珠穆朗玛》《拉萨的黎明》和《大雪纷飞》三部诗集。在《大雪纷飞》中，诗人以他的满腔热情塑造了央瑾的美好形象，使《大雪纷飞》享誉诗坛，成为中国新诗的经典作品，从而也奠定了他在诗坛的地位。

长篇叙事抒情诗《大雪纷飞》，以藏族奴隶少女央瑾在被奴隶主差遣离家去远方的雪路上，在艰难困苦的行程中，自言自语、坦露心声的方式，形成独具一格的自叙体诗歌。除了个别段落穿插必要的画外叙说，全诗几乎都是少女央瑾钟情少年奴隶江卡的内心独白。高平先生将感天动地的纯真爱情倾注到少女央瑾身上，让她涓涓倾诉，让她默默怀想，让她顶风冒雪，让她呼天抢地，让她重述与江卡的约会，让她哭诉离别的伤情，让她回忆故乡的美好，甚至让她展望幸福的婚礼！使读者情不自禁的浸入诗境，心潮不由自主地随之跌宕起伏，当央瑾的美好梦想被无情的现实粉碎，惨死在冰天雪地时，读者的心也随着大雪纷飞。正如诗中所写：

> 江卡呀！我的江卡！我走了……你，听不见我的话。
>
> 看前面云雾飞腾，好像海水一样；积雪的山尖，直立在云雾之上。
>
> 江卡，那就是冈斯拉！风啊，你刮烂我的衣衫吧！你吹乱我的长发吧！
>
> 你尽管想着推倒我吧！我要走！瞪着岩石，爬着峭壁，
>
> 我要走完最后的一段路，然后。噢，多么好哇！然后，就可以回家！

刚才，冻僵在雪山中的央瑾，在返回故乡的幻觉里，度过了她短短的一生中最后的时刻。

> 大雪到处飘落着，究竟在哪里呢，央瑾要找的羊群？到处飘落着大雪，
>
> 它在哪里啊，央瑾要找的冈斯拉？大雪淹没了她的衣裙，大雪埋住了她的手臂，渐渐地，
>
> 在风雪中，只能隐约地看到一根红色的头绳，……啊！大雪纷飞！

长诗《大雪纷飞》，共7节，447行。由于采用的是最能流畅地表达情感的自叙体，全诗几乎都以第一人称，直接向读者做直白和亲切的叙谈。第一节描述大雪纷飞中的央瑾离家去冈斯拉为主人寻找羊群的恋恋不舍；第二节说的是姑娘怀念和赞美故乡的情景；第三节着重诉说了央瑾思念恋人江卡的心思；第四节穿插了央瑾生病遇救的镜头；第五节展现了央瑾再次上路与风雪拼搏接近冻昏的危情；第六节幻化了央瑾接近死亡时梦想与江卡举行婚礼的幻境；第七节尾声悲怆地展现了央瑾被大雪掩埋的绝境。全诗尽可能使用口语式文字，甚至很难见到形容词，似乎有点原生态。但是，读者能从简直明白的词汇中领会其丰富浩大的内涵，可以从平凡细微的故事里品味其大千世界的风情，可以从漫不经心的言谈中领略其鞭辟入里的哲理，可以从直抒胸臆的倾诉中透视其包含万象的柔肠。

伊丹才让（1933—2004年），藏族，雪域宗喀（青海平安）人。自懂事起或放羊或种地或支差役，没能念完小学。1949年参加工作，1952年进西北艺术学院攻读音乐舞蹈专业。先后在西北民族学院、甘肃民族歌舞团任舞蹈演员、教员、编导、舞蹈队长、合唱队长、创研室主任等。采集过藏族民间歌与舞，创作有舞蹈《拉卜楞节日》等；出版有民间《婚礼歌》等；写过歌词，出过唱片。1958年开始发表诗歌，著有诗集《雪山集》《雪狮集》《雪域集》《雪韵集》，诗选《雪域的太阳》，文集《雪山狮子吼》，特写《雪域哲人的思辨之花——举世首次得出月球有水的科学结论》等。曾多次获全国及省、区文学奖。1979年调甘肃省文联，当过甘肃省文联民间文艺研究会筹备组副组长兼秘书长，是当代思想最活跃、写作最勤奋、影响最广泛的藏族诗人之一。

伊丹才让从迈进诗苑的第一天起，就注重采撷草原上牵动他情感的鲜美花瓣，用他火样的热情，酿制诗的馨甜，咏唱他伟大的民族和草原崭新的生活，咏唱从牧主皮鞭下拯救出藏族人民的共产党，这是他的诗歌的主要旋律。他的处女作《金色的骏马》便是纵情歌颂"通向幸福的金桥"——合作社的一首诗。作者喜爱用风雪吊练歌喉，唱出藏

族人民高昂、豪放、粗犷的心声。他在《致雪山》中唱道：

> 你美丽的雪崩就是人民愤怒的吼声，
>
> 你巍峨的躯体就是人民英雄的气魄。
>
> 你不灭的霞光就是人民宝剑的闪光。

在伊丹才让的歌声中，很少听到晦沉、沮丧、悲哀、朦胧的低音；即使在最困难的时刻，他的歌声也都充满了阳光、火焰、信心、力量。1960年元月，诗人来到尕海草原，写了不少好诗。他的《尕海诗组》《白云啊白云》等诗中，洋溢着诗人的革命乐观主义精神、对美好未来的憧憬和坚强的信念。他唱道：

> 呵，飘浮在我脚下的白云哪，你早就不该傲慢地遨游，
>
> 迷惑过祖先的虚幻早已过去，幸福就出在我们劳动的双手。

伊丹才让的大部分作品是从藏族人民的生活之树上结出的果子，带有草原的浓香和藏民男女的体温。他的诗大多都是散发着酥油香味的藏族风情画。如《草原夜歌》《云山》《明灯》等。这里有草原"冰糖般透明的夜晚"，有飘逸、多姿的云山，无不令人神往。《明灯》赞颂了藏族姑娘的勤劳、善良、美丽："假若把生活比作帐篷，妇女便是帐篷里的明灯。"特别是《母爱》这首诗：

> 我走进帐圈，大牛和小牛分拴两边，小牛伸长脖子吟叫，疼坏了母牛的心肝。
>
> 我走过溪涧，大牛和小牛的身影映入水泉，小牛摇着尾巴饮母乳，
>
> 慈爱的心涌上母牛的舌尖。我走过草滩，小牛披一身舌绣的花环，
>
> 它背起尾巴满滩跑，母牛发出了欣喜的呼唤。这深情的母爱，
>
> 不知小牛可曾记怀，而那双膝下跪的羊羔，它懂得母乳里涌来的挚爱。

作者通过明朗、细腻的画面，把牛犊的欢蹦乱跳和母牛对小牛疼爱的形象，真实而活灵活现地描绘了出来。他的作品蕴含着藏族民间艺术强烈的魅力和璀璨的色彩。伊丹才让自己也说："我热爱民歌，民歌哺育了我的创作，民歌是我飞翔的翅膀，民歌是我诗歌创作的第一个老师。"藏族民歌豪放而婉美，明快而深哲，自由而含蓄。这些特色在伊丹才让的诗中都明显体现出来，如《跑马》：

> 我们的人，勇敢得像山鹰；我们的马，雄健得像大鹏。
>
> 上了马的人，就像雄鹰岩上站。撒开蹄的马，就像大鹏逆风旋。

伊丹才让常常把藏族民歌中的谚语和富有哲理的思想光束投融到自己的诗中，他的《雪山集》中，不乏一些流光溢彩的句子：

> 理想是一眼旺盛的水泉，毅力使水泉凝集成涧，
>
> 致力于一泻万里的江河吧，为了水流的壮阔，也免于自身的枯干。

伊丹才让是甘肃的诗人，是具有中国诗人的共性的藏族诗人，也是具有藏族个性的中国诗人。

|第二节| 新时期甘肃文学

一、震动文坛的三部大戏

随着"文革"的结束，当代文学终于迎来了春天，甘肃当代文学在这个春天里注定要萌动发芽，茁壮成长。很快，在全国早有名声的甘肃戏剧界率先推出《西安事变》《丝路花雨》《南天柱》三部大作，又一次轰动文坛，为甘肃文学在全国赢得了巨大的声誉。

1978年3月，甘肃省话剧团推出的话剧《西安事变》在北京上演，开辟了甘肃戏剧一代风气之先河，更是我们今天这个时代所无法复制的一个"奇迹"。剧本《西安事变》的五个共同执笔者分别是程士荣、郑重、姚运焕、胡耀华、黄景渊。

《西安事变》通过"兵谏"的情节发展，刻画了杨虎城将军的深谋远虑和张学良集国恨家仇于一身、义无反顾的果敢精神，表现了他们的爱国豪情。而在"西安事变"和平解决的过程中，则突出表现了共产党人不计私怨，以国家民族为重的凛然正气和周恩来的雄才伟略。《西安事变》场面宏大、气势磅礴，在处理史与戏的关系及刻画人物形象上很具艺术性。20世纪70年代末，甘肃省涌现出的一大批戏剧作品，尽管从艺术角度来看，不是很完美的戏，但是以话剧《西安事变》为代表的作品，开了新时期甘肃戏剧的先河，突破了禁区，即舞台上第一次出现了毛泽东、第一次出现了国民党、第一次出现了蒋介石，走了一条没有人敢走的戏剧之路。

《丝路花雨》是甘肃敦煌艺术剧院取材于敦煌莫高窟壁画艺术，博采各地民间歌舞之长，创作的大型民族舞剧。《丝路花雨》这部舞剧可称为敦煌舞的宏伟巨作，由甘肃省敦煌艺术剧院演出。《丝路花雨》1979年5月首演，并调京为国庆30周年献礼，于10月1日在人民大会堂演出，被新闻媒介赞誉为"活的敦煌壁画，美的艺术享受"，"此舞只应天上有，人间难得看几回"。《丝路花雨》"为中国舞蹈剧开辟了新路"。中央领导观后也都给予了较高的评价。从1979年至今，《丝路花雨》历经27年，演出上千场，观众达百万，收到了各个国家的演出邀请，女主角英娘也已经是第七代了，所以称《丝路花雨》为民族舞剧中的经典不为过，《丝路花雨》中的"反弹琵琶""千手观音"等舞段至今看来仍美轮美奂。

《丝路花雨》以中国唐朝极盛时期为背景，以举世闻名的丝绸之路和敦煌壁画为素材，博采各地民间歌舞之长，歌颂了老画工神笔张和歌伎英娘父女俩光辉的艺术劳动，描写了他们的悲欢离合，高度颂扬了中原和西域人民源远流长的友谊，再现了唐朝内政昌明，对外经济、文化交往频繁的盛况。

1980年，《丝路花雨》在全国各地巡演193场，在中国文艺界刮起一股强劲的敦煌艺术旋风，继而在世界范围内引起强烈反响，轰动国内外，被誉为中国舞剧的里程碑。《丝路花雨》取材于著名的敦煌壁画，融合中国古典舞、敦煌舞、印度舞、黑巾舞、波斯马铃舞、波斯酒舞、土耳其舞、盘上舞、新疆舞等各种艺术形式于一身，被称为"中国民族舞剧的典范"。

二、小说的兴起

新时期甘肃文学创作跨入一个新的历史阶段，无论是创作的领域和艺术手法及作家队伍结构都呈现新特点。

首先，是创作题材的进一步拓展和表现角度的新开掘，甘肃小说由最初的"乡土小说"辐射到"都市小说""知识分子小说""大学生小说""女性小说""反腐小说""历史小说""科幻小说"以及"武侠小说"等多元化的文学领域。长篇小说有雪漠的新乡土小说《大漠祭》、王家达的谴责小说《所谓作家》和史生荣的《所谓教授》，家庭伦理小说《重婚》，徐兆寿的校园小说《非常日记》等。甘肃还出现了一批新的长篇历史小说，诸如王登渤、姚运焕的《日落莫高窟》，玄成东的《大纛》，周永福的《碧血碑》等。而马步升的短篇小说《哈一刀》《一点江湖》却于西部的神秘诡谲中融入了一些武侠小说的韵味，雁翎的《护垫》反映了都市类报社女记者的生活。社会世俗小说有李文华的《商道茫茫》，书写中国当代成功者的奋斗史；雁翎的《爱也无妨》揭示房地产企业内讧。还有唐达天的反腐小说《绝路》，许锋的西部都市类报纸新闻记者众生相的小说《新闻记者》，马燕山的以兰州为背景的新新闻主义小说《天堂向东！兰州向西》等。婚恋题材小说，有向春的《身体补丁》和《鸡蛋放在哪只鞋子里》、严英秀的《玉碎》等。还有以历史和家族为题材的小说，如尕藏才旦的《红色土司》首次对甘南藏区首领排除千难万险支持革命的历史事件进行了全景式叙事；阿寅的《土司和他的子孙们》细致入微地展现了藏族人民汉化过程中思想、情感、精神等方面充满矛盾交缠的文学意蕴。

而且，受到全国文学思潮的影响，作家在艺术手法的表现上，打破了现实主义独尊的格局，融入了"象征主义""意识流""荒诞派""黑色幽默"等现代主义的元素，显示出作家在创作上的逐渐成熟和开放性。

其次，是在小说文体上的新发展，中篇、长篇及短篇小说在文体上都得到了充分的发展和完善，作品数量剧增，质量不断提高，并产生了享誉全国文坛的标志性作品。比如邵振国的《麦客》荣获1984全国优秀短篇小说奖，柏原的《喊会》荣获1987—1988年度全国优秀短篇小说奖，这两篇作品成为甘肃文学进军全国文坛的标志。叶舟的中篇《羊群入城》获2008年度人民文学优秀中篇小说奖，雪漠的长篇《大漠祭》入围茅盾文学奖提名并荣获第三届"冯牧文学奖"等多项奖项。除此之外，还有一大部分优秀小说在思想性和艺术性上都达到了一定高度，具有一定的影响力。

最后，甘肃作家群正在形成，甘肃文学"小说方阵"轮廓已经呈现。大批活跃在小说创作中的作家如果按地域板块来说，兰州有徐兆寿、冯玉雷、尔雅、苟天晓、雁翎、李文华、贾继红、冯德富、范文、田世荣、木茜、卢克强、高耀峰、汪泉、彭巨彦、苗馨月、雅兰、陈玉福、张月玲、赵剑云、剡卉、王文思等，天水有汪渺、周应合、彭有权、刘子、薛林荣、王元中、王小凤、辛轩等，武威有补丁、徐开祯、董堂寿、选巴旦智（已去世）等，金昌有杨华团、苏胜才、鄢晓丹、翟雄等，张掖有刘虎、蔡竹筠、陈天佑、东潮等，白银有毓新、武永宝、王庆才等，陇南有武城、茹久恒、白金龙、式路、沉静、荆秀成等，甘南有李城、敏奇才、牧风等，临夏有巴基、王维胜，定西有涛声、雷鸣，酒泉有何奇、方健荣、付有祥、朱金龙等，嘉峪关有何俊伯、赵淑敏等，平凉有杨国选、荆爱民、樊晓敏等，庆阳有贾治龙、汪忖之、张瑜琳、吴东正等。

2005年9月，由甘肃省文学院、甘肃文联和《上海文学》杂志社、文学报社经过一年时间精心整合的文学陇军劲旅"小说八骏"——王新军、雪漠、叶舟、阎强国、史生荣、和军校、马步升、张存学8位"60后"新锐作家的上海之旅引起海内外广泛关注，他们成功地进行了一次文化突围，提高了甘肃文学的影响力，为甘肃小说创作的造势掀起了一个高潮。

甘肃"小说八骏"是一个甘肃小说的平台，设立这个平台的目的在于将甘肃有锐气的小说作家整合起来，这样做一方面是为了更好地提高甘肃小说创作的水平，另一方面也是为了更好地向外宣传甘肃的小说家们。这个平台是固定的，而人员是变化的。甘肃"小说八骏"是在2005年组成的，当时是王新军、张存学、阎强国、雪漠、马步升、叶舟、史生荣、和军校。2008年甘肃"小说八骏"为雪漠、和军校、弋舟、马步升、向春、张存学、王新军、叶舟。

（一）短篇小说创作

1984年获全国短篇小说奖的《麦客》是甘肃短篇小说走向全国文坛的标志性作品。作者邵振国，甘肃省作家协会主席，甘肃省文联、甘肃省文学院专业作家，文学创作一级，享受政府特殊津贴。中短篇小说集有《日落复日出》《雀舌》《中国作家经典文库·邵振国卷》等五部。短篇小说有《远嫁》《麦客》（获1984年中国作协全国第七届优秀短篇小说奖、1984年《当代》文学奖、首届《小说月报》百花奖、也是甘肃作家第一部由小说改编为电视连续剧的作品。）中篇小说有《祁连人》（获甘肃省第三届优秀作品奖）长篇小说有《月牙泉》（获甘肃省第二届敦煌文艺奖一等奖）和《祁连山》。

《麦客》是邵振国最主要的短篇小说之一。小说的情节很简单：吴河东生计艰难，妻子劳累而死，儿子吴顺昌年龄已大，还娶不起媳妇。为了挣钱贴补家用，父子出门赶场，分别受雇于不同身份的两家人。吴河东顺手拿了雇主儿子的一块手表，这是他第一次做贼。在被追查时，雇主维护了吴河东的尊严，而吴河东毅然把手表还给了人家。吴顺昌受雇于水香家，水香的丈夫身患残疾，在共同劳动中，她对吴顺昌生出爱慕之情，吴顺昌却碍于雇主一家待他的情分，未去赴约。临别，水香给他开了很高的工钱，还送他一双球鞋。父子见面后，父亲怀疑儿子的鞋是偷来的，觉得丢了他的脸，打了儿子。故事很平淡，好似田间地头的小插曲，而艺术的震撼力恰好来自平淡的故事中。一方面是情欲的炙烤，另一方面是良心的拷问；一方面是如影随形的贫困，另一方面同样是如影随形的尊严。作品是这样开头的：

天还没亮，只是东边有些发白了。

这里是陕西千阳县城唯一的一条街，赶集卖当全在这达。

街，渐渐显出了轮廓。那是啥，像是过去富户人家门前的石狮子、石墩，黑糊糊的一堆，走近些看，一个个蜷腿躬腰，东倒西卧。

他们是做啥的？"跟场"的。噢，庄浪的"麦客子"嘛！

庄浪是甘肃的一个县，关山脚下，方圆几百里。别看庄浪地大，可人稠，天爷又年年不作脸，十有九旱，一亩打上二百就算是破天荒。包产后，听说有不少地方打五六百的，可也有部分山地没水少肥，说是有水也不敢浇，庄浪的土地怪着哩，一浇就极结，把苗活活地给箍死。哎，就是这么个势，一人一亩多地，种上算得了，闲下时间跟场走！

每年古历四月，庄浪人便成群结队来陕西割麦，一步跨到顶头，一站站往回走宝鸡割罢，凤翔的麦刚黄；千阳的麦倒了，陇县的又跟上了。到了古历五月，便离家门不远了，回去割自家的麦还能跟上。

麦客跟场，可说是庄浪人的"祖传"。爹这相，娃也这相，习惯了，咋也改不下。一年不出来，总觉得有件啥事没做，全年不得坦然。出来闲心不操，一天三顿饭"掌柜的"管，要馍有馍，要汤有汤。可话说回来，那三顿饭不是好吃的！太阳晒得肩夹子上脱下一层皮，晚上在哪个草窝窝树阴阴、牛棚马圈里一睡，乏得像死驴一样不知道动弹；晒倒没啥，单怕天爷变脸，刚跌个雨星星，就像石头砸在了心上"害死喽，害死喽！麦割不成喽！"不割麦，掌柜的把饭一停，只得打开干粮袋子吃炒面，或吃平时攒下的干馍馍。这些都没啥，最怕跟不上场。这两年麦客子多，掌柜的少，来一个雇主，蜂一样地围住，步子稍迟就跟不上了。再说人多不值价，早先一亩三五元争哩，现时，掌柜的胸脯一挺"一亩一元二，谁去哩！"麦客照样跟上走。过一半天，一亩几角，或是光管饭，看看再没雇主，眼见这达的麦快倒完了，"走，日他妈，肚子吃饱就行！"……

说时，天已大亮了，赶集卖当的都来了，这条街渐渐红火起来。那些麦客早已坐起身，一边搔着昨夜蚁子咬下的腿，一边瞅着推车挑担南来北往的人们，看其中有没有"掌柜的"。

迎面，一个壮实的小伙大步流星地走过来。

"爸！你不会灵透些，只是个坐下等等到啥时辰去！刚刚，汽车站那达，水川的一个队长来着，一下要走了四五十个……"

小伙身材匀称，满脸秀气，大眼珠灵透地闪着。白褂子上印满汗碱，黑裤子打着补丁，一双麻鞋磨掉了后跟，可他却浑身精神。

吴河东望了望气喘吁吁的儿子，仍旧坐在水泥台阶上吃炒面，待把那口干炒面咽下这才一边刮着碗底一边说：

"甭急，甭急，这达我夜个就观点了，麦厚得很，广得很，一时它割不完。"

说着又把目光移向街上的行人。

儿子叫吴顺昌，对爹妈可说是"顺"哩。这会，尽管他心里急得火烧火燎，但还是一屁股坐在了石台阶上。

"吃些不？给，炒面、干馍馍，去，那面饭馆子里要碗面汤拌上，泡上吃！"

"我不吃！"

顺昌娃把头一甩，两只秀气的大眼竟呆呆地发愣。记得前几年，一次跟老子去西安割麦，老子一看那八百里秦川黄黄的一片，麦厚得风都吹不动弹，两眼笑得弯成了镰刀。见掌柜的吝啬，不肯多给，他"哼"地一声躺在地上，"哎，路上走乏了，咱'歇马三天'！"心说，看你不拿大价来抬我！结果第二天睁眼一看，那望不到边的麦全部都割倒了，顺昌急得泪珠子直跌"现在好了，好了咋！"可吴河东望了望那满世界的麦捆子，又说"哼，光这麦捆子往场里搐，也够他狗日的搐几天！甭急，咱再'歇马三天'！"可是刚过头晌，再一看，那八百里地连一个麦捆子都没了。"好我的爸哩！'麦熟一晌'都不懂，你还算是个老庄农！龙口里夺食哩，谁家等你！头晌看着麦还发绿呢，后晌那麦芒就都北起了，麦粒子直落……""对了，对了！我啥不懂，要你说！"……

吴河东真就不怕误场？咋不怕，你看他那老长的头发，多久没刮了，麦土落了寸把厚。别人几把凉水往头顶一撩，抽下镰刀子噌噌几下刮个净光，又凉快，又舒坦。可他，听老人有个说实：头发长了不能刮，一刮就"断了"，搭不上场了。吴河东知道这是句迷信话，闲扯淡，可是你让他刮头他却说啥也不刮。

此时，他那两只浑浊的眼睛里深埋着忧虑，直盯盯地瞅着街上的行人；炒面末子狼藉在布满黑胡茬的下巴上，瘦凸的喉咙骨一上一下，不禁自语道：

"唉，早先还有个'当场的'，如今各顾各喽！……"

当场的，早先也叫"霸场"。一个身强力壮，自以为有些"武艺"的汉子，从麦客子群里唰地站起来，胸脯一拍"这个场我当了！五个元一亩，没五个元也别想雇，谁也不准跟！"谁要雇、要跟，就是一场好打。掌柜的被唬住了，只得抬高雇价。

当年，吴河东就当过"当场的"，胸脯一拍震天价响。可有一次，当他双臂一挥，举起了石碌子的时候，并没把对方吓倒，几个赎买来的恶汉忽地拥上来把他压倒在地，打得再也没爬起。到现在，左腿还有些跛。吴河东牙一咬说："哼，三十年河东，三十年河西，咱走着看！等到你到老子的门上当麦客的时候再看，球！"……

小说中麦客的生活本身就有着西部的特色，即生活的悲怆性。麦客们为别人收割庄稼这种行为本身是一种迫于生存需要的行为，他们在出卖劳力的时候并不等于他们在出卖他们的尊严。但恰恰在尊严问题上，在涉及人的本真问题上，小说展开了矛盾。麦客们在这种矛盾中显示出了他们的本色，这种本色是他们作为农民、作为与大地一体者所具有的，在利益与本色之间，他们选择了他们持守的本色。这种本色其实也就是他们成为大地上的"人"的尊严感。悲怆感和尊严感是这篇小说所显示的主要力量，这也是恒久的力量。《麦客》的另外一种意义在于它使甘肃的小说创作回落或切近到甘肃本土对作家的召唤上，这是一个巨大的转变。

作者用小说的方式探索和回答了这样一个问题：人的现实价值和文化关怀。而这正是文学所着力表现的一个永恒母题。

与此同时，陇东作家柏原凭借对陇东土地的本色描写在全国文坛有了自己的声音。

柏原，原名王博渊，甘肃兰州人。1968年毕业于甘肃省滑翔学校，大专学历。历任工人、甘肃省文联《飞天》文学期刊编辑、甘肃省文联专业创作室专职作家、甘肃省作协专职副主席。1980年开始发表作品，2002年加入中国作家协会，文学创作二级。著有小说集《红河九道弯》、散文集《谈花说木》等。短篇小说《喊会》获1987—1988年度全国优秀短篇小说奖，作品另获甘肃省敦煌文艺奖第一、第二、第四届文学一等奖。

柏原的小说体现了乡土文学的魅力，他不仅描写陇东黄土高原上的农村、农民及其生活，而且他本身就属于那块土地和那种生活。他的故事触及了陇东农民的传统、习惯、心理特质和行为方式，他的叙述则保存了陇东文化中许多生动的和优秀的因素，并把这些因素有机地融入了祖国整体文化。在其创作前期（1987年以前）的作品里，柏原小说的叙述人都是以这样的口吻讲故事的："瞧，这就是我们陇东的山，陇东的水，陇东人的生活。"如《红河九道弯》《鸡鸣早起》《天桥嵝岘》《洪水河畔的土庄》《雾中》《古窑洞》《喊会》《背耳子看山》《挖墙》《沟沟壑壑二题》等，都以陇东风情为中心，描绘出陇东乡村风土人情图卷。

如《天桥嵝岘》就是一篇描写陇东高原乡土风情的代表作。《天桥嵝岘》一开笔就写道："我的故乡的那片土地，地理书上称之为陇东黄土沟壑区。那是怎样的一片土地哟！"这种深情是早期作品所缺少的，而接下来大段的对故乡沟壑、风土的详细描写，更说明了作者对这片土地的熟悉，陇东风情随作者文笔栩栩如生地展现于读者眼前。小说写了一家三代人——米换奶奶、米换妈和黑换的悲苦辛酸，尤其写了盲女黑换朦胧的、似有希望实无希望的爱情，也写了三代女人由小脚到解放脚到大脚的历史推移，是用现代观念对民族文化的重铸和镀亮，体现出浓厚的民族文化特征和民族文化审美方式。这篇小说中，米换奶奶、米换妈已经彻底屈从了命运，个体意识完全迷失，只有黑换虽然不得已走过了天桥嵝岘，嫁给她不喜欢的男人，但她即将抵达的空间位置与她的意中人只隔一道土墙，她还拥有选择生活方式的时间。

《喊会》这部作品的意义显然更大：蛮队长把山咀咀队的乡亲们喊到一起，是要开一个关于交公粮的会，开会当然要讨论并解决问题。公粮的派交任务是死的，但每户人家情况各不相同，有人交不清，有人有牢骚，因此会议似乎应该开出个结果来，我们满怀希望地等着看结果。但是什么结果也没有，事情也没有发生。蛮队长一开始就把话说完了："交得清得交，交不清也得交！大家踊跃发言！"事实上这个会既没提出什么问题，当然也就用不着解决问题。但是为什么要开会呢？"开会嘛，就是为了开一场会"，作者说。真是妙不可言，开会成为一种独立的形式，它和会议内容脱离了关系，这个形式本身就有乐趣：对蛮队长来说，这是显示队长权威的机会；对社员来说，这是社会活动的一种形式，在这儿可以闲聊，问各种问题，发牢骚，开玩笑；对社会来说，这是显示社会存在和秩序的场所。下面是《喊会》中部分节选：

山咀咀队今天开的这个会，议题正是与"嘴"有关，所以这会非得喊起来不可。

蛮队长这就开始喊了。

"噢——有娃——开会唻——"

冰草沟的沟沟岔岔里的崖娃娃或许是弄错了，以为喊他们一伙呢，此呼彼应、此起彼伏起哄似的跟着喊"噢——有娃——开会唻——会唻——唻……"

被喊的村民有娃，在大沟里面他家小场上排二茬麦秸，麦秸排干净就准备上垛泥。他一边吆碌碡转圈子轧场，一边竖起耳朵听满沟道的回声。他耳朵听得明明白白，脸上表情硬是没任何反应。这是有娃长久培养起来的赴会习惯；开会这码子事嘛，无论瞎事好事，绝不要反应灵敏、雷厉风行。

蛮队长嘴喇叭向北偏转七度左右，鼓足劲运足气野声野气喊下一户的户主。这也是他长久形成的喊会习惯。他绝不死盯住哪一家喊到底，"打一枪换一个地方"。他知道，头一腔绝不会把他们哪个喊灵醒喊出声来，喊得应也罢喊不应也罢，反正他首先必须点名似的喊一遍。

"噢——有生——开会唻——"

山咀咀队的人家同一个祖先同一个姓，所以相互称呼不说姓只说名字。沟岔里的黄土崖娃娃大概也是同宗同姓吧？他们遥相呼应"噢——开会唻——会唻——唻……"

"蛮队长的声嗓老喽，听着不像他了。"有娃的媳妇小声评论。

有娃女人在家麦场坎下的谷子地里培土。农谚曰：谷子锄七遍，自成黄米哩。农历七月正是伏阳如火晒透骨的时节，铁锄口里有水分，锄一遍等于降场薄雨，所以她挥汗如雨挥锄培土。

"队长的心劲不足啦。"有娃在场上附和着说，有娃左手牵根细长的牛鼻缰绳，右手执一把牛屎爪篱；他居圆心牛走圈圈，慢慢悠悠反反复复吆着石碌碡在麦秸上面旋转。他一只眼眯眯地睡着了，另一只眼却警惕地注视着牛尾巴，牛尾巴往起一扎，他忙不迭抢近几步，把牛屎爪篱蹾在牛尾巴下面，以防牛屎洒在麦秸里。这场二茬麦秸兴许能排出三四升麦子哩。

蛮队长挨家挨户喊了一通，转回来打头重新喊。可以听出，他的声气已经有点躁，因为喊第一遍，山咀咀所有户主是同样反应：无声无息。

"噢——有娃——开会唻——"

继续装聋作哑就要挨骂了。有娃这才表现有所反应的情状，喝牛站住，搁下牛屎爪篱和鞭子，懒洋洋走出到场畔畔上，像队长那样把手卷到嘴上，喊：

"噢——开啥会——"

既然开会，就无须乎保密。按理说来，任何级别的保密文件也传达不到山咀咀庄稼人这一级，几十年的保密基本是对于庄稼人保着的。事实上，对山咀咀人有保密价值的，只是救济款项；扶贫、救济、小投资等分拨下来，队长、会计、党小组长几个私下捏摸捏摸就定了，也用不着喊天喊地地开他娘的什么会。

总之，柏原小说创作的动力就是乡村的风土人情，他所要描写的，是他生于斯、长于斯的那片土地，是他魂牵梦绕、无法忘怀的家乡的男人们和女人们，这才是柏原作品的情之所在，魂之所在。

（二）长篇小说创作

进入新时期以来，长期沉寂的甘肃小说创作，经过痛苦的孕育与阵痛，终于走出令人尴尬的谷地，一步步走向热闹和繁荣。随着雪漠的长篇小说《大漠祭》、王家达的长篇小说《所谓作家》、徐兆寿的长篇小说《非常日记》《生于1980》《我的虚拟爱情》等的问世和以马步升、叶舟、王新军等为代表的青年作家的中短篇小说的发表和转载，甘肃小说创作终于在全国的小说军阵中有了属于自己的位置。

1977年以前，甘肃没有长篇小说出版过，随着新时期的到来，甘肃的长篇小说创作不断发展。长篇小说的发展为甘肃的文学事业带来了更广阔的远景。在这个阶段，长篇小说有何岳的《三军过后》，黄权舆的《大路向阳》，潘竞万的《丝路风云》，赵启强的《扎西梅朵》，思静的《雁南飞》，张俊彪的《山鬼》，兰永昉的《刘志丹演义》，秦时暐的《延河魂》，马步斗的《大梁沟传奇》，孙志诚的《浑浊的祖厉河》，郭灿东的《黄巢》，田雪的《红尘轶事》《铁血金戈》，邵振国的《月牙泉》，王萌鲜的《骊轩书》，李民发的《〈三国演义〉补》，黄英的《梦醒敦煌》，李禾的《人生的开篇》等。

近几年甘肃省每年都有60部以上的长篇小说出版，主要有邵振国的《若有人兮》，尕藏才旦的《红色土司》，雪漠的《白虎关》，叶舟的《案底刺绣》，张存学的《坚硬时光》《我不放过你》，马步升的《1950年的婚事》，王新军的《最后一个穷人》，和军校的《人生一页》，史生荣的《大学潜规则》，弋舟的《跛足之年》，向春的《河套平原》，徐兆寿的《幻爱》，尔雅的《非色》，范文的《红门楼》，李学辉的《末代紧皮手》，陈玉福的"一号系列"，许开祯的反腐系列等，在社会上产生了较大反响。

甘肃文学一向带有明显的西部文学特征，以富有地域特色的乡土文学为主，作家关注较多的是农村题材。近年来创作题材继续渲染西部（甘肃）地域特色。甘肃第一代乡土小说家以鲜明的理性反思和自觉的文化意识进行创作，以王家达、邵振国、景风、牛正寰、柏原、阎强国、张弛、浩岭、雷建政等人为代表。柏原的陇东风情小说、王家达的黄河风情小说、邵振国的藏区文化小说，都凭借地域文化而成就辉煌，戈壁沙漠、黄土沟壑、藏区草原、陇南山区在第一代作家笔下展露出独特的美学品格，共同构筑了西部风情、西部精神、西部传奇和西部文学。

第二代乡土小说家是20世纪90年代市场经济大发展背景下成长起来的青年作家。如王新军有关乡镇村基层干部的小说、范文的《雪葬》。王新军对乡土诗意的抒情表达、和军校呼唤民主政治的硬汉形象、唐达天民族脊梁式的两代河西人，使理想主义精神在贫瘠的西部坚韧延续。王新军扎根西北农村，以朴实而温情的写作风格，被评论界誉为"第三代西北小说家"群体当中的代表作家。和军校的小说讲究冲突和故事性，他的小说中的人物总是在矛盾中展现的，而这些矛盾的紧张感使小说具有很强的可读性，并因为其较深刻的意味而使小说具有一定的品位。

进入21世纪，甘肃乡土小说发展也进入了新阶段，这个时期，小说创作出现了较大的突破，涌现出一批在全国有一定影响的作家和作品，其中以雪漠的"乡土三部曲"，马步升的《青白盐》《一九五零年代的婚事》，王新军的"草滩"系列小说，以及张存学的《轻柔之手》、唐达天的《沙尘暴》、李学辉的《末代紧皮手》、阿寅的《土司和他的子孙们》等为代表。雪漠的《大漠祭》摘得"鲁迅文学奖"桂冠，"小说八骏"也被中国文坛关注。

另外，甘肃小说创作也开始向城市题材转化，开拓新的题材领域以便更好地适应市场的需求。甘肃小说在近几年随着市场经济的发展、城市化进程的推进，出现了一大批城市题材的作品，这是甘肃小说的新变。甘肃城市小说起步较晚，直到20世纪90年代中期才出现了李文华的《重婚》和贾继宏的《断崖火鸟》。近几年涉猎城市文学题材的作家明显增多，有老作家王家达，中青年作家史生荣、徐兆寿、马燕山、尔雅、任向春、雅兰、弋舟、苗馨月、王文思、张瑜琳，以及"80后"的赵剑云、剡卉等。甘肃城市文学作家有许多人把校园作为自己的描写对象，作家人数之多、作品数量之大成为甘肃文学中的独特现象。他们虽都涉及校园却各不相同，并且采用不同的视角来展示自己所要揭示的内容，形成了不同的风格：有的描写当代大学生生活，歌颂他们对纯真、美丽爱情的坚守，如赵剑云的《阳光飘香》和剡卉的《我是你遗弃的天使》；有的描写大学校园中时代骄子的迷失，如尔雅的《蝶乱》；有的描写大学校园知识精英的失落，如史生荣的《所谓教授》、尔雅的《非色》；还有校园问题小说，这主要是徐兆寿创作的大学生系列心理小说，如《非常日记》《生于1980》《非常情爱》等。

（三）主要作家简介

1. 王家达

1939年出生的王家达是地道的兰州人，自小生长于黄河边。在长达半个多世纪的岁月里，他喝黄河水，吃黄河岸边的五谷杂粮，看黄河水涨涨落落、清清浊浊，听黄河人的恩恩怨怨、哭哭笑笑，天长日久，种种感触，在他心中凝起很大的一个黄河结。王家达将黄河边变化无常、神妙莫测的天文、地文和人文一并融入自己的小说中，使之呈现出一种大风卷水、容天括地的气象。

《清凌凌的黄河水》是王家达的一部与黄河有关的代表作品。作品讲述了孕奶奶与二哥子的婚外恋故事。孕奶奶为给父亲治病，嫁给了比自己大二十多岁的孕爷。老夫少妻间有仁爱与忍让，却没有爱情。孕奶奶与二哥子间的恋情，得到了孕爷宽厚的容忍，却遭到了卫道士国泰的百般阻遏，最后以尕奶奶不幸身死黄河而告终。在《清凌凌的黄河水》中，王家达成功地塑造了一个黄河女性形象——尕奶奶。在她身上体现着双重性格：一方面因年轻、俊俏而非常任性，常常做出一些在宗法社会里被视为"出格"的举动；另一方面她又恪守传统妇道，伺候丈夫，操持家务。她的性格实际上就是黄河的性格，既汪洋恣肆，恢宏不羁，以摧枯拉朽之势荡涤着封闭的凝固的现存秩序，又气吞八荒，熔古铸今，一叶皮筏，可开交通之便，两岸田园，尽收桑麻之利，维持着社稷民生。黄河以"母亲河"称之，可谓名实相符。而尕奶奶，热情奔放、儿女情长，坚韧勇敢、不屈不挠，静谧若月光流泻，热烈若艳阳高照，不愧为喝黄河水长大的黄河人。浓烈的异域情调与曲折的故事情节，使凄婉而浪漫的爱情悲剧颇为感人。尕奶奶与二哥子之间对唱"花儿"的民俗场景是小说中出现得最多、最频繁的，对唱的内容由试探真情、暗示爱情、倾诉真情、山盟海誓、痛苦思念到生死诀别，不仅显露了生命真爱的情感轨迹，而且也映射了他们的人生轨迹。换句话说，小说的叙事进程与抒情进程是同步的，"花儿"所歌唱的与叙述者所讲述的相互映现，从而构成一种"互文性"表达。

《血河》是王家达写黄河的又一成功之作，从传达的文学精神看，与《清凌凌的黄河水》一脉相承，可视为姊妹篇。在这部小说中，他塑造了两个性格鲜明的黄河儿女形象——羊报和白蛇。羊报是筏子客的优秀代表，他剽悍刚猛、无私无畏，曾裸身漂流2 500千米去郑州报告上游汛情；他有情有义，历经磨难，与意中人白蛇结为夫妻。在白蛇身上，则具有尕奶奶的全部性格特色，还有敢于承担一切的豪侠气概。两人的结合和最终毁灭，既是水与水的合流，又是火与火的燃烧。为了自由，他们双双献身于自由的黄河。小说在情节构造上，人物命运如惊涛骇浪一波三折；在氛围营造上，却雍容展舒，元气内敛。还应指出的是，两部小说虽是悲剧艺术，但字里行间无不传扬着黄河人生的诗情画意。农家小院的喜怒哀乐，筏子客的生死沉浮，在这无所不在的悲剧氛围里，时时都有自由旷达的"花儿"旋律飞扬，欢乐时一曲"花儿"，悲愤时一曲"花儿"，生生死死都离不开"花儿"。因此，王家达的黄河小说是一幅幅黄河风俗长卷，也是一曲曲黄河人生的悲歌和赞歌。

如果说"黄河情结"是王家达创作中的经线，那么，"敦煌情结"可以说是他的创作纬线。如果说，他的黄河情结是感性的、抒情的，是着眼于人物的现实人生的，那么，敦煌情结则是理性的、阐扬的，是着眼于人物的艺术人生的。而集中体现他的"敦煌情结"的则是名震四海的长篇报告文学《敦煌之恋》。《敦煌之恋》采取了以人带史、以事写人的创作手法，通过几个主要人物的命运变迁，把敦煌的历史沉积和艺术神韵呈现在世人面前。不仅如此，敦煌艺术的精神实际上是敦煌人的精神，张大千的万里追寻、于右任的慷慨仗义、常书鸿的九死不悔、段文杰的矢志不移、樊锦诗的坚忍不拔，以及众多敦煌人的忘我奋斗，他们的殉道情怀和人格操守本身就体现了敦煌艺术的真谛。正如著名学者雷达所说："这是我们民族精神中最感人的部分，也是中国知识分子献给祖国和整个人类的最圣洁的礼品。"（来自作家杨光祖的博客）以艺术标准论之，《敦煌之恋》写得恢宏大气、包容古今，历史与现实环环相扣，人与事经纬交织，艺术与人生互相生发，千年历史、百变世相、纷纭人事，作者融于心而会于手，一气呵成，宛如大河奔流，行神如空，行气如虹。

作为甘肃文坛上一位孜孜不倦、创作丰厚的作家，王家达的小说《所谓作家》是他带给甘肃文坛的又一惊喜。作品描述了20世纪80年代发生在西部古城的令人捧腹的故事，记述了边陲小城一群作家和官员丰富而富于刺激的生活。

王家达在这部小说里淋漓尽致地描写了以胡然、野风、徐晨等为代表的优秀作家，写了他们的血性、他们的才华、他们的人品、他们的高贵；也写了以沈萍、杨小霞、牛人杰、金大天等为代表的所谓作家，凭借色相、欺诈、剽窃等来进行所谓的写作，他们没有良知，没有人格，有的只是欲望：金钱欲、权力欲、名声欲。他们依靠一些卑鄙的手段窃取文坛职位，压制和迫害真正的作家，炮制那些文字垃圾污染文化生态，导致文化的恶性循环。还有那些所谓的文学批评家、理论家钱学义、茅永亮、张名人等，知识陈旧，人格卑下，道德沦丧，不学无术，正是他们败坏了真正的文学批评，把文学引入歧途。小说对这些人物进行了辛辣的讽刺和调侃。

2. 雪漠

雪漠（1963年— ），中国作家协会会员。原名陈开红。甘肃武威人。1988年开始发表作品。2002年加入中国作家协会。著有长篇小说《大漠祭》《猎原》《白虎关》，小说集《狼祸》，中篇小说《长烟落日处》，专著《江湖内幕黑话考》《大手印实修心髓》《我的灵魂依怙》等。

对文学，作家雪漠有着自己的理解："我认为，文学的真正价值，就是忠实地记录一代'人'的生活，告诉当代，告诉世界，甚至告诉历史，在某个历史时期，有一代人曾这样活着。"从《大漠祭》《猎原》到《白虎关》，雪漠一直在实践着自己的这一文学追求。

《大漠祭》以老顺为主要人物，以西部农民的生存状态为切入点，描写了老顺复杂而矛盾的性格，并通过这一人物展示了当代中国农民精神自由的缺失、生活渴望的压抑、灵魂深处的焦虑以及面对生存困境时的无奈。生活在大漠边缘的老顺，远离文明和喧嚣，一直承受着贫困生活的煎熬。为补贴家用，他经常历尽辛苦深入大漠去捕猎；儿子憨头得了绝症，他麻木自己的感情，接受苦难；女儿兰兰因换亲婚姻而遭遇不幸，他只能以"信命吧"予以安慰。他热爱家庭，但永远力不从心，"公家"压在他身上的沉重负担，使他心怀不满却只能默默承受。他的人生信条是："老天爷给个啥，我就能受个啥，它能给，我就能受。"老顺这种对于苦难的超乎常人的忍耐力，使读者一次次地感受到心灵的战栗。苦难世界中的人性最为质朴，老顺也不例外。他敢于揭露村民的不法行为，固守着做人的良心；他无比依恋自己赖以生存的土地，与许多动植物心脉相通；他痛恨年轻人对道德伦理的践踏与背弃，以自己弱小的力量进行着有限的反抗。二儿子猛子与双福媳妇的偷情，几乎击垮了他的精神。作品以较长的篇幅揭示老顺内心深处的悲哀与绝望：他骂猛子是畜生，并狠狠地扇了猛子几个耳光，接着，他又扇自己的脸，痛哭出声。

老顺猴酥酥地蹲在东沙窝里的沙丘上，谁也劝不回来，晌午时分，起风了，沙土啸口着自天而降，老顺凝成土人儿了。眼珠掉进了眼眶，深枯枯地怪吓人。吹，老顺的身子一鼓一荡，像要被风带了去。

在老顺身上，流淌着和谐的人性美和强烈的正义感，读罢让人深受感动。贫困总是与愚昧并存的。环境的闭塞、传统的浸染，又使老顺异常迷信与无知：自家的猪得病死了，为求"神喜""平安"，他虔诚地祈祷祭祀；儿子憨头医治无望，他去卦摊算命，以避灾祸；女婿白福认定女儿为白狐所变，他予以默认，致使引弟冻死在大漠之中……凡此种种，让我们透彻地感受到他个体意识的丧失，体验到他灵魂深处的荒芜与麻木。老顺性格的重要一面是"听天由命"。生活在大漠中的老顺，靠天吃饭，长期的生活经验告诉他：天旱没水，是老天抠搜，人是没有办法的，将其面临的一切不幸归结为天意使然。在这里，老顺为自己虚构了一个支撑场，将生命中不堪忍受之痛放置其中，使自己极度疲惫的身心获得些许轻松。雪漠塑造了老顺，老顺成就了雪漠。老顺以他作为艺术形象的说服力，告诉了读者这样一个现实：在人类文明进入21世纪的今天，中国仍存在着深深的生存苦难。"老顺们"忍辱负重，坚韧而执著地行走着，但他们生存的痛苦是难以想象的，他们好像被抛入了一个黑暗的隧道，无法找到光明的出路。雪漠用锐利的解剖刀，通过老顺的形象，切开了生存残酷的一面，平静的叙述中回荡着悲剧的韵律和浓烈的忧患意识，他在呼唤我们关注"老顺们"，让他们像一个真正的"人"那样活着。

3. 马步升

马步升（1963年—　），甘肃合水人，中共党员，是甘肃省推出的文学品牌"甘肃小说八骏"新一届作家之一。

马步升是中国西部当代重要的作家之一，著有长篇小说《女人狱》《青白盐》《一九五〇年的婚事》《陇东断代史》，短篇小说集《老碗会》，以及大量的中短篇小说、散文和学术论著。

马步升是陇东土地上成长起来的当代作家，大约从20世纪80年代初起，他加入到讴歌陇东的写作大军中，并且逐渐成为卓著者之一。从早期的《乡土人物列传》，到近年的《青白盐》《一九五〇年的婚事》，马步升给了我们原初的陇东、别样的陇东。陇东因此而被深重契刻在世界上，活泛于人们心际。

《青白盐》不仅仅讲述了一个家族的荣辱变迁，更重要的是，作者通过动荡的历史，讲述的是人在历史旋涡中的飘摇之感，以及对人生意义的一种追问。青白盐是一个隐喻。《青白盐》的成功之处，是还原了历史的真实与人性的真实。马正天是一个"真实"的人，他的"真实"表现为一种原始的天性。马正天作为马家的掌门人，拥有财富、美女，在西峰可以呼风唤雨，是一个成功的商人。但是，家族的命运开始由鼎盛走向衰败。他只有逃避，隐居于与世隔绝的员外村，心灰意冷，不问世事。马登月是马正天的儿子。他在北京接受过高等教育，抱着一腔热血，企图报效国家，可腐败的政府把他抵抗日本的行为视为贪污，他彻底绝望了，他甘于堕落，开始吸食鸦片，将家产挥霍殆尽，气死了母亲。到了新中国成立的时候，挥霍反而使他因祸得福，苟全了性命。在新政权下，他居然留着清朝的大辫子，马登月的这种行为最终为他所处的时代所不容。在知识无用论的那个年代，他是一个隐语，他的故事表明知识者虽然被时代践踏，但知识本身仍然是一种不可抗拒的力量。马登月的外观形象是逆历史的，但他所拥有的知识却是隐含着历史前进的方向。马家的第三代人退居历史的幕后，其他与马家相关的家族，跃居历史的前台，而马家的第四代人在历史的夹缝中艰难成长。马家的第四代人蛋蛋，即"我"，这个人物身上明显有作家的自传色彩。"我"是家族衰败后的第四代人物的代表，到小说的结尾，作家这样写道："我于三十四岁那年，举家逃离西峰，'我'得了家族'心灰意冷'病。"《青白盐》突破了以往家族小说写作的局限，借助于家族隐喻和新的叙述观念来表达自我的存在焦虑和自我对历史的感受，并对人生的意义进行了追问，小说的结局是，海家为了改良家族基因，指使孙媳妇秧歌勾引刚考上大学的马蛋蛋，结果，生出来的孩子却是一个傻子，有意味的是，海家给这个傻孩子起了一个与马家第四代传人相同的名字：蛋蛋。这个拥有两个家族遗传基因的傻子，是否是一个隐喻：在又一个世纪来临之时，绵延几千年的中国家族社会已经走到了尽头？

一部《青白盐》，一个大舞台，青白是盐的颜色，或青或白，是男人抛给女人的眼色，清白是女人的底色，而盐是女人在男人身上品尝出来的味道。

2011年出版的《一九五〇年的婚事》是马步升的新作，也是他的小说代表作之一。小说以子午县贯彻《婚姻法》精神为核心，展开了波澜壮阔的历史画卷，追溯了北地地区子午县几十年的革命历史以及革命者胜利后的婚姻形态，描写了马赶山、祁如山、古力、柳姿、那妃等众多个性鲜活的人物，着力展现了子午县人民的生产生活、政权稳固、妇女解放等许多社会问题。小说提出了一个严肃的命题，这就是《婚姻法》颁布以来，一个个男人，一个个女人，无论他们的人生轨迹如何，无论他们是何种社会身份，在1950年都得做出自己的人生选择。这关乎一个国家的命运，也关乎一代人甚或几代人的命运。

马步升2001年发表的短篇小说《哈一刀》至今让人们记忆犹新。《哈一刀》的轻盈与飘逸显示出了马步升小说创作方面的潜质。用雷达的话说，"马步升善于讲故事"。他通过讲故事来还原小说最基本的面目，这也是他后来一直在小说实践中所遵循的。一方面，他以讲故事来使小说达到小说的基本要求，另一方面，他又不放弃小说的思想性。

4. 徐兆寿

徐兆寿，1968年生，甘肃凉州人，文学博士。现任西北师范大学传媒学院院长、教授，中国作家协会会员，甘肃省首批荣誉作家。1988年开始在各种杂志上发表诗歌、小说、散文、评论等作品，共计300多万字。长篇小说有《非常日记》《生于1980》《幻爱》（《我的虚拟婚姻》）《非常情爱》《生死相许》《伟大的生活》等，诗集有《那古老大海的浪花啊》《麦穗之歌》等，学术著作有《我的文学观》《中国文化精神之我见》《非常对话》《爱是需要学习的》《爱与性的秘密》等，获"全国畅销书奖""敦煌文艺奖"、甘肃省哲学社会科学优秀成果奖等十多项奖，在《新华文摘》《光明日报》《小说评论》《文艺争鸣》等刊物上发表文学评论数十篇。

徐兆寿1988年开始创作，至今仍致力于艺术的创作，在各类杂志上发表诗歌、小说、散文、评论等作品，共计300多万字。著有长诗《那古老大海的浪花》（中国华侨出版社，1998年），诗集《麦穗之歌》（青海人民出版社，2000年）；长篇小说有：《伟大的生活》《生死相许》《非常日记》（敦煌文艺出版社，2002年，成为该年度最畅销小说）、《非常对话》（中国青年出版社，2003年）、《生于1980》（春风文艺出版社，2004年，被誉为"当代贾宝玉之传"）、《非常情爱》（中国青年出版社，2004年）、《幻爱》（甘肃美术出版社，2006年，为国内首部提示婚姻生活的小说）。文学研究著作有：《我的文学观》（内蒙古人民出版社，2008年）、《中国文化精神之我见》（内蒙古人民出版社，2009年）。性文化随笔有：《爱是需要学习的》（中国言实出版社，2008年》、《爱与性的秘密——徐兆寿性文化随笔》（作家出版社，2010年）已连续印刷多次。

徐兆寿作品敏锐地抓住在社会上普遍存在的现象，并且用社会学、心理学的视角观察社会问题，被称为"问题小说家"。《非常日记》《非常情爱》《非常对话》形成了"非常"系列小说，引发了人们对当代大学生或"80后"的生存和精神状态的热议。同时他也致力于性文化的研究，大胆地触及中国文化的"禁区"，反映传统文化与现代文明、中西文化的冲突下信仰失落时的心灵焦躁、现代人的异化等人性的主题——既有对人性心理焦躁、彷徨的揭露，也有对理想世界构建温情的一面。

《非常日记》是以日记体的形式描述了优秀大学生"林风"的变态心理导致他最后走上自杀道路的过程，被称为是"中国第一部大学生性心理小说"。2002年该书出版后，在内地高校反应强烈，当年年底《科学时报》将其评为"校园十大热门话题"之一。著名性学家李银河评价《非常日记》说："我觉得这本书最主要的价值并不是写大学生的性心理。我倒是觉得其中所表现的来自社会底层的大学生和城市大学生之间的差异，以及这种差异对前者的影响才是书的主题，也是写得比较好的地方。"也有学者认为《非常日记》是一篇成功的大学生题材长篇小说，写出了荡漾在大学里的氛围，让人觉得那么真实、可信。

《非常情爱》讲述了主任公张维是一个天才诗人，来到北方大学后的一天，他收到一封内容神秘的来信，开始他有关人生信仰的追问。他先后丧父、丧母、丧师、丧友，又患上了严重的失眠症、抑郁症和孤独症，出现了严重的幻觉，最后"疯"了。由于陷入人生无意义的困境中，他前后自杀过三次，两度退学。他前后曾与七个女子谈过恋爱，最后还是孑然一身。与一代美学大师易敏之的交往，将他从形而上的桎梏中解放了出来，终于回归平静。作品是一部浮士德式的作品，或者说采用了浮士德式的隐形结构，在灵与肉的搏击中思考人情、人性，表现社会人生，展开的是一场场撤离和抵达的运动，在这过程中，作者和主人公完成了对人生的哲学追问和思考。作者称《非常情爱》是"非常"系列中最好的作品。

《非常对话》是徐兆寿和中国著名性社会学家刘达临教授对性文化方面的问题进行解读，出版的系列作品。

《幻爱》描写了杨树与他的初恋情人佟明丽之间的一场生死离别、惊天动地的虚拟婚姻生活，其中他们通过电话、手机、网络等电子工具进行虚拟性爱生活，直到最后佟明丽患癌症死亡，杨树也离开了自己的家，来到了一个叫西北偏西的世外桃源生活。传说中的虚拟性爱生活便通过这部小说呈现在读者面前。著名性学家刘达临说："《幻爱》也是一部很有社会意义的小说，作者从情爱、婚姻和性的角度，描绘了中国从保守、禁锢走向开放的社会变化，描写了这个社会中压抑人性和光复人性的矛盾、情欲与道德的矛盾、婚姻与爱情的矛盾。"我希望，这部小说的出版，对于那种关于爱的虚伪的道德说教是一个突破，对光复人性也是一个突破。"雷达先生的序言中评价此书说，"《幻爱》除了思想观念上的大胆、出新，艺术感染力也足可称道。总之，徐兆寿是文坛上的一个'另类'，一个怪才。无论在甘肃作家群里，还是在全国作家群中，都是极其独特的。我们需要这样的作家，我们需要意识到他的不可替代性。"

5. 补丁

补丁，本名李学辉，1966年7月生于甘肃武威。中国作家协会会员、鲁迅文学院第十一届中青年作家高研班学员、甘肃省文学院荣誉作家。出版有短篇小说集《1973年的三升谷子》《绝看》。长篇小说《末代紧皮手》自出版后，引起业界广泛热评。《小说评论》《文艺争鸣》《长篇小说选刊》《文艺报》《文学报》等权威报刊给予了重点关注，并入围2010年《当代》最佳长篇小说，入围第八届茅盾文学奖。书法小楷手抄本《末代紧皮手》的出现，在北京、上海、陕西、新疆、湖北、山东等省市反响强烈，被认为是"当代中国文坛奇迹"。该书还被陕西师大文学院译成英文译本。

《1973年的三升谷子》是补丁乡土小说的代表作。小说情节发展出人意料，悬念迭起：队长王大麻子在大雪天自导自演了一场一箭双雕的好戏，既救助了寡妇何翠花，又逼迫李德全交出了柏木棺材。随着最后一个悬念解开，王大麻子这个人物显露出人性的全部复杂性：一方面，他宣称"队长不玩女人，我当队长干啥"，公然坦露为官不仁的丑陋心灵；另一方面，他良知未泯，对翠花男人的死深怀歉疚，真心实意帮助何翠花。可是，雪夜偷谷这一扶危济困的正义之举却被他栽赃嫁祸，用来勒索李德全的柏木棺材。这棺材他谋算多日，让李德全当保管，就是为了更好地找机会。这一点，李德全心知肚明，一语道破玄机。于是，王大麻子其人其事就变得难以评价。固然可以说，他是一个阴险狡诈、贪婪霸道、心狠手辣的腐败分子；然而阴暗之中的一星良知，却照亮了这个反面典型,使这个人物变得亲切柔软。受害者李德全形象用笔不多,同样是一个给人新鲜感的人物。他处乱不惊,明察秋毫,是乡村中难得的智者。在细节选择上,麻雀屎、李德全的鞋、席筒、五根谷穗等细节,使小说充实丰盈,颇具新鲜感与真实感。

另一篇小说《绝看》,可以说是《1973年的三升谷子》的续篇,以"人之将死,其言也哀"为缘起,倒叙村长王世风一生的情感纠葛,旨趣仍然在于剖解人性的复杂,塑造了一个工于心计、阴险狠毒而又不乏善良、正直的基层干部形象。

《正步走过大寨田》《刘老倔》《乡村无梁祝》也是反思历史的优秀之作。补丁的乡土小说反思"文革"时期荒诞惨痛的往事,在非理性生存境遇中剖视人性的复杂纠结;或展现乡村生活的灰色图景,勾勒沉默、孤僻、执拗的农民性格,聚焦压抑中的爆发时刻。他不追求密实的细节真实,倾向于简笔画式的写意表现,追求黑色幽默效果,形成冷峻、坚硬、蕴藉的风格,有时过于阴冷、枯涩。作为新进作家,补丁正在摸索前行。他所创造的巴子营村,凝聚了对历史和农民的独特体验、独特思考,是甘肃乡土小说的重要收获。

6. 武永宝

武永宝,男,汉族,1963年12月出生,甘肃靖远人。1985年毕业于西北师范大学历史系。大学毕业后,曾在新疆工作、生活了五年,有着浓厚的新疆情结,将新疆视作自己的第二故乡。先后在《飞天》杂志发表中篇小说《虎豹口》《赵德存的官场生涯》《机关单身》等。在《大家》杂志发表中篇小说《西部国风》。累计在全国各报纸杂志发表诗歌(含古典诗词)、散文、杂文百余篇(首)。诗歌曾在全国获奖三次。

作家武永宝的中篇小说《西部国风》向人们讲述了一段平淡无奇的故事:20世纪30年代末期,在九曲黄河的上游甘肃靖远段,以曾当过土匪的党黑木为首的一帮黄河筏子客,为了揽生意谋生存,从驻兰州的国民党军队军需处揽得一桩向内蒙古地区傅作义部运送军火的生意。期间,一名日本间谍以为其父送灵柩为名,走通了军需处长的关系搭乘上了筏子。当筏子运输队行至黄河险段时,日本浪人的狰狞面目暴露了出来,他们事前曾做过周密细致的准备,其目的就是要将这批军火在一处异常险恶的百仞巨崖观音崖要塞引爆,炸塌山崖,堵死黄河航道,卡断前线抗战部队的军火运输线。以党黑木为首的13名靖远筏子客与日本间谍进行了殊死的搏斗,为保住黄河航道的畅通,最后全部遇难。

《西部国风》是迄今为止第一部用全景式手法描写靖远黄河筏子客的文学作品。作品是以浓厚的地域特色和强烈的悲情色彩来吸引人、感染人、震撼人。以党黑木为代表的靖远黄河筏子客,本身就生活在这片酿造和产生悲剧的土地上。恶劣的自然环境、人为的拉锯争斗、黄河浪尖尖上讨生活,使他们实实在在地过着有今天没明天的苦难日子。这种奇特的生活环境氛围也造就了他们强悍、果敢、敢于挑战和勇于冒险乃至不怕死的性格。小说中一处也许没有引起人们注意的细节描写,特别能体现筏子客们的那种带有残忍性质的强悍,那就是一个叫作麦给非的筏子客在大禹王庙里的祭祀活动上宰杀藏獒的过程。作家在小说中交代了这一习俗的由来，这一习俗源于北宋大将王韶在此地与吐蕃人的一次会盟。吐蕃人会盟时先将凶猛的藏獒折其四肢，再断其头，献于神灵前，其目的是向别人显示自己的孔武和勇蛮。但这种来自遥远的历史传说中的习俗却被筏子客们传承了下来，成了他们显示自己强悍气质的一种表现形式。

7. 其他作家简述

史生荣，男，汉族，祖籍甘肃武威市，生长于内蒙古临河市。已发表中篇小说三十余部，短篇小说二十余篇，共计二百余万字。作品多次被多种选刊和选集转载。现在甘肃农业大学人文学院任教。作品有《人在江湖》《所谓教授》《大学潜规则》《所谓商人》。

史生荣是2005年"甘肃小说八骏"之一。史生荣早期一直以中短篇小说见长，特别是他的中篇小说以故事性强、叙述有味而被关注。史生荣的中篇小说大多都是写当下生活的，这些小说对现实的批判意味较强。在创作的后期，史生荣在进行中短篇创作的同时也创作了几部有一定影响的长篇，这些长篇持续他一贯的创作风格，以写现实为主，有写大学知识分子的《所谓教授》，有写县一级干部的《县领导》，还有写商人的《所谓商人》。

叶舟，男，汉族，1966年生于兰州一只船街道，西北师范大学中文系毕业，曾做过教师、记者和编辑，中国作家协会会员，甘肃省文学院荣誉作家。

叶舟的小说创作近十几年来蔚为壮观。小说不断出现在如《收获》《十月》《花城》《人民文学》《钟山》《中国作家》《上海文学》《山花》《天涯》《红岩》《小说选刊》《小说月报》等各大文学期刊和各种选刊上，他的小说已经在全国形成了影响。叶舟除了有大量的中短篇小说发表外，还有长篇小说《犹在镜中》《形容》《案底刺绣》等，另外还有长篇随笔《世纪背影——20世纪的隐秘结构》，小说集《第八个是铜像》。叶舟在语言方面的造诣，在谋篇布局方面的能力都是出众的。在他叙述的背后，能看到他在许多点上都能游刃有余，他的创作既有令人趋向精神高度的紧张感，又有深谙世故的聪明，甚至还有在众人热闹时将自己隐没而窃笑的能力。当他在这些状态中不断跳动时，他不得不面对这些状态相互撞碰的难度，他的小说写作由这些难度而引发。叶舟还有一种能力，这种能力就是，他能以他的想象将他写作的疆域不断扩展，并能以个性的语言让想象更具有魅力。在甘肃，叶舟的小说创作呈现着多种可能性。

严英秀，女，藏族，1970年11月生于甘肃省舟曲县。兰州文理学院人文学院教授，北京大学访问学者，中国作家协会会员，中国少数民族作家学会会员，甘肃省作家协会理事。曾以"菂儿"为笔名发表诗歌散文百余篇，近年来主要从事文学评论和小说创作。在《文艺争鸣》《文学自由谈》《南方文坛》《文艺理论与批评》《当代文坛》《名作欣赏》等刊物上发表评论30多万字，在《中国作家》《民族文学》《青年文学》《长城》《黄河》《西湖》《作品》《山西文学》《飞天》等刊物上发表多部中篇小说，作品曾被《小说选刊》等刊物多次转载，入选《2010年年度精短美文选》（长江文艺出版社，2011年）、《新时期甘肃文学作品选》（甘肃文化出版社，2010年）等选本，获过一些评论和小说奖项，2011年5月出版中篇小说集《纸飞机》（作家出版社）。

任向春，内蒙巴盟人，笔名向春，1963年出生于河套平原，1985年毕业于内蒙古民族大学，文学学士学位。鲁迅文学院第二届高级研讨班学员，甘肃"小说八骏"之一，中国作协会员。2000年开始在《十月》《钟山》《中国作家》《天涯》《作家》《北京文学》《作品》《芳草》《长江文艺》等刊物发表中短篇小说30余篇，作品并被《小说选刊》《小说月报》等多种选刊选载。著有长篇小说《刀子的温存》《河套平原》《身体补丁》《妖娆》等，其中《妖娆》入选"建国以来优秀长篇小说500部（数字）"选本。获敦煌文艺长篇小说一等奖、黄河文学长篇小说二等奖、广东作协"金小说"奖。

王新军，当代青年作家，1970年2月生于甘肃玉门黄闸湾乡，曾游牧数载。1988年开始发表文学作品，著有《文化专干》《农民》《大草滩》《民教小香》《一头花奶牛》《好人王大业》《两个男人和两头毛驴》《俗世》《远去的麦香》《坏爸爸》《八个家》《最后一个穷人》《厚街》等长、中、短篇小说130余部（篇），以及散文、诗歌近200余万字。王新军以其扎根西北偏远地区朴实而温情的写作风格，被评论界誉为"第三代西北小说家"群体当中的代表作家之一。作品曾获第六届上海长中篇小说优秀作品大奖、甘肃省第四、五届敦煌文艺奖，甘肃省第六届敦煌文艺奖一等奖，首届、二届、三届甘肃黄河文学奖一、二等奖等奖项。

弋舟，1972年生，有长中短篇小说刊于《作家》《天涯》《花城》《人民文学》《中国作家》《青年文学》《上海文学》《山花》等文学刊物，部分作品被选刊转载并辑入选本。获第二届黄河文学奖一等奖，第三届黄河文学奖一等奖，敦煌文艺奖，金城文艺奖；中短篇小说集《我们的底牌》入选"21世纪文学之星丛书"。

在甘肃的作家中，弋舟的小说显得相当另类。弋舟是我国正在整体隆起的"70后"作家群中的代表作家之一。他早年深受先锋派小说家们的影响，在小说表现形式和个人化写作方面做了一大段顽强的实验。他是国内仍在搞小说形式实验的少数小说家之一。他的长篇小说《跛足之年》《战事》深入个人生活内部，自有叙写他人故事的小说所难以达到的深刻疼痛。这大约也正是个人化写作的优势。这两部小说在表现形式方面有明显的现代派痕迹。

三、诗歌和散文的发展

（一）诗歌概况

1. 20世纪50—80年代诗歌发展概况

新中国成立之初，甘肃诗坛同全国诗坛一样比较寂寞，20世纪50年代初，李季和闻捷先后来到甘肃，甘肃大地掀开了我国石油工业诗的壮丽篇章。20世纪50年代中后期到60年代初，从偏远的甘肃传出了新时代诗歌的大声，产生了《玉门诗抄》《河西走廊行》等优秀诗作，《复仇的火焰》和《杨高传》更是那个年代叙事诗的扛鼎之作。这是甘肃当代诗歌的第一个高潮。在这个高潮中，在甘肃本土出现了杨文林、于辛田、汪玉良、伊旦才让及农民诗人刘志清、张国宏等一批承前启后的诗人，为甘肃诗歌的发展奠定了良好的基础，准备了充足的冲刺诗歌大省的动力。

高平因其《大雪纷飞》被写进了中国当代文学史，成为高等学府讲坛上宣讲、研究的诗人。新中国成立前就已经发表小说和散文的作家赵燕翼，20世纪60年代前半期因一部《草原新传奇》和一批在民间传说基础上再创作的优美童话而冲破省界，开始成为国内产生影响的文学人物。东乡族诗人汪玉良、藏族诗人丹真贡布、伊丹才让，回族诗人赵之询等，都重视从本民族文化中吸收丰富营养。民族文化孕育了他们和他们的诗。他们各自的诗，因其浓郁的地方色彩和民族色彩，不仅在甘肃诗坛自成一格，即使放在五彩缤纷的全国少数民族诗歌大展中，也有自己的独立品位和光彩。

甘肃诗歌的第二个高潮始于20世纪80年代，至世纪之交达到极盛。在这一时期的开局中，"归来的歌"和"新生代"是两个最为鲜明的诗歌群体。唐祈，这个现代文学史上著名的九叶派诗人，于1980年来到他青年时代学习和生活过的兰州工作。他没有像一般"归来者"那样沉迷于旧日创伤，而是满怀激情地关注正在发生深刻变化的西部大地和西部人生，用他美丽的《大西北十四行组诗》在甘肃竖起一面诗的旗帜。1978年开始，高平出版了《古堡》《冬雷》《高平诗选》《中国情结》等多部诗集。"归来的歌"中比较有影响的作品，还有赵戈的《贺老总，请你再来听我朗诵》《一束红柳祭李季》，段玫的《红松林》等。

在此期间，甘肃校园文学的觉醒是值得一提的。1979年1月，西北师范大学百花诗社的壁报栏里出现了一首歌唱爱情的小诗《雪花》，立即引起一场全校范围的激烈论争。后来，这场讨论转移到《甘肃日报》，演变成一场全省范围的文艺观念大讨论，成为甘肃文艺界思想解放的先声。这些，都为新时期以来甘肃诗歌的成长营造了良好的氛围，铺设了最初的道路。

2. 20世纪90年代诗歌发展概况

甘肃诗歌经历了20世纪80年代的发展之后，诗歌群体日渐强大，特色愈加鲜明，特别是进入20世纪90年代以后，甘肃诗歌迎来了佳作迭出、新人辈出、整体实力不断提升的可喜局面。在国内各种诗歌选本中，甘肃诗人的作品每年都跻身全国各省市入选作品数量的前列，《诗刊》《人民文学》《星星诗刊》《诗歌月刊》等刊物，每年都刊登大量甘肃诗人的作品。汪玉良、高平、老乡、何来、李云鹏、林染、嘉昌、彭金山等老诗人宝刀不老，仍然保持着旺盛的创作活力；阳飏、人邻、叶舟、娜夜、古马、沙戈、唐欣、高凯、杨建仁、牛庆国、才旺瑙乳、马青山等中青年诗人爆发出强劲的创作势头，成为诗歌创作的中坚力量。《高平诗选》《风起飏兮》《心灵的村庄》《西风古马》《大敦煌》《边疆诗》等诗集在全国诗歌界广受好评，成为甘肃省诗歌创作的重要成果。此外，天水、甘南、陇东、河西、陇南等地诗歌群迅速崛起，胡杨、王若冰、阿信、周舟、汪渺、毛树林、小米、梁积林、苏黎等基层诗人陆续涌现，他们的名字不断闪耀在全国诗坛。甘肃青年诗坛大体可分为兰州诗人群落、甘南诗人群落、天水诗人群落、河西诗人群落、其他诗人群落五个相对独立的地域性诗人群落。其中有精神世界的冥想者阳肠、人邻，异质文化培植的诗人张子选、阿信、桑子、高尚，哲思诗人殷实、石厉、杨春、任民凯、朵生春，寻找西部人文精神的罗巴、周舟、雪潇、胡杨、张中定，在女性世界耕耘的葛根图娅、娜夜、完玛央金，还有另外一些诗人如王久章、叶舟、柏常青等。无论从扎实、认真地对待诗歌的态度，还是从稳健、多姿多彩的艺术特质来看，甘肃青年诗坛都有自己的优势。

随着一批数量可观的中青年诗人在全国诗坛崭露头角，甘肃渐次迈入诗歌大省的行列。

在这些诗人的成长群体中，最有特色的是甘肃的乡土诗。甘肃的乡土诗人是一个庞大的群体，从20世纪五六十年代的刘志清、张国宏、黄英到20世纪七八十年代的曹焕荣、贾治龙、高仲选、于进、王韶华等，在辽阔的甘肃乡土上，留下了几代人跋涉的足迹。陇南的南山牛、波眠、毛树林、小米、包苞，陇东的杨永康、邵小平、张志怀、魏向迥及河西的谢荣胜、倪长录、阎虎林、苟天晓、梁积林等，都是甘肃乡土诗群或西部风情诗歌的主力歌手。

同时，"校园诗人"也是甘肃诗歌群的生力军。从何来的《火山口的晚餐》、吴辰旭的《牧归》到董培勤的《巴丹吉林的恋歌》、彭金山采自陇东的《象背上的童话》、于进的《行走在镍色戈壁》、汪幼琴的《情人的目光》、徐兆寿的《麦穗之歌》等，甘肃诗人在陇原大地上继续用诗诉说心灵的发现。

3. 21世纪诗歌发展概况

进入21世纪，甘肃诗人继续以相对宁静的心态，不断创作，并取得了令人惊叹的成绩。老乡和娜夜同时获第三届鲁迅文学奖；高凯《村小：生字课》《陇东，遍地乡愁》分别获中国作家协会全国优秀儿童文学单篇奖、第五届全国优秀儿童文学奖，并于2009年获首届闻一多诗歌奖；阳飏作品获《星星诗刊》首届"跨世纪诗歌奖"；牛庆国获诗刊社"华文青年诗人奖"；古马、人邻、小米、蝈蝈、包苞五人作品同时获《人民文学》"德意杯"青春中国诗歌奖；东乡族诗人汪玉良作品连续三届获全国少数民族文学创作一等奖；老乡作品获《人民文学》《十月》诗歌奖；高平、陈默作品获《诗刊》征文奖；高凯组诗《陇东，遍地乡愁》于2009年获得首届"闻一多诗歌奖"，作者选取蕴含丰富人生经验的陇东黄土高原的意象，以近乎原生态的描摹，传达出这片土地植根在诗人血液当中的"创伤感"。

继"甘肃小说八骏"之后，以娜夜、高凯、古马、第广龙、梁积林、离离、马萧萧、胡杨八位诗人为阵容的"甘肃诗歌八骏"又奔腾而出，以诗歌的名义执棒领跑文学陇军。

（二）散文特点

新时期以来，与繁荣的小说、诗歌相比，甘肃散文作家略显寂寞，但仍有一部分作家执着于散文的审美创造中，共同在这个精神家园的星空闪耀成一幅多姿多彩的景观，营造着多彩甘肃的美丽风景。如杨闻宇、杨献平、铁穆尔、杨永康、马步升、人邻、叶梓、铁穆尔、阿拉旦·淖尔、习习等作家坚守散文的典雅气质，向读者奉献了一幅幅展现陇原儿女多彩生活情状与浓郁民族风情的生命画卷。

总体而言，新时期甘肃散文呈现出这样的特点：

1. 散文创作队伍的壮大

首先，20世纪的知名作家在新世纪仍以昂扬向上的激情挥洒新篇章，如匡文立、季栋梁、杨闻宇、王柏原、谢昌余、牛震寰、刘立波、贺晓风、杨文林等。

其次，多年来致力并坚守于散文创作的中坚力量，无论是对文体审美选择洞察的敏锐性上，还是在实践中抽取散文核心艺术特质上，大都形成了自己的精神品格，如孟澄海、习习、铁穆尔、韩松落、杨永康、正雨、蝈蝈、赵殷、陈飞鸣、刘润和、宗满德、尚建荣、刘士超等。其中刘润和以《石头的掌纹》一文引人注目，单刀直入的叙述和表达深入苦难，进入核心，具有十分强烈的冲击力和震撼力。

最后，一批从事小说、诗歌创作的作家在新世纪加入到散文创作的行列，写出了大量的作品，进一步促进了甘肃散文的发展，如马步升、叶舟、尔雅、王若冰、弋舟、人邻、阳飏、杨献平、第广龙、雪潇、小米、沙戈、叶梓、王新军、海杰、欣梓、辛晓玲、苏胜才、柯英等。这些作家大都受过正规良好的大学教育，文本意识和写作意识高度自觉，于多种文体之间游刃有余，拥有一定的发现力和创造力，能够敏锐地捕捉到最新以及最为细微深刻的文学讯息和理论思潮，及时拓宽和修整自己的文学理念乃至创作方式。

2. 散文艺术题材的多元化

从写作意识和题材上看，甘肃散文作家主要有以下几个方面的题材或者写作倾向。第一，人性关怀和生活叙述。如马步升的《家族秘史》、刘润和的《石头的掌纹》、甘肃·独化的《兰州行》、海杰的《西海固的冬天》等；第二，地理背景和青春成长。如杨献平的《巴丹吉林的个人生活》《在沙漠行走》，孟澄海的《心灵自传：雪山和蓝天的倒影》《父亲的情人》，习习的《毛兔，秋天了》《青青豌豆尖》，赵殷的《手擀面》《门楼》等。第三，历史人文摹写和精神仰望。如铁穆尔的《北方女王》《迁徙的帐篷》，雒青之关于敦煌和其他艺术的随笔，李学辉的《大凉州》等。第四，乡土情韵和人生况味。如宗满德和刘士超为数不多但异常精致、诗意灵动的乡情散文，尚建荣的《与鸟有关》，正雨的《陕北的月亮》等。第五，书香绘画和人文解读。如弋舟的《我主持圆通寺一个下午》、人邻的《隐喻的厨艺》《那古老的，忧伤的……》，阳飏的读画系列等。第六，大地行旅与情感幽思。如叶舟的《半个兰州》、马步升的《向往德令哈》、杨献平的《有关河西的七个片断》、柯英的《在路上》、孟澄海的《小城地理志》、刘学智的《我在遥远的阿尔泰》等。

3. 散文写作地域的个人化

散文对于个人而言，是最好的情感诉说方式，也是最为直接有效的个人书写形式。甘肃散文作家都有着自己的写作领域。如叶舟的激情书写、马步升的陇东故里、杨献平的巴丹吉林、习习的兰州成长、韩松落的青春疼痛、阳飏的绘画解读、铁穆尔的裕固民俗、王新军的疏勒河两岸、叶梓的天水周围、宗满德的乡土情结、李学辉的凉州古都、刘学智的阿尔泰山，等等。也就是说，甘肃的大多数散文作家都已经找到了自己的一片写作领地——这是不可掠夺和更改的，虽然非独个人所有，但由于情感隔膜、地理距离和人文精神的差异，他人却无法真的深入，必定为作者独享。

杨闻宇是一位根系秦中、立足陇上的军旅散文作家，著有《只有香如故：历史上那些动人的女人们》《沉吟"大风歌"：杨闻宇历史散文选》《灞桥烟柳》《江清月近人》《笑我多情》等散文集。他的散文作品除了表现沸腾的军旅生活与厚重的历史文化外，追忆故里生活，倾诉作家人伦情、乡情也是其凝重厚实的思想内涵之一。《村野当年事》等文中无论是状写乡村平民在井台边浸西瓜的生活场景，还是在《古都羊肉泡》《槐花开时》闲述羊肉泡、槐花麦饭等民间乡土风味，或是写土炕、故乡板桥等，字里行间无不饱蘸着作家浓郁的乡土情愫。

马步升是当代中国西部重要的作家之一，著有《一个人的边界》《天干地支》《纸上苍生》等散文集，其乡土文化散文多以故乡陇东乡村平凡人物的琐屑小事与俚俗风情为创作背景，展现了黄土地的民间特色。如他在《激情燃烧的片段》中写到的"打猴儿"：

长鞭一甩，一道劲风割破空气的网，啪，地上腾起一团黄尘，一只猴儿满地迅跑，刚挨了鞭子，猴儿转得快，在人的眼里，猴儿的两只眼睛叠成了一只。猴眼向着高天，匆遽地，一瞥，一瞥，又一瞥。如此快的转速，能瞥清楚个什么，眼里的乾坤一定是混沌的。那时候，我写作文时，常用天旋地转这个成语，实际上，至多是跌了一跤，或饿了一会肚子，目光有些恍惚，脚板有些虚飘，天哪里就旋了，地哪里就转了。我看见挨了鞭子的猴儿，转得快得一只眼睛赶上了另一只，我想只有当一只眼睛赶上另一只时，才算是天旋地转。两只猴眼渐渐分渐离，终于各是各时，又一记重鞭，又一团黄尘，猴儿又转快了，两只眼睛又叠在一起。鞭子在我手中，我抽，猴儿转。抽不抽，抽轻抽重，在我；转不转，转快转慢，由不得猴儿。这要看我的兴致。主动权在我手中，谁要我是手掌鞭子的人，而它是不由自主的猴儿呢。

猴儿是木头刻的，头面平整，肚儿凸圆，腿脚尖短，通常用枣木或杏木作料，这两种木头坚硬光滑，有重量，材料家家都有。猴儿的两只眼是涂上的蓝黑墨水。墨水瓶上印着八个字：由蓝变黑，不会褪色。真的，一只猴儿挨了多年重鞭，用墨水画一次眼圈，仍是那般蓝黑蓝黑的，那种颜色是渗入木头里面的，好比人的眼睛，落地时是什么颜色，入土时也变不了多少。猴儿有些地方叫陀螺，我们叫猴儿。猴子身形矫健，好动，手脚没有闲的时候，挨了打，又奔跳不休。把陀螺叫猴儿，极是象形传神，为没有生命的东西赋于了生命。而且，还有一些隐喻成分。

抽猴儿的鞭子也是就地取材。鞭杆是用红柳枝做的，颜色暗红，木质坚韧而圆润，很有手感，抓在手里就有攻击的欲望，如同手里有一副弓箭，一支枪，不瞄准个什么，不击落个什么，由不得人。鞭梢是用麻坯搓的，搓成三棱棒，抽在猴儿身上，能听见碎裂声，可以让人获得热血沸腾的快感。一只猴儿从刻成到交付使用，到老迈转而不灵，身上到处都是森森鞭痕。一鞭一痕，直到身体失去平衡，被主人随便遗弃在哪个荒凉的角落。碰到会过日子的主人，还会将它扔进火塘，发挥余热。而猴子的主人大抵都是不谙世事的孩童。我从小学打猴儿，一直打到当生产队社员，不知抽断过多少鞭梢，不知抽烂过多少只猴儿，长大了，有力气挥鞭抽猴儿了，却不能再玩这种游戏。农村孩子长到虚岁十五，就算是大人了，就该独当一面为家分忧了。确实，长大了有长大了的事情，打猴儿的权力只属于孩童。

过了多少年，蓦然回首，却发觉打猴儿的游戏从未中断过，与先前有别的是，我仿佛一只猴儿，鞭子却不知抓在谁手中。虽是无形之鞭，抽在身上却内外都痛。我不停地旋转，奔跑，稍作喘息，鞭子就来了。终于到了连挨鞭子的资格都没有时，缩在随便哪个角落，抚摸着身上森森鞭痕，举头向天，正感叹江阔云低断雁叫西风时，猛然瞥见被扔进火塘婉转叫号的同类，心里倒涌上被饶恕的庆幸和感恩。

宗满德，男，汉族，1961年8月出生，甘肃永登人。散文《浴之三题》获甘肃省首届黄河文学奖，《回家》获第二届古风杯华夏散文大赛优秀奖，《鸽殇》获第十四届中国新闻奖报纸副刊作品铜奖，散文集《半碗月亮》2000年获西北、西南十二省市图书装帧设计整体一等奖。 著有《半碗月亮》《半亩黄土地》《乡村的颤栗》《思想补丁》等散文集。

浴之三题

土浴

山里的农民浑身散发着土的味道，哈一口气呼出来的也是土腥气。恋土是农民的天性。一辈子和土地打交道，这是农民的职业。摸透了土的脾性，把生土一遍一遍地犁熟，把熟土一遍一遍地务劳成肥沃的麦田。让土地长出庄稼，长出收获，长出精神，长出生命，这是农民的秉性。

恋土是农民的天性。小时候常受爷爷的使唤："这几天我嘴里甜滋滋的，到那土坎上拼一块咸土来，我嚼一嚼。"爷爷说咸盐土有营养。在他看来，有味道的土胜过干酪。平时难得吃上好东西，山村里过节了孩子才有肉吃。一块好大的肥肉，夹在筷子上突突地跳着，没放到嘴里却从筷子间滑落了掉到地上。我的眼睛盯着地上的肉吃力地眨巴，涎水悄悄地往肚里咽。父亲说，拾起来吃上，就调了点土，很干净的。哪个人一天不吃二两土。看这脸，古铜色的，就是生下来在肉里头拌了些土，长成健康的颜色。山里的孩子生下来往往先用细绸一样的黄绵土从头到脚沧一遍，祛除阴湿气，裹一片绵布，送到母亲怀里喂奶。三天后，才烧一盆温水洗一下，名曰洗三。这黄土自然渗透到稚嫩的皮肉里头去了，从此这生命也就在土与水凝注的黄土地上蓬蓬勃勃地生长起来。这之前，爷爷、奶奶们嘴角虽然挂着微笑，但面对人们的祝福，总说"谁知道成不成人哩"。

山里的农民对于土比亲生儿子还要亲热。打从娘怀里钻出来，就在土里头滚打。在土里学会爬，学会玩，学会走路。干土是护肤膏，泥土是防晒霜。躺在地上打几个滚，就是洗了一个热土澡。孩子们在泥土中玩耍，浑身糊上泥巴和稠水，就是把细嫩的肌肤用这特殊的药水浸泡了一遍，强身健体。及至长大，在土地上劳作一镐一锨，一锄一犁，让土地生金，让土熔铸生命，让生命养肥土地。土就是生命的肌肤和血肉。生命就在土地上生长，命运这棵大树的根系就在土中延伸、发达、消长、衰亡，演绎或悲或喜、或充实或空虚的故事。

中午，炽烈的阳光照射着大地。孩子们脱掉鞋，脱掉袜，光着厚实的脚板，踩着火热的土地，追逐嬉闹。热气从地底下冒出来，热透肌肤、血肉、筋骨，溶注到血液里，冲上脑门，挂在发梢，热汗一滴一滴滚下来，落到热烘烘的地上，咝地冒一丝热气，倏地被土地吃进去。这时候，收割的麦子上场了，正等着打碾。庄稼汉们抬起头来看一看火球一般的太阳，不禁赞叹："多好的天气！"山里人的热烈与质朴，热恋和执着，被这烘烘的热气捆绑起来，倾注在这热烈而厚实的土地上，就如结结实实的麦捆子用饱满的麦穗子捆起来，扎扎实实地立在肥活的苗里一般。厚重的黄土底下埋着阴气，需要暴晒、散发。农民的心里也窝着一些浊气，需要在晴天丽日下挥发。

土里面长大的山里娃，土地上累弯了腰的庄稼汉，即使到了生命的最后一刻，一丝热气也要借着土的根脉散发，方能耗尽。山里人的讲究，人咽下最后一口气，穿上去另一个世界旅行的新衣，也要沾上一点故土。入殓下葬，开棺验位，还要在胸膛上压上一锨故土。这故土啊，是亲人们贴到亡人身上的标签，是最后一次的土浴。这是对于死者的祝福吧，如或有来世，这亡人就能呼吸故土的气息，就不会忘却回到故乡的路径。

这土浴，从生之头洗到生之尾，生生不息。

草浴

草是大地的衣裳。冬天，山坡被冷风吹瘦了，枯黄的草贴着地面，虽在寒风里发抖打颤，依然把这冻僵的土地呵护着。草们努力着，挣扎着，用支支离离的身躯和吹不断的铁骨钢架，抵御咆哮的风和凛冽的雪。山终于没有被冻死，在带着雪粒儿的春风中苏醒了。草芽儿们睁开了嫩绿的眼睛，用风的针，用温暖的线，把山坡上的破衣烂衫，一针一线地缝起来，用阳光着色，用生命吐绿。于是，山坡上便铺满了软绵绵的绿绒毯。

下了雨，草尖儿上挂满了绿珠，像深邃的夜空挂满了一眨眼一眨眼的星星，闪着亮光，映着人影儿。这时候，驱着一群羊或牛，走上山坡，让牛羊吃草，这牛羊的眼睛里也发着绿茵茵的光。扔掉牛鞭，小心地折一根草茎儿，放在嘴里慢慢地咀嚼品尝，有一种香甜沁入肺腑的味道。趴在草坡上，侧耳谛听，草们发出咯吧咯吧的拔节声，正长得欢呢；又仿佛听到草们呢呢喃喃地说话，正开会议论着什么。禁不住这绿的诱惑，趁着荒野无人，赶紧拔掉纽扣，脱下衣裤紧紧地紧紧地贴着草们，打几个滚，翻几个跟斗，深深地深深地运足了心力，亲亲地亲亲地吻着草尖儿，吻着草茎儿，吻着草根儿，宛如拥抱心爱的女人，亲吻亲爱的母亲。全身的肌肤紧紧地与草们融在一起，全身的血液浸透了草们汪汪的绿色，连呼吸也一丝一息吐纳着绿色的气息。满眼的绿注满了心田，盈盈的，几乎要从心尖儿上溢出来，说不出哪里是草，哪里是牛羊，仿佛感觉此一刻的我也似乎是草之一员了。我的心无风而摇动，痴想着哪一天真要有什么魔法，将我摇身一变而跻身于这草之林，大概也许不一定是坏事一桩吧。

小时候，这绿草浴是我每每争着牧牛羊而上山去的大理由，而这草浴又使我对于山野、对于草们产生了一种莫可名状的美感，且深深地植根于心底。及至长大，虽一步一步地远离这山这草而去，可这情感却如一根挣不断摆不脱的丝线，将我的心牢牢地拴住，即使在他乡异地的睡梦中也常常将我牵回故乡的山野，曾几次试图与那草们对话倾谈。但这一梦想总被严酷的现实击碎，故乡的山一年瘦似一年，眼睁睁地看着养不活那漫坡的野草。叫不上名的草们一茬一茬地被刀斧砍斫，被干热的风吹折，在连年的干旱中一批又一批地枯死，断子绝孙，连个影子也寻不着了。正如一大批一大批的动物、植物、鸟类濒临灭绝终而绝种一般。这之中，只留下人们攫取的目光和无助无望的哀叹。

草是山的精灵，山的精神。假若真能轮回，草们肯定会举起斧钺砍下人的头颅。因为我在梦中有一次听到草们咬牙切齿的诅咒，真真切切。我为失掉我的浴场而失望而愤恨，我能变幻而成为一根装点这瘦而病着的地面的草吗？

炕浴

老屋里的土炕热烘烘的。坐上去，一股暖流从炕底下升上来，向上喷涌着喷涌着，流遍全身。这时候，我才感觉到真正回到了家。

火炕是农民的土暖气。山里头天寒风冽冷气重，冬夜黑得早又长。山里人夜晚没事，串个门，三五人聚在一起，上炕、盘腿、喝几壶醉醉的老熟茶，扯些淡话，没有主题也没有主讲。说至高兴处，哈哈大笑；扯到哪根生气的筋，呸呸啐两口唾沫，骂几句娘，狠狠地吸几口纸烟，吐一口浊气。有话头，在热炕头上多坐一会儿，没话头，拉几句家长里短，各回各的家，各烙各的热炕头，蒙头睡大觉。各家里早早坚持不住的火炉子自然也就打着哈欠发些余热，慢慢地闭上红的眼睡着了。这一夜怎么过，山里人自有暖身的办法。把土炕用牛粪用麦秸用火炉里燃不着的废煤，烧得热热的，把炕洞门封得死死的，不叫一丝儿热气跑冒滴漏。土炕要占去房子的一半或三分之一，烧热了，就是一个很大的暖气片，况且能保温。炕烫屋热人暖，漫长的冬夜自然好过。深夜，屋外常常寒风呼啸，可每一个农家院里都打着热乎乎的鼾声。

火炕又是农民的家庭病房。庄稼汉常年风里来雨里去，头疼脑热，腰酸腿困，风湿关节，跌打损伤，积劳成疾。小病常常挨着，养成大病，起不来身再去医院看看，能治则治治，不能治则回家养病，看能病成啥样，看能睡到哪天。这热乎乎的火炕就是庄稼汉群防群治的病床，就是祖传下来医治百病的偏方。肚子疼了，趴上去焙一烙；腰腿酸了，浑身的关节疼了，躺上去烘一烘；着凉发烧了，喝一碗热腾腾的姜汤，蒙着头出一身臭汗，下地继续干活。累极了困极了，钻进热烘烘的被窝，呼呼地睡一觉，困乏自然消失，精神重又振作。这热炕是庄稼汉自己开设的门诊病房，是热身暖心的温床。

热炕还是农民的桑拿房。城里人有条件洗桑拿蹲蒸房，庄稼汉也自有庄稼汉的好办法。雨雪天里，给火炕多加点煤和柴，烧得旺旺的。把厚厚的棉被焙得烫烫的，把衣服脱得光光的，赤溜一下钻进去，先趴着烘肚子，再躺烤后背；前心后心都热个透，从肉里头出一身臭汗，上上下下搓一遍，黑黑的垢甲卷着卷儿往下掉，前前后后敲打敲打热透了红透了的肌肤，呸呸吹两口臭气，用黑而粗的手掌啪啪啦啦几下子，把黑压压的垢甲扫到炕头下，搂着伴儿美美地睡一觉，昏天黑地，管他冬夏春秋白日黑夜，舒坦就是了。这土桑拿费用低又安全，出点臭力气罢了，还没有如城里人一般警察罚款拘留的嫌疑，更没有拈花惹草感染皮肤病、性病、艾滋病的危险。自古至今，传延不断，受益多多。

如今山里面时风日尚，这土炕自然被当作老古董日渐摒弃。但这火炕是一种情结。我几次请年迈的母亲到县城居住，总是不愿，话说尽了，母亲终于送出了个中原由："娃，我乐意到城里去享几天清福，可那木板床就是睡不惯。电褥子也是好东西，可我睡上去像个死人的肚子，温突突的，难受哩。"这几年，拆了土炕又消受不住电褥的人们，又盘起了土炕。这新的土炕镶了个木的边，做了个木板床的假样儿，其实骨子里，还是个厚实而火热的土炕，还是那个老东西。经验告诉人们，老的东西并不一定坏。适应了的有益的东西，要用一种新的东西替换它，不那么容易，也不一定非此不可。这些年来，一些脑子活的人，揣摸透了城里人的心思，把这土炕修整得既受用又耐看，想着法儿引导城里面的人进山，名曰民俗风情游，教他们如何炕浴，尽享一时之乐。这烘烘的土炕热着游人的身，也暖着山里人的心。

乐哉悠哉，炕浴。

柏原的乡土散文常选取农家特有的土场、麦垛等意象，在朴实的叙述中倾注他的乡土情思，著有散文集《谈花说木》。林野则以轻盈的语言轻叩乡村美好记忆的门扉，著有《轻叩家园》《乡村寓言》等系列散文集。此外，姚学礼的《陇东故里》、杨献平的《巴丹吉林》、李学辉的《河西》、刘学智的《阿尔泰山》、张北辰的《我的村庄》、潘硕珍的《一粒乡土》、袁俊宏的《大河上下》、李祥林的《高原上的村庄》等作品中都氤氲着醇厚的乡土文化气息。还有裕固族的铁穆尔，藏族的完玛央金，东乡族的钟翔、冯岩，回族的敏彦文等民族散文作家也以各自的审美价值营构了陇原大地上乡土生活的多彩画卷。

总之，甘肃当代文学在与全国文学乃至世界文学的不断沟通学习中，呈现出多元和谐的构建特色，不论是对陇原儿女多彩生活的书写，还是对西北黄土韵味的生态环境的展示，都极富浓厚的地域色彩，彰显了甘肃作家对家乡人文环境的审视与关怀。

第三篇

甘肃民间音乐与舞蹈

　　民间音乐，是指在民间形成并流行的各种音乐体系，主要种类有：民间歌曲、民间歌舞音乐、民间器乐、戏曲音乐和说唱音乐。甘肃民间音乐植根于生产劳动和社会生活之中，经过长期的历史发展而形成的民间音乐、民间歌舞音乐、说唱音乐、戏曲音乐和民间器乐等传统音乐都被涵括在甘肃民间音乐的范围内。甘肃民间音乐的主要体裁是民歌，民歌是诗与乐的高度结合，长于抒发人的内心感情，具有人民性，具有创作的口头性、集体性、即兴性、传承性和变异性等艺术特点。民歌是民族民间音乐的基础，无论说唱音乐、戏曲音乐还是民间歌舞等都以说唱为主，但各自又有各自的特色及独立的体裁，同时又有千丝万缕的联系。

　　甘肃自古就是连通中原与西域的必经之路。自丝绸之路兴盛起，时至今日甘肃仍旧保留了生动而鲜活的带有多种宗教特征、民俗特征，或融合于此或发源于此的、具有特殊历史背景和深沉年轮的音乐文化标本。这些来自甘肃民间的音乐舞蹈艺术，标识了独特的甘肃文化印象，同时也在中华民族文化中扮演了极其与众不同的角色。在今天，甘肃独有的民间音乐舞蹈文化也为我国当代艺术创作和艺术发展提供了大量极具价值的素材养料。

::: 第六章
甘肃民间音乐

|第一节| 甘肃民间歌曲

一、甘肃民间歌曲概述

甘肃大地是一块古老而又神奇的土地，这里的人民拥有淳朴的精神与独到的匠心，他们乐知天命，日出而作，日落而息，面对严酷的生存条件，却活出了悠然的人生，孕育出了几千年灿烂悠久的黄土文化，同时也孕育了独特的音乐文化。

甘肃的音乐文化有着悠远深厚的传统，马家窑文化出土的土鼓、齐家文化出土的磬等，以及著名的秦安大地湾遗址、玉门火烧沟出土的三音孔彩陶埙、永登县半山文化出土的土鼓等，成为中国古代乐器发展史、音阶史研究的重要依据。敦煌石窟保存了古代乐器、乐队规制、演奏演唱形态的可靠图像。汉魏南北朝以后，南北音乐的交流与融合，为中原华夏音乐带来了心声。经隋唐宋元的产生和发展，明清和近代西部地区出现了多种体裁形式的音乐品种和作品，成为中国音乐文化的宝贵遗产。

甘肃地处黄土高原、内蒙古高原和青藏高原的交汇处，是一个多民族省份，其音乐文化形态呈现出显著的高原特色和多民族风格。

在甘肃音乐文化形态中，民歌流传最为广泛、普遍，它是各民族群众生活中不可或缺的精神食粮。陇原各族人民用代表本民族典型生活样式的朴素形象作为民歌的构成因素，将美丽风光和自然界中常见的事物形象都摄取到民歌中。

甘肃艰苦的生存环境造就了甘肃人民刚毅的性格，同时也造就了其独特的民族文化艺术。甘肃民歌音域宽广，节奏自由，声音高亢、嘹亮，能够产生一种高亢、粗犷质朴的审美效果。

二、汉族民歌

（一）劳动号子

劳动号子是劳动人民在劳动中创造的艺术。劳动号子的节奏以劳动方式的不同而有区别。凡具有律动性的劳动动作，其音乐节奏整齐、节拍稳定、结构短小、重复律高，演唱大多以一领众和的方式进行。

劳动号子包括打夯号子、扇硪号子、提杵号子，它们的直接目的只有一个——砸实地基。这就决定了劳动动作的基本特点是将夯提起和放下，有规律地循环，长时间地反复。杵较小，一人尚可操作，夯、硪较重，非得多人操作。打夯号子在甘肃除少数民族地区、沙漠区、陇南少数多石山区外，从陇东高原到嘉峪关下，都较为盛行。打夯号子不仅边打边歌，而且有些地区（如临夏、张掖等）还边打边舞，或击掌环绕、或俯仰进退，充满着劳动的欢乐，洋溢着艺术的兴味，最常见的有《夯歌》《碾场歌》等。

在甘肃各地流行一种较大型的劳动号子，叫联套号子。这种号子一般由三四首各自独立的乐曲组成，也有由七八首甚至十多首乐曲构成的。如武都的《打夯号子》是一首由八首单号子联结起来的套曲形式。流行于成县的扇硪号子十三联套《筑城号子》，就由"起夯调""倒夯歌""十枝花"等多种相对独立的号子联套而成。每首单号子都可以单独演唱，如连在一起就要一首一首地唱下去，不能省略。这种联套号子，一般在较为笨重的超强体力劳动过程中使用，如以前修筑城堡、城墙等。由于这种劳动活动的集体性、动作的统一性、起落的规律性、时间的持久性的特点需要，便产生了这种大型套曲式的夯歌。除此之外，在甘肃的陇南等地还流行着一种以领唱、合唱的声腔数目命名的号子《九声号子》《三声号子》等。天水市的两当县有一种劳动歌曲，名为《花号子》，这种号子最鲜明的特点是只有虚词没有实词，全曲用"哟、咿、哎、嗨"等虚词完成。这些被称为《花号子》的曲调有"唢呐号子""乌鸦号子"等。其结构大多为单乐段，演唱除用虚词外，有时也加入模拟乐器或鸟鸣的声音。《花号子》经常在当地婚丧礼仪和节庆等场合演唱。

甘肃劳动号子在长期发展中与各地区、各民族、各种类型的民歌相互影响、相互吸收、相互融合。打夯号子可以改编为民歌（如《军民大生产》本是陇东打夯号子，现已作为民歌演唱），民歌也可改编成打夯号子，这种号子称为山歌号子，流行于陇南、陇东等多个地区，它以号子曲调套用民歌歌词而演唱。由于演唱和劳动没有直接关系，加上曲调音域较窄、音区较高、演唱很有激情，因此适合在大型娱乐场合演唱，极具表演性。主要演唱形式有：领唱、对唱、齐唱。代表曲目有：《唱个莲花对牡丹》《十二月》《久不唱歌忘了歌》等。

放牧牛羊是西北地区各民族的一种常规劳动，因此，与劳动形态相关的歌曲也比较多见。代表性的有《赶羊号子》《吆牛号子》《碾场号子》《牧牛歌》以及《喝佬佬》等。这些号子曲调悠扬、节奏自由，适合在山野放牧、吆畜碾场过程中演唱。

（二）山歌

自然环境是人类赖以生存的客观基础，同样也对山歌产生了各种各样的影响。甘肃省地域地貌较为复杂，自然条件艰苦，但也为山野歌曲的产生提供了最好的自然环境。东部地区山歌与陕北山歌风格较一致，以"信天游"为代表性歌种。西部地区以"河州花儿"为代表性歌种。南部地区和四川接壤，部分山歌明显有川蜀民歌风格。

在山歌体裁的民歌中，最具代表性的山歌是"花儿"，也称"少年"，最早产生于河州地区（包括今甘肃临夏、甘南藏族自治州（以下简称"甘南州"）部分地区及青海海东农业区），是用河州方言演唱的，具有独特格律。"花儿"是以爱情为主要内容的山歌，适于山野田间演唱，当地人叫"大山歌""野曲"。"花儿"广泛流行于甘肃、青海、宁夏、新疆等地区，是中国大西北著名的民歌歌种，是汉族、回族、东乡族、撒拉族、保安族、土族、藏族、裕固族等民族群众非常喜爱的歌唱艺术。

花儿与少年，多么富有诗意的青年男女形象啊！年轻、美丽、温柔、善良的姑娘同那勤劳、勇敢、热情、强健的小伙，他们劳动生活在一起，构成最美妙、最浪漫和最富有朝气的生活画面。"花儿"是劳动人民的艺术创作，长期以口头形式流传下来，完全保留了劳动人民的本色，每一首"花儿"反映的都是群众的一缕心思，它是人们追求爱情、自由、幸福的宣言。"花儿"在甘肃有两种类型，即"河州花儿"和"洮岷花儿"。

1. 河州花儿

"河州花儿"是"花儿"的两大流派之一，传唱范围最广，曲令最多，曲目数量最大，影响力也最强。内容可分为情歌、生活歌和本子歌。

(1) 情歌。

情歌是"花儿"的主体，题材丰富、语言优美、构思巧妙、感情真挚、艺术水平高超。情歌表现对爱情的渴慕，抒发爱情的缠绵，表现思念，咏叹离别的忧伤之情，是"花儿"中最朴素、最贴近心灵、最富有想象力、最富感染力、数量最多的部分。

> 冰冻（嘛）三尺口子（呀）开，雷响（嘛）三声者雨来；
> 尕妹缠住者走不（了）开，坐下是没心肠起来。

(2) 生活歌。

生活歌指反映人们社会生活内容的"花儿"，其中有控诉旧社会悲惨生活的，有记载重大事件的，有描述新社会幸福生活的。如歌颂共产党、毛主席的：

> 高不过蓝天（嘛）深不过海，俊不过太阳的光彩；
> 幸福的大路（哈）共产党开，好不过毛泽东时代。

又如表现农村实行"承包责任制"后农民心情的：

> 尕骡子戴的是铜铃铛，尕犏牛架的是独杠；
> 尕妹撒籽（者）我抓杠，责任田（嘛）要种出个名堂。

"花儿"作为人民群众思想感情的载体，从不同角度反映了人民群众社会生活的方方面面，洋溢着人们热爱家乡、热爱生活、热爱劳动的自豪感情以及随着时代发展变化，人们的思想变化和要求。

(3) 本子歌。

本子歌分别引用古典小说、神话传说、历史人物、传统戏曲及民间故事作比兴，以古典文学名著各章回里精彩内容连缀。本子歌涉及的内容较为广泛，是考验"花儿"歌手知识水平的关键。

"河州花儿"的唱词模式主要是四句式，也称"头尾齐式"。每首四句，分两个乐段唱完。如：

（上句）天上（就）拉云者地拉了雾，

（下句）雾罩了大峡的口子；

（上句）尕妹是绸子者阿哥是布，

（下句）布粗者配不住绸子。

"河州花儿"的另一种词体是上述四句体的变体，称为折腰式，也叫"两担水"或"折断腰"式，是在"花儿"的上下句之间加进一个四个字的半截句（腰句），这个半截句可是上句句尾词组的重复，也可是行词组。如：

清水打的磨轮转，（腰句）你磨道里看，清水们盘龙者哩。

肝花拔下碟子里献，（腰句）你凉冰了看，维人的心实者哩。

此外，"花儿"歌词的衬词衬字也可说是"花儿"音乐的精彩所在，它是地方语言文化和审美趣味的集中反映。一首"花儿"歌词，单独来看简单明了，而在演唱中加进衬词衬句，就显得非常丰富多彩，彰显出极强的个性魅力和浓郁的地方特色。如各民族喜爱的《饶三饶令》：

（哎哟），孔雀们爱的是（三呀儿绕吧），牡丹（呀）花（吨），（三呀儿绕吧是），

（哎哟），蜜蜂儿爱的是（绕三呀绕来吧）百花（吨）

（哎哟），尕妹是鱼儿（者）（三呀儿绕吧），水上（呀）爬（吨），

（三呀儿绕吧是），（哎哟），阿哥是渔网者（绕三呀绕来吧）撒下（吨）。

"花儿"曲首多以"哎哟"为呼唤性音调起音，尾音多落在"呀""欸""耶"等衬词上。此外还有六句式、八句式、十句式的"花儿"，它们也不过是四句式或是五句式的重复而已。

"花儿"常见的拍子有2/4、3/4、3/8、4/8、6/8等。"花儿"的节奏灵活多变，同一首歌曲，可能由几种拍子组合而成。

"花儿"不同的曲令，代表着不同的音调和唱腔。"花儿"的曲调高亢悠扬，别具风韵。这里的人们把"花儿"曲调称作"勒"。因"勒"与"令"在字音上相近，人们套用唐宋词和元曲中的小令，如"十六字令""如梦令""长相见令"等的称谓，在"花儿"界把"花儿"曲调称作"令"。

"花儿"的"令"有好多种，如《河州令》《水红花令》《白牡丹令》等，人们熟悉和常见的有三十多种，加上各地流行的有百十种。"花儿"最早的令是《阿哥的肉令》。随着时代的演变和发展，"花儿"演唱者把有衬句"阿哥的肉"的三个令调，根据不同旋律的变化分别称为《河州大令》《河州二令》和《河州三令》，并把"阿哥的肉"的衬句改唱为"同志们听呀""就这个话呀"等。其中《河州三令》的曲调最为简单，所以人们认为它是"河州花儿"中最原始、最基本，也是派生出其他一些曲令的母

调,《河州大令》和《河州二令》均为它的变体。以此演变的还有《脚户令》《水红花令》以及青海流行的《直令》、宁夏流行的《干花儿》、土族中的《土族令》、撒拉族中的《撒拉令》、裕固族中的《裕固花儿》,都是由《河州三令》发展变化的。这是因为"花儿"是一种口头传唱的民间歌曲,即兴性很强,用方言演唱,音乐形态不规范、不稳定,同样的曲令因流传的地域不同、传唱的民族不同,就会有许多演变,形成很大差异。哪怕是同一地区、同一民族,不同歌手同唱一首曲令,也会唱出各自的特点,这一现象也正是"花儿"曲令不断丰富发展的重要因素。

"河州花儿"的旋律音调建立在三个基本的音阶系统上,一个是以"徵"音为主的徵系统;另一个是以"商"音为主的商系统,这是"花儿"音调构成的最重要的音阶系统;再一个是以"羽"音为主的羽系统。以"羽"音为主的羽系统更多地出现在撒拉族"花儿"中,它是徵、商音阶系统的移位,是撒拉族人民在自己本民族传统音调审美情趣的基础上对"花儿"基本音调的吸收和发展。

"花儿"产生于西北高原,它适应西北高原独特的环境,而具有高亢、奔放、热烈、舒畅的风格;"花儿"深情表达了人民群众的悲欢离合,使它具有缠绵委婉、忧伤苍凉的独特风味。"花儿"的演唱保持了北方民歌"声振林木、响遏行云"的咏唱传统,形成了"花儿"特有的演唱形式、衬词衬腔和发声技巧。"花儿"在各民族人民的歌唱中流传、繁衍、成熟并完善。

2. 洮岷花儿

"洮岷花儿"分"南路花儿"和"北路花儿"。"南路花儿"以岷县二郎山为中心,主要流行于岷县、漳县以及宕昌一带。最具代表性的曲令有《阿呕令》,也称《扎刀令》,基本音调是一个强调"清角"音的商调式,开腔尖利粗刺,犹如被猛扎一刀而号嚎,全曲音调由高向低,风格悲壮苍凉。"北路花儿"是指以康乐县莲花山为中心流传的"花儿"类型,流行于康乐、临潭、临洮、渭源、卓尼一带,它以"莲花山令"(或称"怜儿令""两莲儿令"等)为主,演唱形式以四人为一组(也有三、五、六人为组的),集体对唱。"莲花山花儿"音调尖利,音区较高。

"洮岷花儿"的唱词格律无论南路还是北路,基本一致,以七句为起兴,二三句言实。

如三句式:

> 三升麦子煮酒哩,亲戚朋友都有哩,羞着阿们开口哩。

除此之外,还有八言、九言、十言等四句式、五句式、六句式等。

"花儿"的传唱主要是在日常生产、生活和"花儿会"两种主要场合。"花儿会"是一种大型民间歌会,又称"唱山"。

莲花山"花儿会"是莲花山地区群众一年一度自发组织的民歌盛会,辐射三州(地)六县七十八个会场。此类民歌早在三百年前即已兴盛。20世纪20年代"花儿"传唱遭到封禁,改革开放以后再度出现了繁荣景象。莲花山"花儿"主要是以口传心授的方式传承,代表性歌手主要有景满堂、丁如兰、张生彩、宋淑秀、米兆仁、汪莲莲等。

莲花山"花儿"以创造的即兴性、韵律的固定性、语言的乡土性为最大特点,代表性曲令有《莲花山令》等。因具有独特性、民俗性、群体性、娱乐性和通俗性等特征,被国内外学者誉为"西北之魂""西北的百科全书"。

松鸣岩"花儿会"于每年农历四月二十六至二十九在甘肃省临夏州和政县国家级森林公园、省级风景名胜区松鸣岩举行。根据史料研究,"花儿"在和政县出现应该在明代前期,距今至少有数百年历史了。松鸣岩"花儿会"上,歌手们除了演唱各种河州令外,还唱《牡丹令》,演唱或在山坡、或在草坪、或在山口、或在林中进行。演唱形式有独唱、齐唱、对唱,伴奏乐器有咪咪、四旋子、二胡等。

岷县二郎山"花儿会"最早源于岷县的祭神赛会,据考证其形成时间为明代。每年五月初举行,唱"花儿"的大小会场达四十多处,每年农历五月十七,二郎山"花儿会"的规模最大,参会人数可达十余万,场面极其热烈。群众赛唱"洮岷花儿"。近几年在岷县县委、县政府的努力下,"洮岷花儿"被联合国教科文组织授予"联合国民歌考察基地"荣誉称号。

(三)小调

小调,又称"小曲",是人们在劳动之余,日常生活当中以及婚丧节庆时用以抒发情怀、娱乐消遣的民歌。经过历代的流传,在艺术上经过较大的加工,具有结构均衡、节奏规整、曲调细腻、婉柔等特点。小调的民间俗称很多,如小曲、俚曲、里巷歌谣、村访小曲、市俗小令、俗曲、时调、丝调、丝弦小唱等。

小调的词、曲即兴性少,较定型化,艺术上较为成熟和完善。所以小调相对来说流传面较广,遍及城市和乡镇,其内容广泛涉及社会各阶层人民的生活。农村小调以反映农村日常生活,特别是反映农村妇女的爱情、婚姻生活者居多;城市小调则涉及各个行业民众的生活,以及娱乐嬉戏、自然风光、生活知识、民间故事等。

小调在甘肃流传较广,各地的风格不同,内容相当广泛而丰富。随着现代文明的不断发展,其他民歌有逐渐向小调音乐的小型化、轻快化、模式化发展的趋势。小调一曲多段词,常采用四季、五更、十二时等时序,多侧面、较细致地陈述内容。为适应多段词的需要,其曲调则概括、凝练地表达某种情绪(或柔美、或欢快),曲调性强,旋律流畅、婉转、曲折,表现力强。根据流行于甘肃的小调的特点,可以将小调划分为以下几种类型。

1. 时序类小调

时序类小调,是那些以月令、时令、季节、数序等记时单位为起兴歌唱的歌曲体式。它是中国民间歌曲的一个重要创作方式,时序体民歌在北方民歌中占有很大的比重。时序体民歌所采用的数序方式主要有:

(1)以数字序号为序的,如康乐的《十杯酒》、临夏的《十道黑》等。

(2)以月令为序的,如临夏的《十二月牡丹》《十二月花套十二月古》等。

(3)以夜更为序的,如临夏的《五更月》《五更想》《五更哭》等。

(4) 以四季为序的，如和政的《四季歌》、积石山的《四季青》等。

2. 社火调（秧歌调）

社火调或秧歌调，就是在民间耍社火、闹秧歌时伴随舞蹈动作所演出的小调曲子，这一类歌曲的基本特征和一般小调没有太大的区别，所不同的是它们有相应的舞蹈伴随，如跑旱船选用《船曲》《倒推船》等小调乐曲，霸王鞭表演配小调《霸王鞭》，纸马表演配小调《纸马曲》《马曲》等，以及用于纸车表演的《车曲》、龙舞表演的《耍龙曲》、彩灯表演的《闹花灯》等。

除此之外，甘肃大部分地区在耍社火、闹秧歌时，也表演一种带有喜剧幽默故事情节的小型歌舞戏，以增加喜庆气氛，如《小放牛》《牧童对歌》《钉缸》等。

3. 太平歌

太平歌是一种地方类型化小曲，流行于甘肃各个地区，尤其是汉族地区。据说源自明代朱元璋建立大明帝国后，为庆贺天下太平，一时京内京外，形成歌唱天下太平的热潮。从此，人们把这类歌曲通称为"太平歌"，在各种喜庆日子特别是春节期间演唱。

太平歌的内容一般都以歌唱国泰民安、太平盛世为主。

4. 酒曲、宴席曲

酒曲、宴席曲，盛行于甘肃各个民族，在婚丧、祭祀、节庆等礼仪活动或饮宴时演唱，所以统称酒曲、宴席曲或敬酒歌、饮酒歌等，具有较强的娱乐性和实用性。人们互唱酒歌以交流感情，增进友谊。酒曲、宴席曲的种类有：赞歌、生活歌、相思歌、诉苦歌、历史故事歌、敬酒敬茶歌、讽刺歌以及表功歌等，酒曲、宴席曲猜拳行令、见物唱物。

甘肃各民族的酒曲、宴席曲通常有两种曲调，即专用曲调和借用曲调。只能在酒会上采用的曲调为专用曲调，如《数麻雀》《孕老汉》《进门曲》等。将其他小调或山歌借入酒曲或宴席曲演唱为借用曲调，借用曲调可以是原版演唱，也可变化演唱，这种变化以适合饮酒、宴席的风俗场合为准。如《孟姜女》《十里亭》等。

5. 宗教性小调

宗教性小调，在甘肃小调歌曲中也为数不少，它以宣讲佛、道教义，祈求神佛保佑，获得幸福、平安等为主要目的。如《太乙经》《道士经歌》《劝善曲》《十劝人心》《求神曲》《求子歌》《迎神曲》等。

三、少数民族民歌

在中国西北甘肃这块古老而神奇的土地上，生活着回族、土族、东乡族、保安族、撒拉族、藏族、裕固族、哈萨克族等多个少数民族，各个民族都有他们各自不同的民族音乐文化，这是各民族在长期的生产劳动和社会生活中创作和发展起来的。

（一）回族民歌

根据回族传统的分类习惯，民歌可分为劳动歌、山歌、小调等。

1. 劳动歌

回族中流传的劳动歌是夯歌，也叫卖调、船夫号子、场歌等。回族人民在放牧、犁地或打场时，为减轻疲劳和思绪的愁闷，常常随口咏唱一些歌调，这些音调高亢、悠扬，节奏徐缓悠长。当地回族群众称它为"场歌""唱场调"或"牛姥姥调"，此歌调没有明确的内容，只有表达情绪的语气词。

2. 山歌

回族"花儿"是回族地区流传最广的山歌形式。享誉中外的"花儿之魁"——河州大令《上去高山望平川》，音调嘹亮、悠长，起伏跌宕，充满西北高原风味，歌曲以响遏行云、气势非凡的艺术表现力，把回族人民倔强不羁的民族性格较好地表现出来了。

3. 小调（宴席曲）

回族宴席曲，是临夏回族的传统艺术。回族群众把它作为一种重要的文化生活形式，广为流传。

宴席曲在演唱风格上婉转、细腻、活泼、优美。演唱者一般不要任何乐器伴奏，只凭悠扬的声音、丰富的表情取得感人的效果。宴席曲一般有二人唱、独唱、合唱等多种形式，并伴有简单的舞蹈，即按"8"字形交叉旋转，叫"打转身"，表演时此起彼伏，十分热闹。

如一首《宴席进门曲》开头唱道：

恭喜、恭喜大恭喜，欢欢乐乐地来讨喜。亲戚好友都来齐，送主人一段宴席曲。

唱不好塞着气，宴席伙伙里要和气。……

从开场白唱到赞美新郎新娘，再唱到祝福家庭和睦。

宴席曲的演唱风格和内容可分为六类，包括表礼、叙事曲、五更曲、打莲花（也叫打调）、酒曲、散曲。宴席曲有九十余种曲调，代表作有《十里亭》《纺四娘》《尕老汉》《五更月》《四季青》《八大光棍宴席曲》等。这是回族群众数百年来生产、生活、爱情、婚姻等方方面面的历史，可以说是全景式表现回族历史的音乐史诗，是研究回族的历史、风俗习惯、语言文学以及文化等的重要资料，是一份非常珍贵的口头民间非物质文化遗产。

（二）土族民歌

土族的民间音乐主要是民歌，土族民歌包括"家曲"和"野曲"两大类。"家曲"也称"宴席曲"，包括赞歌、问答歌、婚礼歌等。

赞歌是土族人款待贵宾时，宾主之间相互赞颂的歌。如主人赞美客人"德高如蓝天，恩情似大海"，再有客人赞美主人的"东家交流好运气，女婿娃干散（精干）新媳妇俊"等。赞歌的格式一般以三段为一首，每段长短不等。一般前两段为比喻，后一段才是实际含义。赞歌的演唱一般是两人，一人主唱，一人伴唱。赞歌曲调多种多样，旋律柔和优美，辞藻华丽，比喻生动形象。

问答歌，也叫对歌。它是通过一问一答的形式来互相盘问、交流生活知识和经验等的歌唱形式。问答歌内容广泛，天文地理、历史政治、宗教信仰、生产生活、风土人情无所不包。其形式是三问三答，主旋律与赞歌基本相似。

婚礼歌，是婚礼上唱的歌。歌词和曲调是特定的，由什么人唱，什么场合唱，是有严格规定的。大体上有送亲和娶亲两部分。

"野曲"即"花儿"，土族人称为"哈达过"，意为"外面唱的歌"。土族"花儿"的调令很多，如"孕连手令""好花儿令"等，流行于互助土族地区的就有十几种，流行于民和土族地区的有"阿姐令""马营令"等。土族"花儿"大都从某种曲调中特定的衬词、衬句中而得名。不管在这种曲调中填上什么样的歌词，其特定的衬词或衬句都必不可少。土族"花儿"一个显著的特点是结尾音拖长而下滑，给人以深沉绵延之感，均短小精悍，生动活泼。如《土族令》：

> 星宿出来眨眼睛，月亮它偷偷地笑哩，
>
> 佛爷伸手摸观音，娘娘们偷偷地笑哩。

土族"花儿"比较流行的有《孕联手令》《梁梁上浪来令》《土族令》等十几种曲调。

卓尼土族民歌是甘肃省非物质文化遗产，是流传在甘肃省卓尼县杓哇乡一带的土族民歌。卓尼县境内的土族民歌明显表现出藏、土融合的痕迹。其情歌称为"卡西"，酒歌称为"鲁西"，舞曲称为"格日"。所有歌词均为藏语演唱，仅在部分驱动上保留了土族的独特风格，它也属于藏语民歌的范畴。

"卡西"，属情歌，按当地风俗，要在远离村寨的野外演唱，以表达爱慕之情为主要内容。演唱形式分独唱和对唱。"卡西"的曲调节奏多为2/4、3/4混合拍，旋律以使用切分节奏为突出特征。调式中的宫、徵调式几乎都有与羽调式交替的奇特现象，这是土族卡西与藏族拉伊在风格上的明显区别。

"鲁西"，流行于土族的所有村寨，可在各个节日庆典的酒筵上演唱。演唱形式分独唱、对唱、合唱三种形式。歌词均为哲理性颇深的格言，语言运用精辟简练、寓意深刻，内容包罗万象。"鲁西"的曲调颇具特色，曲式结构由四个乐句构成，后两句重复前两句，调式大多为六声羽调式（五声调式加变宫）和七声宫调式、宫羽调式相互交替，旋律进行中除偶尔有一两处八度大跳外，一般都为级进间夹杂一些四度跳进。

"卡西"和"鲁西"具有不可替代的文化价值，土族民歌"卡西"和"鲁西"是土族文化传统中最重要的组成部分，是研究土族文化的重要依据，是藏、羌与土族融合的体现，是藏族与土族人民联系的纽带。

（三）东乡族民歌

东乡族的民歌风格多样，生活气息浓郁，独具特色，可分为劳动歌谣、"花儿"、婚礼歌。

劳动歌谣种类较多。如"了略"是收庄稼时唱的歌谣，"咯咯"是碾场时唱的劳动号子，"连格哇拉达"是打场时男女对唱的歌谣。这些歌谣曲调生动、活泼，歌词是在劳动中即兴创作的。

"花儿"是东乡族人民最喜爱的一朵艺术奇葩，几乎人人会唱，人人会编，它语言精练，情景交融，富有生活气息；四句一首，前两句为比兴，后两句为本意。每三句各是七个字或九个字，二、四句多为八个字。如：

> 樱桃好吃树难栽，白葡萄搭起个架来；
>
> 心里有话口难开，花儿里带上个话来。

东乡语中把"花儿"称为"端"，"端拉斗"就是"漫花儿"。近一二百年来，"端"在东乡族人民的文化生活中占有很重要的位置。所以，东乡"花儿"唱道："花儿本是心上的话，不唱由不得自家。刀刀拿来头割下（音'哈'），不死就是这个唱法。""花儿"表达了人们的喜怒哀乐，因此，东乡族的"花儿"即兴歌手很多。

此外，东乡族人民还演唱小调和酒曲。小调是指在日常生活中演唱的小型民歌，酒曲是在猜拳行令时演唱的小调。东乡族的小调、酒曲和汉族的小调酒曲无大区别。新中国成立后，东乡族的文学有了很大发展，有了本民族的作家和诗人。诗人汪玉良根据民间传说，先后创作了叙事长诗《马五哥与尕豆妹》《米拉尕黑》等。

（四）保安族民歌

保安族人民能歌善舞，擅长吹奏丝竹乐。保安族的民歌大多采用汉语演唱，有"花儿""宴席曲"两大类。在"花儿"中，保安族有自己特有的曲调"保安令"，它是在对回族、汉族"花"儿改造的基础上，吸收蒙古族、藏族民歌的艺术特点而形成的。保安令多属上下乐句结构，四句歌词需反复曲调一次；若是折断腰式，则在上下乐句间插入一个经过性乐节。节拍大部以三拍及其复拍为主，兼有少量混合拍和四拍。保安族的宴席曲有《方四姐》《恭喜曲》《十二个月》《高大人领兵上口外》等。独有的曲调有《八宝元》《高山上的一盏灯》等，大多为羽调式和商调式。保安族民歌中常出现前短后长的节奏，这一特点是由语音重音位置决定的，也是阿尔泰语系各民族民歌的共同特点。

保安人酷爱"花儿"，几乎人人都能触景生情，即兴而歌。保安"花儿"的歌词有六句式，也有四句、八句、十二句式等，内容包括生产、生活和爱情等方面，语言生动活泼，比喻贴切风趣，多用汉语演唱，但衬词、借词也常用藏语等演唱。歌声高亢嘹亮、自由奔放、婉转动听。如：

> 白瓷的碗子细白的面，热炕上铺的棉毡；
>
> 保安人的生活比蜜甜，党的恩情似海无边。

除"花儿"外，民间小调在保安人民当中也颇受欢迎，十分流行。小调一般多在新年或喜庆时演唱，其内容十分丰富，有控诉封建礼教的，有歌颂新社会和爱情婚姻的。如《四季青》：

> 春季里什么花儿香？
>
> 牡丹花儿园中香，花红柳绿天晴日又暖，小妹妹同哥去散心，

年龄才十八，我的大眼睛，哥哥把妹妹领上了行。夏季里什么水儿清？

山泉的流水四季清，花红柳绿油菜花儿俊，小妹妹同哥去散心，年龄才十八，

我的牡丹花，哥哥把妹妹不忘下（发音"哈"）。

宴席曲，是保安族人民在婚礼宴席间唱的歌曲。歌词动听，曲调优美，欢快明朗，边舞边唱，深受保安人民喜爱。保安族婚礼之夜，全村男女老少都要来闹婚宴。此时，青年人聚集到男方家院子里，围着火堆，几十个能歌善舞的小伙子手拉手，肩靠肩，边唱边跳，大家也随着拍子边唱边跳，使喜气洋洋的婚礼之夜更增添了欢乐的气氛。宴席曲有传统曲目，也有即兴而唱的。传统宴席曲如《恭喜曲》：

月亮儿上来亮上来，啊呀亮呀上来，今晚的东家是有福的人，

摆下的宴席火一样红，恭喜呀，恭喜大恭喜，拿上一包茯茶来恭喜，

庄子上的青年都到齐，送东家一首宴席曲。

保安族人唱宴席曲不分辈分，在热闹的新婚之夜，全村凡能行动的都到新郎家去唱宴席曲，分享主人家的欢乐和幸福。

（五）裕固族民歌

裕固族是甘肃省独有的少数民族之一，裕固族是一个很特别的民族，也是一个浪漫的民族。由于裕固族本民族的文字失传，裕固族民族文化特别是民族的历史都要依靠各个历史时期的民间歌手来传承，因此，它的民间文学特别发达，特别是民歌，保留了古代丁零、突厥、回鹘等民族民歌的许多特点，而且与今匈牙利民歌有许多相似之处。裕固族有大量优美动听的民歌传唱，如《裕固族姑娘就是我》《阿斯哈斯》《萨那玛珂》《路上的歌》《我只得到处流浪》等。这些歌曲反映了裕固族的迁徙史以及裕固族人背井离乡的乡愁。由于语言和居住地区不同，裕固族民歌分为东部民歌和西部民歌，前者具有粗犷、奔放的气质，音调接近蒙古族民歌；后者较为平和、深沉，更多地继承了回鹘民歌的传统。裕固族民歌采用五声音阶，以羽、徵、商三个调式为常见。由于歌词多为两句，所以曲调大多是由两个乐句构成的单乐段，单句体占一定的比例，东部裕固族和西部裕固族的单词重音都落在最后一个音节上，所以在民歌中常出现前短后长的节奏性。

裕固族民间音乐作品结构简单，大部分和古代的劳动生产和生活方式（放牧、奶幼畜、垛草等）及风俗习惯密切地结合着。它的歌词、歌律、分布，与古代文献中记载的突厥语民歌、蒙古族民歌有共同之处，并且具有许多古代语言的特点。因此，裕固族民歌较多地保留了古代民歌的特征。裕固族东部民歌和西部民歌从节拍节奏上可分为"长调"和"短调"两类。长调包括叙事歌、牧歌、风俗歌，短调包括劳动歌、儿歌等。此外也有许多外来的歌曲，如汉族的小调，回族和东乡族的"花儿"或"少年"，以及源于藏族的山歌、酒曲等，使裕固族的民歌文化带有多元化色彩。

叙事歌具有传承历史、传播文化的功能，以讲唱本民族历史故事和神话传说为主要内容，唱词篇幅较长，曲调较短，可以反复演唱，旋律有较强的吟诵性。流传在东西部

地区的《西至哈至》，是一首著名的裕固族叙事歌曲，以口传的形式记录了裕固族先民由嘉峪关外东迁进入河西走廊的史实和传说，这对于了解和研究裕固族的历史有一定帮助。

牧歌在西裕固语称"玛尔至耶尔"，东裕固语称"玛尔至顿"，流布范围较广，多见于西部裕固族民歌中。牧歌的节奏相当自由，近似于蒙古族的长调，曲调平和悠扬，用真嗓演唱，风格却与汉族的平腔山歌较接近。根据放牧牲畜的不同，这类歌曲有"放羊歌""牧驼歌""放牛歌"等几种。其中东部裕固族牧歌的题材多与马有关，如《海青马》《枣骝马》等。

劳动歌和风俗歌是与裕固族人民生活联系最为密切的两种歌曲。劳动歌反映人们的劳动生活，风俗歌反映出裕固族人在生命各个阶段的必经仪式。裕固族的劳动歌比较丰富，如在畜牧区广泛流传的"奶幼畜歌"，西部地区垛草时唱的劳动号子"垛草歌"，东部地区擀毡时齐唱的号子"擀毡歌"，以及其他如"割草歌""捻线歌"等。其中，"奶幼畜歌"是一种非常特殊的歌曲，主要唱给那些不让幼畜吃奶的母畜听。此歌即兴性强，唱词多用虚词，时常也会带有一些规劝或责骂母畜的话，音乐或深情甜美，或凄婉动人，具有较强的感染力。

婚礼和葬礼是裕固族人生活中的头等大事，此类礼仪歌曲也非常有特点。比如在裕固族婚礼仪式中，新娘出嫁前有"戴头面"的习俗，这时要唱"戴头面歌"；新娘离开娘家前要与舅舅对唱"告别歌"；在两家举行的仪式上，婚礼主持人主持仪式要唱"待客歌"；等等。而在丧礼仪式中，盛行火葬的西北地区，出殡时有女子在路上唱歌送葬的习俗，亲友们以哭声相和，所唱即"送葬曲"。

除此之外，在东部地区流传的婚礼歌、叙事歌、牧歌等民歌中，有一部分叫"蒙曲"的歌曲，是由古代蒙古部落带入流传下来的。根据学者分析，这些"蒙曲"的节奏介于蒙古族的长调和短调之间，有可能保留了蒙古族短调向长调发展过程中的某个阶段的特点，从而具有"活化石"意义。

裕固族民歌是研究古代北方少数民族民歌特别是突厥、蒙古民歌以及古代北方游牧民族二胡历史的重要依据，也是挖掘、发展北方少数民族音乐的基础。2006年5月20日，裕固族民歌经国务院批准被列入第一批国家级《非物质文化遗产名录》。

（六）甘南藏族民歌

甘南藏族民歌的歌词和乐曲以前没有文字传承，均系民间艺人们心记、口传，并通过歌唱传给后代。曲调一般无变化，原生态的藏族民歌无音乐伴奏，藏族民歌的歌词既有旧传也有新编，常以旧调填新词来演唱，歌词内容神话色彩比较浓。在历史发展长河中，甘南藏族民歌经过融合、加工、创新，逐步形成了其独特的民间艺术，成为藏族民歌艺术中的一朵奇葩。甘南藏族民歌与西藏民歌有显著差异，而与青海，康巴地区的藏族民歌较多接近。

民歌是藏区各地民间生活中普遍流行的一种音乐体裁，按歌曲的不同体裁与题材来分有山歌、劳动歌、风俗歌、情歌、嘛尼歌、扎木年弹唱等。总体而言，藏族民歌以单声部织体为主。甘南藏族民歌的曲调节奏自由、热情豪放，歌词内容丰富，以喜庆和祝福为主，形式有独唱、合唱等。还有一种趣味性对答式演唱，主要有"勒""拉伊"两种形式。

1. 山歌勒

"勒"是广大牧民喜闻乐见、男女老少皆宜的一种很普遍的歌唱形式，具有高亢、质朴的特点，演唱多用较高的音区。其旋律宽广，起伏跌宕，优美而爽朗，极富高原乡土特色。无论逢年过节，还是收获喜庆；无论家中休息，还是田间劳动，牧民都离不开"勒"的伴随，所以有着强烈的民族性。甘南藏族人民在从事某种农牧业劳动中常以勒声相伴，有的边干边唱，一领众和。"勒"的节奏感很强，对人们的劳动起着鼓干劲、增强气氛的作用。

2. 情歌拉伊

拉伊，是放牧、打猎、行程、田间劳动时独唱或对唱的爱情歌曲，以表达男女青年的爱慕之情。此歌曲深情优美、自由舒展，接近于山歌风格。"拉"意为"山坡"，"伊"意为"歌"。此歌感情奔放，音调高亢嘹亮、柔和细腻，在民歌中独具风格。按照当地的风俗习惯，唱拉伊时必须避开自己家的长辈，否则将被视为极端失礼的行为。

3. 酒歌

酒歌属风俗歌，藏族称"强勒"，一般在逢年过节、盖新房、办喜事等喜庆之际演唱。歌唱时，首先由一人手拿缠有羊毛的吉祥酒瓶，唱赞歌、颂歌，边唱边漫步，唱完时将酒瓶交给眼前的人，此人接过就唱，以此轮唱，也有两人合唱的形式。牧区边牧边唱，以此为乐。酒歌在藏区广泛流传，但曲调与风格各不相同。酒歌音乐一般都爽朗热情，有的较稳重，有的较轻快，常用宫、羽、徵等调式，音乐风格大部分与当地民间歌舞音乐相近，具有朴素的乡土气息。婚礼歌藏语称"充谐"，是流行于部分藏区的一种大型的习俗性歌曲，甘南州迭部县一带有一成套的婚礼歌，包括接亲歌、离家歌、途中歌、迎亲歌等。

4. 嘛尼调

嘛尼调亦称"诵经调"或"六字真言歌"，是各地藏传佛教信徒们经常吟唱的一种表达虔诚信仰的歌曲。嘛尼调除了用于信徒日常转经时吟唱外，在寺院举行宗教礼仪活动时，有些地方举行葬礼时，也要吟唱嘛尼调。各地嘛尼调曲调不同，大多悠长舒展，速度徐缓，旋律深情优美，近似藏族山歌，也有些嘛尼调采用朗诵性音调，多为一人独唱。

5. 扎木年弹唱

扎木年弹唱藏语称"扎木年谐"。"扎木年"是一种六弦弹拨乐器，"扎木年谐"是人们边弹边唱的歌曲，轻快活泼，略带舞曲特色。

6. 劳动歌

藏语"勒谐"是劳动歌的统称。勒谐的种类很多，因藏民几乎在各种劳动中都要唱特定的歌曲，因此，有的勒谐直接配合规律的劳动动作，节奏鲜明、结构方整、乐句短小、朴素有力；有的勒谐不直接配合劳动动作，音乐节奏自由，旋律悠长动听。前者如"打青稞歌""挖土歌""打墙歌"等，后者如"放牧歌""犁地歌""挤奶歌"等。

藏民族历史悠久，在他们中间蕴藏着极其丰富的民间音乐和优美动人的民间舞蹈，"歌必舞、舞必歌"是藏族人民自娱的一种独特的民间歌舞艺术形式，无论是在劳动之余、节日、聚会之上，还是在丰收之后，草坝上、园林中、打麦场，只要有一块空地，到处可见男女老少同歌共舞的场面，借此抒发自己对大自然的情感，对美好生活的向往，对爱情的追求，那真是名副其实的"歌的海洋、舞的世界"。值得一提的是，目前国内外流传很广的藏族民间弹唱中很大一部分曲调，最初都是甘南州玛曲县民间艺人首创并流传于广大藏区的，后通过甘南州专业人员在玛曲发掘、整理、加工和系统完整地传播到各地，得到各族音乐爱好者的喜爱。被誉为甘南民族正统音乐传承者的拉卜楞寺"道得尔"佛典乐队，自改革开放以来，大胆地走出寺院、走向社会、走出国门，先后出访了美国等北美洲一些国家，受到普遍欢迎和高度赞扬。

（七）哈萨克族民歌

甘肃省的哈萨克族主要是民国时期从新疆巴里坤、阿勒泰哈密地区迁移到甘肃省河西走廊的。甘肃省于1954年设立了阿克塞哈萨克自治县，这是甘肃省境内哈萨克族最主要的聚居区。

民间谚语中说："歌和马是哈萨克人的两只翅膀。""哈萨克人生时歌来迎，哈萨克人死时歌来送。"这都说明哈萨克人从降生人世到飘然逝去，都有民歌相伴随。

民歌在哈萨克族民间音乐中占有非常重要的地位，哪里有哈萨克族的毡房，哪里就有歌声。

哈萨克族民歌内容丰富、形式多样、旋律优美、格调质朴简洁，是民间音乐中最为丰富、最富有特色的一部分。哈萨克人历来都用代表本民族典型生活样式的朴素形象作为民歌的因素，美丽风光和在自然界中常见的事物形象都被摄取到哈萨克人的民歌中。哈萨克族民歌从内容上可分为情歌、习俗歌、四畜歌、牧歌、赞歌及其他歌曲等，反映了哈萨克人民豪爽奔放、纯朴、诚实的性格和精神风貌。在哈萨克族民间广泛流传的民歌有《阿勒孔鄂尔》《红麦子》《白鹿》《百灵鸟》等。在哈萨克民间流传着许多优美动听的民歌，伴随着他们丰富多彩的生活。哈萨克族民歌所采用的音阶调式具有西方音乐及中国传统五声调式音阶双重调式特征。哈萨克族民歌中广泛使用七声音阶，音调悠长，音域宽广，一般不超过八度，以降七级音的混合"里弟亚"调式最为多见，这给哈萨克族民歌增添了特殊的抒情色彩。此类民歌有《亲爱的童年》《金子般的母亲》等。哈萨克族民歌的歌词结构十分严谨。一般以四句为一段，7、8或11个音节为一句，也有5、6、9、10个音为一句的。哈萨克族民歌以2/4、3/4为主要节拍，5/8拍也较多见。另外3/8、5/8或3/8、4/8的混合拍，3/8、2/8、5/8混合拍也较常见。带有副歌是哈萨克族民歌在曲式结构方面的重要特征，副歌以重复、变化、对比的手法，起到了加深主题、丰富民歌艺术表现力的作用，副歌结构比较自由。《阿吼克里木》《玛依拉》等是哈萨克族民歌对唱的代表作，属带副歌的二段体结构。在民间，哈萨克族对民歌有着自己的称谓，一般习惯将民歌分为"安"和"吉尔"两大类。

"安"在哈语中有"旋律"的意思，广义上指歌词，又根据歌词的规律和内容细分为"安""月令""吉尔"三类。根据歌词内容、演唱场合及社会劳动功能等还可分为"玛汗拜特安"即爱情歌曲；"玛勒舍安"即牧歌；"昂西安"即狩猎歌等。狭义的"安"专指旋律优美、节拍较规整并有固定歌词和曲名的歌曲。演唱主要是对唱、冬不拉弹唱。善于演唱这类歌曲的歌手称"安奇"。"安"流传曲目特别丰富，最具代表性的如《美丽的姑娘》《我的花儿》等。

"月令"意为"诗歌"，这类民歌无固定歌词，歌手常即兴编词演唱。其节奏复杂，曲调简单，近似口语。善唱此类歌曲的阿肯（歌手）称"月令奇"。"月令"的演唱形式以"阿依特斯"即对唱为主，兼自弹自唱或独唱。对唱在哈萨克族文化生活中占有主要位置，几乎所有民间盛会、嫁娶婚礼、节日喜庆等都要举行对唱。每年一度的"阿肯弹唱会"是哈萨克草原上的重大传统文化集会。在集会上基本的演唱形式便是对唱，以演唱民间叙事长诗为主，用冬不拉自弹自唱。

"吉尔"即婚礼仪式组歌。哈萨克族的婚礼组歌以其古朴的草原音乐文化特色和抒情的曲调形成一套完整的组歌，以即兴性、讲唱性、简约性、歌舞性为特点，形式有对唱、齐唱、对唱、合唱等。根据不同内容有缠绵倾诉的慢板，又有热情奔放的快板，表现出浓郁的草原婚俗文化特点，是哈萨克族最具代表性的民歌之一，由《劝嫁歌》《送嫁歌》《哭嫁歌》《怨嫁歌》《挑面纱歌》《加尔加尔》《新媳妇歌》等系列歌曲组成。

哈萨克族民歌融合了大量游牧民族文化成分而形成了独具特色的民族音乐文化，形成了独特的欧亚民族宗教风格和浓厚游牧文化特色的"草原混合型"音乐文化。由于哈萨克族居住地区点多面广，加之受居住地语言影响，新疆哈萨克族和甘肃、青海哈萨克族民歌在音乐风格上有较大差异。一般来说，新疆哈萨克族民歌形成了浑厚、豪迈、奔放的风格；而甘肃、青海哈萨克族民歌则比较平和、深沉，更多地继承了古代哈萨克族民歌的传统。由此可见，自然环境或人文环境的差异，对民歌的特点形成是有很大影响的。

|第二节| 甘肃民间歌舞

一、甘肃民间歌舞概述

民间歌舞泛指产生并留于民间、受民俗文化制约、即兴表演但风格相当稳定、以自娱为主要功能的边歌边舞的形式。不同地区、不同民族的民间歌舞，由于受生存环境、风俗习惯、生活方式、民族性格、文化传统、宗教信仰等因素影响，以及受表演者的年龄性别等生理条件所限，在表演技巧和风格上有着十分明显的差异。民间歌舞具有朴实无华、形式多样、内容丰富、形象生动等特点。明朝中叶后，由于朝廷对西北地区采取军垦戍边、屯田农耕的政策，大量移民涌入。依靠劳力资源的传输，西北地区特别是甘肃的人口总量迅速增长，这种人员的大规模流动迁徙使一些民间歌舞得以交流，传播范围扩大。古丝绸之路沿线这种状况尤其明显。如南方的采茶舞、花灯秧歌、拉花秧歌等进入甘肃的陇东、陇南及河西地区，逐渐成为民间社火中的主流秧歌舞蹈。而当地原有的太平鼓舞、攻鼓子舞、腰鼓舞、羯鼓舞、旋鼓舞等也受其影响，由单纯的鼓舞变异为"鼓子秧歌"流传于上述地区。明清时期流行于甘肃的鼓子秧歌按偶数搭配人员，队形排列讲究对称，以圆形为中心，千变万化，一般两把"丑伞"带八"鼓"、四"棒"、八"花"、四"花伞"，整队秧歌少则五六十人，多则二三百人不等。队形变化有许多传统式阵势，如"双开花""燕子尾""仙牛汲水""闯王进京"等。甘肃永靖地区非常流行的锣鼓拉花大秧歌，已有一百多年的历史，每逢秋收季节，民众自发起来到周边地区表演，逐渐形成了有地方特色的表演形式，流传至今。鼓子秧歌的许多表演特色，也极大地影响和丰富了当地秧歌舞蹈的表现手段。

甘肃流行的民间歌舞还有踩高跷、跑旱船等。踩高跷为平衡技术表演，是甘肃各地春节社火中最精彩的节目之一。根据剧情内容，具有高超踩高跷技术的男女演员装扮成历史人物和神话人物，双足绑在两根木杆（高跷）上，一边走一边表演。它以精湛高超的空间平衡技术为广大群众所喜爱。跑旱船是从唐代流行的秧歌基础上演化成的一种民间舞蹈形式，多边舞边歌，内容主要反映各族人民的劳动和爱情生活。

二、最具代表性的秧歌

秧歌，亦称"社火"，汉族民间歌舞，源于插秧耕地的劳动生活，它又与祭祀农神、祈求丰收所唱的颂歌有关。秧歌流行于我国北方汉族地区，是一种集歌、舞、戏为一体的综合艺术形式。秧歌队一般由十多人至上百人组成，这些人或扮演历史故事、神话传说中的人物，或扮演现实生活中的人物，边舞边走，随着鼓声节奏，变换各种队形，再加上舞蹈动态十分丰富，使观赏秧歌的人也心花怒放，豪情倍增，因而深受广大观众的喜爱和欢迎，是人民群众喜闻乐见的艺术形式，也给广大群众带来了欢乐和精神享受。每逢重大节日，如春节、元宵节等，城镇乡村大都会组织秧歌队，拜年问好，互相祝福。扭秧歌时人们所穿的服装色彩对比强烈，红蓝黄绿，五彩缤纷，大家在锣鼓的伴奏声中，边歌边舞，借此抒发愉悦的心情，表达对美好生活的憧憬。飘舞的红绸映着灿烂的笑脸，成为一道靓丽的风景线。

（一）和政秧歌

和政秧歌始于明朝，是由祭祀活动演变而成的娱乐活动，随着历史的发展和文化的交流，得到丰富并流传，如秧歌从宗教活动中吸取了音乐养分之后，才有了伴奏乐队。现在秧歌中演奏的唢呐曲牌有不少是神曲，或带有浓厚宗教色彩，如和政南部牙塘、石嘴一带的"牛犊爷"等。再如"春牛",古代有以春牛祝岁的习俗,因为牛是农事活动中的主要工具,是勘作农事的象征,所以和政秧歌中的"玩牛"等杂耍节目不仅是古代习俗的继承,而且也体现了各族人民共同祝愿农牧业丰收的愿望,更具有高原农牧业地区的特色。和政秧歌在清代之前一律为"地蹦子",民国二十二年(1933年),青海马家军(马步芳的国民军)一个连驻防和政,春节时士兵玩起了高跷秧歌(跷高三尺),有"四大光棍""打狗熊"等节目,很受群众欢迎,从此,高跷秧歌逐渐取代了"地蹦子"。后来和政秧歌经过不断地更新、完善,形成了今天这样一个综合性的民间歌舞表演艺术。

每年农历正月初三至十五,和政县的汉族群众便自发组织起秧歌队,他们以艳丽奇特的装扮,庞大有序的阵容,走街串巷,逢会赶场,吹拉弹唱,载歌载舞,用欢声笑语,为城乡群众送去新春的祝福,用喧天的锣鼓祈盼着风调雨顺、国泰民安。和政秧歌内容丰富、形式多样、风格独特,异彩纷呈,是有着"六大新郎的低跷"和"拉花姐高跷"以及旱船、太平鼓、挥龙、舞狮、耍牛、跑驴等多角色的民间艺术形式。和政秧歌大体上由"前五角""中五角""后五角"三大部分,以及"杂耍杂角"组成,行进和演出都按前后顺序进行。队伍前先由"流星"引头,随后有"童子鞭""膏药灯"和装扮男女身子的六大新郎呈前五角,其后是小型民乐队。乐队主要有板胡、二胡、低胡、三弦、竹笛、木鱼、撞铃等乐器组成,演奏多为民间小调曲目。再后便是身着藏族或回族服饰的男生,引头男生扮女装,手持彩扇、身着长彩裙、头戴鲜花,装扮成踩高跷的拉花姐,翩翩起舞。跷女文雅俊秀、婀娜多姿;男生举止显憨态,动作豪放洒脱。伴随着大鼓、钹、锣的旋律和唢呐的吹奏,演员表演高跷特有的高空迎风舞姿。此外,在整场表演中分别穿插挥龙、舞狮、耍牛、跑驴等表演,大多采用"四季调""放风筝""织手巾"等民歌的曲调。每逢正月初三这天,各伙秧歌汇集在县城,分场进行表演,俗称"上十三",届时秧歌表演达到高潮,至农历正月十五闹灯后才全部结束。

和政秧歌经过漫长的生长和发展,不断继承和创新,形成了雅俗共赏、红火热闹、推陈出新、日臻完美的地方艺术特色,堪称"一座活动的大舞台",孕育了一代又一代优秀的民间艺术家,传承和发展了民间文化艺术。和政秧歌作为一个具有独特魅力的地方民间奇葩,必将在传统艺术的百花园中绽放出绰约的风姿。

(二)武山秧歌

武山县位于甘肃东南部,人杰地灵,物产丰富。武山秧歌也叫社火,又叫灯火道场,是集演唱、对白、表演、武术、旋鼓、杂技于一体的一种非常富有地方特色的民间歌舞,它也是北方秧歌的重要组成部分。武山秧歌自古有之,源远流长。每当春节来临之际,武山民间村村寨寨都有盛况空前的"耍秧歌""闹社火""玩花灯""庆上元"的传统习俗。古老的民间祭祀活动是它的重要内容,武山人民非常重视。

武山原生态秧歌有着其独特的表演形式和丰富的内容,主要包括灯笼、旦、马夫、旱船等,此外还有其他秧歌所具有的舞龙舞狮表演。"高叶"是灯笼的一种,用竹子扎成，在所有的灯笼里起主导作用。它的样式与其他灯笼有所不同，用竹子扎成，上面画有各种漂亮的图案，写有祈福祝语的彩纸条，中间点上蜡烛，灯笼底座下将四条长出的竹条扎在一起作为把柄，唱秧歌时每人搭一个灯笼，围成一个圈，中间站个花旦。唱时不站在原地，而是带有小幅度的动作，以逆时针方向慢慢转动，这也是武山秧歌一个很鲜明的特点。花旦，称作"旦娃子"。旦娃子穿着艳丽的服饰，头上戴着扎满小花、正面还有个小镜子（意欲照妖）的头饰，左手拿条纱巾，右手拿把扇子，步伐二进二退，配合舞动纱巾和扇子而扭动身体。马夫，是来牵马的，原生态秧歌里的马是纸马，马夫穿小马甲，挂一串铃铛，手里拿条鞭子，"跑马"表演时，将马头或马尾一前一后绑在花旦的腰上（看上去就像骑着），马夫牵马，完成整个套路表演。舞狮，也叫耍狮子。舞龙，也叫耍龙灯。秧歌里的狮子和龙是自己制作的，一条龙一般由五个人来耍。

武山秧歌的演唱内容非常丰富，几乎涵盖了老百姓生活的方方面面，如反映农事生活的《洗衣裳》《锄棉花》等；反映婚姻爱情的《嫁错郎》《粉团》等。其中最具代表性的是《转娘家》，提起秧歌曲《转娘家》，老百姓都知道，而且人们把这首《转娘家》当作武山秧歌的代表曲目。武山的秧歌曲很多，但是，由于地广人稀，地理位置和生活习惯等不同，各地秧歌的唱腔也不尽相同。但是，使人感到惊讶的是，这首秧歌曲《转娘家》的演唱，各地的旋律、演唱风格却基本相同。对于这样一首多年来口头传唱的秧歌曲来说，实乃不易。2002年6月出版的《武山县志》将这首秧歌曲载入了史册。

"转娘家"即回娘家的意思。在当地，这首秧歌属于一种"妖婆"的节目类型（"妖婆"是一个角色，也是一种节目类型）。作为角色，妖婆有唱段有道白，带有丑角性质，妖婆表演是节目成败的关键。《转娘家》讲的是媳妇儿想回娘家，可是每次提出都被阿家（婆婆）以各种理由拒绝的故事。

（三）陇东秧歌

陇东地处黄土高原，山大沟深，丘陵交错，坚实厚重的黄土层给这里的人们带来了特殊的穴居习惯。人们在日常生活和劳动中不是下沟翻茆，便是过梁登塬，劳动强度很大。为了消除疲劳，疏松筋骨，休息时人们就在地里扭起来，为防止踩坏秧苗，就见空插脚，于是产生了"扭秧歌"的交叉步。20世纪30年代是陇东秧歌最活跃的时期，每逢节庆活动，人们都要扭秧歌。这一时期秧歌的动作和歌词都有了较大的发展，老区文艺工作者把革命斗争的内容和民间歌谣、小调也融入秧歌中，极大地丰富了秧歌的内容，出现了秧歌剧、秧歌小演唱等。20世纪30年代后期，出现了一批很有艺术价值的秧歌文艺作品，如秧歌剧《兄妹开荒》《夫妻识字》《新十绣》《王麻子变工》《减租》《改造二流子》《四季歌》等。在边区新文化运动中，新宁县湘乐镇南仓村村长刘志仁，将秧歌融入当地社火之中，大大丰富了社火的内容和表演形式，增强了社火的观赏性。1937年，刘志仁开始创作新秧歌剧，他用传统的民间艺术形式，来表现解放区全新的革命斗争内容，以简洁明快、通俗易懂的群众语言，热情歌颂共产党和边区军民火热的革命热情，深受边区军民的欢迎。他自编自演的第一部新秧歌剧《张九才造反》，演唱后群众给他披红戴花。1944年11月，刘志仁出席了陕甘宁边区文教工作者大会，荣获"特等艺术英雄"称号，受到毛泽东、刘少奇、周恩来、朱德等中央领导的接见。毛泽东主席赠送他一条毛毯。

陇东秧歌在表演形式上，分为大场与小场两种。开始与结尾为大场，中间穿插小场。大场又名过场，是全体演员列队边走边舞的一种集体舞。舞有定式，要走出扭麻花、满天星、缠棉花、扎四门、龙摆尾等十几种变换丰富的队形图案。在舞的过程中，用锣、鼓、钹三种打击乐器伴奏，鼓点有"老虎大洗脸""鸡啄米""雷神鼓"等。小场子，又叫踢场子，是带有情节的舞蹈或歌舞、小戏。根据出场的人数，又可分为"二人场子""四人场子"等。舞蹈动作有扭步、十字步、凤凰单展翅、二起脚、劈叉等。乐器伴奏以唢呐、笛子、二胡、板胡为主，曲牌有《状元游街》《绣荷包》《尖尖花》《银扭丝》《大摆队》等。

陇东秧歌有两种，一种叫秧歌舞，一种叫秧歌剧。秧歌舞只舞不歌，俗称"扭秧歌"，突出一个"扭"字。秧歌剧与秧歌舞不同，它虽然也以"扭"为主要表演特征，但它是载歌载舞，而且有故事情节，只不过剧情线条比较单一。徒手秧歌是陇东秧歌的一大特点，演员赤手空拳，不拿任何道具，这种表演难度较大；也有拿手绢、扇子、烟斗、花朵、镰刀、斧头的，腰中多束红绿彩带，扭动时如花海翻浪，异常耀眼。当年陇东解放区流行的《夫妻识字》《兄妹开荒》就是这一艺术形式的代表作。2002年，首届中国庆阳香包民俗文化节期间，陇东秧歌更是盛况空前，使国内外宾客大开眼界，特别是徒手秧歌，使来宾大饱眼福。他们说："像这样数万人的秧歌队伍，在国内真是少见。"也就是在香包节期间召开的民俗研讨会上，中国民俗学会命名庆阳为"徒手秧歌之乡"。2008年，入选中国第二批国家级非物质文化遗产名录。

（四）苦水高高跷

在甘肃省永登县苦水街，有一种高跷，其高度达到3米多，因此当地人把这种高跷叫作高高跷。苦水高高跷，是一年一度的苦水街二月二龙抬头社火保留的一个传统社火节目，是一门代代相传的民间表演艺术。它结合二月二龙抬头社火，在太平鼓队强大阵容的引导下，上街进行表演，传播民间民俗文化。高跷分低跷、中高跷、高高跷。高高跷表演是我国民间高跷表演中独具特色的一种，跷腿高度3~3.3米，加上表演者的身高，高高跷可达5米，其高度可称得上是全国之最。制造高跷的材料，主体是上好的松木，脚蹬则用柳木。高高跷表演连演3天，每天都有5万~6万人观看，场面极为热闹有趣。它的表演历史悠久，从元末明初开始到现在，已有近七百年的历史。它的长期存在和一年一度举办的苦水街二月二龙抬头社火密不可分。

苦水高高跷主要以传统秦腔本戏为主要表演内容，表演者穿上传统的戏剧服装，画上秦腔（流传甘肃的地方戏曲）中人物的脸谱，手持道具，踩上高高跷，排成长队，凌空飞舞，过街时向观众表演，充满刺激。踩高跷的人数多少，由剧中人物的多少决定，剧中人物多，踩高跷的人就多；人物少，踩高跷的人就少。传统中踩高跷是男子的专利，而现在，苦水街的年轻女子也加入踩高跷的行列，给苦水高高跷增加了新的色彩。

2005年春节期间，苦水街高高跷在甘肃省精品社火表演兰州赛区获得表演特色奖。在这期间，应美国得克萨斯州的邀请赴美国表演。2006年，苦水街高高跷被列入第一批国家级非物质文化遗产名录。

甘肃民间秧歌中不论是"鼓"还是"灯"，不论是"鞭"还是"扇"，无不表现出当地民风的朴实浑厚和粗犷豪放。这是由甘肃民众传统审美和自然风物融贯催化而成的。由于地区的气候条件以及生产、生活方式的差异，甘肃民间秧歌在统一的发展中出现了各地不同的个性。河西走廊的秧歌舞蹈以跑阵为主，舞蹈带有西凉乐舞的遗风，如"秧歌子""河灯秧歌""倒养角秧歌""攻鼓子秧歌"等；天水乃文化古城，历史名人辈出，这里的秧歌风格典雅，动作细腻，颇有南舞的秀美之气；定西等地属全国少有的干旱地带，粗粝的生活环境，使其舞蹈豪放、刚健，如"八面鼓秧歌""太平鼓""跳鼓秧歌"等。这些秧歌舞蹈构成了甘肃民间秧歌舞蹈以粗犷、直率、豪放、刚健为主的特征，大多舞蹈是粗犷中见力度，直率中含古朴，豪放中有潇洒，刚健中添气度。甘肃民间秧歌表演运用了各种各样、千形百态的道具，构成秧歌表演借物抒情的一大风格特点。从"鼓""灯""伞""扇""鞭""板"，到"车""船""篮""花""碗""筷""棍""棒""枪""剑""刀"等，都是人民群众生产、生活中必不可少的用具，表演者借助它们将喜、怒、哀、乐表现得惟妙惟肖，为秧歌的艺术表现增色不少。

甘肃民间秧歌扎根于陇原人民生活之中，具有顽强的生命力和诱人的艺术魅力，它是甘肃人民历史、生活、性格以及审美观的凝练再现。

三、少数民族最具代表性的民间歌舞

（一）甘南民间歌舞"莎目"舞

"莎目"舞是流行于甘肃省甘南藏族自治州卓尼县境内的一种古老的藏族民间歌舞，又被叫"巴郎鼓"舞。每年的"曼拉"节（相当于汉族的春节），当地老百姓都要在开阔的草地上集体表演祈祷平安吉祥和五谷丰登的舞蹈，舞者手拿一个形似"巴郎"的双面羊皮鼓道具，随着沉稳劲健的舞步不断摇击，伴着节奏高声齐唱。舞蹈节奏紧凑，动作干净有力，歌词含蓄古朴，曲调内容丰富。

"莎目"在卓尼境内流传至今已有1300多年的历史，其起源与古羌人的原始祭祀活动和吐蕃宗教法有着密切的关系。按照当地习俗，曼拉节期间，各个村寨的男女老少都要组成莎目队，除在本村跳唱外，还要去邻村访问表演。表演时，在场地上点燃熊熊篝火，主客双方轮流上场，围着篝火互相对歌，集体表演《库松加里》（转圈舞）、《吉热腾》（扯绳舞）、《尼盖刀央》（神箭舞）、《春雅撒》（牦牛舞）、《沙爱》（种子舞）等传统曲目，一直跳到夜深人静，才尽欢而散。咚咚的鼓声、劲健的舞步、优美的歌声，给新春佳节增添了无尽的欢乐和吉祥。

"莎目"舞是藏族民间艺术瑰宝之一，2008年6月，被列入第二批国家级非物质文化遗产名录。这些殊荣使"莎目"舞作为一种独特的藏民族文化被国内外观众所接受，也将促使它在继承的基础上更好地发展。

（二）甘南州卓尼民间歌舞"格尔"

"格尔"是当地群众喜闻乐见的古老民间歌舞，逢年过节、迎宾送客、宗教祭祀、结婚典礼或劳动之余，当地群众都会跳欢快的"格尔"。男女老少均可参加，少则数人，多则几百人，场面壮观，奔放豪迈。其特点是载歌载舞，无伴奏，集体演唱。人们围成一个圆圈，边唱边舞。在演唱风格上，具有辽阔、豪迈、活泼、抒情、流畅之情调。基本步法和手势有：优滑步、双甩手、踏踢步、斜拖手、拉手舞步等。"格尔"经过不断完善，逐步形成了特色浓郁的民族文化艺术形态，共分六个篇章，包括辞旧迎新、赞颂、辩论、威慑、祈愿、庆贺。

|第三节| 甘肃民间说唱

一、甘肃民间说唱概述

民间说唱，又叫曲艺，是根据我国古代民间口头文学和歌唱艺术经过长期发展演变而形成的一种独特的艺术形式。说唱音乐按照艺术风格可分为评说、鼓曲、快板、相声四大类，其创作者、歌唱者和听众以市民为基础。民间说唱与民间歌曲相比，说唱音乐以叙事性曲调为主，它采用半说半唱、似说似唱、唱中有说、说中有唱的曲调讲唱故事，同时，曲调具有抒情功能。速度较慢时，曲调装饰较多，适合表现抒情委婉的情绪；速度较快时，曲调简洁，则以叙述故事情节为主，表现了平静的心情。说唱音乐采用一人多角的表演形式。演员模拟故事人物的口吻、表情、姿态、性格，将人物的音容笑貌准确地表现出来。因此，说唱演员的表演功底要十分扎实。他们在强调神似故事人物的同时，又不能始终进入角色，而是时进时出，时而扮演角色，时而又是角色之外的叙述和评价者。讲故事，就离不开语言，因此，说唱艺术本身就是语言的艺术，音乐与语言的密切联系主要体现在声调和节奏两方面。声调的抑扬顿挫和语言节奏的多样性都用音乐来表现。由于我国各民族内部各地区语言不一致，产生了多种方言，所以在此基础上形成的说唱音乐也就有各种各样的曲调，具有浓郁的地方色彩。因此，地方性也是说唱音乐的特点之一。

甘肃是民族民间曲艺资源大省，据考证，明代以后，甘肃地方曲种趋向繁荣，种类逐渐繁多，汉族曲种如念卷（甘肃各地）、凉州贤孝（武威地区）、秦安老调（秦安县及周边地区）、民勤小曲（民勤县及周边地区）、秦州平腔（天水地区）、阶州唱书（陇南地区）、文县琵琶弹唱（陇南地区）以及甘南藏族的"格萨尔说唱"、裕固族的"裕固弹唱"、东乡族的"东乡颂曲"等逐渐兴起。清代是甘肃民间曲艺活动的繁荣期，包括兰州鼓子词、兰州太平歌、肃州老曲子、河州贤孝、陇东道情等几十种曲艺形式在甘肃大地活动。

二、汉族民间说唱

（一）兰州鼓子

兰州鼓子是形成并主要流行于甘肃兰州地区，用兰州方言演唱的汉族曲艺形式，相传兰州鼓子是以甘肃农村流传的《打枣歌》和《切调》为主的"送秧歌"形式，流入兰州后，以清唱的形式唱演，在清代中晚期，形成兰州鼓子。清末民初，兰州鼓子又受到北京、陕西两地流传而来的"单弦八角鼓"和"迷胡子"（眉户）影响。其表演形式为多人分别演奏三弦、扬琴、琵琶、月琴、二胡、萧、笛等坐唱表演。兰州鼓子是以唱为主的曲艺形式，形式有1人、2人、3人演唱之分；主要表演手法是唱和说，有的段子只唱不说，有的段子又只说不唱，而有的段子是又唱又说，似唱似说。兰州鼓子一般采用自弹自唱形式，演唱时要求演员的手势、面部等都给观众以美的感受。兰州鼓子演唱时以三弦为主要伴奏乐器，还辅以扬琴、板胡、二胡、琵琶、月琴、箫、笛等，演唱者为一人。其唱腔清雅婉转、音域幽广、道白清晰、起伏平和，能将喜、怒、哀、乐等思想情绪表现得淋漓尽致。兰州鼓子曲牌丰富、唱腔优美、风格高雅、韵味悠长，且乡土气息浓厚。目前搜集到的曲牌约有一百多种。从声腔上来讲，可分为平调、鼓子、越调三种，平调多为单支的小令和大曲；鼓子腔是由鼓子头加若干曲牌再加鼓子尾连缀而成；越调腔也是由越调加若干曲牌再加越尾联套而成。各种曲牌都有特点，可以表达不同人物的不同情感，如"边关调"的悲壮，"北宫调"和"剪靓花"的喜悦平和，以及"罗江怨""叠断桥"的忧郁悲伤。再如提炼全曲精华的"鼓子头"，叙述情节的"诗牌子"，倾诉衷肠的"悲调"，还有抒发豪情的"依尔哟"，真是千啼百啭，各尽其工。

长期以来，兰州鼓子主要由业余爱好者演唱，职业艺人很少，王义道、曹月儒等为早期比较有名的兰州鼓子唱家。兰州鼓子唱腔结构属于曲牌联套体，常用的唱腔曲牌有《坡儿下》《罗江怨》《边关调》等四十余支。其节目内容也很广泛，既有以历史故事和民间传说为题材的长篇，也有描绘自然景物和节庆喜气的短篇。最受群众喜爱和欢迎的曲目有"闺清曲"和"英雄曲"，前者如《别后心伤》《拷红》《莺莺饯行》《独占花魁》等，后者如《武松打虎》《林冲夜奔》《延庆打擂》等。

现在，兰州鼓子爱好者们仍然利用农闲和节假日，自发在家里、田间地头、婚丧嫁娶的场合举行鼓子演唱活动，自娱自乐，乐人育人。2006年5月20日，经国务院批准，兰州鼓子被列入第一批国家级非物质文化遗产名录。

（二）陇东道情

道情古代也称为道歌，是传道者宣传教义及募捐化缘的一种说唱艺术。唐朝中期时，唐玄宗李隆基十分喜爱中国传统道教，并将道教奉为高教，一时道教大兴，在这一背景下道教开始在全国流行，传教道士游历天下，传道时皆唱道情。据统计，我国大约有20多个省流传有道情艺术。道情音乐比较丰富，据传有多种套曲和曲调。每种套曲有正、反、平、苦、抢、紧等不同的曲子，唱腔根据"正反"需要来组合演唱。"正"表示用正调演唱，一般用正调演唱的曲调为商调式；"反"用反调演唱，一般用反调演唱的曲调为徵调式；"平"一般表示正常的情绪，"苦"表示忧愁、凄凉的情绪，二者都用正调演唱；"紧"表示唱腔结构紧凑，"抢"表示唱腔喜悦轻快。

陇东道情发源于庆阳环县一带。陇东道情最早是以道家故事为题材，在道观庙宇进行演唱，其传统的演唱形式，多为一人说唱，众人帮唱，说唱相间，以唱为主。艺人怀抱渔鼓，手执简板，说唱环境不受任何场地限制，田间地头、庭舍院落均可演唱。明清以来，在道教音乐的基础上，民间艺人逐渐吸收当地民间音乐之精华，其伴奏乐器增加了二股弦、唢呐、笛子等乐器，演唱与皮影表演相结合。清同治年间，环县皮影艺人解长春（1843—1916年）毕生致力于道情演唱和皮影技艺的革新，将陇东道情用于皮影艺术表演，并吸取了庆阳民间小曲和民歌的特点，将主奏乐器二股弦改为四股弦，在木棒上加个小铜铃，每敲一下，梆铃并响，称为"水梆子"。在他的传授和影响下，陇东道情人才辈出，进入兴盛时期。清末民初，根据地域条件的不同和艺人们的不同特点，陇东道情在唱腔上也做了大胆的改革，创造了一些新板路和唱法，使音乐腔调突出了地方色彩，进一步完善和发展了陇东道情，创造并形成了多种不同风格的唱腔流派。环县南部流行的唱腔委婉细腻，清新流畅，长于抒情，代表人有史学杰、敬廷玺、敬乃良、马召川等。环县北部流传的唱腔质朴沉厚，高昂激越，长于叙事，代表人有徐元璋、魏元寿、梁世仓等。

陇东道情表演讲求真实，从生活出发，以细腻的手法刻画人物的内心世界。表演动作吸收了部分皮影的侧身造型，如侍卫警戒用大侧身剪影姿势，特别是啼哭动作更为别致，人物左袖垂下，右手以袖掩面，大侧身晃动腰肢，前俯后摇，抽搐而泣。这种表演已形成陇东道情的独特风格。陇东道情唱腔没有严格的节拍，比较自由明快，说唱性较强。唱腔节拍多以混合拍组成，有特定规律。唱腔更偏于说唱，富于叙事性，既欢快明朗、悠扬婉转，又深沉哀怨、诙谐风趣，具有浓郁的乡土气息。陇东道情唱腔音乐中最有韵味的是滚白、唱音和嘛簧。滚白的衬腔乐曲曲调旋律较强，具有鲜明的佛道诵经色彩，听起来柔缓悲切，情深意沉；唱音不仅构成别致的紧拉慢唱的表现形式，而且尾部拖腔旋律起落变化大，角色的内心情感表现得真切细微，扣人心弦；嘛簧是众人承接唱词末尾一个字的字音帮唱，常把观众带进一个幽静而又波动的意境。陇东道情是老百姓口传心授的艺术，它是老百姓集体智慧的结晶。它的唱法是老百姓的心声，是老百姓抒发情感的载体。

（三）南梁说唱

南梁说唱是一种流行于甘肃陇东地区的民间说唱艺术，是融说、唱、乐为一体的曲艺形式，传承地主要在华池。

南梁说唱作为民间说唱艺术的一部分，是在明末清初发展起来的，流传至今。最早形成的南梁说唱，其内容以讲唱历史故事、民间传说为主要内容，以宣扬忠孝节义，弘扬正气为思想核心。1934年南梁建立了苏维埃政府，这一时期，南梁说唱成为弘扬老区红色文化的主要载体。

南梁说唱以本地方言为主，分南北两派，共有25个说唱班子，72位表演艺人。其中，北派共有13个说唱班子，60位说唱艺人；南派共有12个说唱班子，12位说唱艺人。南派是借陇东道情的韵味来唱，属土生土长的南梁说唱；北派因接近陕北吴起镇，方言中也带有陕北口音，故认为北派的南梁说唱是由陕北说书而来，听者也可以听出其中包含着比较多的信天游音乐风格，与陕北说书较为相似。南梁说唱的主奏乐器为三弦，伴奏乐器有二胡、笛子、四叶瓦，小竹板（亦叫麻喳喳）等。说唱表演时，台前摆一长桌，"前台"（领班人）坐在台中央，手弹三弦，脚打耍板（竹板），单人说靠山调（平调）、梅花调，边说边唱，全由一人包揽；二人或多人合说双音平调，每人分别用小锣、梆子、墨绿笛或二胡等伴奏，同时兼"搭架"（配角道白）、喝场和"嘛簧"（帮腔）。三弦作为主奏乐器是由主唱演奏的，主唱同时脚打耍板，边说边唱，唱时不弹，弹时不唱。而另外一人用二胡来伴奏。南梁说唱人数少则一人，多则两人以上，五人最好，一人领唱，其他人即可伴奏也可帮腔。南梁说唱的唱词多为十字句，唱词押韵。语句通俗易懂，语言平实古朴，有板有眼，朗朗上口。传统代表作有：《锦鞭记》《七侠记》《五女传》《金镯玉环记》《放虎归山》等。1934年，南梁苏维埃政府成立后，出现了《刘志丹下横山》《太白缴枪》《除奸记》等新内容的作品。新中国成立后，说唱艺人极大地抒发了对共产党、毛主席以及对新社会的无限热爱和赞美之情，自编自演的新作品有《社会主义好》《毛主席领导六亿人民闹革命》《红灯记》等。南梁说唱曲调多为五声或七声徵调式，唱词由艺人即兴发挥，但每一段说唱的音乐旋律基本没有太大的改变。受陕北说书影响较大的北派说唱，其曲调也多来自陕北说书的"九腔十八调"。艺人演出选择曲调大多选"双音调"。双音调是流行于延安、安塞、榆林、横山、神木、米脂、绥德、三边一带的曲调形式，同时，在演唱时，艺人将陕北民歌通过改变唱词而穿插于整个音乐中。如《夸南梁》一曲中就采用了陕北民歌《山丹丹开花红艳艳》的曲调。

在浩瀚的艺术长河中，南梁说唱以其独特的艺术魅力跻身于异彩纷呈的民族艺术殿堂。虽然它最初只是盲人为了自身生存而创造的一种比较简朴的艺术形式，但在上千年的演进过程中，经过一代代民间艺人的实践探索和创新发展，并得益于华池这块有着深厚文化积淀的土地的滋养，时至今日，它已成为独树一帜、特色鲜明、雅俗共赏并为广大人民群众所喜闻乐见的一种民族民间艺术，成为华池人民艺术智慧的结晶，并越来越多地发挥着其他艺术形式不可替代的娱乐、审美功能，成为广大人民群众不可或缺的精神食粮。

为了进一步保护和传承这一优秀文化，2006年9月，南梁说唱被甘肃省人民政府公布为甘肃省第一批省级非物质文化遗产名录并进行科学保护。2008年6月，南梁说唱艺人陈士万、张颖奎被甘肃省政府公布为省级代表性传承人。近年来，庆阳市文化部门组织新编南梁说唱《赞华池》《红色颂》《新农村变化》《忆南梁》《刘志丹颂》《当红军的哥哥回来了》《双联赞》等8本唱词，南梁说唱多次参加省市各类大型演出，使南梁说唱的知名度和影响力不断得到提升，实现了南梁说唱经济效益和社会效益的共赢。

（四）通渭小曲

通渭小曲是流行于通渭境内的一种民间曲艺演唱形式。通渭小曲是"小曲"的一种，起源于陕西省的眉县、户县，这里曾是牧歌、樵歌、情歌的发源地，"眉户"正是这些民间小调的集合体，它深深扎根于西北民间，群众听着着迷，感到"迷糊"（舒畅），因此，也称其为"迷糊子"。通渭小曲最适合于表达劳动人民的生活、劳动场景和思想感情。它主要流行于陕西、甘肃、青海、宁夏、山西一带。只因小曲流行普遍，老百姓又都能哼几句"眉户"，念几句曲子，所以也叫"曲子戏"。明清时期从陕西、山西传入通渭。

通渭小曲主要有三大部分组成，即曲调、曲牌和剧本。通渭小曲的曲调丰富，据民间艺人讲大约有100多个，现已搜集、整理出来的曲调有90个（现存录音和曲谱），主要以"背宫""五更鸟""岗调""紧述""慢述""五京子"等曲调为代表；现已搜集、整理的曲牌音乐有20个，主要以"柳青""大红袍""满天星""金线"等曲牌为代表，它主要是用来连接曲调的过渡性音乐片段。在清唱前也用来作为开场白、引子。

通渭小曲演唱的内容也很丰富，表现了劳动人民纯朴忠厚、老实善良的百姓本质和男女之间的真挚爱情；也有借神话传说，用浪漫的手法来寄托劳动人民对美好未来的向往和憧憬的。现已整理成册的剧本有72本，据不完全考证，有100多出演唱剧目流传于民间，栩栩如生的艺术形象、生动活泼的语言、浓郁的泥土芳香，一应寓于其中。

通渭小曲的伴奏乐器主要有三弦、板胡、二胡、笛子、扬琴，这些统称为弦索。其中主乐器为三弦，三弦有"平""关""当""越"四种弹法。演唱形式方便灵活，五六人即可，十多人不限，常在庭院、村落以自娱自乐为主，用当地方言演唱。通渭小曲还具有"套曲"的特征，一个完整的唱本从"月调""背宫"入韵，然后以"紧述""岗调"的曲调达到高潮，再以"落背宫"进入尾声，用"月尾"收曲，中间根据情节、唱词，配上与之相适应的曲调，并且用曲牌音乐恰当地联在一起，形成一个完整的"套曲"。如《兄妹观灯》（又名《下四川》）。在小曲演唱中有一种演唱形式叫"帮腔"，所谓"帮腔"就是为了营造气氛，要求伴奏人员和主唱一起合唱，这在小曲音乐中更具特色。通渭小曲属我国民族七声徵调式。在七声徵调式清乐音乐体系中，主音"5"与属音、下属音之间分别构成纯五、纯四度关系，加上清角"4"和变宫"7"的不稳定性和尖锐的倾向性，使音乐表现出明朗、愉快的调式色彩，极具民间音乐特色。

（五）凉州贤孝

凉州是甘肃武威市的历史称谓，是古丝绸之路重镇和中国历史文化名城。历史上凉州曾经是五凉之都，西夏国的"陪都"，元代成吉思汗之孙与西藏宗教领袖萨班就在这里举行了著名的"凉州会盟"，完成了西藏回归祖国的统一大业。特殊的历史地位赋予了这座城市浓郁的文化底蕴，凉州贤孝便是这一历史文化名城长期孕育的一种民间艺术，具有重要的艺术价值和一定的民俗学意义。

凉州贤孝当地人称"贤孝"，俗称"曲儿"，是流行于甘肃省武威市凉州区城乡及毗邻的古浪、民勤和金昌县部分地区的一种古老而悠久的汉族民间说唱艺术，演唱者大都是盲人，当地人又称"贤孝"为"瞎弦"，因为有的盲人还会算命，所以也称为"瞎仙"。魏晋时期古凉州民间说唱艺术就已存在，佛教的流传和佛教僧侣说讲的流行，给古凉州民间说唱艺术注入了新的血液，隋唐时这一艺术达到极盛。宋元以后，民间艺人在题材、主题上对古凉州民间说唱艺术加以改编，不断推陈出新，逐渐形成独特的民间艺术形式。

凉州贤孝的内容题材包括"家书"和"国书"两大类。"家书"取材于家庭生活，反映家庭生活的种种矛盾。凉州贤孝能够抓住家庭矛盾中的主要方面，深刻揭示人物内心的善良和丑恶，将人物的性格特征表现得淋漓尽致。表现婆媳矛盾的如《丁兰刻母》《扒肝孝母》。《丁兰刻母》中，媳妇王素珍不孝敬婆婆，挑唆丈夫丁兰毒打其母，其母不堪忍受最后碰死在柳树上。《扒肝孝母》中婆婆跟媳妇没缘法，常常辱骂殴打媳妇，并百般刁难，要吃媳妇的"肝花心"（心肝）当药引，媳妇万般无奈只好扒出自己的心肝。"国书"主要取材于历史小说，歌颂安邦定国的贤才良将，如《关云长单刀赴会》《薛仁贵征东》《包公案》等。凉州贤孝的思想主要反映"贤"与"孝"两个主题，目的是劝人向善，孝敬老人，这也是凉州贤孝得名的原因。"家书"主要宣扬孝道，"国书"主要歌颂安邦定国的忠臣良将的贤能。"百行孝为先"，"国书"颂扬的"贤"蕴含着"孝"。随着时代的变迁和社会的发展，凉州贤孝除了继承表现"贤"与"孝"为主题的内容外，还加入了反映民俗风情、社会风貌的内容，以"贤孝"的形式演唱一些反映民俗民风的情歌小调以及恭祝人们平安健康、财源滚滚的拜年歌等。凉州贤孝蕴含着凉州人的人生观、价值观，具有极高的人类学、民俗学、方言学研究价值。2006年，凉州贤孝被列入第一批国家级非物质文化遗产名录。

"转轴拨弦三两声，围成曲调先有情"，凉州贤孝具有极强的生命力与艺术感染力。在凉州，无论是农家院落，还是茶坊酒肆，几乎都能看到这样一幅充满乡土气息的画面：一位双目失明的盲艺人，怀抱三弦自弹自唱，周围或站或蹲或坐，围满了听众，人们在这浓浓乡土艺术的氛围里感受着人世间的酸甜苦辣。

凉州贤孝的音乐保留了许多古老的唱腔曲牌，吸收了凉州杂调和丰富的地方民歌的养分，充满着浓郁的地方色彩。它曲调流畅、富于变化，即兴性很强。凉州贤孝有专门的曲调，演唱时，先调弦，再拉"过门"，用八谱儿起调，再变换调子，不过它的调根据不同内容而定，有的一调到底，有的中间换调，悲剧内容，则用散板。凉州贤孝常用的曲调有：招徕观众、烘托气氛的"光调过门"；赋比起兴、预示情节的"开篇越音"，交代事件发展的"光调"，引向高潮、字字紧扣的"喉音"，扣人心弦、催人泪下的"悲音"，悲愤欲绝或诙谐逗笑的"花调"。内容与曲调的和谐统一，极大地丰富了凉州贤孝，使其具有永久的魅力。

三、少数民族民间说唱

甘肃是少数民族民间曲艺资源大省，其原因有二：一是甘肃少数民族民间曲艺的历史源远流长，曲艺品种繁多；二是甘肃自古以来就是一个多民族聚居的地区，是中原文化和少数民族文化、中国文化与西方文化交融、荟萃之地。

（一）裕固族民间说唱

1. 裕固族弹唱

裕固族弹唱是裕固族民间弹唱形式，它一直和萨满教联系在一起，尤其和自然崇拜关系密切。如裕固族在婚礼上弹唱的曲目《阿斯哈斯》便是如此。裕固族弹唱曲目内容可分为两大类：一类是关于民族历史的叙事，如《尧熬尔来自西州哈卓》，它叙述了裕固族的祖先在明朝因发生宗教战争而导致民族灾难，被迫从新疆吐鲁番一带向甘肃祁连山附近迁徙的艰难经历，反映了裕固族人在途中与追兵、风沙、严寒、饥饿作斗争的艰苦历程；另一类是反映爱情生活的曲目，如《黄岱琛》等。

2.《格萨尔》说唱

《格萨尔》说唱是流传在裕固族中的一种民族民间说唱形式，其说唱内容与藏族《格萨尔》说唱有一定区别。1958年以前，在东部裕固族地区多有《格萨尔》手抄本流行。民间艺人在说唱时，用裕固族语说散文部分，用藏文唱韵文部分，然后用裕固族语对韵文部分进行解释。而在西部裕固族地区流传的《格萨尔》多和裕固族的剃头、剪鬃等仪式相结合。裕固族有一大批优秀的民间弹唱艺人，珍贵的裕固族文化艺术也正是因他们代代传唱才能流传至今。其中著名的老艺人有恩情卓玛、白斯坦等。新中国成立后，又涌现出不少优秀的人才，如红山赤罕、安玉香等。

（二）回族民间说唱

1. 河州打调

河州打调是盛行于甘肃临夏市的一个回族民间说唱曲种，有着浓郁的民族与地方特色。它的形成与临夏市回族、东乡、保安、撒拉等民族的历史相关联，同时也在一定程度上受到汉族民间文化的影响。河州打调的曲目多为民间趣味性、娱乐性和部分叙事性作品。它产生的历史较晚，最早流传的曲目《马五哥和尕豆妹》也不过100多年的历史。但它流传之广、发展速度之快，主题之鲜明、丰富及本身所具有的艺术魅力，使它被人们视为中国少数民族民间说唱曲目中的优秀作品。

2. 回族的"讲故事"

回族的"讲故事"，是甘肃回族群众所喜爱的又一种民间说唱形式，它是伴随着回族的产生而发展的。回族的讲故事不同于汉族的说书，不设专门的书场，多以家庭为场所，由年长者来讲述。"讲故事"的书目内容，涉及回族人民日常生活的各个方面，有生产劳动、社会关系、家庭生活、宗教信仰与宗教实践活动等。这些书目在表现手法上或赞美歌颂，或讽刺嘲弄，幽默诙谐，塑造出一个个鲜活的艺术形象。

（三）东乡族民间说唱

在长期的历史进程中，东乡族人民创造了自己丰富的民间说唱艺术，如"颂曲""哈利"和"打调"就是其中较为成熟和典型的民间说唱形式。

1. 颂曲

颂曲，是用东乡语吟诵的叙事体作品的曲种，无伴奏，形式较为自由，中途换韵较多。颂曲一般只有两个曲调，即五声宫调式和羽调式，旋律根据出场的长短变化自由伸缩，两段旋律不断交替反复，吟诵很强，至今流传的具有代表性的曲目有《米拉尕黑》《战黑那姆》《诗司尼比》《和哲阿姑》《葡萄娥儿》等，均属中、长篇。其中《米拉尕黑》世代相传，经久不衰。

2. 哈利

哈利，是东乡族专门用来在婚礼上演唱的一种曲调，类似汉族的小曲。哈利的曲调较为短小，唱词围绕庆贺、祝愿即兴而作，可长可短，但每段的第一句必须唱"哈利姆"三个字，并按拍子击手掌、手臂，带有舞蹈动作。演唱形式，是由一位"拿杜赤"（即民间艺人）领唱，前来贺喜的亲友、宾客伴随合唱。

（四）藏族民间说唱

甘肃藏族的《格萨尔》说唱作为一个独特的民间曲种流传至今。《格萨尔王传》是一部结构宏伟、卷帙浩繁、世界最长的英雄史诗。在甘肃藏区除《格萨尔》说唱外，还有一种弹唱形式，即"龙头琴弹唱"。艺人弹奏阿里琴（六弦琴，俗称龙头琴），自弹自唱，在广阔的草原上四处游唱。它的文体有三种类型：散文体、散韵体和韵文体。弹唱内容多来自神话传说、史诗故事等。如广为流传的《米拉日巴》《益西卓玛》《卡吉嘉洛》《拉萨怨》《那吉才老》《拉伊勒和降木措》《松赞干布》《卓娃桑姆》等。

（五）撒拉族民间说唱

1. 撒拉曲

"撒拉曲"是流行于甘肃撒拉族聚居区的主要民间说唱艺术。撒拉曲是用本民族语言演唱的长篇故事，曲调优美，节奏明快，具有独特的民族风格。流传较广、影响较大的撒拉曲曲目有《巴西古溜溜》《撒拉赛西布尕》《阿里玛》等。由于撒拉族长期与回、汉民族交往，受回族民间说唱和汉族小曲的影响，在演唱内容中也出现了如《马五哥和尕豆妹》《孟姜女》《蓝桥相会》等曲目。在撒拉曲曲目中，《阿舅儿》是反映撒拉族人民爱憎分明，对英雄人物寄托希望的现实主义作品。《依秀儿和玛秀儿》是描写撒拉族服饰的曲目，其格律自由，诙谐幽默，节奏轻快，生动活泼。

2. 撒拉族说唱

撒拉族说唱，是撒拉人喜爱的又一个民间说唱艺术形式，他们的许多神话传说故事和童话都是采用撒拉族说唱形式，通过说、唱相辅，长吟低诵等技巧来表现的。代表性曲目有《阿姑尕拉吉》《采赛尔》等。撒拉族说唱的许多曲目的内容和形式，保留了许多中西亚民族文化风格。如《耶尔特仁根冬巴合》，是整个阿尔泰语系各族中共同流传的一个神话传说。

（六）蒙古族民间说唱

1. 乌利格儿

乌利格儿，即蒙语说书，甘肃蒙古族的"乌利格儿"的内容非常丰富，如《江格尔》《格斯尔传》《嘎达梅林》等。这些书目内容无论是英雄史诗，还是历史故事，经过广大蒙古族艺人的艺术加工，其风格都变得精练流畅。其中许多格言、谚语的运用，更使整个作品含义深刻而又浅显易懂。书目中的许多赞词、颂歌的格调凝重，充分体现了蒙古族的文化传统和文化心理特征。

2. 好来宝

备受蒙古族牧民喜爱的"好来宝"以节奏明快、生动活泼、旋律优美、情绪热烈而广泛流行于甘肃的肃北地区。"好来宝"作为一个少数民族民间说唱艺术，其内容特点与其他说唱艺术有所不同。肃北地区的"好来宝"在表演形式上，掺杂了一些新疆民族舞蹈和蒙古族舞蹈的成分，动作性强，在音乐方面又揉进了一些舞蹈音乐的曲调。

甘肃的少数民族以能歌善舞而著称，流传于他们中间的民间说唱艺术，在少数民族的文化发展和历史渲染中起到了相当重要的作用。新中国成立后，甘肃少数民族民间说唱艺术有了长足的进步和发展，也在丰富中华民族绚丽多彩的民间说唱艺术中不断发挥着自己重要的作用。

|第四节| 甘肃民间戏曲

民间戏曲是包含文学、音乐、舞蹈、美术、杂技以及人物塑造等多种艺术形式的综合体，它熔唱、念、做、舞于一炉，以歌舞表演故事内容是基本的特征。民间戏曲是多元的艺术，民间歌舞、说唱和滑稽表演都是主要来源。民间戏曲从内容到形式都展现了民间艺术朴素生动的特色，受到民众的欢迎，表现出强大的生命力。有的从近代发展成为具有全国影响力的大剧种，如梆子、皮黄等；有的则一直以民间小戏的姿态活跃在广大的城乡地区。

我国历史悠久，幅员辽阔，各民族、各地区民间小戏丰富多彩，就剧种来说多达360余种，根据小戏的流传情况和传统称谓可把它分为：花灯戏、秧歌戏、道具戏、道情戏、采茶戏、花鼓戏六个戏种。其中在甘肃流传的是道具戏和道情戏。道具戏是指不通过演员直接扮演，而是将戏曲内容借助人工制作的偶像、皮影或面具来表演的民间小戏，主要有木偶戏、皮影戏、傩戏。道情戏是我国黄河流域流行的一种民间小戏，是在道情说唱基础上发展起来的，主要流传于甘肃、山西、江西、湖北，表现内容以神话传说、历史故事和日常生活为主。

甘肃戏曲是指以敦煌丝路、多民族文化为核心，依托甘肃省文化资源进行创作，具有独特的表演风格、艺术表现力和文化内涵的戏剧，表现了甘肃这方水土和人文精神。甘肃戏曲有道情戏、道具戏、曲子戏、甘南藏剧、高山戏、花灯戏、搬山戏、喊牛腔戏等。外来戏曲剧种有昆曲、京剧、豫剧、蒲剧、越剧等。

一、道情戏

（一）陇剧

陇剧是甘肃独有的地方戏曲剧种。据老艺人的回忆，陇剧原为皮影戏，采用道情唱腔，名为陇东道情，流行于甘肃东部的环县及曲子镇一带。新中国成立以后，开展了对道情音乐的搜集整理活动。1958年建立了专业队伍，专门从事对道情艺术全面的发掘、改革和提供工作，为皮影戏向舞台剧的演变创造了条件。1959年大型古典戏曲《枫洛池》进京参加国庆十周年献礼演唱活动，周总理等党和国家领导人观看了演出，首都文艺界知名人士对道情剧的诞生给予了充分肯定和高度评价，确认了这一新的戏曲剧种，同年年底定名为陇剧，并成立了甘肃省陇剧团。陇剧从此成为甘肃独有的剧种，并以不同于其他任何剧种的独特唱腔，活跃在祖国的戏曲舞台上。

陇剧表演艺术讲求真实，重视从生活出发，以细腻的手法刻画人物的内心世界。陇剧音乐属于板腔体式，分"伤音"和"花音"两大类。商音曲调深沉委婉，适合于抒发哀怨的情感，因此又称"苦音"或"哭音"；花音曲调活泼跳跃，善于表达喜悦的情感，故又称"欢音"。陇剧唱腔没有严格的节拍，比较自由明快，说唱性较强。弹板是陇剧音乐的主要板式之一，板头、大过门规整、四方，唱腔由多种节拍型混合组成，有特定规律。小过门的第一拍，一般都重叠在唱句的末尾上，弹板簧舒展、流畅、优美动听，最有特色，速度一般是中速，更适合抒情和叙事；飞板唱腔和弹板有共同之处，也是由多种节拍型有规律地进行，"簧"简短而有特色，飞板的速度稍快，唱腔更富于说唱、叙事性。伴奏乐器中，管弦乐有四胡、二胡、琵琶、扬琴、笛子、唢呐等，打击乐有渔鼓、简板、水梆子、大锣、小锣、大擦、铰子、堂鼓、战鼓、板鼓、牙子等。陇剧的演唱方式比较自由，曲调流畅，节奏明快，近似说唱。曲调尾首的拖腔叫簧，唱时称"嘛簧"。嘛簧在悠长婉转的拖腔中，众人承接唱词末尾一字帮腔，表演者随着拖腔和帮腔，三摇两晃，把整个气氛推向高潮，韵味浓厚，富有浓郁的地方色彩，它是构成陇剧音乐独特风格的重要组成部分。

陇剧的曲调属于板腔与曲牌相结合的"综合体"形式。多少年来，在几代文艺工作者不懈的努力下，创造出了适合于陇剧演唱的独特的声腔，不仅能表现以"三小"行当（小生、小旦、小丑）为主的悲喜剧、唱工戏，而且能表现形式复杂和题材多样的剧目；还派生了"忆板""二流""紧板""散板""清板""二扭板"等多种多样的板路，丰富了陇剧的唱腔和曲牌。在继承嘛簧唱腔的过程中，还运用了合唱、齐唱、重唱、领唱等形式，从而增强了音乐的表现力，更加具有了感情色彩和时代风貌。在表演形式上，经过长期舞台表演积累，陇剧逐渐形成了具有自身鲜明特点的身段和动作，有"侧身摇晃似柳丝微风飘动""侧身掩泣似擦泪又像掩面而泣"，"睡态"动中求静，"地游圆场""秧歌步"等富有音乐感的身段动作。陇剧表演在借鉴其他戏曲表演形式的基础上，吸收皮影造型、陇东秧歌、地游子等民间舞，提炼加工成具有地方特色的陇剧表演艺术。用语道白更是以西北语系为基础，力求语言大众化。在服装头饰上吸纳了皮影人物和敦煌壁画中的造型，使陇剧舞台美术具有西北民族独有的特点。在演出剧目上，除传统历史剧《五女拜寿》《徐九斤升官记》等外，还推陈出新，改编历史剧《假婿乘龙》《谢瑶环》等，新编现代戏《敦煌魂》《天下第一鼓》《石龙湾》《黄花情》等。经过五十多年的艺术实践，甘肃陇剧已成为中国戏曲百花园中一枝娇艳的艺术之花，1996年入选国家级首批非物质文化遗产名录，在省内外享有较高的声誉。甘肃省陇剧院创作演出的大型陇剧《草原初春》《异域知音》《胡杨河》《官鹅情歌》以及演出拍摄的戏曲电视剧《燕河分波》《望子成龙》等剧目，分别荣获"国家文华奖""文华导演奖"，中国戏剧节"优秀表演奖""曹禺剧目奖"，广电部"飞天奖"，甘肃省政府"敦煌文艺奖"，全国精神文明建设"五个一工程"优秀作品奖等奖项。改革开放使陇剧迎来了新的艺术春天，陇剧和从事陇剧的艺术家们正以新的风姿，奋力开拓陇剧艺术发展的新局面。

（二）道情皮影戏

皮影戏也叫"灯影戏""土影戏"，是用灯光照射兽皮或纸板雕刻成的人物剪影以表演故事的戏剧。皮影戏由剪纸发展而来，起源于陕西西安，最初是用纸剪成侧面人形，后来逐渐以半透明的驴皮、羊皮、牛皮制作，更加结实耐用。剧目唱腔同地方戏曲相互影响，由艺人一边操纵一边演唱，并配以音乐。中国皮影戏距今已有一千多年的历史，以河北唐山一带的驴皮影和西部的牛皮影最为著名。

道情皮影戏，又称陇东道情皮影或环县道情皮影，学术专家称其为"农耕文化的典型艺术形态，道教文化的民间流传，黄河流域、黄土高原上保留最完整的原生态艺术群体"。环县道情皮影是道情与皮影相互结合的产物，它在数百年的发展演变中，广采博纳，吸取了陕西皮影和本地民歌、小曲的养分，并融合了内蒙古、宁夏、陕北等地的民歌、民乐、说书的艺术形式，最终形成了以悠扬激越的道情为曲调，精雕细刻的皮影为道具，曲折婉转的历史故事、民间传说、宗教民俗为剧目题材，具有惩恶扬善、高台教化作用的戏曲表演形式，它是当地人民群众祭神、娱乐、节庆等习俗活动中不可缺少的民间艺术。道情皮影包含两个概念：一个是道情皮影，另一个是皮影戏演出的道具。皮影戏"一口叙说千古事，双手对舞百万兵"，一靠剧本讲述故事的精彩，二靠完美的影人雕刻造型，三靠艺人优美的道情音乐唱腔和熟练的"挑线"技巧以及伴奏、伴唱、灯光的配合、众人的合作，才能达到完美的效果，给观众以感人的艺术享受。

环县道情皮影是我国影戏的重要一支，在国内外都有一定的知名度。20世纪50年代，环县道情皮影艺人三次赴北京演出，受到党和国家领导人的高度赞赏；20世纪50年代末，环县道情皮影被搬上舞台，成为代表甘肃省的地方剧种——陇剧；1987年环县道情皮影出访意大利演出，被誉为"东方魔术般的艺术"。由于完整保存了中国皮影艺术的原生态，2002年环县被中国民俗学会命名为"中国皮影之乡"。

二、高山戏

高山戏，又名高山剧，是甘肃省主要的传统戏曲剧种，是我国民族地域文化的一种重要表现形式，也是一项宝贵的非物质文化遗产。高山戏演出场地以打麦场、农家院落、庙会戏台、社火戏台为主，村民自编自演。乐器以二胡、打击铜锣、拨儿、牛皮鼓、铙为主，兼有唢呐、三弦、琵琶等。高山戏属于民间小杂剧，是民族乡土文化秧歌的独特种类，发源地为甘肃省陇南市武都区鱼龙镇。1959年以前，当地群众俗称为"演故事""走过场""唱过板"等，1959年10月定名为"高山戏"，1965年后被陆续载入《辞海艺术分册》《中国戏曲文化》《中国戏曲曲艺辞典》等书籍中。

在2006年举行的甘肃省新创剧目调演中，陇南市"五一"剧团创作演出的现代高山戏《山村别》和《醉虎》，又把这一古老剧种的改革和创新向前推进了一步。陇南米仓山系高山地带，有一种民歌，当地群众叫"哟嗬嗨"，大约从明朝末年开始人们就用它来演唱故事，这就是高山戏的起源，当地人称它为"唱秧歌"或"演故事"。经过漫长的岁月锤炼，经作曲家马延恒、张治平、杨鸣健、李彦荣等的挖掘整理，高山戏的唱腔和表演不断丰富，音乐唱腔有"开门帘""过板""哭腔""曲曲""花花""要要""二簧""十二将""盏盏"等十余类，曲调高亢挺拔、活泼明快、委婉悠扬。其舞蹈表演具有"跳""摇""扭""摆"的特点，男的表演以"跳""摇"为基本动作，粗犷豪放；女角表演以"扭"和"摆"为基本动作，质朴飒爽。因陇南接近陕西和四川，所以高山戏的唱腔和表演兼有秦剧和川剧的特点，适合表演各种人物性格和思想感情。

新中国成立后，高山戏获得了新的发展机遇。1975年，陇南市"五一"剧团创作、排演的现代高山戏《开锁记》参加了全国文艺调演，使陇南高山戏走向全国，从此，高山戏被确定为我国360多个剧种之一。高山戏传承剧目（故事）达600多个（折），原创曲牌300多种；句式简洁明了，优美自然；人物服饰独具特色；表演有"四功""五法"的基本要求，也有独特的风格。高山戏发展到今天已经走向成熟，已经有了比较完整的唱腔体系和表演程式，不仅能演历史剧，而且能演现代戏；不仅能演折子戏，而且能演大本戏。高山戏的唱腔和表演好听又好看，极富表现力和感染力。

三、陇南花灯戏

陇南花灯戏流行于甘肃省文县玉垒一带，由当地社火小戏演变而成，它约出现于明末清初年间，距今已有300多年的历史。因为花灯戏最初在每年春节到正月十五期间演出，台前台后总要挂满乡村群众自己制作的各色彩灯，与歌舞交相辉映，"花灯戏"便由此而得名，因为它最早出现在玉垒一带，又称它为"玉垒花灯"。

文县地处甘肃省南陲，和四川接壤，这里的先民有许多是从四川迁居过来的，最早的花灯戏就是从四川带来的一种小秧歌剧，剧情比较简单，人物不多，唱腔也较单一。在长期的流传过程中，经过老艺人的不断丰富完善，在表演程式上借鉴了秦腔、川剧等特点，溶进了陇南地方民歌、小曲音乐和表演形式，从最早的秧歌剧中脱颖而出，生、旦、净、丑角色齐全，成为陇南独特的民间戏曲。花灯戏唱腔高亢、委婉、明朗，既有陇南民歌的特点，又有很重的"川味"，它的唱法也比较独特，没有秦腔那样的板腔，而是由角色腔加各种感情腔和民歌小调共同组成。花灯戏取材广泛，较多源于民间日常生活和爱情故事，也有不少神话传说和历史故事题材，剧情曲折生动，风格质朴、简洁、风趣，为群众喜闻乐见，具有较强的大众性。陇南花灯戏的伴奏乐器以大鼓、大锣、大拔、本筒子、胡琴为主，演员均为男性，主要演员角色往往由当地头面人物担当。玉垒坪的花灯戏业余剧团现有40多本（折）剧目，其中有些剧目是其他剧种失传的，是珍贵的戏剧资料；有些则是民间艺人的创作，如《百花楼》这出戏不知起自何时，却由花灯戏老艺人口头相传，至今久演不衰，深受群众喜爱。

陇南花灯戏除了演出传统剧目外，还先后移植演出了新编秦腔现代戏《三世仇》等，创作演出的现代小戏有《春满人间》《茶山春早》等。花灯戏演出场地灵活，由舞台演出到农家院落，由固定场地到逐户演出，将欢乐和祝福送到百姓家中，真正体现出花灯戏浓厚的乡土味和花灯戏来自民间、扎根民间的艺术本质。

近年来，陇南花灯戏得到当地政府部门和上级文化部门的重视和保护，使陇南花灯戏剧目不断丰富，唱腔更加优美动听，表演技巧更加精湛，昔日土生土长在深山之中的陇南花灯戏已作为一种独立的地方剧种屹立于甘肃戏坛。

四、曲子戏

（一）华亭曲子戏

小曲是民歌的进一步发展，用乐器伴奏，加入过门，实际上是艺术化的民歌。小曲又叫小令和杂曲，之所以称之为小曲，是相对于戏曲而言，指它的表演形式比较简单，华亭曲子戏正是如此。

甘肃省的华亭县，山川纵横，沟壑交错，水系密布，林茂草丰。自古以来，因交通、信息闭塞，独特的地理位置使民间小戏曲曲子戏得以保存与传承。无论春节时分还是农闲之余，只要在华亭，随时随地都可听到古朴苍劲、韵味悠长、原汁原味的华亭曲子戏。华亭曲子戏，是流传于甘肃省平凉市华亭县的民间传统戏曲，因流传地域不同，又称"小曲子""笑摊""地摊""信子腔"等。华亭曲子戏源于宋元，盛于明清及民国。华亭曲子戏唱腔属联腔体，即由众多的曲牌连缀而成，从内容上分为正剧、喜剧和悲剧。曲子以《前月调》《后背宫》曲牌开头，以《月调尾》收场，在剧终唱词中报剧名，一唱到底。唱词的长短句及宫调，具有元曲、宋词遗风，保存了曲艺向戏曲蜕变的痕迹。

华亭曲子戏的剧目全是折子戏，情节简单，自娱自乐。戏功主要在表情或行为动作上，没有武打戏，表演无固定程式，旗为轿、鼓为磨、鞭为马、帐子为床。行当分为生、旦、丑；乐队分文武，文乐队有三弦、板胡、二胡、笛子、低胡，武乐队开场锣鼓打场子，演唱以"四页瓦"（自治的打击乐器，用竹板制成，类似不穿绳的快板，两手各执一副，敲击节奏，声音清脆响亮。）、甩子（碰铃）敲击节奏；演出形式有舞台演出和地摊坐唱两种。舞台演出俗称"彩唱"，有文武场和服装道具，道白用当地方言，表演要求旦角扭得欢，走得飘，舞蹈轻盈活泼，形象鲜活而生动；丑角则需要幽默诙谐，滑稽伶俐。地摊坐唱俗称"清唱"，不受演出场地的限制，不需要服装道具，只要演唱者嗓子好、音准好、曲调多、板路稳就可以随时随地演唱。曲子戏艺人基本以当地农民为主，采用本嗓演唱，声音质朴自然、苍劲有力，紧贴当地方言音调。华亭曲子戏仍然沿用民间音乐的一贯传承方式，以口传心授为主，一般为家传，也有少数为师传。

华亭曲子戏主要在农历正月和婚丧及庙会时演出，它活动的范围很广，城镇的大街小巷，农村的村社到家庭院落都有华亭曲子戏表演。表演以具有华亭地方风情的念唱、秧歌小调、狮子旱船、民间舞蹈为主，包括吹拉弹唱，说丑、遛丑等这些不可缺少的角色。华亭曲子戏因多在正月里表演，所以早已与社火表演融为一体。曲子戏开演之前，会先来一段红红火火的舞狮表演，表演前后春官（专门在演出前后为观众奉送风趣幽默的吉祥祝词的角色）都会和着锣鼓说春，祝福人们吉祥如意，健康发财，来年五谷丰登。古老幽远的曲子戏，已经在社火表演中占有主要位置，也被新一代民间艺人赋予了新的内容，达到了古韵新唱的奇妙结合。

多年的历史沉积和文化蓄养使曲子和华亭人民群众结下了深厚情缘，这种情缘也成了曲子戏蓬勃发展的力量源泉。朱栋苍先生编著的《华亭曲子戏研究》，收录民间优秀传统段子40出、曲调46支，从根本上解决了华亭曲子戏零乱、无据可查的问题。从2006年华亭曲子戏被列入国家级第一批非物质文化遗产保护名录，华亭曲子戏开始了从乡村走向城市，从地方走向全国的新征程。

（二）陇中小曲

陇中小曲简称陇曲，又称小曲子、弦子腔，它流传于甘肃省境内以及新疆、青海等地，尤其盛行于陇中及周边地区。陇中小曲是陇中劳动人民在生产生活实践中发展的地方戏曲。陇曲的发展也经历了一个漫长的过程，它起源于上古代的祭祀颂唱和劳动号子，成形于唐宋，兴盛于明清和民国时期。在敦煌莫高窟发现的曲谱中，就有唐宋以来的一百多首与陇曲相关的曲调。

据史料记载，甘肃最早的曲子戏班是明代万历年间（1573—1620年）清水县远门乡和天水北道等地成立的戏班。从清代咸丰二年（1852年）起，三阳川陈家的"秦州魁盛社"，临洮辛甸的"百子社"等戏班广泛兴起。民国以后陇曲开始盛传于甘肃全省及其周边区域（如新疆、青海等地）。新中国成立初期，定西陇中小曲艺人张继业的三弦演奏曾获甘肃省第一名。陇中小曲的发展因受各地文化传承差异性的影响，在内容和形式上存在一定的差异，名称也都冠以本地地名，如定西小曲、通渭小曲、马营小曲、兰州鼓子、武山秧歌等。

陇中小曲的唱腔独特，表演时，前台有表演，后台有帮腔，热闹红火，时而高亢，时而低沉，音轻字重，吐字清晰；梆子为板，铜铃栘鼓为眼，板中有眼，节奏明快；音乐过门中伴有渔鼓、京钗、小锣、饶鹏、战鼓、堂鼓和吊钗等，对表现戏剧内容赋予更加强烈的艺术效果。小戏（也叫秧歌戏或折子戏）是陇中小曲中流传最为广泛、内容最为丰富的剧目，在形式上短小精悍，大多一曲一调，代表剧目有《张连买布》《大保媒》《周文送女》等。陇曲小调来源于民间的即兴演唱，经过不断地艺术加工和传承，逐渐由即兴演唱变为舞台表演，形成一种独特的艺术形式。代表曲目有《五点红》《六月花》《放风筝》等几十首，它的表现形式灵活多样、不拘一格，成为陇中小曲不可分割的组成部分。

20世纪60年代中期开始，特别是改革开放以来，陇中大地上出现了许多挖掘整理陇中小曲的民间艺人，其中"农民陇曲艺人"刘山三（刘福）所取得的成就最为突出。

刘山三陇曲剧团先后成功地将《合凤裙》《走雪》等陇曲传统本戏，《兰桥担水》《牧牛》《下四川》《营功传》等近百个陇曲传统小戏和小调搬上了舞台，还成功地移植演出了《逃国》《断桥》《二进宫》等10本观众喜爱的秦腔剧本。他编创和导演的陇曲剧目，深受广大群众的欢迎，赢得领导、专家和观众的高度评价。2009年，刘山三带着陇曲走上了中央电视台"艺术人生"的舞台。

（三）敦煌曲子戏

敦煌曲子戏是敦煌独有的地方戏种，也称"小曲戏""小调戏"，它源于明清时期的民间俗曲。曲子戏的唱腔都属联腔体，由众多的曲牌连缀而成，在发展过程中又吸取了秦腔、眉户的艺术成分。清末至民国是敦煌曲子戏最为盛行的时期，村村都有自发组织的曲子戏班，并涌现出了较有影响的曲子戏演员，如东牛、西牛、换柱子（均为艺名）等。早期，曲子戏只是人们在劳作之余，三五个人凑在一起敲碟打碗的一种清唱，敦煌人把这种清唱称为"地摊子"。当闲暇时间的清唱有了三弦等乐器的伴奏、有了一定的曲调和服饰，不同州县的民间口头说唱艺术便最终融合成了曲子戏。

敦煌曲子戏剧目题材广泛，包括社会生活的方方面面，许多作品歌颂真善美，鞭挞假恶丑，为研究千百年来敦煌社会风貌、风土人情、乡俗民规、婚丧嫁娶提供了生动、丰富、翔实的资料。敦煌曲子戏的音乐唱腔吸收了陕西秦腔、眉户及甘肃各地曲子戏的各种曲调，是在民间音乐的基础上，发展形成的曲牌体戏曲音乐。曲子戏包容了文学、音乐、舞蹈、曲艺、特技等各种艺术成分。敦煌曲子戏流传下来的剧目著名的有《小放牛》《老少换》《磨豆腐》《绣荷包》《打懒婆》《两亲家打架》《刘伙计算账》等50多本。剧本短小，情节曲折，语言生动，幽默滑稽；曲调优美动听、风趣别致，欢调使人兴奋无比，悲调催人泪下。敦煌曲子戏的伴奏音乐同其他剧种一样也有文场和武场之分，文场乐器主要有三弦、二胡、板胡、唢呐、扬琴、竹笛、捧子，武场乐器有小锣、鼓、铙钹、勾锣、梆子、牙子等。在敦煌曲子戏中，器乐伴奏具有重要的作用，伴奏的主要任务是衬托唱腔，只有演唱和器乐伴奏两种有机结合，才能使音乐更加动听，更加完美。敦煌流行的民间小调内容丰富、语言通俗易懂、对白诙谐、唱词浅显、生活气息浓厚。从表演形式和曲调来看，它是构成敦煌曲子戏的重要部分。

敦煌曲子戏是蕴藏于敦煌民间、口耳相传的一种文化样式，是一种从古到今伴随敦煌人民一起走来的活态文化，表达了人们生活中的喜怒哀乐，在长期流传过程中，形成了独特的地方戏样式风格，是敦煌艺术百花园中一枝珍贵的民间艺术奇葩。2006年，敦煌曲子戏被列入第一批国家级非物质文化遗产名录。

五、甘南藏剧

甘南藏剧是甘肃少数民族戏剧艺术的主要代表，是藏民族文化艺术的结晶，也是藏汉文化艺术交流、融合的集体成果的体现。作为甘肃多元民族文化的甘南藏剧，主要流布于以藏传佛教格鲁派六大主寺之一的拉卜楞寺为核心的安多藏区。甘南藏剧曾被称为甘南藏戏、安多藏戏、"南木特尔"藏戏等，是中国藏戏艺术系统中具有鲜明艺术特色和价值的主要分支，也是甘肃少数民族戏剧发展最完善、文化底蕴最深厚的独特剧种。著名的剧目《松赞干布》《智美更登》《格萨尔王》最具代表性。另外，拉卜楞寺的宗教仪式剧《米拉日巴劝化记》尤为引人注目。

第七章
甘肃民间
舞蹈

| 第一节 | 民间舞蹈

民间舞蹈是一种文化现象，它用人类自身的形体动作和思想情感表现社会生活。早在史前时期，我们的祖先就用手之舞之、足之蹈之来表达他们最激动的感情，舞蹈活动几乎渗透到劳动、狩猎、争战、祭祀等一切领域。植根于陇原人民生活沃土中的民间舞蹈，如顶碗舞、太符舞、蜡花舞、夹板舞等，经过数千年的传承演变，至今仍流传于各民族群众生活中，表演形式、风格特色及其内容所折射的文化内涵，涉及民族历史、宗教信仰、生产方式、风土民情、道德伦理、审美情趣等各个方面。甘肃民间舞蹈在其传承、发展过程中，大量吸收和借鉴戏曲舞蹈、武术、杂技等民间艺术的元素，不断充实、完善自己的表现手段，成为人民群众最为喜闻乐见的艺术形式。

一、汉族民间舞蹈

（一）民乐顶碗舞

据《民乐县志》记载，汤庄顶碗舞最早为清乾隆年间民乐汤庄驻军梁军门部队所留传，传承人汤贤才对顶碗舞逐步进行完善，教会了许多同村人。新中国成立后，顶碗舞已趋于成熟，除汤庄村外，十里八乡的群众也都跳。近几年，经文化部门的保护及挖掘创新，使其成为具有地方特色的民间舞蹈。

民乐的顶碗舞更加注重享受社火的热闹和场景，当地顶碗舞特点是融舞蹈与杂技为一体，舞姿潇洒，造型优美，技巧娴熟，起卧自如，舒展大方，通过走、跳、站、跪、爬、滚、翻等高难度动作变换出各式优美造型；道具简单，只用二碟、一碗、一双筷子、一根竹条，少至一人，多至成百上千人，男女老幼、台上台下均可表演。表演时，舞者头顶瓷碗，口衔竹条，两手各拿一碟一筷，筷子两头各系一铜铃红穗，舞时磕动"口条"敲击头上的瓷碗。同时，用筷子击碟，表演各种舞蹈动作，碗却始终稳稳地"端坐"在舞者头上。传统的民间舞步，以秧歌十字步为基调，再配以"三步一抬""梭子步""垫步""斜后点步"及"云步"的交叉使用，使场面的变化更加丰富多彩，舞蹈的地方特色更加浓郁。民间艺人在顶碗舞流传过程中，巧妙地收集了断断续续的音符，逐步形成了独特的顶碗舞音乐风格。演奏乐器主要有笛子、唢呐、板胡、二胡、三弦、笛子、梆、钹、碰铃、锣、鼓和京嚓，表演时敲击碗、碟的声音此起彼伏，舞乐浑然一体，过门如微波荡漾，高潮如排山倒海。表演者不知道"编钟"的奥妙，却用碗筷演绎了"编钟"的真谛。曼妙的乐曲，表达了人们对美好生活的向往。

顶碗舞在民间广为流传，群众自发组织，自发编导，院落锣鼓声声，雪地上舞步翩翩，亲朋好友聚会、闺女出嫁之时，也常以此助兴。多年来，顶碗舞的旋律一直在偏僻的山乡流传跳跃，其艺术生命力犹如祁连山泉一样源远流长。

（二）太符灯舞

太符灯舞，甘肃省非物质文化遗产，是流行于甘肃省榆中县和平镇马家山村的一种民间舞蹈，一般用于社火表演。太符灯舞于2007年榆中县进行非物质文化遗产普查时被发现，是一种罕见的民间舞蹈。

太符灯舞其实是一种流行于民间的社火表演形式。太符又称"虎符"，是古代君主传达命令或征调军队用的一种信物。其整体是一只铜铸的老虎，被一分两半，一半留在皇帝手中，另一半发给地方官吏或统兵将帅。太符灯舞表演时，表演者一手持符，一手持灯，穿着红、黑两种颜色的长袍"将襟"戏装，头束"扎巾"，下颌戴着留开嘴的"张口胡子"。其戏装底色为龙形图案，压白边条，紧袖黑靠，腰间束一黄缎带并挽一绣球，头上还有两朵云头形成纸花，象征着"两道符"。演员们的化妆也非常讲究，太符灯舞的角色分为红、黑两种，红角色画红妆，黑角色画黑妆，采用了戏剧中的"二花脸"的画法；脸谱图案为"太极图"形，眉上画的是变形的太极图，用红色表达角色奔放豪气的性格特点，黑色表达勇猛刚直的性格特点。演员右手执太符，代表威猛和正气；左手执花灯，代表喜庆和祝福。只见他们身体前倾，做出弓箭步的动作，然后在吸腿跳步时，向内旋脚触地的瞬间，右手的"虎令"从体前上举，左手的花灯同时向后远伸，右手"虎令"摇动。这样的动作向东南西北方各做一次，称为"破四门"。

太符灯舞一般从每年的腊月初进入道具制作或组合排练，正月初一在村庙"点蜡上香"，祈祷新的一年里"五谷丰登，人畜平安"，然后开始在附近串村表演，正月十五结束。

太符灯舞的艺术表现特征，一是有明显的力量或威猛的象征意义，借"太符"去"驱逐邪魔，祈求太平"。二是舞蹈的肢体语言以虎气和柔美见长，动作舒缓，刚柔并济，表演形式紧扣主题。三是戏、歌、舞三位一体，还有武术、舞蹈、戏剧的统一。其风格古朴粗犷、简练夸张、形象传神。动作多为顺拐、屈膝下沉、含胸挺腹，沉而不懈，硬而不僵。音乐伴奏以锣鼓拔为主。

（三）秦安蜡花舞

蜡花舞是甘肃省天水市秦安县传统的民间舞蹈，始于盛唐时期，来源于辞赋，逐渐由清唱演变为民间舞蹈，多在夜间演出。演出时表演者手托花灯，内装点蜡烛，故称蜡花舞。蜡花舞伴奏曲为带有江南韵味、典雅细腻、优雅委婉的秦安小曲。翩翩起舞的舞姿，配以抑扬顿挫的古曲，深受广大群众的喜爱。蜡花舞表演以行为主，少者十多人，多者近百人。舞蹈队由少女组成，表演时她们身穿大襟云边彩裙或色泽鲜艳的百褶长裙，左手托着荷花蜡烛灯，右手挥动丝折扇，舞队款步轻摆，翻转穿插；彩扇高旋平摆，花灯高托低绕，恰似花潮起落，以此表达人们喜庆丰收、国泰民安之情。

蜡花舞的伴唱为秦安小曲中的老调和花调，以老调为主，歌词有大乐调（唱一个完整的历史故事）和小兵调（以情调、民歌为主）两种，曲调高亢而通俗，旋律简洁而丰富，唱法柔媚雅致。唱腔采用秦安当地方言土语，唱腔曲调丰富，既有"文人雅士"的清雅格调，又大量保存了明清俗曲的"原始基因"。秦安蜡花舞多以农村社火的形式在家庭院落及村庄公共场所表演，长期以来主要是以自娱自乐的方式在民间流行，一直以自身的本真样式自然存活于民间，是典型的"原生态"民间舞蹈形式。1957年，由秦安县郭嘉镇郭嘉村农民董烈儿、郭遂世、赵改儿、李珍英、郭存生、宋林林六人组成的蜡花舞表演队，代表甘肃省赴京参加了中国第二届全国民间艺术观摩汇演，他们的精彩表演赢得了首都观众的好评，并受到了周恩来、朱德等国家领导人的亲切接见。此次汇演获得二等奖，随后他们应邀参加拍摄了电影《万紫千红》等影视剧。

蜡花舞是秦安人民表达爱憎和抒发情感的重要载体和手段。它独特的舞蹈和伴唱内容，蕴含着秦安人的审美情趣、精神信仰和价值取向，表现出当地人在衣食住行等方面的美好追求，具有作为人类学、民俗学和美学等研究素材的重要价值。

（四）秦州夹板舞

每年正月初九举办的"朝山会"是天水特有而古老的民间庆典，相传农历初九是玉皇大帝的诞辰，天水市民都要去"朝山会"，这已经成为一种习俗。在这流传久远的民俗文化活动中，最具特色的应属秦州夹板舞。夹板舞俗称"打夹板"，是古老又独特的乐舞，是祭神古乐的延续。它直接、生动，极富感染力，最直观地表现了当地人民的气质、性格、生活方式、物质文化、生存状态乃至宗教信仰。

秦州夹板舞属民间舞蹈范畴，是由数十名身着青衣白云边、腰系彩绸带、头结布巾的男子，手持云阳板，在黄罗伞盖、飞龙旗、五色旗的引导下，在锣鼓、吹奏乐的伴奏下，在震耳欲聋的铁炮（自制等）声中起步，列队沿街行进表演的一种民间舞蹈。夹板舞的主要道具夹板亦称"云阳板"。天水朝山会所用的夹板约有一尺五寸长，用红椿或槐木制成。打夹板过程中，附有旋转的特技，具有刚劲的秦风，噼啪作响的夹板伴以鼓、钹、锣、箫、唢呐等民族吹打乐，显得粗犷豪放。天水是秦人的发祥地，而那一袭黑衣黑裤，雪白绸带束腰的秦州夹板舞队伍，神情肃穆，动作简洁，起、承、转、合，举手投足间无不透露着一股秦风古韵，彰显着西北人的豪情壮志。

（五）陇西云阳板舞

陇西云阳板舞是陇西县民间团体舞蹈，以柔美矫健、干脆飒爽的表演风格著称于世。板长约三尺，宽二寸五，四片为一副，内贯铜钱，装饰有精美图案，拍击脆响，是表演者手持的道具，此舞道具得名于传说中八仙之一的曹国舅所持法宝"云阳板"。每年农历四月初八，陇西仁寿山都要举行万人朝山盛会，云阳板舞便是"朝山会"的主要内容。城里各村都要组织云阳板表演队上山表演，表演队一般由八人组成，队员都是挑选出来的有武术特长的青年。

他们头梳双鬟，身穿五彩斑斓、类似仙童的装饰，披云肩，系战裙，足登蓝线编织的战鞋，足尖一颗大红缨，步履轻盈，装束洒脱。舞者手持云阳板，双手均持两片下端，排成双行，两人一列，作对称式挥舞行进。旗队前导，锣鼓队伴奏，舞者随锣鼓节奏，大跨三步向前对齐，拍板举出"人"字形时，一足蹬空鹤立，接着大锣"咣"的一响，足即落地，舞板随着"啪嗒"，节奏整齐，极有韵致。时而舞板着地，铿锵有力；时而舞板互拍，金戈齐鸣；时而舞拍划空，风声呼啸，好似天兵天将下凡、八阵图再现，令人眼花缭乱。后经提炼改编，云阳板舞已演变为人民群众期盼风调雨顺、国泰民安和表达吉祥如意等美好愿望而跳的一种舞。从唢呐吹奏的乐曲看，音乐采用的是典型的中国民族五声调式，而且与道教活动极为接近。由此可以看出，陇西民间"朝山会"中，既有道教内容，也含佛教成分，这是陇西民间信仰中佛道交融的历史造成的。

多年来，陇西县组织专人对云阳板舞进行了挖掘整理，重新演练，并组建了100多人的陇西云阳板舞演出队，多次参加国家和地方的重大活动。改编后的陇西云阳板舞继承了单手鞭杆、双手鞭杆、扑手亮相、小道花翻身、飞脚卧鱼、吸腿探海、交叉对板、互相对板和绕身转板等传统云阳板舞蹈的动作和步法，表现了黄土高原民间舞蹈的风采。全部舞蹈由祈雨、丰收和欢庆三篇组成，祈雨篇表现劳动人民希望风调雨顺的美好愿望，再现了人民群众辛勤耕耘、引水灌溉、克服困难的情景；丰收篇表现了劳动人民用勤劳和智慧换来丰收的金秋；欢庆篇展现了陇原儿女祝福的壮丽图画。陇西云阳板舞2012年代表甘肃省参加第九届中国民间艺术节，获民间艺术最高奖"山花奖"，广场舞比赛银奖。

二、民间鼓舞

甘肃人民对具有豪迈气势和号召力的鼓舞，情有独钟。至今甘肃各地均有不同风格的鼓舞流传，最具代表性的有气势磅礴的兰州太平鼓舞、武威攻鼓子舞，还有小巧俏丽、边唱边跳的旋鼓舞，以及颇具羌族遗风的西和羊皮扇鼓舞等。鼓的形制也极其丰富，既有安放在座架上的大鼓，舞者围着大鼓，边击边舞，鼓声隆隆，如雷贯耳；也有背在身上腰间、形如冬瓜的小鼓等。从大地湾延续而来的八千年的中华文明史上，"鼓"伴随中华民族一路走来，是民族不可或缺的礼器、神器和乐器，与中华民族礼仪、庆典、祭祀、娱乐和劳动生活乃至战争活动密不可分，具有特殊的中华精神内涵与文化象征意义。

（一）兰州太平鼓舞

太平鼓舞是一种传统鼓舞文化艺术，已有六百多年的历史，素有"天下第一鼓"之称，流传于兰州、永登、酒泉、张掖、靖远等地。木质鼓身彩绘龙狮，牛皮鼓面皆绘太极，鼓身重十数斤不等。表演者左手扣环，驾驭鼓身，右手持鞭击打鼓面，身法刚健多变，节奏时缓时骤，鼓阵开阔进退，鼓声雄浑激越，充盈天地，神似黄河排浪百折不挠，势如万马奔腾惊心动魄，方圆数十里皆闻。每逢大的庆典活动，太平鼓舞表演都是整个活动的高潮部分，具有浓厚的西北特色和艺术魅力。

太平鼓有"大轿迎宾""黄河儿女""擂台比武"等多种表演形式。鼓队有24～28人，多的达到108人。鼓手在领队的号令下击锣伴奏，队形不断变换，一会儿是"两军对垒""金龙交尾"，一会儿是"车轮旋战""跳打""蹲打""翻身打""岸打"等。太平鼓表演的基本步有闪、展、腾、挪、翻、转、跳、跃等。兰州太平鼓经几代民间艺人和艺术工作者的编排、加工和完善，逐渐形成了高鼓、中鼓、低鼓三种基本打法，在此基础上揉进戏剧架子功技法和武术技法，加强节奏的变化，单一的太平鼓击鼓节奏衍出轻、重、缓、急的不同打法，队形变换也更加流畅。鼓锣、钹新技法的编排使兰州太平鼓更加音乐化、美术化、舞蹈化和个性化，在继承的基础上有了合理的发展。高鼓打花样，中鼓打技巧，低鼓打深沉，当锣鼓响完，鼓手围圆，先打"鹞子翻身"，一层、二层、三层，层层开花，象征我们的事业兴旺发达；鼓手们打"黄河激浪"时，他们轮番将鼓抛向空中，一层落下，一层又起，大浪滚滚齐头并进，从不同的角度表演黄河汹涌澎湃不可阻挡的气势。其他阵法还有鹰击长空、响雷惊炸、四门、三阳开泰、铁臂合围、万马奔腾等。兰州太平鼓除了有以上鲜明的特征外，还有一个重要的特征：具有艺术创作的想象和创作空间，通过传承和创新，使太平鼓具有了强烈的时代性和艺术观赏性。2006年5月20日，兰州太平鼓经国务院批准被列入第一批国家非物质文化遗产名录。

（二）武威攻鼓子舞

一队身着黑色古装的武士，随着一阵由轻而重，由缓而急，初似铮纵泉流，渐如惊雷奔电的隆隆鼓声，击鼓起舞，将观众带入金戈铁马的古战场中，这就是号称西部鼓魂的武威攻鼓子。

攻鼓子舞，又名武威攻鼓子、凉州攻鼓子，是流行于甘肃省武威城北四坝镇的一种民间鼓乐舞蹈形式。攻鼓子舞是汉唐军旅出征乐舞的遗存，是古代生活在河西地区的月氏族或乌逊等某个少数民族的一种鼓乐舞。攻鼓子舞不同于一般的"腰鼓"和"太平鼓"，但又融合了腰鼓的灵秀和太平鼓的浑厚，更显洒脱和豪迈。除了鼓法不同，表演者装束也不同，攻鼓子舞表演者黑衣白扣，俨然是古代的武士。传统的攻鼓子舞一般由20人组成，头戴黑幞帽，左右两侧插上野雉翎，美其名为"招子"，下穿灯笼裤，完全一副"夜行侠"的装束。鼓长约30厘米，直径20厘米，表演者击鼓跳舞。大鼓作为打击乐伴奏，舞蹈队形变化复杂，动作刚劲有力，在鼓与舞中自成一体。

攻鼓子舞讲究打鼓时要手到、眼到、神到，而且要仪表潇洒、干净利落、稳健大方。"猛虎出山阵""双将对斗阵""四门兜底阵""四方阵""四龙阵"等队形变化万千，气势恢宏；"雄鹰展翅""战马凌飞""鹞子翻身""凤凰三点头"等舞蹈动作令人目不暇接，叹为观止。攻鼓子表演的布阵，有"几何""拉花""拜坛""祭阵""连套""对攻"等十多种阵势。舞者时而马步对攻，时而振臂滑鼓，对攻时如龙腾虎跃，反攻时如紫燕曼剪，神情冷峻刚毅，步履沉稳矫健。尤其是"会鼓子"时，数十支甚至数百支鼓队汇聚一起，同击一种节奏，同奏一曲乐曲，同列一个长阵，同做一个动作，阵容宏大，气势雄壮，撼人心魄，表现一支强大的军队在向敌人发起进攻时的气势。2008年，这一武威雄壮、粗犷豪放的民间鼓乐舞蹈，以它鲜明的地域特色被选入国务院公布的第二批国家级非物质文化遗产名录。

（三）天水旋鼓舞

天水旋鼓舞，主要由"武山旋鼓"（俗称"羊皮鼓"）演变而来，流行于天水市辖区的武山、甘谷和秦安各县，主要集中在武山县的滩歌、山丹、北泉一带。初期主要用于祭祀、酬神、赛社等宗教活动，后来逐渐发展为群众性民间舞蹈，俗称"羊皮鼓""点高山"或"扇鼓舞"。其形似扇非扇，如芭蕉叶面，周边用铁圈铸成，单面蒙着羊皮，鼓面直径一般为30厘米，槌柄缀着9枚看似古币的铁环，俗称"九连环"，鼓槌由藤条或羊（牛）皮编织而成。

武山县域在夏、商、周及春秋时代，为戎、羌部落所属。武山旋鼓舞是羌族人在长期农牧生活和民间习俗中形成的以娱神、娱人为内容，以舞蹈、祭祀活动为载体，含历史、宗教、民俗、艺术等多种文化内容的传统民间舞蹈。在宗教祭祀活动中，旋鼓舞的表演形式有两种：一种是站鼓，分坐唱和站唱，以唱为主；另一种为走鼓，即走唱，表演阵形以"太子游四门"最为典型。"太子游四门"由进四门和出四门组成，边走边唱，以舞为主，在整个公祭活动中，羊皮鼓就是活动的核心。舞队人数不限，少则6人，多则可达上百人，但正规的表演，人数多为60多人，以男性青壮年为主。

旋鼓舞表演的典型动作有"喊山岳""千斤压顶""旋风骤起"等。主要特征为：突出舞者的"旋（转）"，有突出的主题音乐，动作刚健，节奏铿锵，具有广泛的群众性和民间传承性；地方特色浓厚，表演时鼓点节奏富于变化，击鼓多以重击、轻击、点击、擦击、弹击和顺势滑击为主；表演内容丰富充实，用幡、旗来占领舞台空间；服装、道具体现了文化内涵；有旋蜗牛、二龙戏珠、旋八字、旋四角、剪子扣、旋麻花、四开门、蛇蜕皮、狮子滚绣球、双凤来朝、鲤鱼跳龙门、韩信点兵等多种队形变化。每年春末夏初，由牧童稚子在各村寨敲鼓先行娱乐，致兴酿潮，端午时节为"旋鼓"高潮。五月初一，四面八方的人们穿着节日的盛装赶到会场，等候各村旋鼓队的到来。旭日东升，装扮好的旋鼓队敲着羊皮鼓汇集在开阔滩地，摆开阵势展示各自的技艺。夜晚来临，各村都要进行"点高山"活动，就是把端午节前全村人准备好的柴垒得很高，全村老少兴高采烈地围着"高山"，由一人扮羊倌模样，领着同伴祭奠山神，祈求神灵保佑，来年五谷丰登。村上德高望重的老人点燃"高山"，鼓手们围着火堆"旋鼓"，往火堆中投"高山馍"，直到"高山"燃尽，方才散去。

武山旋鼓舞以真实淳朴的感情、生动剽悍的舞姿、浓烈的山野风，体现了当地民众刚烈顽强的性格。20世纪80年代，武山旋鼓舞被"丝路风情"摄制组搬上荧屏，故事片

《追索》就以旋鼓舞开场；2000年12月，参加全国第十届"群星奖"广场舞比赛，获金奖；2001年10月，参加了"北京第四届国际旅游节开幕式"表演，并作为我国民族艺术到访日本、韩国等国家。武山旋鼓舞于2008年6月被列入国家级非物质文化遗产名录。

三、少数民族民间舞蹈

（一）特让勒阿其热舞

特让勒阿其热舞是流行于甘肃临夏积石山县的保安族民间舞蹈，一般在婚礼上由众人唱着宴席曲，围着火堆跳起"特让勒阿其热"以向新娘、新郎表示祝贺。这种舞蹈节奏鲜明、豪放，动作简单、明快，舞者上身松弛，双臂自然摆动，双膝屈伸自如，富有弹性，显示出轻盈优美的风格。此舞常以对舞或群舞的形式出现。

（二）宴席曲舞

宴席曲舞是回族民间舞蹈，是居住在甘肃、青海一带的回族群众在婚礼或喜庆日子里表演的一种动作别致、风格独特的民间舞蹈，故名宴席曲舞。宴席曲舞多是载歌载舞的男子双人对舞，具有武术的意味，舞蹈动作粗犷、剽悍。此舞伴奏乐器有二胡、竹笛、打击乐等。

（三）巴郎鼓舞

巴郎鼓舞是土族民间舞蹈。在甘肃省甘南州卓尼县康多乡，每年从正月初八开始，夜幕降临时，当地的土族群众喜欢手提盏盏纸糊的红灯笼，从各个村寨汇集到广场上，围着篝火，跳起欢快的巴郎鼓（是土族特有的一种短把鼓）舞。

舞者左手提灯，右手持鼓，在戛尔巴（领舞者）的带领下，摇鼓摆灯，边唱边舞。众人先围篝火按顺时针、逆时针方向绕三圈，绕圈舞蹈动作或平缓优美，或幅度很大，有持鼓跳跃、旋转的技巧。舞蹈结束，随口哨声，队形变为男女两排，舞者原地扭动，鼓与灯曼妙轻摆，接着男女对唱，其唱词是问答太阳星辰的词语。黑夜里盏盏红灯犹如闪闪红星，围绕着明亮的篝火，忽聚忽散，变幻莫测，十分美妙。土族虽然没有本民族的文字，但靠口传心授流传下来的民间文学、民歌、民间舞蹈等形式繁多，内容丰富，寓意隽永，脍炙人口，至今仍是土族人民珍贵的精神财富。

（四）护法

"护法"为裕固族民间舞蹈。裕固族信奉喇嘛教，因此宗教舞蹈比较盛行，流行于甘肃省肃南裕固族地区的"护法"，就是其中之代表。"护法"与藏族的"跳神"、蒙古族的"跳鬼"一样，都是寺庙中祭祀神鬼的舞蹈仪式，在正月十五、六月初六，寺院都要跳"护法"。出场人数大约20多人，这些人头戴面具（牛、马、鹿、鹰、喜鹊等12种神面），手持法器，不同的动作有不同的特点，如牛、马的动作稳健庄严，鹿、鹰的动作激烈。这种舞蹈的动作需有高超的技巧。

（五）卓（锅庄）

卓（锅庄）为藏族民间舞蹈，源于古代先民在篝火旁围锅起舞，故称锅庄。它是藏族人民最喜爱的鼓舞形式之一，带自娱性，常在民族节日或农牧休息时跳，在藏区广为流行。锅庄舞种类繁多，分大小两类。

大锅庄多为歌颂性的，带有浓厚的宗教色彩；小锅庄的内容大多生动活泼，表现劳动人民的真实感情，赞美家乡的自然风光，歌唱劳动，欢庆丰收等。锅庄舞的表演程式，是由领舞手手持马铃，带领群众，顺圈而舞。

大锅庄的前部分是男女手拉手一起跳，当队形走成大圆圈时，男女松手单独跳，并加上手的动作。大锅庄的动作刚健有力、粗犷豪放，表演变换丰富，老年人大多喜欢跳这类锅庄。

小锅庄自始至终是男女分成两队各自舞蹈，呈对称队形，集体绕圈。由于相互手拉手，手上就没有动作，脚上的动作变化也不多，通常是一个基本动作的交替反复。因为小锅庄生活气息浓厚，动作活泼跳跃，旋律优美动听，所以特别受青年人的喜爱。跳锅庄舞时，男青年动作富于弹性，灵活多变，极富冲击力，而女青年的动作比较秀丽、温柔、端庄、稳重。

|第二节| 敦煌舞

一、敦煌舞概述

敦煌是古丝绸之路上的重镇，敦煌莫高窟所珍藏的艺术珍品是中外交流的瑰宝，人们把莫高窟称为甘肃的一颗明珠。敦煌壁画形象十分逼真，尤其是"飞天"图案，被唐朝人赞誉为"天衣飞扬，满壁风动"，成为敦煌壁画的象征。

敦煌莫高窟是甘肃省敦煌市境内的莫高窟，也是西千佛洞的总称，是我国著名的四大石窟之一，也是世界上现存规模最宏大、保存最完好的佛教艺术宝库。敦煌莫高窟共有492个洞窟，2 415身彩塑，45 000余平方米壁画，莫高窟无愧于"世界艺术宝库"的称号。史学家在敦煌寻找历史，雕塑家在石窟观摩彩塑，舞蹈家在壁画里领悟跃动的舞姿。于是慈悲为怀的菩萨、凌空飞舞的伎乐天和威武的金刚都成为他们模仿的对象，中国古典舞的新支——敦煌舞也在这里舞出了第一步。

敦煌舞是中国舞的一种，属于古典舞。它是在民族民间舞蹈基础上，经过历代专业工作者提炼、整理、加工创造，并经过较长时期艺术实践的检验，流传下来的，被认为是具有一定典范意义和古典风格特点的舞种。首次以敦煌壁画为灵感进行创作的是我国著名舞蹈家戴爱莲先生。20世纪50年代，她的双人舞《飞天》曾在世界青年与学生和平友谊联欢会上获奖，成为20世纪华人舞蹈经典。但直接取材于敦煌壁画的大型舞蹈创作则是民族舞剧《丝路花雨》。20世纪70年代，甘肃省歌舞团根据敦煌壁画舞姿编创的大型民族舞剧《丝路花雨》成功演出后，"敦煌舞"在复古和创新中诞生了。由于这种舞蹈具有鲜明的敦煌艺术特色、新颖独特的舞蹈语汇体系、优美和丰富的审美表现力、浓厚的历史文化内涵，因此，不仅受到国内外各界观众的喜爱和好评，而且还引起了舞蹈界的高度重视。专家们一致认为，"敦煌舞"的出现，对中国古典舞以戏曲舞蹈为主要（甚至是唯一）来源的认识发生了根本变化，进而开启了中国古典舞多元并存和发展的新思路。敦煌舞既涵盖了古代乐舞的内容，也包含了当代人的创新；既有历史上的乐舞在敦煌壁画舞姿形象中的体现，又有当代舞蹈工作者依据敦煌壁画舞姿研究、编创并在表演过程中形成的当代舞蹈艺术成果。

敦煌飞天是敦煌莫高窟的名片，是敦煌样式的标志，只要看到优美的飞天，人们就会想到敦煌莫高窟艺术。当空飘舞的飞天和演奏乐器的伎乐并不为敦煌所特有，在我国许多石窟寺院中都有她们的形象，但以莫高窟的数量最多。在敦煌唐代石窟壁画上可见到数不清的乐舞场面，它集中反映在经变图和飞天伎乐图中。在这些乐舞图中可以看到胡腾舞、胡旋舞、柘枝舞、破阵乐、六幺舞、清商舞、龟兹舞、反弹琵琶舞等舞蹈。敦煌石窟壁画上的"反弹琵琶舞"是其代表：飞天伎乐上身裸露，身披璎珞，穿长裤，锦行缠，琵琶置于脑后，反臂而弹，蹈足而舞，扬眉动目，神态自若，连翘起的手指似乎也在应节晃动……这种舞蹈显然有"天竺舞"的因素，也反映了唐代乐舞融合中西、不断创新的特点。正是飞天伎乐之美，才为敦煌样式带来了强大生命力。敦煌舞姿丰富多彩，但有一个共同特点，即身体各部位的S形曲线美，另外，千姿百态的敦煌舞均有特定的节奏动律。这样，敦煌壁画上"反弹琵琶舞伎乐天"的静态造型就渐渐活起来了。

二、代表性剧目

（一）大型民族舞剧《丝路花雨》

《丝路花雨》是甘肃省歌舞团以中国唐朝极盛时期为背景，以举世闻名的丝绸之路和敦煌壁画为素材，博彩各地民间舞蹈之长，创作的大型民族舞剧。舞剧歌颂老画工神笔张和歌伎英娘父女俩的光辉艺术劳动，描写了他们的悲欢离合，高度赞扬了中国和西域人民源远流长的友谊，再现了唐朝内政昌明，对外经济、文化交流频繁的盛况。

《丝路花雨》是一首礼赞中外人民友谊的优美诗篇，也是一幅中国人民创造的绚丽的历史画卷。该剧突出的艺术贡献就是"复活"了敦煌壁画的舞蹈形象，创造了"敦煌舞"，改变了过去民族舞剧只以戏曲舞蹈为基础的做法，使观众耳目一新。敦煌千佛洞石窟艺术规模宏大、造型精美，是中国珍贵的艺术宝藏。舞剧编导们经过长期的深入观察研究、学习临摹，不仅掌握了壁画的舞姿特点，而且研究出敦煌舞特有的S形曲线运动规律，并运用中国古代舞蹈的组合规律，将壁画雕塑这一静止状态的造型动作连接发展。舞蹈语汇新颖别致，特别是绘于壁画中的代表作"反弹琵琶伎乐天"的造型动作，独具一格、优美动人。这些舞姿开拓了一个自成天地的"敦煌舞"体系，一方面复活了敦煌壁画，另一方面复活了唐代舞蹈。

《丝路花雨》由甘肃省歌舞团首创排演于1979年5月23日。1979年10月1日为庆祝新中国成立30周年，赴北京演出28场，获得文化部颁发的"创作一等奖"和"演出一等奖"。1979年11月1日在人民大会堂专场演出，受到党和国家领导人的称赞。此后在全国各地巡演几百场，在中国文艺界刮起了一股强劲的敦煌艺术旋风，继而在世界上引起强烈反响，轰动国内外，被新闻媒体赞誉为"活的敦煌壁画，美的艺术享受""此舞只应天上有，人间难得看几回"，被誉为中国舞剧的里程碑。

（二）舞剧《大梦敦煌》

《大梦敦煌》是一部富于传奇色彩的四幕舞剧，以闻名世界的敦煌艺术宝库千百年创造的历史为背景，刻画了青年画师莫高不断追求艺术最高境界的坚韧形象，以及和将门之女月牙忠贞不渝的纯洁爱情。对敦煌石窟壁画痴迷的莫高在穿越大漠时生命垂危，幸得月牙相救。两人的爱情遭到了月牙父亲的阻拦。在血与火的威逼之下，月牙为人性的平等和爱情献出了生命。月牙走了，莫高悲痛万分，他把月牙留给他的唯一一样东西——皮囊（水壶）打开，轻轻地把水洒到月牙身上，顷刻间，月牙的身躯化成一泓月牙形的清泉，永不干涸，这就是后来沙漠中神奇的月牙泉。而莫高以泉润笔，用毕生的心血，在巨大的悲怆中完成了艺术绝唱——莫高窟壁画，演绎了一段可歌可泣的爱情故事。

《大梦敦煌》是中国最成功的一部舞剧音乐作品，作曲家把敦煌古乐进行现代化的加工，同时又体现了敦煌古韵。《大梦敦煌》是一部中国文化底蕴最丰厚的舞剧，具有敦煌特色、中国特色、东方文化特色。

（三）原创大型乐舞《敦煌韵》

《敦煌韵》取材于敦煌莫高窟壁画故事和敦煌民间神话传说，以"歌、舞、乐三位一体"的中国传统美学为基础，再现了中国几千年古代文明历史的灿烂辉煌。

《敦煌韵》包罗万象，蕴含建筑、绘画、舞蹈等艺术，是一出立体的、全景式的乐舞。从莫高窟壁画中千姿百态的"天宫伎乐""反弹琵琶""雷公鼓"等乐舞场面，到壁画和雕塑中"月牙神女""千手观音""飞天"等神话传说和佛教故事，在此都被赫然"复活"，从而展现了敦煌艺术的价值和中国古代文明的博大精深。

第四篇

甘肃美术

　　甘肃孕育有辉煌的文化艺术，各类美术胜迹遍布陇原。这其中以大地湾文化、马家窑文化、齐家文化为代表的史前美术和以敦煌莫高窟、天水麦积山石窟、永靖炳灵寺石窟为代表的古代宗教美术最为驰名。在广袤的陇原大地上，也散布着众多古代美术的物质文化遗存，这中间有嘉峪关、酒泉的魏晋墓壁画，被誉为20世纪最重要考古发现的秦汉简牍，历朝历代的书法经典，建筑艺术以及工艺美术珍品等。这些文化遗存既承载着地区的文明历史又向我们展示出生活在甘肃土地上的先民的艺术才华。除此之外，甘肃各地区、各民族人民创造出的非物质文化遗产，如砖雕、皮影、剪纸、香包、刺绣……也是琳琅满目、异彩纷呈。一方水土养一方人，陇原大地在孕育独特文化的同时，更培育出众多展现一方文化的艺术家。从古至今，除了那些名不见经传、默默无闻的普通民众之外，还有一批在美术史上占有重要地位的书画名家。这中间有开创书法批评先河的赵壹、草圣张芝、开中国山水画北宗先河的李思训、行草大家王了望等，他们是陇原的骄傲。

第八章

甘肃古代美术的
物质文化遗存

| 第一节 | 甘肃的史前美术

地处黄河上游的甘肃是华夏文明的摇篮，孕育了辉煌的史前美术。以秦安大地湾为代表，遍布着许多新石器时期的文化遗存，在这些辉映着祖先智慧光芒的文明见证中，被誉为"盘古开天第一画"的秦安大地湾地画为我们开启了学习甘肃美术的篇章。

一、地画与岩画

（一）秦安大地湾地画

1982年10月，甘肃省文物工作队在秦安大地湾遗址东南部第五区发掘出一座房屋基址，编号为F411。该基址为长方形，居中灶台后部紧靠后墙的地方有一幅地画，据测定，其创作年代距今约5 000年，当为我国迄今发现最早的绘画作品，被誉为"盘古开天第一画"（见图8－1）。

该地画现存画面长约1.2米、宽约1.1米，用黑色材料"炭黑"绘制于白灰地面上。画面分上下两部分：上部绘三个人物

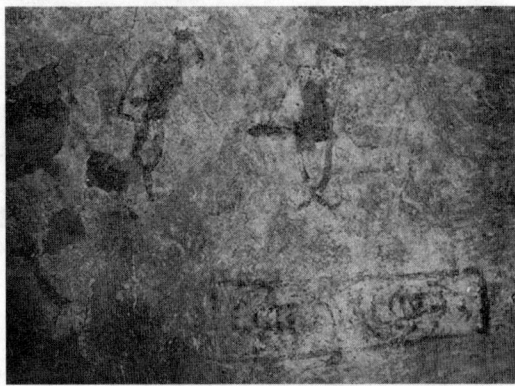

图8-1　大地湾地画

形象，其中右侧一人已残损严重。中间一人高32.5厘米，头部略圆，头发飘散，五官模糊；身材强壮宽阔，两腿呈交叉立状；左臂弯曲上举，右手弯曲下垂，握有一件类似棍棒的物体。左侧一人高34厘米，头部呈圆形，头发飘散，颈部细长，胸部突起，腰腹苗条；动作同中间人物类似，左手弯曲上举，右手下垂拿一棒状物，两腿交叉而立。在画面下部绘有一个向左倾斜的长方形黑框，长55厘米，宽约15厘米，框内上下一字形排列两物，似为多足的昆虫类动物。

秦安大地湾地画自发现以来，众多专家学者关于画面所表现的内容，从不同的角度进行了分析、猜想和论证，提出了各种见解，通过归纳，大体上有以下几种观点：第一种观点认为该画的内容与远古家族祭祀相关，画中人物是以男子为主体的家庭组合，框

内为供奉神灵的祭祀品。第二种观点认为画面表现的是原始巫术，画面上方人物为巫师和女主人，手中持有法器，画面下部框内为需要制服的恶鬼。第三种观点认为画面反映的是远古的丧葬活动，上部的人物在舞蹈，方框为墓穴，框内是逝去的人。第四种观点认为该画反映了远古先民的生殖崇拜，男女通过舞蹈，表达祈望部族子孙繁衍昌盛的愿望。此外，还有观点认为画中人手中拿的是狩猎用的棍棒，框内是掉入陷阱的猎物，描绘的是原始狩猎的情景。

（二）河西地区岩画

岩画是用矿物质颜料涂绘或用石器磨、敲，用金属工具刻画在山崖石面上的图画。在上古时期，地处甘肃的河西地区气候温暖湿润，是中国历史上畜牧业、农业和古代文明发达的区域，这些优越的条件也造就了早期绘画艺术的起源和发展。迄今为止，在甘肃境内共发现肃北、黑山、肃南、永昌、刘川等五十余处岩画点，时间约为旧石器晚期到新石器时期，画像内容涉及当时人类生活的各个方面。

图8-2　肃北岩画

1. 肃北岩画

20世纪50年代以来，在甘肃肃北蒙古族自治县祁连山和马鬃山一带发现了大量古代岩画（见图8-2），据统计有画面55组，图像三百余幅。祁连山岩画主要分布于大黑沟、七个驴、灰湾子和盐池湾阿尔尕力太4处遗址，其中以大黑沟岩画最丰富，内容包含练武、乘马、射猎、格斗、放牧等场面，描绘有大角羊、野牛、野骆驼、梅花鹿、象、虎、犬、鹰等动物形象。岩画似由某种工具敲击而成，呈凸刻和凹刻形式。马鬃山岩画主要分布在山德尔、霍尔扎德盖、和尚井和洛多呼都克等7处遗址，表现的内容多为动物形象，有大角羊、大角鹿、野牛、野驴、野骆驼、狼、狐狸等，此外还有反映当时人生活中狩猎、放牧、交媾等场面的。据考古学家考证，肃北岩画与甘肃其他地区岩画相比，具有技法细腻、线条刚劲有力、造型生动自然、风格古拙朴实的特点，当为我国史前岩画中的精品。

2. 黑山岩画

据资料记载，20世纪70年代，在嘉峪关市西北的黑山崖壁发现了31幅岩画。在随后的近10年，陆续又发现岩画153幅，分别位于红柳沟、石关峡、四道鼓心沟、磨子沟等地。据考证，其创作年代从旧石器时代晚期一直延续至明清时期。画面内容多表现游牧民族的狩猎活动，也涉及操练、舞蹈、祭祀等内容。黑山岩画中动物的图像十分丰富，常见的有牛、羊、马、狗、虎、狼、鹿、骆驼、狐狸、鹰、蛇、大雁、雉鸡、鱼、龟等。岩画造型多采用敲击、凿刻的方法，题材丰富多样、形象简括洗练是黑山岩画的突出特征。

二、彩陶

在新石器时代，黄河流域的文化主要以彩陶为代表。甘肃是中国彩陶出土大省，也是彩陶的发祥地，素有"彩陶之乡"的美誉，精美的彩陶是甘肃史前美术中最辉煌的篇章。

（一）大地湾——中国彩陶之乡

甘肃大地湾遗址位于天水市秦安县东北45千米处，是新石器早期的文化遗址。大地湾遗址以文化类型多、延续时间长、历史渊源早、技艺水平高、分布面积广、面貌保存完整而备受考古界的重视。彩陶是指在打磨光滑的橙红色陶坯上，以天然的矿物质颜料进行描绘后入窑烧制，器物表面具有装饰美化效果的陶器。原始彩陶制作精美，以泥质陶为主，质地细腻，既是实用器皿，又具有很高的艺术价值。

关于中国彩陶的起源一直争议很多。目前，在大地湾发现的直径51厘米的彩陶圜底鱼纹盆是国内发现直径最大的鱼纹盆。大地湾一期出土的陶器陶片质地松脆、色泽不匀，几乎见不到大块的陶片，墓葬中的其他随葬器物多已破碎，这一现象说明当时制陶技术还很原始。其器形也很特殊，底部多有小小的三足支撑，或圜底，或圈足，基本不见平底器，有的陶器在口沿外绘一圈红色宽带纹。经北京大学考古实验室测定，送检的5个标本年代约为距今7 800～7 300年，比仰韶文化早近千年。大地湾彩陶是迄今所知中国最早的彩陶，它与世界上彩陶出现最早的两河流域及中亚地区在时间上大体相当，由此可以说，甘肃是中国彩陶的故乡。

（二）仰韶文化彩陶

距今约6 000年的仰韶文化半坡类型彩陶，由于最早发现于西安半坡而得名，是我国彩陶文化历史较早、特点突出、影响较大的一个类型。半坡类型彩陶与大地湾彩陶相比，在制陶技术和绘画技艺方面有了很大的发展。可能是半坡彩陶遗址处于河流岸边的缘故，其器型多为方便汲水的尖的底瓶、长颈瓶，另外还有盆、罐类器物。此时彩陶的主要纹样为鱼纹和形态多样的变体鱼纹。早期鱼纹多采用写实方法，构图为散点式，即在一件器物上，只装饰较小的部分，纹样常以自然形态呈现，到了后期出现了大量非写实的抽象图像。在半坡类型彩陶图案中除了鱼纹，还存在许多描绘当时人们接触的动物，如鹿、蛙、鸟、猪以及由以上纹样两种或三种组合的纹样，如人面鱼纹及抽象的几何纹样等。半坡类型彩陶发展到庙底沟类型时，开始使用陶轮来制作精良的大型陶器，利用陶轮的旋动画出器物表面的长线条，显示出绘制者高超熟练的技艺水平。在大地湾

图8-3 大地湾人头形器口彩陶瓶

曾出土一件属于庙底沟类型早期的人头形器口彩陶瓶（见图8-3），位于瓶口部的圆雕人像，披着整齐的短发，双耳有用来系挂装饰品的小孔；眼睛和嘴都雕镂成空孔，瓶顶开有小口。由此可以推测，这件人头形器口彩陶瓶不是日常的实用器，很可能是用于原始宗教祭祀的。

在距今5 000年左右，中国其他地区的彩陶开始衰落，而此时甘肃的彩陶仍呈现出向前发展的态势。分布于甘肃东部和中南部的石岭下类型彩陶是上承庙底沟、下启马家窑文化的过渡性文化类型，具有多样的地域特点。此时的陶器出现了在内底部绘制纹饰的手法，装饰题材上两栖类动物纹样开始流行，最常见的为鲵鱼纹及其变体纹样。出土于甘谷县西坪的鲵鱼纹彩陶瓶（见图8-4），瓶身所画的鱼作爬行状，脸似人面，双目圆睁。在画法上以线条勾勒为主，尾部一部分采用平涂手法。有学者甚至认为此图像当为人面龙身，有华夏文明始祖伏羲的雏形。

图8-4 鲵鱼纹彩陶瓶

（三）马家窑文化彩陶

马家窑彩陶，被誉为新石器时期彩陶之冠，因最早发现于甘肃省临洮县洮河西岸的马家窑村而得名，据探测，年代距今约为5 000~4 000年。甘肃中南部是马家窑文化的中心区域，这一地区是黄河与长江流域的相连处。新石器时代晚期的黄河文化和长江文化在这里交汇，两大体系的文化共同滋养出绚丽多姿的马家窑彩陶艺术。马家窑文化一般分为马家窑、半山、马厂三个相继发展的类型。

马家窑文化时期，制陶业十分发达，此时的陶器大多采用泥条盘筑法成型，陶质呈橙黄色，器物表面打磨得非常细腻。在许多马家窑文化遗存中，还发现有窑场和陶窑、颜料以及研磨颜料的石板、调色陶碟等。马家窑彩陶器型以侈口长颈双耳瓶、卷缘鼓腹盆、敛口深口瓮、侈口有肩尖底瓶为主，最常见的纹样有波浪纹、旋涡纹和同心圈纹，这些表现出了先民们傍水而居的生活状态。马家窑彩陶以精美多变的纹饰驰名。例如，兰州杏和台出土的彩陶瓶（见图8-5），

图8-5 杏和台马家窑旋纹彩陶瓶

即采用以点定位的方法，突破了以往彩陶纹饰平静呆板的对称造型，使纹样产生出丰富旋转的动态效果。马家窑彩陶的色彩早期以纯黑色为主，中期使用纯黑彩和黑、红二彩相间绘制，晚期多以黑、红二彩绘制花纹。在马家窑文化时期，制陶的社会分工已专业化，出现了专门从事陶器生产的制陶工匠，这也是彩陶生产辉煌期的重要标志。

半山类型彩陶最先发现于临夏回族自治州大夏河东侧和政县的半山地区，之后在洮河流域及黄河沿岸多有发现，往西一直延伸到甘肃永昌，距今约4 000年。这类彩陶器型多为壶、瓮、罐，造型宽肩鼓腹，近于球形。这既不同于中原地区，也与马家窑类型相异。其纹饰多装饰于彩陶的上腹部，估计为方便人们从上部观看放在地上彩陶的缘故。半山类型彩陶在纹饰造型上以几何纹为主，多采用锯齿纹、网纹、漩涡纹和波浪纹。常以一根黑锯齿带纹和一根红带纹合镶的复合纹来组合各种纹样，这也是半山类型彩陶的特征之一。半山类型彩陶早期纹饰以葫芦形网纹居多，绘制方法严谨工整、一丝不苟。菱格纹是斜网纹的演变，四大圈纹是半山类型彩陶晚期的主要纹饰。总而言之，半山类型彩陶纹饰多以精致繁密为特色，色彩常采用红、黑二色，通过对比使陶器更加精美亮丽。

马厂类型彩陶距今约4 000年，最先在青海民和县马厂塬发现。从20世纪50年代开始，这一类型的彩陶在甘肃地区不断出土，主要分布在甘肃中部和河西走廊一带，西部延伸到酒泉。马厂类型彩陶器形基本类似于半山类型，撇口、短颈、圆肩、小底的瓮，是此类型彩陶的典型器物。四大圈纹亦是马厂类型彩陶的代表性纹样，多装饰在器物浑圆的上腹。蛙形神人纹也是半山彩陶中多见而有特点的纹样，早期的形态多为全身，做叉腿站立状，后以各种变体形式出现，有的为局部的肢节爪指纹，有的为连续的肢爪纹，这些都是神人纹的解体变形样式，也有学者认为神人纹是祖先崇拜的产物。随着其后多种经济的发展，马厂类型彩陶的器形样式逐渐增多，在许多新器物上，相应地出现了一些新的图案纹饰，绘制者对纹饰与器物造型之间的整体和谐关系也开始重视。如马厂类型的一些彩陶造型变得挺直，图案纹样也以直线为主，体现的正是这种审美追求。

（四）齐家、辛店文化彩陶

齐家文化距今约4 000年，主要分布于甘肃全境、青海东北部和宁夏南部。由于地处北方草原文化和黄河上游农业文化的结合部，齐家文化的内涵十分丰富复杂。齐家文化陶器以陶质细腻和造型精巧为特色，但多以素陶为主，彩陶很少。齐家文化彩陶由半山类型发展而来，据考古资料介绍，在半山类型彩陶衰落后，有两支继续发展，一支以青海省乐都县柳湾为代表，主要分布于兰州以西及青海地区，最后形成齐家文化；另一支沿河西走廊向西北发展，以甘肃省永昌县鸳鸯池遗存为代表，逐渐演变为四坝文化。齐家文化彩陶器型多以罐、壶为主，器型瘦高；纹饰以变体神人纹和四大圈纹为主，图案结构比较松散，彩绘简单粗糙，这也是彩陶文化逐步走向衰退的一种表现。四坝文化在沿河西走廊向西发展的过程中，吸收游牧民族的文化特征，彩陶器型以单耳筒状杯、侈口深腹盆为主，壶和瓶很少；纹饰以回形纹、三角折线纹、菱格纹为主。四坝文化延伸至新疆中部，最后在新疆绝迹。齐家文化与四坝文化各具特点，发展到后期，文化面貌的差异愈来愈大，它们已不再属于同一文化类型，而成为两支时代相同、文化内涵不同，相互影响的文化类型。

辛店文化彩陶，是1929年在洮河流域辛店发现的，产生时间晚于马家窑、半山、马厂三种类型。辛店文化彩陶器形有罐、杯、盆、钵等，以双耳高颈罐为代表。在辛店文化彩陶上，有两种很特别并具有代表性的纹饰，一种是类似羊角的"兀"纹。这种纹样装饰在平行竖直线的两旁时，类似多足的爬虫，"兀"纹的广泛采用，似乎说明了它应是象征氏族部落的图腾图像；另一种是象形的动物纹饰，如人、羊、狗、鸟纹。辛店彩陶的器形比甘肃其他几种彩陶显得纤巧，但它的制作工艺和纹饰绘制却显得草率简单，这印证着甘肃彩陶艺术逐渐进入了衰退时期。

甘肃彩陶艺术的历史源远流长，时间跨度长达5 000多年，形成了一条清晰的产生、兴起、繁盛、衰退的完整发展历程，在世界早期人类文明史中占有举足轻重的地位。甘肃彩陶是黄河远古文化的多彩浪花，它对后世中国其他艺术形式的发展产生了深远的影响。

|第二节| 甘肃的宗教美术

甘肃的宗教美术主要是随着佛教的传播与弘扬发展起来的，其艺术形式多以石窟寺为载体。甘肃境内石窟众多，素有"中国石窟艺术之乡"的美誉。这些自魏晋以来不断营造、密布于丝绸之路沿线的大大小小石窟，如同佛陀撒落的佛珠，闪耀着瑰丽璀璨的艺术光芒，使中古时期的陇原大地笼罩在一片神奇祥和的佛国灵光之中。

一、佛教美术的宝库——敦煌莫高窟

在古代，遍布甘肃的石窟寺是一座座集建筑、雕塑、绘画于一体的艺术博物馆。敦煌莫高窟是最能集中反映佛教艺术和中原文化交融发展的场所，是研究和学习佛教美术的宝库。莫高窟俗称千佛洞，其中保存有大量的建筑、彩塑和壁画。此三者互相结合，交相辉映，成就了敦煌莫高窟佛教艺术的辉煌。

（一）建筑艺术

建筑是彩塑和壁画的载体，是莫高窟石窟艺术的重要组成部分。莫高窟自开窟以来，营建活动持续1 000多年。至今保存石窟800多个。其中南区内有编号的492个，北区300多个。在南区石窟中保留有大量壁画、塑像，北区窟内无塑像、无壁画，据考证为历代画匠、塑匠生活居住窟。关于莫高窟的建筑，主要分为窟形建筑、窟檐建筑和古塔建筑三类。

1. 窟形建筑

敦煌石窟建筑形制受时代建筑技术的影响，不同时期略有差异，一般分为六类，即中心塔柱式、覆斗式、禅意式、背屏式、涅槃窟和大佛窟。

中心塔柱式是莫高窟洞窟早期的主要形式。主室平面为纵长方形，在室内后侧中心位置建有直通窟顶的高大方形中心塔柱。窟顶以塔柱为界，塔柱前窟顶为人字坡顶，塔柱后窟顶为平拱顶。塔柱下部凿有塔座，上承塔身，塔身四面均开佛龛，一般正面开一大佛龛，两侧面和后侧开双层小佛龛。中心塔柱壁佛龛内多塑一佛二菩萨，或一佛三弟子。代表洞窟有隋代第472窟、初唐第332窟和北周第428窟等。

覆斗式为莫高窟洞窟中存在最多的窟形，几乎占南区洞窟的一半以上。覆斗式洞窟为方形，中央不设塔柱和佛坛，后壁或两侧壁开佛龛，顶为侧覆斗，很像北方少数民族的方形帐房，藻井为斗底，四披为斗邦。覆斗式洞窟由于窟室内没有了中心塔柱和佛坛，

图8-6 莫高窟第249窟（覆斗式）

室内显得宽敞明亮。西魏的第249窟是莫高窟中开凿最早的覆斗式洞窟（见图8-6）。

禅意式洞窟，窟内平面呈方形或长方形，窟顶多采用平拱形或覆斗形。正壁一般开佛龛塑佛像。特别突出的是，窟内两侧壁开有供僧人坐禅修行的小室，这种窟形是由印度僧人的后室"精舍"演化而来的。莫高窟中第285窟是禅意式洞窟的代表。

背屏式洞窟室内平面为方形，顶呈覆斗顶，四壁不开佛龛。其独特之处是在室中心设方形或马蹄形佛坛，佛坛后有一大型通顶的背屏，这是莫高窟晚唐至宋代的主要窟

图8-7 莫高窟第158窟（涅槃窟）

形，据考证为中西合璧的产物。其代表洞窟有第16、55、98、108、146窟。

涅槃窟和大佛窟是莫高窟中窟形独特、数量极少的两种洞窟。其中涅槃窟又称卧佛殿，在莫高窟中存有两座，为第148窟和第158窟（见图8-7）。大佛窟是根据窟内造像要求开凿的大体量特殊窟形，在莫高窟也仅有两座：一座是初唐开凿的第96窟，一座是盛唐开凿的第130窟。

2. 窟檐建筑和古塔建筑

窟檐和古塔建筑是莫高窟建筑中的另外两种形式。在莫高窟目前存有的近30座窟檐建筑中，大多为清末民初所修建，唐宋时期的仅存5座。在莫高窟中最高大醒目的窟檐建筑是第96窟的窟檐，俗称"九层楼"。"九层楼"高45米，分为9层，最低一层通阔14.4米，进深15.5米，第九层为八角顶，覆盖北大像窟顶。顶上竖3米高宝瓶，下面8层为依崖建造的五间六柱大型两角窟檐。第96窟建筑造型雄伟高大，是莫高窟最恢宏壮丽

的标志性建筑。

塔是随佛教传入中国的一种佛教建筑。从形式结构上有单层、多层、圆形、方形、八角形等；从建筑材料上有土塔、石塔、砖塔、铁塔、砖木混合塔。它不仅是佛教的纪念建筑，也是名胜景观的标志性建筑。莫高窟目前有土塔30余座，木塔1座。

（二）彩塑艺术

在莫高窟石窟中居于主体地位的是彩塑艺术，由于莫高窟属于玉门系砾岩，不能雕刻，所以石窟中造像均采用彩塑的形式。目前石窟中有彩塑3 000余身，高度从10厘米至30米不等，均为石胎或木芯。目前保存基本完好的有1 400余身，其余多为后代重塑或装饰。彩塑形式包括圆雕、浮雕、影塑、贴壁大泥塑四种，内容大体分为神像（包括佛、弟子、菩萨、护法神、供养天女、飞天等）、世俗人物像、动物、图案、建筑装饰五类。专家学者按照其艺术演变过程，将其发展历程分为发展、鼎盛、衰落三个时期。

1. 发展期

莫高窟彩塑的发展期经历了北凉、北魏、西魏、北周四个朝代，内容包括有弥勒像、释迦多宝并坐像、说法像、禅定像、思维像及表现释迦牟尼生平事迹的苦修、降魔、成道、说法等塑像。佛像一般与侍从菩萨组成一佛二菩萨的形式，早期多以弥勒为主像，采用圆雕形式，主要侍从菩萨和弟子头为圆雕，身躯为浮雕，飞天、千佛则为拓模影塑，其余圣众以壁画形式表现，各种形式互相配合，形成了和谐统一的整体。莫高窟早期彩塑风格大体有两种，前期为西域式，从人物造型、衣冠服饰到艺术风格都有西域特色。前期人物面相丰圆，鼻梁高隆直通额际，眉长眼鼓，肩宽胸平、体态健硕。佛像造型或直立，或端坐，服饰衣纹密集，给人薄纱透体之感，史称"曹衣出水"。菩萨高髻宝冠，发披两肩，上身半裸或斜挎"天衣"，腰束羊肠裙，衣纹塑造中掺有犍陀罗艺术的手法。后期是中原式，由于统治阶层的提倡，中原汉式衣冠风行于北方，南方"秀骨清像"的艺术风格传到敦煌。特别是西魏时代的塑像，面貌清瘦、眉目疏朗、眼小唇薄、身体扁平、脖项细长的形象蔚然成风。在佛像的服饰方面，内穿交领襦，胸前束带做小结，外套对襟式袈裟的服饰较为常见。菩萨或上身半裸，腰围长裙，披巾交叉于胸前；或大冠高履，褒衣博带，俨然一派南朝士大夫风貌。此时，塑像的表现内容增多，重视性格的刻画，佛的庄严慈祥、力士的威猛粗犷、菩萨的清秀恬淡、飞天的飘逸闲畅等都表现得十分充分。此时彩塑的代表作品，有第275窟的交脚弥勒菩萨、第259窟北壁佛像（见图8-8）和第248窟中的菩萨像等。

图8-8 莫高窟第259窟北壁佛像

2. 鼎盛期

敦煌彩塑的鼎盛期在隋唐时代。此时的石窟在正壁大龛中或中心佛床上常常列置群像，少则3身，多至11身，内容有三世佛、三身佛、七世佛、弥勒佛、阿弥陀佛、释迦牟尼、观音、大势至、阿难、迦叶、天王力士、供养菩萨及高僧像等。

在隋代，塑像常常和龛、壁结合为一体。佛为圆雕，在龛内居中；侍从菩萨、弟子列置在龛内外，身躯紧贴墙面，为高浮雕，头部多为模制加工后安装在身体上的；飞天、供养菩萨等附属人物都是影塑；其他内容用壁画来表现。在有限的空间里，按人物的不同身份采用不同的表现形式，使窟内形象主题突出而又和谐统一。到了唐代，塑像多离开墙壁，出现在大型龛中或须弥坛上，使塑像更具独立性和立体感。在塑像的造型、赋色上，强调与四周壁画的协调统一，烘托塑像的主体地位。值得一提的是，此时的塑像在赋色上有两种方法，一种是赋彩而不施晕染，如第45窟菩萨像（见图8-9），以头后浓艳绚丽的装饰纹样来衬托菩萨的"素面如玉"；另一种是赋彩而又施晕

图8-9 莫高窟第45窟菩萨像

染，如第420窟的阿难像。隋唐彩塑在造型上逐渐贴近现实人生的情态，面相丰满，比例适度，姿态优美，神情庄重，表现了各自不同的"情性笑言之姿"。菩萨形象明显开始女性化和世俗化，其中堪称中国古代巨型彩塑精品的有第96窟初唐的北大像、第130窟盛唐的南大像和第15窟中唐的大型涅槃像，第45窟盛唐的菩萨、阿难、迦叶像，第194窟龛内南侧的中唐菩萨像等，都堪称此时期的杰作。

3. 衰落期

莫高窟彩塑的衰落期开始于唐末，经历五代、宋、西夏、元四个朝代。在唐末时期，莫高窟可供开凿洞窟的崖壁几乎达到饱和，这一期主要是翻修旧窟或凿毁旧窟，改成大型的洞窟，形制多沿用晚唐遗制，风格也承袭唐代。此时瓜州曹氏画院集中了一批打窟人、画匠和塑匠，专门从事开窟造像。现存较完整者有第261窟五代塑像、第55窟宋代塑像。由于五代宋初的洞窟多在下层，遭到破坏较严重，现存塑像已不多。在曹元忠建造的第55窟里，还保存着一铺完整的宋塑，有佛、菩萨、弟子、天王、金刚力士等十余身，形象、衣饰仍保持唐代遗风，规模甚至超过了唐代，但多数造像已缺乏内在的精神气韵与活力。西夏和元代，是少数民族建立的政权，统治者虽竭力提倡佛教，但莫高窟现存的西夏和元代塑像很少，只有释迦多宝并坐像、说法像等，内容手法与宋代很接近。

总的来说，五代以后，佛教虽然仍在流行，但由于河西走廊的政治、经济、文化和交通等各方面的变化，以及佛教本身的衰落，佛教艺术已日趋没落，逐渐失去了往日的繁荣气象。

（三）壁画艺术

壁画艺术是莫高窟艺术中的瑰宝，被誉为"佛教绘画的百科全书"。莫高窟现存壁画45 000多平方米，内容丰富多彩，涉及佛像、佛经故事、神话传说、经变故事、佛教史迹、供养人和装饰图案七大内容。

1. 佛像壁画

佛像壁画主要包含各类佛像和说法图。常见的佛像有释迦牟尼、弥勒、阿弥陀佛、三世佛、七世佛等。由于佛、菩萨的形象包含神圣庄严的宗教意义，一般对其造型、衣着、装饰不能随意改动。另外，这些造型范式在审美习惯及礼仪观念上都与中华固有的文化存在一定的差距，如果原样照搬，也难以打动和深入中国信徒的心灵。所以佛像的改变经历了一个最初从衣着装饰、顶光、身光、法物、宝座等局部开始，随后慢慢影响到佛像整体面貌的过程。如早期佛像多沿用印度式袈裟，极少装饰，朴素而显现佛身，经过北魏、西魏，袈裟愈变愈宽大，逐渐适应了中华民族对褒衣博带的崇尚，也开始具有了飘动之感，表现出了魏晋时期对"气韵"的追求。

2. 佛经故事壁画

佛经故事壁画主要是以《六度集经》《贤愚经》《杂宝藏经》等为依据的独幅画，可分为三种：一是佛传故事，主要描绘释迦牟尼的生平事迹。如北周第290窟的佛传故事画，内容包括乘象入胎、树下诞生、仙人占相、太子读书、太子比武、掷珠定亲、太子迎亲、出城游观、夜半逾城，树下苦修等，有80多个画面，前后连通、一气呵成，是我国现存早期最完整的传记性连环画。二是本生故事，描写释迦牟尼生前善行，有《尸毗王割肉贸鸽》（见图8-10）《萨埵那舍身饲虎》《九色鹿舍己救人》等。三是因缘故事，描写与佛有关的度化事迹，早期有《须摩提女请佛》《沙弥守戒自杀》《五百强盗成佛》等近十种；晚期有《波斯匿王丑女变美》《梨耆弥七子娶妇》《象护乘象入宫赴宴》等十余种。与佛像的演变一样，佛经故事画也有一个民族化的过程。从其内容上看，舍身饲虎、身钉千钉、割肉施头等过于惨烈的故事逐渐淡出，对于刺激性的场面也做了淡化处理；形式上，从早期的菱形格内相对独立的片段故事，发展到连续多场面的大型屏风画等。

图8-10　壁画《尸毗王割肉贸鸽》

3. 神话传说壁画

在北魏晚期，一些洞窟顶部出现了东王公、西王母、伏羲、女娲、青龙、白虎、朱雀、玄武、雷公、羽人等新的题材。这类在汉代雕刻和壁画中就有的题材，给敦煌壁画提供了新的造型元素，也体现出在三国两晋南北朝时期佛道思想相互影响、相互结合的状况。在莫高窟第285窟，画面中的摩尼宝珠两侧绘有伏羲、女娲，皆人首蛇身，头束鬟髻，着交领大袖襦，披长巾；胸前圆轮中分别画金乌、蟾蜍，象征日月。伏羲一手持矩，一手持墨斗；女娲两手擎规，双袖飘举。画面下部力士北侧有飞廉，南侧有乌获等神灵，下部绘有巍峨的山峦与丛林，有野兽在林间出没，两侧还各画四身禅僧在山岩间习禅。神话传说壁画这类题材从唐初开始逐渐消失。

4. 经变故事壁画

经变画指一切以佛经为依据的绘画，这里是指按一部经绘成一幅画的巨型经变。这种经变画在莫高窟始于隋代，盛于唐，五代、宋、元承其余绪。在隋代有《维摩诘变》《药师净土变》《弥勒净土变》等，但尚未形成固定模式。唐代自武德到天宝的百余年间，巨幅大乘经变这一中国独创的佛教绘画形式达到成熟，代表作品有《维摩诘变》（见图8－11）《阿弥陀净土变》《法华经变》《观无量寿佛经变》等，一壁一幅，内容、构图与唐代长安、洛阳寺院的壁画一致，显然受到中原佛教艺术的影响。唐代后期，包括吐蕃时期和张议潮时期，宗派林立，显宗、密宗、顿派、渐派、各种经变同列一窟，一窟内经变多至十五六幅，并已形成固定格式。经变描写幻想的佛国，表现神秘而欢乐的境界，描绘出一种和谐完美的气氛，是中国佛教壁画的独创。经变画的出现，使画师们不再依附于印度佛教原有的故事情节，而从宗教戒律与宗教文学中解脱出来，可以较自由地按自身文化与性情去诠释经籍，表现画面。

图8-11　壁画《维摩诘变》

5. 佛教史迹壁画

图8-12　壁画《张骞出使西域》

佛教史迹壁画指以描写佛教传播的历史遗迹和灵应故事为内容的壁画，始于唐初，终于西夏。唐初佛教史迹画有《张骞出使西域》（见图8－12）《释迦浣衣池晒衣石》《佛图澄灵异》《东晋高悝得金像》《隋文帝迎昙延祈雨》及瑞像图、戒律画等。这类画的内容既有历史事实，也有佛徒虚构故事。五代时出现了巨型的《五台山图》和以牛头山为主体，汇集佛教史迹画、瑞像画、高僧故事于一壁的巨幅变相图。

6. 供养人壁画

供养人，即功德主的肖像。早期多为小身，画于说法图下方不显眼之处。到唐代，画像开始逐渐增大，出现了等身巨像。供养人壁画在西域石窟中不多见，但在敦煌石窟中一开始就很流行，一窟内少则十多人，多者数百至千余人，每像都有题名。如北魏第248窟中有题为"信女索金一心供养"女像，隋代第281窟有题为"大都督王文通供养"跪像。画像中有帝王、官吏、贵族妇女、平民百姓和奴婢形象，也有鲜卑、回鹘、吐蕃、党项、蒙古等少数民族人物形象，还有以出行图形式出现的历史人物，如《张议潮统军收复河西图》《宋国河内郡夫人出行图》《曹议金与回鹘公主出行图》等，这些不仅是肖像画艺术，也是反映当时西北地区历史的图像资料。由于供养人像在佛经中没有相应的造型规范，工匠们常常按自己熟悉的画法来描绘，容易从中国原有的"写真"或"列像"画中取法，所以更容易真实生动地反映出时代的审美变化。

7. 壁画中的装饰图案

装饰图案主要表现为石窟建筑中的藻井、平棊、门楣、人字披屋顶及地毯、服饰和器物的装饰。早期多为莲花、忍冬、云气、火焰、旋涡、菱格、龟背、对虎、孔雀、鸵鸟、鹦鹉及飞天、乐伎等，从内容到形式都有明显的西域遗风；中期主要有百花卷草、动物卷草、连珠、天马、对凤、狩猎、兽头、双龙、三兔、葡萄、茶花、化生童子等；晚期多为连续图案，主要有团花、团龙、团凤、垂帐、折枝花卉等。从早、中、晚期的变化中我们可以看到，历代匠师通过取舍、侧重、变化、改换等手法对原有装饰图案进行不断改造，使其逐渐趋于中原化，成为与本民族审美习惯相适应的装饰图案。

敦煌壁画以无比丰富的内容和高超的艺术形式，给我们展现了先辈卓越的艺术创造才能，同时折射出我国古代各民族、各阶层人们的劳动生活、社会活动、文化生活以及民族友好往来和中西文化交流的历史。敦煌壁画不仅是一部艺术史，也是一部蕴藏丰富内容的文化史。

二、东方雕塑馆——麦积山石窟

麦积山石窟群位于甘肃天水东南90里。麦积山是秦岭山脉中小陇山的高峰之一。远在汉魏时代，此地就被誉为"秦地林泉之冠"。麦积山石窟开凿于十六国的后秦（384—417年）时期，此后经过西秦、北魏、西魏、北周、隋、唐、宋、元、明、清历代的开凿和修缮，目前存有洞窟194个、泥塑3 519身、石雕造像19身，加上碑刻千佛在内，共3 600余身，造像合计约7 200余身，这是麦积山石窟艺术的主体，麦积山由此被誉为"东方雕塑馆"。

（一）雕塑艺术

根据当代雕塑家孙纪元先生的研究，麦积山石窟现存最早的雕塑作品创作于北魏早期，有第74、78、70、71等窟龛，多为敞口大龛，中塑三尊坐佛；或小型龛窟，中塑一佛二菩萨。佛像多面形长圆、高鼻深目、鼓眼薄唇，形体健壮，造型敦厚，神情庄严，着半披肩袈裟。其中一些塑像的原胎及洞窟初凿时间应更早，可能为5世纪上半叶。此后的北魏造像多秀骨清像，尤其是菩萨造像，身材修长。这是受到孝文帝推行汉化政策，改革服制措施的影响，菩萨造像服饰出现了褒衣博带的式样。北魏的盛期开窟较多，代表性的如第169、69、76、138、23、133窟等。第23窟右壁菩萨立像，尽管风化剥蚀，却丝毫无损于塑像内在的精神气韵，其典雅飘逸的风度令人惊叹。第133窟，俗称万佛堂，规模巨大，形制复杂。窟内开龛13个，第9号龛内聪颖灵慧的少年弟子和第11号龛影作山峦人物的龛眉都是难得的佳作。龛内还保留着18块北魏造像碑，其中第1、10、11、16号碑都堪称精品。第10号碑高155厘米，宽76厘米，以佛传为题材，雕刻了从菩萨在兜率天发愿、燃灯授记、乘象入胎、树下诞生直到双林入灭等共12个画面，布局精巧，意趣横生，具有浓郁的生活气息。北魏晚期，由于进一步吸收了中原和南朝文化，形成了一种较为自由生动的新风格，并有鲜明的地方特色，如第142、87、121、122、135、127窟等的雕塑。第87窟的迦叶，长眉深目，是西域高僧的典型形象。第142窟内从主像三世佛到10多厘米高的影像等众多造像，内容丰富，表现形式千姿百态。第127窟左壁龛右侧胁侍菩萨美如宫娃，形神兼备，令人叫绝。

建于西魏的窟龛有第123、102、44、60号等共16个，造像明显继承了魏晋高逸、清俊、洒脱的风格而有所发展，清瘦的人物造型处理更趋自然合理，多着褒衣博带式袈裟或交领襦袍，穿方头或云头履。第123窟左壁的维摩诘像，高髻、面容清俊，着双领下垂的宽博长衫，显示出一种清雅脱俗的气度。左右两壁的供养童子和供养天女形象尤为传神，以极为洗练概括的手法塑造出少年纯真而略显稚气的神态，塑像手法与西汉陶俑一脉相承，但衣着装束上却有鲜卑民族的特点（见图8-13）。当代著名美学家王朝闻曾在《忆麦积山艺术》一文中对这尊造像发出了由衷的赞叹："在麦积山石窟雕塑群中，对我最富魅力的是这个魏塑，在后来的宗教艺术作品中，不少的少女雕像，往往妩媚有余而天真不足，没有超过麦积山这个女童对我的艺术魅力。"第44窟中的坐佛，涡纹高肉髻，五官比较集中，以儒雅从容的姿态和隽永含蓄的微笑构成了西魏最完美的佛的形象。第20窟与第102窟坐佛与此像相似，说明了此作品的典范意义。

麦积山现存北周洞窟39个，其中造像与西魏秀骨清像风格不同，出现了低平肉髻和饱满浑圆的造型。另外，四角攒尖顶帐形窟的出现，标志着民族化的洞窟形制有了进一步的发展。此期的代表作品为第3、4、12、22、62等窟，北周窟多七佛题

图8-13 麦积山第123窟供养人像

材，第4窟俗称散花楼或上七佛阁，是麦积山最宏伟的佛龛。

隋代造像仅存8窟，艺术风格继承北周而有所发展，造像手法朴实、简洁、概括，造型结实厚重，不再紧贴壁面而逐渐向圆雕过渡，较前代有明显的突破。具代表性的有第5窟和第14、24窟等。唐代开元二十二年（734年）的大地震造成麦积山大片崖面的坍塌，石窟寺陷于荒芜，因此仅在少数洞窟存有初唐遗迹。唐以后，宋、明两代对造像进行过相当规模的修缮和重建。宋代作品有第165窟中重塑的菩萨像、供养人像，双眼上挑，薄唇小口，是特征鲜明的宋代作品。第43窟内的二力士，充满力量和气势，也是此时期的佳作。

麦积山由于地近长安，毗邻四川，长期受中原文化浸染，又处在古丝绸之路上，西来的佛教艺术很快就融汇于深厚的民族传统艺术之中，较早形成了具有浓厚民族风格的中国佛教雕塑，在不同的历史时期形成了鲜明的时代特征和地域特点。

（二）麦积山石窟建筑——七佛阁

位于麦积山东崖最上端的七佛阁，是567年由秦州大都督李允信为其亡父修建的，俗称"散花楼"，是麦积山规模最大、位置最高、最辉煌壮观的殿堂式大窟。七佛阁平面呈长方形，通高15米，进深13米，宽31.7米，阁顶为单檐庑殿形，前凿7间8柱窟廊，廊后开凿7个平面为方形，窟顶为四面坡式。每座佛龛内凿横枋与梁柱，窟外上方雕帐形垂幔，规模宏大，气势壮观，装饰华丽。每龛间浮雕的天龙八部图像，虽经后代重修，却未失原作精神。各龛上方崖壁上的7组供养菩萨、伎乐飞天，面颊和四肢等部分作薄肉塑，而身躯及衣饰则以绘画描绘，这种绘、塑巧妙结合的艺术形式，加强了视觉效果，增加了表现力。每组飞天伎乐自由翱翔于鲜花和彩云之间，有的手捧香炉，有的吹奏长笛，有的弹阮，有的抚琴，使人仿佛置身于美妙的天籁之音中。各龛内造一佛、二弟子、八菩萨像，均为宋代重修，明清两代又经重塑和修缮，至今风韵犹存。

（三）麦积山壁画

在壁画方面，麦积山由于气候不及敦煌干燥，石质松脆易于崩裂，加之后代的涂改、烟熏和种种天然灾害，其数量远不及敦煌莫高窟丰富。麦积山现存壁画面积约1 000多平方米，画面大多残损模糊，但在侥幸残存的壁画中，能看到北魏的优美笔调，飞天和供养菩萨穿戴着北魏时代的衣冠，飘忽飞舞在云天和花朵之间。它不同于敦煌壁画中那些乐人和夜叉的粗壮线条，常以一种如银丝般的线条来描画形象，使笔下的形象精致细匀、遒劲圆润，体现出了本地区的艺术特色。壁画内容主要有说法图、礼佛图、三佛图、本生故事图、经变故事图、因缘故事图及装饰画等多种。麦积山自开窟以来，历代均有壁画遗存，其中魏晋南北朝时期的壁画最为丰富，价值也最高。麦积山西崖127窟的壁画，内容有佛教故事画、本生故事画，绘制的车马、飞天、供养人形象生动，"骑射""行猎"，场面宏大。散花楼七佛阁龛上的飞天，其姿态有直立、俯冲、俯首、卧式、跪式，丰富多彩，充分表现出了飞动的神韵。

三、炳灵寺石窟

炳灵寺石窟群位于甘肃永靖县西北部黄河北岸的小积石山山丛中，石窟全部修凿于小积石山峡谷西壁的红砂石悬崖上。炳灵寺在唐代称灵岩寺，从宋代开始称炳灵寺。石窟始建于西秦，历经北魏、北周、隋、唐、宋、西夏、元、明、清各代不断开凿与修缮。石窟群位于上寺、下寺、洞沟、佛爷台等处。现存窟龛共196个，主要集中在下寺，有窟龛184个，造像776身（石雕694身，泥塑82身），壁画900余平方米，摩崖石刻4方。小积石山山岩属白垩纪砂岩，颗粒小、胶结性能好，适宜雕刻，雕塑巨像既有高达27米者，亦有微至10厘米者。史学家范文澜在他的名著《中国通史》中认为，炳灵寺石窟不仅以石刻雕像作品见长，其浮雕、佛塔和密宗壁画同样与莫高窟和麦积山石窟齐名。

在炳灵寺石窟中位置最险、开窟最早、规模最大和内容最丰富的洞窟，为距地面约60米、处于绝壁上的第169窟，其中保存有西秦至北魏时期的众多佛教造像和大量壁画。窟内最早的佛龛都是单身佛像，镌刻在正壁上部的12身，居中为一舟形浅龛中4米高的立佛，为石雕后用泥增塑。其左右多为圆券形浅龛中的坐佛，大小有别而形式相似。这些造像风格古朴，是中国石窟造像中最早期的作品。窟内的第6龛塑一佛、二菩萨像，榜题标明是无量寿佛、观世音和大势至菩萨，为中国最早的西方三圣造像（见图8-14）。坐佛磨光高肉髻，面形方圆，眉间画圆毫，唇上画小须，形体健硕，内着偏袒衫，外半披袈裟，端坐于覆莲座上，神情威严庄重。南北侧菩萨均高发髻，长发披肩，上身袒露，下着大裙，立于半圆形莲台之上。龛侧有墨书题记一方，末尾写"建弘元年岁在玄枵三月廿四日造"，由此可知该龛造于420年，这是迄今发现的中国石窟中最早的纪年题记。题记下方壁画供养人数排，为首者题名："□国大禅师昙摩毗之像""比丘道融之像"等，为文献记载的当时著名高僧。第17号龛下部半跏菩萨思维像，低头含笑，似表现出了悟之时的喜悦心情，为早期造像精品。南壁第23号龛并列五身禅定坐佛，约与第6

图8-14　炳灵寺第169窟《西方三圣》

号龛同时期，均着通肩袈裟，阴刻线衣纹由左肩斜下展开，此风格明显受到了西域造像的影响。

第6号龛内和龛东侧壁面及窟口南侧上方岩壁上，保存了至今仅见的西秦时期壁画，内容有《说法图》《维摩诘变》《无量寿经变》、释迦多宝佛、弥勒菩萨及十方佛、千佛、飞天、伎乐、供养人等，画风质朴粗犷、清新自然。其中维摩诘画像，似受到南方顾恺之画风的影响。壁画形象有的则采用西域绘画中的凹凸法，在双眉、鼻梁、眼睑等处加白色高光，异域情调浓郁。不同风格的作品出现在同一洞窟中，展现出当时中西、南北文化的交流与融汇。

第三节 甘肃古代美术的其他遗存

一、古代书画艺术

甘肃书法、绘画艺术源远流长，从原始史前文明开始历经各个朝代，美术胜迹遗存遍布陇原大地，它们以青铜、砖石，木材、绢帛为载体，尽情书写描绘着生活在这片土地上的人们，表达着他们丰富的精神世界和艺术追求。这些饱含智慧的艺术珍品，在经历岁月的冲刷后，今天显得愈加珍贵，它们是我们民族光辉灿烂文化中的瑰宝。

（一）书法艺术

甘肃是华夏文明的发祥地，也是汉字及书法的发祥地之一。传说诞生于成纪的伏羲氏始画八卦启蒙文字，秦安大地湾遗址彩陶刻画符号、马家窑文化彩陶刻画符号，都可看作汉字及书法的起源。

1. 铭文书法

甘肃是秦的兴起之地，在这片土地上先后出土了秦公簋、秦公鼎等大量青铜器。中国历史博物馆陈列有一件先秦青铜器"秦公簋"，是甘肃出土的知名度最高、最具影响的先秦青铜器。此簋器内和器盖联铭，分别铸有54字和51字，合而成篇，共计105字。

图8-15 秦公簋铭文（局部）

秦公簋铭文（见图8-15）表达了对上天神灵的崇敬，对祖先功绩的颂扬和庇萌子孙后代的祈望。此簋铭文字体笔画匀称，配置行列整齐划一，笔画遒劲有力、自然生动，字体结构方正瘦健，清丽潇洒。另外器身和器盖分别刻有汉代款识，共18字，说明此簋西汉时为官物，具有重要的历史研究价值。此外值得一提的是，此簋铭文由印模打就而成，这种方法在当时十分新颖，具有开创早期活字模先河的意义。

2. 碑刻书法

甘肃碑刻艺术历史久远，遍布陇原的碑刻不仅承载着大量的文字信息，也是书法艺术的重要载体。在保存至今的甘肃古代碑刻中最知名的当属被誉为"汉代摩崖三大颂"的东汉摩崖石刻《西狭颂》和表现西夏历史文化的西夏碑。这些重要的碑刻不仅具有与古代典籍同样重要的文献价值，也是研究甘肃古代文化艺术的重要实物资料。

(1) 东汉摩崖石刻《西狭颂》。

东汉摩崖石刻《西狭颂》位于陇南成县西13千米的天井山麓鱼窍峡中，全名《汉武都太守汉阳河阳李翕西狭颂》，又名《惠安西表》，俗称《黄龙碑》。因鱼窍峡古称西峡，也称《西峡碑》，镌于东汉灵帝建宁四年（171年），与陕西汉中《石门颂》、略阳《郙阁颂》并称"汉代摩崖三大颂"，是驰名海内外的汉隶名作。石门、郙阁二颂已不在原址，且损毁严重，唯《西狭颂》因位于人迹罕至的峡谷之中，仍在原址且保存完好，首尾无一缺字，显得弥足珍贵（见图8－16）。

《西狭颂》正文高2.2米，宽2.4米，题额为《惠安西表》四字小篆。正文阴刻20行，385字，每字约10厘米见方。碑文主要记述李翕出身、家世、籍属、德行、修路之过程，并对其功绩进行颂扬，是一篇珍贵史料。其书法结体方正，雄深朴厚。正文左侧为题名部分，共12行、142字，隶书阴刻。内容主要是记录参与修整西峡栈道工程的武都郡下辨县郡县官员12人的姓名、官职、籍贯等，有很高的史料价值。正文右侧崖石上刻有《五瑞图》，分别为"黄龙""白鹿""甘露降、承露人""嘉禾""木连理"图，其间还有题榜6处，共15字，象征李翕主政期间政通

图8-16　东汉摩崖石刻《西狭颂》碑文

人和、五谷丰登，是对碑文的补充。当代国画大师李可染所题"西狭颂"三个大字，摹勒刻石，现立于崖碑右侧。

此碑书法作者为仇靖。仇靖，字汉德，下辨人，任太守李翕属下从吏之职，精通所谓"八体"，即大篆、小篆、刻符、虫书、摹印、署书、殳书、隶书。古今中外对《西狭颂》书法评价很高，自宋以来有五十多种金石著作对其做了详细的记载和高度评价，日本学者牛丸好一著文评价《西狭颂》为"汉隶摩崖的最高杰作"。

(2) 西夏碑。

西夏碑，全称《重修凉州护国寺感通塔碑》，碑身高2.5米，宽0.9米，厚0.3米，两面都有刻文。正面以西夏文篆字题名，意为"敕感通塔之碑文"，正文为西夏文楷体字，28行，每行65字。背面为汉字小篆题名，"凉州重修护国寺感通塔碑铭"。正文为汉字楷体，26行，每行70字。题名两侧有一线刻伎乐，赤裸上身，下着长裙，肌肉丰满，做翩翩起舞状。题名上端是云宝盖，碑文四周以线刻卷草纹装饰。

西夏文字亦为方块形，由偏旁部首组成，横平竖直，结构工整，形似汉字，书体形式也分篆、楷、行、草。西夏碑额以西夏文篆体书写，是现存西夏文篆书的唯一实物资料，也是迄今为止发现的有西夏文和汉字对照，文字最多、保存最完整的西夏刻碑。碑刻文字俊秀端庄、严谨、工整，是研究西夏文字和书法艺术的珍贵资料，堪称国之瑰宝。

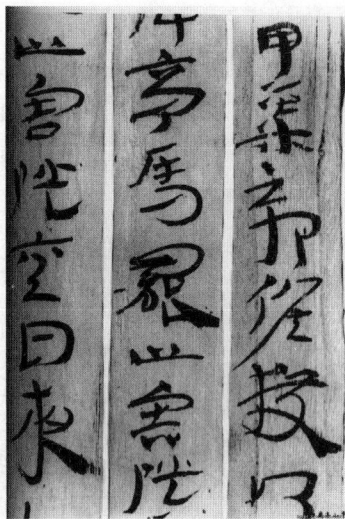

图8-17 居延汉简

3. 简牍书法

甘肃是中国出土简牍最多的地方，早在宋代即有发现。近代以来，陆续在甘肃敦煌、张掖、酒泉、武威、甘谷、居延、玉门、天水等地出土了秦汉至唐宋的竹木简牍（见图8-17）。到目前为止，全国共出土汉简7万多枚，甘肃就有6万多枚，占到总量的80%多，成为当之无愧的"简牍之乡"。简牍是中国书法从篆书演变出隶书、章草、今草、行书、楷书及其他过渡性书体的重要形式载体，甘肃简牍承载的大量墨宝真迹，对研究汉字形体的演变和古代书法有着重要价值。

4. 敦煌遗书

敦煌遗书是1900年6月22日在敦煌藏经洞被偶然发现的。在这个面积不大的洞窟中保存着7万余件4世纪至11世纪的珍贵文书、经卷和绢画，还有刺绣、铜佛、法器等文物。敦煌遗书多数为手写纸本墨迹（见图8-18），这些敦煌书法包括了由晋、十六国一直到北宋的数万件墨迹，是研究中国文字楷化时期的发展演变历程及书法艺术最丰富、最系统的第一手资料。敦煌遗书的书体，具有明显的时代特征。由于宗教的需要，以及敦煌地区特定的历史条件，决定了它带有浓郁的宗教色彩和西北地区民众的性格特征，人们称其为敦煌经书体。经书体的书写者均为社会下层的经生和抄书手，其书体也是当时民间最通行的手写体，所以比较集中地体现了在这约700年的时间里甘

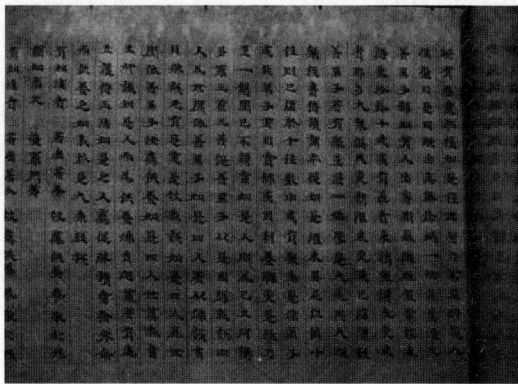

图8-18 敦煌遗书

肃民间书法发展演变的过程，反映出当时民间书法的特色。

5. 明肃本《淳化阁帖》

《淳化阁帖》是中国历史上第一部著名的大型法帖，可谓集书法之大成。由于它是一部专门整理出来供皇家研究用的书帖，其雕版一直深藏于皇家内府。《淳化阁帖》共10卷，收入历代帝王名臣和书法家108人的墨迹约420帖。其中，卷一为历代帝王法帖，收录自汉景帝至唐高宗等19位帝王的书法；卷二至卷四为历代名臣法帖，收入自汉张芝至南朝宋唐薄绍之等67位名臣的书法作品；卷五为诸家古法帖，收入自仓颉至张旭等17家的书法作品；卷六至卷十为王羲之、王献之的书法作品。全帖篆、隶、草、行、楷诸体齐备，展示了从2世纪到9世纪各代书法的风貌，是我国法帖中的珍宝。肃府本《淳化

阁帖》是西北地区最早翻刻的法帖，于明熹宗天启元年（1621年）完工，共用144块陕西富平石刻成，大多数为两面刻文，藏于肃王府遵训阁内。由于肃府本《淳化阁帖》的雕刻者为书画名家，故笔势洞清，摹勒俱精，遒劲奔放，回转自如。明清之际，由于战火和人为毁损，部分帖石已遗失毁坏，现存帖石藏于甘肃省博物馆。

（二）绘画艺术

甘肃河西地区地处"丝绸之路"咽喉要道，是中西文化的交汇点。在两汉、魏晋时期及后世西北政治、经济、文化发展中占有重要地位。河西地区发现和出土的墓室壁画、西汉木板画、墓葬彩绘砖画等绘画形式集中反映出古代甘肃绘画的发展水平，对了解中国古代绘画具有重要意义。

1. 墓葬壁画

(1) 嘉峪关魏晋壁画墓。

在广袤的河西走廊，散布着魏晋时期的许多墓葬群。已部分清理发掘的有嘉峪关、武威、高台、酒泉肃州区、敦煌市的墓葬。在这些墓葬中，发现有大量的彩绘砖壁画，其内容之丰富，数量之巨大，保存之完整，为考古界所惊叹。

1972—1973年，甘肃省文物考古工作者对嘉峪关市北的戈壁滩墓群进行发掘，一共清理了8座魏晋古墓葬，出土了一批文物，其中最有价值的是发现了魏晋时期的墓葬壁画，出土了760幅彩绘砖壁画。这些壁画题材有农桑、牧畜、酿造、出行、宴乐、狩猎、庖厨、生活用具、兵屯、营、坞壁、穹庐和建筑装饰图案画等，都取材于当时的现实生活。画法为墨线勾勒轮廓，填以石黄、土红、灰、白、绿、赭石等色，色调热烈明快。

嘉峪关魏晋壁画墓从内容上说再现了当时社会生活的历史风貌，为我们研究历史提供了可靠的实物资料，这中间有一幅《邮使图》（见图8-19）已被定为中国邮电行业的标志。嘉峪关魏晋壁画墓的发掘，丰富了中国魏晋时期绘画遗存的内容，具有填补空白的意义。据考证，这些壁画都出自当地民间画工之手，线描遒劲奔放，色彩明快和谐，表明当时的绘画艺术已达到了相当高的水平。

(2) 酒泉丁家闸五号壁画墓。

丁家闸五号壁画墓位于酒泉市肃州区果园乡丁家闸村，距地表12米，此墓为砖筑双室墓，前室覆斗室，后室券顶。前室是墓主人的"客厅"，后室是他与夫人的"卧室"，陪伴他的是他的一妻一妾。此

图8-19　嘉峪关魏晋壁画墓《邮使图》

墓早年被盗，唯留壁画。壁画绘在砖面黄色泥皮上。画的内容分天上、人间、地下三大部分，其中天上部分主要是祥瑞、神话传说与圣贤故事；人间部分则表现墓主人生前身居高位、尊荣享乐的奢华生活；地下部分描绘的是负重的大嚣员，以此象征墓主人的身

份地位。

该墓室前室顶部绘有莲花藻井，下分四层。第一层无彩绘，象征天。第二层东壁绘东王公，西壁绘西王母，南壁绘白鹿、羽人，北壁绘天马。这四幅画都以倒悬龙首、周围祥云缭绕为背景。东王公袖手盘坐在扶桑树上，头顶金乌熠熠生辉；西王母华贵雍容，头顶玉兔；北壁的天马踏云披雾，造型及神态与武威雷台墓的东汉铜奔马造型极为相似。第三层为人间部分，为壁面的主题画。西壁绘墓主人燕居行乐图，画中墓主人头戴三梁进贤冠，身着朱砂间石黄色袍，跪坐于榻上，左手执尘尾，身后有男侍手捧圆帽，女侍手执曲柄华盖。他的前方还有翩翩起舞的女侍、奏乐吹弹的乐队。南壁与北壁绘有各种劳动场面，如犁地、耙地、扬场、放牧、运输，从不同角度反映了当时的农、林、牧业及副业。画面上劳动者的服饰、发型、胡须、五官各不相同，反映出当时酒泉等地是多民族聚集地区的历史事实。第四层是地下部分。在墙的四角各绘一个善于负重的大蠚蚎，黑背红舌，驯服地趴在那里。后室壁画简略。丁字闸五号墓内壁画在内容上反映了古代河西等地"年谷频登，百姓乐业""生活富庶，甲于内郡"的历史事实。在艺术表现形式上，其简练生动的造型及赋色方法对后世绘画影响很深。

2. 木板画

(1) 西汉木板画。

1973年，在河西汉代居延肩水金关遗址出土了一幅木板画，被命名为《黑马大树图》（见图8-20）。此图绘于两块木板上，中部两侧用细麻绳缀合。画面高20厘米、宽25厘米，以纯墨绘制。画面左方画一大树，树下绳系一匹大黑马。马的画法为先以墨线勾勒出轮廓，中间用枯墨填实。马作昂首嘶鸣状，尾巴上翘。马后方站立一人，侧面，微须，头发作结，身着长袍，腰中束带。拴马的大树上攀援两人，双臂紧握树干。右方一人在奔跑。空中有五只小鸟飞向大树。据考证这幅木板画可能为戍边吏卒所作，绘画线条古拙简练，形象生动。另外，在居延破城子也出土有木板画。其中一幅《车马出行图》已残破，画面尚存车的下半部，马作奔腾状，皆黑色，乘骑仅留身躯。另一幅《白虎图》画面上白虎昂首站立，身生双翼，身姿雄健，长颈张

图8-20 西汉居延木板画《黑马大树图》

口，尾巴仅用单线勾勒，线描劲细有力，运笔流畅，节奏感极强。这些木板画是反映西汉时期河西地区生活状况和绘画水平的重要实物资料。

(2) 凉州西夏木板画。

1977—1997年，在今武威凉州区西郊公园多次发现西夏小型砖室墓，共出土木板画34块。木板画采用当地产杨木制作，小而精致。最大的一块长60厘米，宽18厘米；最小

的长仅9.5厘米，宽4.5厘米。其中以人物为主的占多数，画有老者、童子、武士、奴婢、侍从等形象，也有马、猪、犬、鸡等动物形象和龙、太阳、星星等画面。描绘主题几乎全是表现墓主人生前生活的情景，许多画面还表现了墓主人幻想到阴间之后，仍享受舒适生活的愿望。由于受佛教影响，画面继承和运用了古代传统的绘画艺术所信仰、崇拜的宗教题材和表现手法，既富于神化色彩，又反映了西夏真实的社会生活。其中有一幅画面，有男侍五人，头披三绺长发，左右垂于腮前，后垂脊背，衣服为圆领、长袍，束袖口，腰系带，两手抱拳作揖状；另一幅画女侍五人，圆髻高耸，簪饰翘立，短发垂于耳侧，穿宽领、右衽束袖长袍，双手合十；还有一幅表面涂一层淡白色，然后用淡彩、墨画四男一女，四男均双手抱于胸前，一女双手合抱置腹前，头戴花饰。画面反映出西夏着装和服饰的特点，较好地刻画出西夏党项人的形象和气质。武威西夏木板画在绘画艺术上具有较高的价值，是研究西夏绘画艺术和当时社会生活的珍贵资料。

3. 砖雕彩绘画

20世纪80年代以来，在甘肃清水县发现了三十多处宋金时期的砖雕彩绘墓葬，出土高浮雕画像砖一千多件。这批墓葬均由墓道、甬道、墓室三部分组成，形制有穹窿顶仿古建楼阁式、覆钵顶式、拱券顶式等，其建筑结构独特，营造繁复，布局严谨，富丽堂皇。墓室为仿木结构，楼阁形制。每座墓室即是一座完整的地下美术馆。砖雕题材大多取自传统孝道典故，书儒训读，官人出行、宴饮、乐舞、博弈、狩猎以及人们生活、劳动、畜牧等场景；画面内容丰富，神仙凡人、飞禽走兽、家畜家禽、花草树木、瓜果蔬菜，无所不有；画面构图简洁明快，色泽鲜明协调，人物故事、飞禽走兽描绘栩栩如生，蔬菜花卉雕刻精巧细致，绘饰虽纤细繁缛，但繁而不杂，给人以视觉疏狂纵逸的感觉。在这些墓葬中间，以上圭乡苏山、贾川乡董湾、白沙乡箭峡等几座墓葬的砖雕彩绘最为精美。

苏山村宋金墓室为仿木结构楼阁式，歇山以下均以砖雕彩绘装饰，彩绘时先涂以白底色，再根据不同部位施以红、绿、黄、蓝、黑等色，色彩丰富，对比强烈。砖雕人物有训读、僧道、伎乐、双人推磨、双人舂米、郭巨埋儿等，飞禽有丹凤，走兽有狮、马、羊、鹿，花卉有牡丹、荷花、宝相花等。砖雕构图简洁、内容丰富、雕工精湛。

董湾村宋金墓主室呈穹窿式仿古楼阁式。主室歇山下部及甬道均有雕饰，绘画、画像砖各半穿插装饰。砖雕雕刻简练、构图完美，人物、动物造型生动逼真，其中以家畜家禽勾绘尤为活泼可爱。彩绘采用大写意手法，以红、白、黑为主，按各自不同位置施染，使整个墓室色调和谐而华丽。

箭峡宋金墓呈窑洞式。墓室拱券顶端以壁画装饰。中顶部绘有朱、墨、白相间的八条带状彩绘纹环绕四周，其间以朱、墨二色绘成祥云、丹凤等图样。北壁上部半球面绘以神态各异、栩栩如生的仕女游乐、神话故事图。墓室中下部四壁及甬道皆以赭石色为主，通体处理。人物、动物、花卉砖雕依据各自不同的部位，以朱、黄、绿、墨、白、灰等色绘饰，或粗涂，以工笔勾勒，施染准确，和谐自然，女性人物的服饰尤显华丽。

砖雕内容丰富，每块砖的凹壶门形内各雕饰一个历史故事，或人物，或花卉，或生活题材，共计140块，其中人物故事类雕饰48件，以二十四孝图为主，无一重复，间有游乐出行、狩猎耕读、杂技表演、缠枝花卉等，生动地表现了北方各民族的生活场景和高超的艺术水平。

二、古代建筑艺术

建筑艺术与人们的生产和生活息息相关，可以说人类的文明史也是一部建筑史。古人类从巢居、穴居开始，由建茅草屋发展到建民居、亭台楼阁、宫殿、庙宇，建筑艺术记录着人类文明进步的历程，记录着当时政治、经济、文化方面的重大事件。陇原大地作为中华民族的发祥地之一，在这块42.6万平方千米的土地上，留下了许多古代建筑艺术的印记。一座座古代建筑就是一册册史书，向我们讲述着甘肃的建筑文化。

（一）佛塔建筑

中国古塔同古代宫殿、坛庙、园林等相比，起源较晚，是随着佛教的传入才出现的建筑类型。起初塔是保存或埋葬佛祖释迦牟尼舍利的建筑，中国的佛塔是印度传入的舍利塔与中国原有建筑和文化传统相结合的产物。据统计，甘肃现存有唐代至清的佛塔70余座，按造型结构可分为楼阁式、亭阁式、密檐式、花塔式、覆钵式、金刚宝座式、混合式等。楼阁式的佛塔有始建于北朝的张掖市木塔、永昌县圣容寺塔，唐代的宁县凝寿寺塔，宋代的华池县东华池塔、西峰市肖金塔等；密檐式的名塔有合水县塔儿湾石塔、徽县白塔等；亭阁式的佛塔有敦煌老君堂慈氏塔、炳灵寺第三窟唐代石雕塔；花塔式的佛塔有敦煌城城湾花塔等；覆钵式的佛塔有金塔县金塔、小叉庙塔，民乐县永固塔、民勤县镇国塔等；金刚宝座式塔有张掖大佛寺金刚宝座塔和民乐县圆通寺塔；混合结构的塔有兰州市白衣寺多子塔和白塔山白塔。属于全国重点文物保护单位的有圣容寺塔、东华池塔、凝寿寺塔、圆通寺塔、湘乐砖塔、延恩寺塔等。

1. 圣容寺塔

圣容寺为古代河西走廊著名的佛教寺院，位于永昌县城北北海子乡的御山谷中。据

图8-21　圣容寺塔

传魏太武帝拓跋焘太延元年（435年），高僧刘萨诃途经此地时曾预言"此山当有像现"。寺院始建于北周保定元年（561年），当时调集凉、甘、肃三千多人在山谷中建寺，历时四年落成，初名"瑞像寺"，隋大业五年（609年），改名"感通寺"。现仅存大、小两塔。大塔总高16.2米，为空心楼阁式砖塔，方形七级，塔沿用砖横斜敷砌，层层叠涩挑出，有展翅欲飞之势，造型与西安小雁塔相似（见图8-21）。小塔亦

方形，七级，高4.27米，与大塔造型相似。两塔整体造型简洁稳重，建筑手法和形制具有唐代风格。

2. 东华池塔

东华池塔位于甘肃省华池县东华池半山腰间，建造于宋代。古塔依山傍水，拔地而起，气势宏伟。此塔通身砖砌，为平面八角形七层楼阁式，无台基，通高26米。塔身第一层每面宽3.29米，门向东北，单砖券顶，内辟八角形塔室。第二层以上每隔一面设真门或刻板门，每层辟四券门，分层转换方向，真门单砖券顶，板门方门框，有的门上镶一块石碑，门两侧刻直棂、毯纹窗，各层檐下施双抄斗拱，每面五朵，上承檐椽、平座，檐上铺瓦垄。第一、二、三层檐上施平座，有栏杆，人可通行。栏板砖面刻有"卐"字纹、云纹、奔鹿、飞凤、猛虎等。塔顶为葫芦形刹柱，上置宝珠。塔造型庄重，装饰、雕刻精致细腻，体现出宋代建筑特征。

（二）古代城市建筑——嘉峪关

嘉峪关是明代万里长城西端的终点。嘉峪关城耸立在狭长而间有水草的戈壁滩上，南面是白雪皑皑的祁连山，北面是合黎山、马鬃山起伏的山峦，显得雄伟壮丽，使人情不自禁地联想到盛唐诗人的边塞诗篇。东有山海关，西有嘉峪关，而嘉峪关的修建比山海关还早了9年。为适应古代战争和防御的需要，自明太祖洪武五年（1372年）"初筑土城"到明世宗嘉靖十八年（1539年）尚书翟銮加固嘉峪关城，修筑东西两翼长城，成为完整而坚固的防御工程，断断续续经过了160余年的时间，大体经历了初筑土城、修建关楼、修建东西二楼、加固关城及修筑附近长城几个阶段。西长城向南延伸6.6千米，向北延伸8.2千米。东长城现存13.6千米。嘉峪关城由外城、内城、瓮城、罗城、城壕等构成。它布局合理、建筑得法，有三重城郭，多道防线，城内有城，城外有壕，形成重城并守之势。

嘉峪关长城雄伟壮观，气势恢宏。嘉峪关城上有东、中、西三座城楼，分别是内城上的光化楼、柔远楼，还有重新修复的嘉峪关城楼（见图8-22）。光化楼和柔远楼都是三层三檐三滴水歇山顶式的楼阁，面宽三间，进深两间，周围红漆明柱回廊。楼顶屋脊上装兽形瓦，有蟠龙、狮子等，绿色琉璃瓦盖顶。整个楼雕梁画栋，金碧辉煌，与嘉峪关城整体上肃穆的色彩形成对比。内城四角都建有两层的角楼，楼周围有砖砌垛口，形如碉堡，南北城墙中段各建有通廊式敌楼一座。城楼、角楼、敌楼，相互呼应对峙，与平直的城墙形成对比和节奏，凸现了关城的气势。1995年，著名书法家赵朴初先生书写"天下第一雄关"匾额，至今高悬在光化楼上。

图8-22 嘉峪关城楼

（三）寺庙建筑

1. 武威文庙

武威文庙享有"陇右学宫之冠"的美誉，是全国重点文物保护单位、全国第三大孔庙建筑群。武威文庙位于武威城东南隅，坐北向南，平面呈长方形，南北187米，东西135米，占地2.52万平方米。整体建筑群规模宏大，布局对称，结构谨严；庙内建筑红墙青瓦，雕梁画栋；周围碑石林立，古柏参天，四周墙垣相围，庙门轩敞，衬托出建筑群的庄严肃穆，巍峨壮观。据庙内所存明正统四年（1439年）《凉州卫儒学记碑》和成化六年（1470年）《重修凉州卫儒学记碑》记载，武威文庙始建于正统二年至正统四年（1437—1439年），后经多次重修和扩建，历时五百余年才形成了现在的规模。

文庙由中、东、西三组建筑构成。中间一组以大成殿为中心，总称孔庙。最南端正中为一座高6米、长26米的影壁，影壁呈砖红色，周边镶一色水磨青砖，称之为"万仞宫墙"。影壁两边分别开有称为"礼门""义路"的边门，上建造有精致的门楼。影壁北面是呈新月形的泮池，池上有一石拱桥，称"状元桥"。池北的棂星门是座高大雄伟的木构牌楼，四柱三间三楼，高近6米。当心间歇山顶，两次间庑殿顶，四根通天柱突出于顶部，柱顶饰以望天怒吼的狮形砖雕。当心间檐下彩绘"走马板"，正面书"棂星门"，背面书"太和元气"，字体圆润，笔力遒劲。棂星门北为"大成门"，门内是大成殿，为供奉孔子和祭孔之地。大成殿建于1米高的宽阔台基上，长宽各三间，周廊环柱，前有月台、石栏。重檐歇山顶，檐下施二翘五踩斗拱，拱出较长较粗大，有宋元建筑粗犷豪放的遗风。大殿正中悬挂"大成殿"蟠龙蓝底金字立匾。大成殿后为尊经阁。

东面一组为文昌宫，以桂籍殿为中心，前有山门，后有崇圣祠，中为二门、戏楼；左右为三贤祠、有恪亭、牛公祠、刘公祠和东西两庑。建筑群西面一组总称府学，以明伦堂为中心，左右有存诚、敬德二斋。武威文庙现存文物达4万多件，开设有8个陈列室，展出文物1万多件，是河西走廊最大的地方博物馆。

2. 夏河拉卜楞寺

图8-23　夏河拉卜楞寺

甘肃是藏族的主要聚居地之一。历史悠久、博大精深的藏传佛教，不仅寄托着各族信众对美好生活的向往，丰富着人们的心灵世界，也孕育了丰富多彩、精湛绝伦的藏传佛教艺术。拉卜楞寺是安多地区藏传佛教艺术的宝库，其建筑风格独具特色（见图8-23）。

拉卜楞寺建筑规模宏大，占地1 000余亩（1亩≈666.67平方米），建筑面积82.3万平方米，拥有经堂6座，佛殿48

座，藏式楼31座，佛宫30院，经房500余间，僧舍1万余间。建筑群金碧辉煌、宏伟壮观，具有极高的建筑艺术水平。

拉卜楞寺主要建筑集中于山坡高处，从山坡到河边，基地由高而低，周围三面簇拥着大片低小的僧舍，外围是长长的转经廊。拉卜楞寺主体建筑突出醒目，整体布局严整统一。屋顶的形式、材质，廊檐的彩绘颜色、图案，以及墙面和门窗的装饰无不精心构筑，独具匠心。墙头都用暗棕色的"便玛"（即红柳）作墙带。墙带上常装饰有铜质鎏金佛教图案和梵文。便玛墙下的藏式窗户，开口呈纵长方形，在口外两侧和下沿抹出梯形窗套，上沿排出窗檐，挂布帷。寺中主体建筑使用红、黄、深棕色彩，配以发光的金顶和屋顶上的鎏金饰件，显得辉煌壮丽。僧舍外墙刷成白色，配以大门两侧的红色边框，朴素安静，与主体建筑形成了鲜明对比。

3. 天水后街清真寺

始建于元代的天水后街清真寺是全国重点文物保护单位。该寺具有悠久的历史，其建筑气势雄伟，结构精巧，是伊斯兰建筑艺术与中国传统建筑艺术结合的产物。后街清真寺位于天水市秦州区，据《天水县志》载，该寺始建于元顺帝至正年间（1341—1368年），明太祖洪武七年（1374年）重建，明宪宗成化四年（1468年）扩建。明世宗嘉靖十三年（1534年）建砖木结构六角攒尖顶三层姆拉楼，明神宗万历十三年（1585年）建牌坊两座，形成一组殿、楼、牌坊等相得益彰的古建筑群。牌坊上悬"清真古教"匾额，坊题"诵经法古"，姆拉楼额题"无声无息""于穆不已""祇报元功""报本还原""省心楼"等匾。后因年久失修和"文革"时期的毁坏，使该寺古建筑仅存礼拜大殿。1986年后，经群众集资新建，基本恢复了原貌。

（四）官衙建筑——永登鲁土司衙门

鲁土司衙门位于永登县连城镇，地处黄河支流大通河谷地，西向大通河，北倚笔架山。鲁土司衙门是明清时期集官府衙门、居住区和寺院为一体的私家庄院建筑群，俗称"三十六院，七十二道门"，在全国现存四处土司衙门中历史最久、规模最大、保存最完整，现为全国重点文物保护单位（见图8-24）。

据《重修鲁氏家谱》记载，鲁土司衙门始建于明洪武十一年（1378年），明政府为一世土司脱欢之妻马氏"治地连城，建楼七楹"。嘉庆年间，十五世土司鲁纪勋进行了较大规模的重修，祖先堂梁架上遗留有"嘉庆六年六月吉日重修"的题记。鲁土司衙门现存建筑基本保持嘉庆重修时的布局，坐北向南，原占地40 000多平方米，现存33 025平方米，有各类建筑226间。建筑格局上有三条平行的中轴线，中路为衙署，西路为妙因寺，东路为官园。

中路衙署建筑群原有五个院落，因最

图8-24　鲁土司衙门

前面的一字影壁和辕门都被拆除，现存建筑由四个院落组成。第一院最南端为木牌坊，是明成化十一年（1475年）为表彰一世土司脱欢之妻马氏而修建的，时额题"世笃忠贞"，清代改为"世笃忠诚"。牌坊为四柱三楼结构，长26米，通高12米，建于高0.8米的台基上。穿过牌坊，就可到达仪门，面宽三间，进深二间，门扇有清代绘制的"神荼""郁垒"门神。

再向北到达二门，也称提督衙门，为单檐硬山顶，面阔三间，进深两间，上悬"提督衙门"匾。二门的东西两侧各开一门，东为"生门"，西为"绝门"，分别为押送刑徒和死囚出入的地方。第二院的主体建筑为大堂，单檐悬山顶前带两三间卷棚抱厦，面阔五间，进深三间。大堂是土司迎诏接旨、举行庆典和坐堂审案的地方，正中三间敞空，两稍间辟为耳室。

大堂后面迎面是一座如意门，硬山顶，在其东西两侧各连一个"合欢"门，东门通向官园，西门通往妙因寺，由中门可进入第三院。第三院建筑主体为燕喜堂，是衙门内的大客厅。堂建于高0.6米的台基上，面阔五间，进深三间，单檐硬山顶，明间安装六抹隔扇门，次间、稍间都是支摘窗。东西两侧各有一天井小院。

燕喜堂后为朝阳门，由此进入第四院。门为单檐歇山顶，檐下施清式如意斗拱，小巧玲珑。院内主体建筑为祖先堂，建于2米高的须弥座台基上，单檐悬山顶二层楼结构，面阔五间，进深三间，东西两侧各建二层配楼。祖先堂始建于明代，现存建筑为清代结构样式。衙门各座建筑由南到北，一院比一院高，原建筑各院之间互不相连，由不同的门隔开，利于排水和防火。

东路官园是历代鲁土司的生活住宅及休憩游赏之所，原有八院，现存六院。建筑有绿照亭、八卦亭、园门房、戏楼、土地庙等，均为清乾隆年间所建。官园处在群山环抱之中，西面是波涛汹涌的大通河，园内古柏苍翠，各种花木点缀其中，时有梵音西来，堪称西北地区清代园林的珍品。西路为鲁土司的家庙妙因寺，属藏传佛教寺院，现存主体建筑有鹰王殿、天王殿、塔儿殿、万岁殿、德尔经堂、大经堂等。

（五）民居建筑——天水南北宅子

天水胡氏民居俗称"南北宅子"，位于天水市秦州区民主西路，是明代"父子乡贤"胡来缙和胡忻的宅第，2001年被国务院公布为全国重点文物保护单位。

胡来缙，字仲章，又号东泉，秦州人，嘉靖戊午（1558年）科举人，其故居为"南宅子"（见图8-25），坐南朝北，建于明嘉靖至隆庆年间（1522—1572年），由五个大小不同的三合院、四合院组成，占地面积2 340平方米，有房屋8座

图8-25　天水南宅子

26间，垂花门3座，影壁3座。一进院由大门、东西垂花门、影壁组成。硬山顶大门3间，门额榜书为明人手迹"副宪第"，书法浑厚劲健。檐下雕饰富贵华丽，瓜拱和拱垫板透雕云纹、花草，横披和雀替均浅浮雕海云、牡丹、凤凰等吉祥图案。门内当心间已改为"太学生胡松秀之妻蒲氏"节孝坊。门前有一株明代古槐，苍翠葱郁，浓阴覆地。天井院正面立清代重修的一字影壁，东西面各开一垂花门，东垂花门已毁，西垂花门檐下饰透雕横拱，阑额阴刻缠枝牡丹，横披书"桂馥"二字，由此门即可进入前院。前院由正厅和东西厢房组成，正厅为明代建筑，面阔五间，进深三间，单檐悬山顶前出廊。柱头卷刹呈覆盆状，柱根施鼓镜式柱础，木雕雀替精工细刻。北有倒座五间，沿西南角门进入，有一小四合院，为佛堂、书房和客厅所在，花石铺地，竹木郁葱，幽雅清静。

　　北宅子是胡来缙之子胡忻宅第。胡忻，万历己丑（1589年）科进士，初任山西临汾知县，后升为工部给事中。北宅子现仅存东院过厅和主体建筑厅楼，其中厅楼面阔五间，进深四间，重檐硬山顶砖木结构，气势宏伟，雍容华贵。二楼檐柱间嵌雕花栏板，浮雕牡丹、荷花等图案，生动细致，精美绝伦，为明代雕刻艺术的杰作。

三、古代工艺美术

　　古代工艺美术是指劳动人民为满足自身物质和精神的需要，在特定历史条件下，采用各种物质材料和工艺技术所创造的人工造物，它是人类古代文明的重要组成部分。甘肃辉煌的史前美术和宗教艺术造就了一批显示出自身特有文化个性的工艺美术杰作。这些艺术珍品承载的精湛制作技艺和丰富审美思想，成就了甘肃古代工艺美术的华彩篇章。

（一）彩陶之王

　　1954年，出土于黄河之滨的临夏回族自治州永靖县三坪村（现在隶属于积石山县安集乡）的彩陶旋纹瓮，属新石器时代马家窑文化。它造型优美，体腹硕大，线条奔放，纹饰瑰丽，素有"彩陶王"称誉（见图8-26）。此瓮高49.3厘米，上宽下窄，颈口处有四个錾，腹两侧饰有双耳。陶质细腻，坚而光亮，黑色单彩饰水旋波纹为主要图案，大旋纹间以小旋纹，纹饰繁密，线条流畅飞动，如水势汹涌，波涛翻滚，颇为雄奇壮观。从彩陶瓮所描绘的纹饰中可以感受到马家窑时期先民们傍水而居的生动场景。

图8-26　永靖县三坪村彩陶旋纹瓮

（二）齐家文化玉雕

　　齐家文化以玉器的生产加工为内涵。玉器品种多，既有玉璧、玉琮、玉斧、玉刀、玉铲、玉锛、玉璜、玉凿、玉环、玉圭、玉戈、玉牙璋、玉璇玑，还有各种动物造型、异型器等。齐家文化玉器造型简单、朴拙、粗犷，做工精细，尤其是开孔笔直准确，抛光细腻，体现出当时很高的玉器加工工艺水平。齐家玉器用料较杂，既有甘肃本地的酒

图8-27　齐家文化玉琮

泉玉，也有新疆的和田玉。齐家文化玉器以工具类和礼器类居多，许多玉器，如玉琮、玉璋、玉圭、玉璧等器形巨大（见图8-27）。

（三）灵台白草坡商周青铜器

据考古界统计，目前甘肃已出土商代以前铜器300多件，由此可以证明，甘肃是中国青铜制造萌生最早的地区之一。甘肃东部泾河流域是先周故地，曾出土过商周青铜器。其器型与纹饰和中原、关中青铜器工艺一脉相承且富有地域特色。在陇东出土的青铜器中，最重要、

影响最大的是灵台县白草坡西周墓地所出之青铜器（见图8-28）。墓地共清理墓葬9座，车马坑1个，主要出自西周贵族潶伯和䧹伯之墓，共出土文物1 354件，其中青铜器多达1 055件，计礼器34件，兵器302件，工具9件，车马器710件。成套的礼器器类齐全，形制典雅庄严，纹饰瑰奇，其中24件有铭文；兵器质量很高，尤其是造型别致、铸作精美的异形兵器，备受世人关注。

图8-28　灵台白草坡潶伯铜方鼎

（四）中国旅游标志——铜奔马

中国旅游标志铜奔马，又名"天马""马踏飞燕"。奔马身高34.5厘米，长45厘米，它昂首长啸，尾稍打结，三足腾空，后右蹄轻踏一只振翅疾驰中惊愕回首的飞鸟，表现出一往无前的矫健身姿和风驰电掣的奔腾气势。铜奔马不仅具有极高的历史价值，而且具有非凡的艺术价值。它制作精美，神态生动，体魄强健，威武雄壮，全身的着力点集中在一足之上，不仅完全符合力学平衡原理，而且把天马的力量和速度融合成充沛的气韵，表现出天马行空、腾云驾雾、势不可当、一跃千里的气概，充分展示了创作者丰富的想象力和高超的艺术创造力，极富浪漫主义色彩，真可谓匠心独具，令人惊叹叫绝。1983年，国家旅游局把武威雷台铜奔马确定为中国的旅游标志（见图8-29）。

（五）榆林窟象牙造像

榆林窟象牙造像，俗称"象牙佛"，是榆林窟保存下来的一件稀世国宝。造像

图8-29　武威雷台铜奔马

用一整块象牙雕刻而成，状如手掌，高15.9厘米，上宽11.4厘米，中宽15.7厘米，下宽14.3厘米，厚3.5厘米，两片对合成盒状，可开可合，合则是一头栩栩如生的大象，卷鼻卷尾，象鼻之后有二人，一人牵象，一人把钵；象腹之下有两武士，赤裸上身，手持兵器；象背鞍辔齐备，上坐一位身着纱丽、手捧舍利塔的文殊菩萨像，塔前坐一人背负佛塔，象臀上坐一持短刀跪坐警卫；象足下是长方形台座及两壶门。打开则每面分为27格，内刻54个不同情节的佛传图，共刻279人，2佛塔，12尊车马，雕刻手法高超，刀法细腻，从形制上看，表现了印度犍陀罗艺术风格，且构思巧妙，雕刻精良，局部施彩，实为罕见。现存于北京故宫博物院（见图8-30）。

图8-30　榆林窟象牙造像

（六）元代青铜牦牛

出土于甘肃天祝县的元代青铜牦牛（见图8-31），长1.18米，高0.7米，角长0.4米，重达75千克。该牦牛两眼注视前方，口作哞哞鸣叫之态，造型优美，栩栩如生，保存完好，是一件罕见的青铜艺术珍品，也是迄今为止中国古代出土文物中唯一以牦牛为造型的青铜器。它以严谨、准确的形体结构，古拙、雄浑的造型气势，概括、逼真的雕塑风格，精湛、高超的冶炼浇铸技术而享誉国内外，是研究古代藏区少数民族文化艺术和宗教生活信仰的重要实物资料，被定为国宝级文物。

图8-31　元代青铜牦牛

第九章
甘肃美术中的非物质文化遗产

　　民间美术是非物质文化遗产的重要组成部分，甘肃美术中的非物质文化遗产主要体现在甘肃民间美术遗存中。这些民间美术遗存主要有：庆阳香包刺绣、陇东皮影、陇东剪纸、临夏砖雕、天水雕漆、甘谷脊兽、兰州刻葫芦、裕固族刺绣、藏族服饰、夏河拉卜楞寺唐卡、酒泉夜光杯等。这些带有原生态味道的民间美术品，带给我们的不仅仅是独特的审美享受，也令我们对甘肃源远流长的深厚文化艺术充满敬意。

|第一节| 陇东、陇中民间美术

　　陇东庆阳一带是周人的发祥地，无论是狩猎还是宗教、婚葬礼俗等均反映了周人的文化和审美观念。天水所处的渭河流域是中华文明的重要发祥地之一，它不仅是秦故地，也是伏羲故里，丰富的出土文物显示出人类母系氏族社会向父系氏族社会发展的进程。这两个地区的民间美术因受诸多文化的影响具有丰富性与多样性的特点，形成了独特的民间美术圈。庆阳、天水、平凉的香包刺绣、民间绘画、皮影、石雕、木雕、脸谱、民间编织、剪纸、社火等均体现了这一地区丰厚的历史文化积淀。

一、甘谷脊兽

图9-1　甘谷大象山脊兽

　　中国古建筑的屋顶通常都是由前屋顶、屋脊、后屋顶构成的斜坡或三角形。在屋顶的正脊两端安有两个张大口的龙头，叫正吻，也叫作龙吻，而前后两坡到正吻沿博风下垂的尾脊都叫垂脊，在垂脊前的角脊上往往都排列着一行作蹲踞状的雕饰物，这些饰物就是脊兽。位于我国甘肃省东南的天水市甘谷县，许多民居及庙宇都装饰有一些造型精美的脊兽。它们高居在瓦房屋脊之上，给人一种新奇、神秘的美感（见图9-1）。

　　甘谷制作脊兽的历史始于清末，至今已有130多年的历史，现已被列为甘肃省首批

民间文化保护工程项目。甘谷县永安村最著名的脊兽大师张海，因塑制脊兽技艺高超，人称"张大兽"，堪称一代脊兽大师，其影响惠及永安全村，使得全村绝大多数农户以烧制脊兽为业。甘谷"张大兽"古建筑琉璃制品公司现在生产的琉璃龙吻、龙头、登天龙、宝瓶、仙鹤延年等，工艺精，质地优良，特别是张氏风格的蛟龙踏云、孔雀戏牡丹、鸳鸯闹莲等制品，成为品牌产品。

甘谷脊兽造型细腻秀婉，屋脊上装饰纹样品种之繁多，令人瞠目，龙、凤、鹤、雀、鱼、花草盆景、如意等无所不包，让人不能不惊叹其深厚丰富的文化底蕴。甘谷脊兽的题材以经过程式化变异的抽象花草和二方连续的几何图案为主，且图案内容丰富，有人物、山水、花鸟、走兽、几何形体等，主题则多表现福、寿、富贵、多子等吉祥愿望。

以人物为主的题材，内容包括宗教神话、戏曲图谱、民俗风情、民间传说和其他社会生活等。人物题材在所有砖雕中，被视为精工细作的中心，占有很大的比重。嵌置的位置也比较显著，一般都嵌在门楼、门罩、八字墙的额枋或华板上。以动物花鸟为题材、象征吉祥物的图案较多，如鹿、孔雀、鱼、乌龟、仙鹤等，还有象、麒麟、蝙蝠等都被运用在吉祥喜庆的图案里，均各尽其态，质朴动人。花鸟图案则被运用于构图布局中，融合了中国画的传统手法，画面丰满，有变化，有节奏，给人以恬静、优雅之感。纯花卉的植物图案更是璀璨似锦、目不暇接。

二、陇东剪纸

陇东剪纸历史久远、风格独特，流传于庆阳、平凉两地区。正宁、宁县、合水、华池、陇东等地的剪纸，风格古老质朴、原始粗犷；西峰、镇原一带剪纸线条秀丽工整，构图饱满；泾河上游的平凉、泾川、崇信、华亭、庄浪一带，剪纸线条粗犷豪放，简练明快。

陇东剪纸，表现手法灵活，剪纸技艺娴熟，颜色以红、绿为主，也有套色、染色等；剪法上有阳剪、阴剪、阴阳剪、对称剪、阴影剪、图案剪等；纹样有云勾纹、梅花纹、锯齿纹、月牙纹、田禾纹、水纹、点纹、花纹等剪法。

陇东剪纸内容丰富多彩，有反映传统民俗的喜庆、礼仪剪纸；有反映生殖繁衍、美好爱情的生殖剪纸；有保佑平安康乐、祈求神兽降福的祛病剪纸；有民间故事剪纸；有表达对劳动果实喜爱的麦穗、谷穗、瓜果、桃杏等内容的剪纸。此外，还有福寿剪纸、婚喜剪纸、趣味剪纸、丧葬剪纸、图案剪纸和生产劳动剪纸，等等。这些剪纸大都有底样，是从祖辈那里一代代传下来的。

陇东剪纸保留了大量古老图腾文化的原始形态，体现了周、秦文化的内涵，被称为古代文化的"活化石"。传统的剪纸"人头龟""鱼化龙""人头鱼""娃娃鱼"等形象都是以鱼、龙、蛇为内容的原始图腾的流传，其造型与半坡出土的彩陶图案"人面鱼"的装饰图案几乎一致；"四龙捧珠""鸟""蝉"等则保留了战国时期文物中龙、鸟、蝉的纹样；"人头虎"剪纸与汉代巨石像中的"人面虎"造型酷似；剪纸"四姑争书"与明代铜铸"四喜"完全一样。古老的文化，在民间一代代继承下来，成为今天不可多得的艺术珍品。

庆阳市镇原县的民间艺术家祁秀梅是陇东剪纸艺术的代表，她继承了民间传统剪纸艺术的特点，技巧娴熟，拿起剪刀就剪，从不描画底样，剪出的图案给人以舒适、安静、幽雅的感觉。她一生创作的作品有虎、狮子、生命树、娃娃折莲、道佛合一、莲花树、莲生子、盆莲坐娃、柳鹤同春、海棠开花、蛇盘兔、鹭鸶绕莲等，此外她还创作了不少反映农村新变化题材的作品。祁秀梅剪刀下的形象都具有神奇怪异的特点，夸张变形出乎常人想象，她的作品中隐含着多种象征符号，保留了原始部落图腾崇拜的印记，具有丰富的民俗文化内涵（见图9-2）。

图9-2　祁秀梅剪纸《抓龙男娃蹲莲花》

三、兰州刻葫芦

兰州刻葫芦是甘肃民间艺术中的一朵奇葩，更是全国乃至世界上独一无二的民间技艺。刻葫芦的材料就是家种葫芦，但又不同于过去装酒的"蚂蚁葫芦"和舀水的"长颈葫芦"，刻葫芦专用小圆葫芦和单吊葫芦。用来雕刻的葫芦讲究大小均匀，大体有三种：一是小圆葫芦，最小的仅有算盘珠大，一般做旅游纪念品和装饰物；二是单吊葫芦，通常用来装养秋蝉、蝈蝈和蚱蜢，讲究圆润无疤结，以便聚音，顶上旋有圆口，刻上花边图案，腰部则镂一"贯线"状气眼；三是因籽种变异天然生成的疙瘩葫芦，这种葫芦，奇形怪状的疙瘩布满全身，极为罕见，稍加雕琢修饰，熠熠生辉，颇有一种天然拙趣的味道。精选的葫芦要外形美观、滑润光洁、皮质细腻、色泽黄白。

兰州刻葫芦，主要用刀或者针在葫芦表面阴刻出山水、动物、人物、建筑、文字等，为令其线条明晰，最后涂上松墨（见图9-3）。刻葫芦最常见的图案是山水风景或戏剧人物的脸谱，作为儿童玩具出售。清光绪年间，李文斋是当时最有名的刻葫芦艺人，他的葫芦作品被誉为全国工艺品中的"绝技"，驰名中外。他所刻葫芦多取材于神话传说和历史故事，如《赤壁赋》《桃花源记》《兰亭序》等。他的

图9-3　兰州刻葫芦

雕刻，人物寥寥数笔，求其意态，强调神似；山水花卉疏淡相宜，形神兼备，注重风致；题款文字细如蚁足，点缀成行，潇洒自如。20世纪40年代初，雕刻艺人阮光宇，把《西厢记》《红楼梦》《聊斋志异》等作品中的人物故事巧妙地安排在葫芦上，并配以诗词文字、风景山水。刻葫芦《东坡赤壁夜游图》，在只有7平方厘米的葫芦上刻一叶扁舟，舟中坐6人，神态各异、栩栩如生，舟外远山近树，疏密有致，另一侧则刻有537字的《前赤壁赋》，字迹秀媚、工整清丽。《婴戏图》作品刻有120多个正在嬉戏的小孩，千姿百态、构思奇妙。

四、天水雕漆

天水的髹漆业历史悠久。据考证，早在汉代，甘肃漆器业就很发达。武都是当时全国漆艺据点之一，天水、临洮是甘肃漆艺的汇集地。天水漆器至少有2 000余年的历史，从秦汉到宋元明清各个时期，天水出土的古代漆器颇丰。天水漆器种类繁多、题材丰富，其设计创作集绘画、雕刻、工艺于一身，具有很高的文化价值、经济价值和历史价值，2008年被列入第二批国家级非物质文化遗产名录。

天水漆器最早以雕填出名，在许多有关漆器类的著作中，天水漆器都被称为"天水雕填"。在20世纪初期，当时的装饰手法仅有雕填，即在造型胎型上髹涂色漆，待达到所需厚度，趁其未干时用刀雕刻出各式纹样，再在刻纹处填上不同颜色的色漆，干后磨平抛光即成。这种雕填技艺是清代末年由四川经陕西传入甘肃的，产品以木胎、皮胎的漆木碗、印盒、手杖、笔筒、茶碗、梳妆匣等为主，也有靠摇椅、背椅、匾、茶几、圆桌等之类的大件。

天水漆器装饰特色主要有两个方面：一是选用天水当地名人字画与漆器产品进行结合，像以周兆颐、何晓峰的花鸟作品为题材设计制作的挂屏、旅游小件等，打破了以往一幅设计图生产好几年的惯例，使漆器产品花色翻新很快。二是将西北历史文化传统溶于工艺品之中，多以敦煌壁画、麦积山雕塑、古代钱币、民间剪纸、史前彩陶、宋元瓷器、明代玉器、青铜器等为装饰题材。其传统的图案有松鹤延年、孔雀戏牡丹、丹凤朝阳、鸳鸯闹莲等，代表性作品有落地螺钿文物屏风、群仙祝寿屏风、镶嵌圆桌带凳、镶嵌沙发桌等，内容有"大观园"以及各种历史传说、戏剧人物、神话故事、花卉鸟兽等（见图9-4）。

图9-4 天水雕漆座屏

五、木版年画

甘肃民间木版画历史悠久，种类繁多。年画的题材和群众的生活密切结合，为了满足人们的文化需求，适应不同环境装饰的需要，同时也为了增加年画的销售量，艺人们根据农民的住房情况，创作了各式各样的画，有大门上的画，有屋门上的画，有炕头上的画，有窗旁的画，就连饭橱、仓囤、圈门上都有专用的画，让人感到买画时缺一不可，少哪样也不合适。年画的内容由最初的单一内容逐步发展到上千种，大致可以分为驱凶辟邪、祈福纳祥、戏曲传说、喜庆装饰、生活风俗五大类。

甘肃古代印制的门神有大、中、小十多种，造型上有武式、文式、站式、坐式、骑式等。武式门神有焦赞、孟良、尉迟恭、秦叔宝及钟馗等，文式门神的内容有"状元进宝""加官晋爵""刘海戏金蟾""吉祥如意""富贵功名"等。甘肃古代印制的灶神品种也极多，有八口灶神、四口灶神、双灶神、单灶神（见图9-5）。这些灶神的背景一般以四季花卉装饰，并附有农历及二十四节气图。另外还有头戴九龙珠冠或紫金冠、穿红袍的社神，背景中间放置有花瓶、灯笼、双印等图案。过去在甘肃庆阳到处可见一种祭神、求神焚化用的钱马木版，每当村镇庙会，人们便拿着钱马到庙前烧香"还愿"，以祈求逢凶化吉、消灾除病；另一种钱马要在春节期间请回家中供奉，可张贴在屋里或屋外的门楣、灶台、农具、仓房等地方。这些木版画，一般采

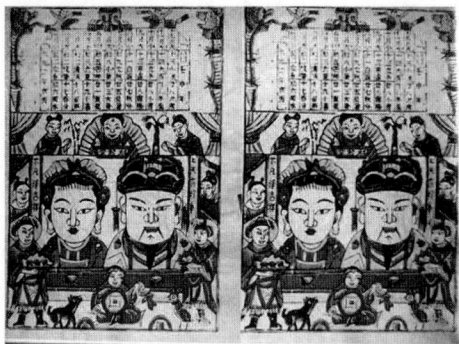

图9-5　木版画灶神

用墨印、墨印彩染、彩色套印等工艺，刻画线条粗犷，造型古拙。新中国成立前在甘肃的庆阳西峰肖金镇、宁县早胜镇、合水县、庆城县城就曾有木版门画、钱马、灶神生产户，并留存有原刻模版。20世纪80年代以后，庆阳民间木版画以宁县早胜乡周边村镇为盛。

六、庆阳香包刺绣

香包是民间刺绣实用物品中的一种，庆阳群众俗称"耍活"，又叫"绌绌"，端午节是民间香包艺术的大博览。受古幽州民风、北地环境以及陇绣的影响，庆阳香包刺绣一直保持着一种原始的神秘和纯朴天真的特征，具有独特的风格和明显的地域特色。庆阳刺绣图案紧凑，枕套、鞋垫大都绣在褙子做的贴面上，针脚细密，多是来回走线，形成双面花，为的是结实耐用，体现了庆阳刺绣不但注重装饰性，同时也注重实用性的特点。而且庆阳刺绣还有一个特点是拙朴，不论是材料的选用、图案的绘制，还是花色的搭配，刺绣的方法都显得朴素古拙，不似湘绣蜀绣的轻巧空灵。庆阳香包色彩对比强烈，追求色彩的多样性，形成调子明快、色彩艳丽、装饰性极强的效果。庆阳刺绣大体有以下五种类型。

（一）服饰类

服饰类包括"百家服"、虎头帽、云领子、肚兜、鞋面等，其中最有代表性的是帽子。虎头帽是专门给男孩戴的，造型很奇特，老虎大眼圆睁，巨齿獠牙，耳朵竖起，神气十足。儿童戴在头上，有驱邪纳福的寓意（见图9-6）。女孩戴蝴蝶帽、金瓜帽、莲花帽、凤凰帽，造型较虎头帽简单，但色彩艳丽，内容丰富。

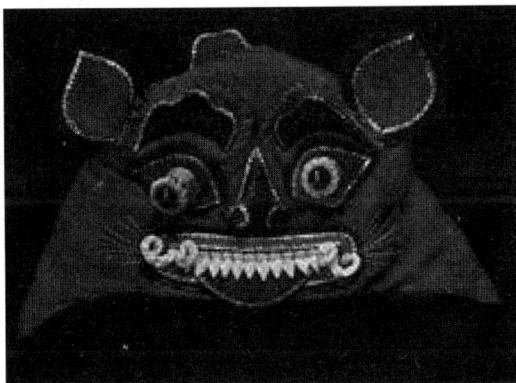

图9-6 虎头帽

（二）床枕类

庆阳枕头大多用蓝布做套，红绸粘顶。枕顶一般为方形，也是用褙子做的。上面的刺绣大多用传统的刺绣方法，针脚细密、颜色艳丽。所绣内容大多是花卉，如牡丹菊花，也有石榴、葡萄等果蔬。另有一种专为孩子做的虎头枕和猫娃枕，枕顶为方圆形或虎头形状，绣上眼睛、鼻子、嘴巴，再加上耳朵，神形毕肖；还有耳枕，枕头呈扁形，枕顶为矩形，中间有孔，形如古铜钱孔，枕时不挤压耳朵，比较舒服。

（三）包袋类

庆阳钱包和钱袋，可分为三种类型：第一种折叠式片夹，男女可通用，通体为有色布匹或绸缎，打开钱包的盖儿，上面绣有仙鹤、龙狮、蝴蝶等图案；第二种贴片钱包，钱包上绣一个贴片，贴片有长方形、半圆形、多边形多种形状，再将贴片缝合在裹兜、衣襟之上，刺绣图案大多为云角透花如意纹、石榴纹，桃纹，也有在淡色布底上直接刺绣纹样的，花草图样形态自然，组合自由；第三种褡裢钱袋，四角刺绣云角图案，或方形，或多角形透花刺绣，结实耐用。

图9-7 福娃香包

（四）香包挂件类

香包挂件，是在端午节胸前佩挂的小香包的基础上，逐渐发展演变来的一类较大的、新型的、具有吉祥寓意的香包，主要用于现代居室装饰。香包挂件题材丰富、式样多变，有福寿双全、吉祥如意、鸳鸯双喜、十二生肖等多种内容。挂件可分为单面、双面、立体三类。立体挂件如像龙、凤、虎、鱼等题材都在传统式样上有所突破。独具庆阳特色的福寿娃娃（也称五福娃娃）香包挂件，可以说是庆阳劳动妇女在20世纪80年代独创的一种民间工艺美术品（见图9-7）。

（五）用品类

庆阳香包刺绣用品类主要指针葫芦。针葫芦是庆阳农家妇女用来插针的佩饰，又叫针扎，其造型千变万化，有数百种之多，但主要造型是葫芦形，葫芦为天地混沌的母体象征，隐喻阴阳合体。针葫芦是葫芦崇拜的典型绣品。针葫芦虽小，刺绣针工却很讲究，平面绣花，平绣、堆绣兼有选用边角绸缎、布料制作，要经过粘褙、刺绣、锁边、缝合等多道工序，通常挂在妇女腋下纽扣上，随用随取，非常方便。

七、陇东皮影

甘肃皮影主要流行于陇东、陇中、陇南和河西的汉族地区，以陇东为最早。陇东皮影属秦晋影戏，是中国皮影戏的重要一支。清代中叶，陕西东路皮影传入陇东地区，其传播路线是从陕西的大荔、华县经咸阳、彬县、长武传入甘肃省的平凉、庆阳等地，因此这些地区的皮影造型方法和制作工艺与陕西东路皮影是一脉相承的。但经过几百年的发展和几代人的改革和创新，陇东皮影融入了当地的文化观念，作为一种民间艺术，它的造型语言内涵丰富多彩，变化万千，经过世代长期的艺术实践，又吸收了民间剪纸、绘画和戏剧等多种艺术形式的长处，日渐形成了完美的造型原则和语言风格。

陇东的皮影以牛皮为原料雕刻而成，工艺极为讲究，刻制精益求精。影人线条酷似中国画的白描，敷色用透明水色，颜色一般不调和，故对比强烈、纯正绚丽。陇东影人大约高20厘米，影人头大身小，头与身的比例大致为1：5，着色以黑、黄、红、绿为主，身段上窄下宽，手臂过膝，外轮廓挺拔概括，镂刻精细流畅，重视图案的装饰效果，用色对比强烈明快。

陇东影人男女有别，人物身份性格不同，相貌各异。女的多头圆脸窄，鼻小口尖，身条纤瘦，莲指修长，无隆起之胸乳，给人以娇弱清秀之感；男的多大头方脸，额宽鼻丰，形体高大，无突出之胸肌，给人以魁梧伟岸之感；文人绅士类多长袍短褂，蚕眉凤眼，显得文质彬彬，风度翩翩。对生、旦角采用阳刻空脸，高额头、直鼻梁、点红小口、细眉细眼，面容轮廓不涂色，以表现其纯真嫩白；武将则戎装紧束、豹头环眼、燕额虎须，显得威武刚直，气宇轩昂。人物脸谱，一般按黑忠、红烈、花勇、白奸、空正设计，既符合人们传统的道德评价标准，又符合观赏的习俗。其他环境衬件如假山花卉、殿堂帅帐、案几等多被缩小，结构被压缩，而且稍有透视感。陇东影人风格淳朴爽朗，具有浓厚的乡土味（见图9-8）。

陇东本地现知最早的皮影雕刻艺人是秦团庄乡已故艺人王秉荣。中华民国十八年（1929年），王秉荣因家庭生活困难，携家

图9-8 皮影戏演出场景

外出，以在寺庙画彩画谋生。他先到甘肃华池县东凤川，后辗转到陕西渭南，在皮影雕刻艺人的作坊中打工当学徒，学习皮影雕刻，最终把皮影艺术传到了陇东。根据2004年的调查，目前陇东还活跃着合道乡敬登坤戏班、敬延孝戏班、洪德乡谢志林戏班、木钵史呈林戏班等40余家皮影戏班。

2002年陇东被中国民俗学会命名为"中国皮影之乡"，2006年陇东建成皮影博物馆，为进一步保护陇东皮影提供了良好的基础。目前，陇东皮影已被列入第一批国家非物质文化遗产，甘肃省内外多个研究机构和高校等单位在陇东建立了研究基地。

八、天水鸿盛社秦腔脸谱

天水鸿盛社秦腔脸谱绘制艺术在甘肃独具特色，画法特点是大头、大额、大眼，威武、庄严。天水鸿盛社脸谱的勾画笔法由中国书画而来，还创造了兰叶卷尖描、颤笔疙瘩描、火焰描、花瓣双色描等勾画技法。各种谱式也不一样，有"一谱多式"或"一人多谱"，如包拯、方腊等的脸谱随着年龄、剧情的变化而变化。天水鸿盛社画脸谱时，颜色也很讲究，各种颜色表示剧中人物的性格、品质和特点。红色表示忠义勇猛，如关羽等；黑色表示刚直不阿，如张飞等；黄色表示残暴，如《下宛城》戏中的典韦等；用白色表示奸诈狡猾，如曹操等；用花色表现神鬼人物，特别是阴阳脸，也称半男半女，表现鬼神精灵；用金色表示神仙等。另外，鸿盛社脸谱中大量使用粘脸技术，这种方法是天水鸿盛社绘制脸谱中独有的技艺，即先用棉花做成各种样式的胡须和眉毛，以及油灯、寿桃、犄角等物件，等演员画好脸后，将它们粘在相应的部位，产生的立体效果非常显著。鸿盛社脸谱中还有许多独特的变脸技巧，如吹粉、上丽子、抹油脸、改画脸谱等，都可将原有脸谱在瞬间改变。例如，《李陵碑》中的杨继业脸谱，连续三次碰碑，三次变化伤痕；《灭方腊》中的方腊脸谱，额上画有一支正在燃烧的蜡烛，为表现战败时方腊失魂落魄的模样，借转身抹去蜡烛。这些技巧都是为了突出表现脸谱的神韵，刻画人物性情，吸引观众注意。天水鸿盛社脸谱造型艺术经几代艺人近百年的传承创新，现在已逐渐形成古朴大方、粗犷豪放的风格，脸谱谱式分明，各显性情，渗透着大西北人耿直爽朗的性格和淳朴的民风，具有很高的艺术感染力。在天水市，现在保留有90多件鸿盛社秦腔脸谱，但是一些很有特色的秦腔脸谱现已失传。

九、洮砚

洮砚产地集中在甘肃省定西市岷县、甘南州卓尼县和临潭县。洮砚以其优良的石质、莹润的石色、精湛的雕镂工艺，博得了历代文人学士的推崇。洮砚虽有方、圆等规矩形状，但造型崇尚自然，即保持原材料的自然形状，在同一块石料中分离刻出砚身、砚盖，因石造势，墨池、水池、砚盖各得其所（见图9-9）。雕刻技

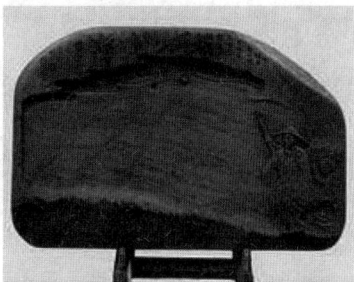

图9-9 洮砚

法采用浮雕、线雕、圆雕、高浮雕、透雕、微雕等多种技法，并互相结合。花色品种有池头雕花砚、三边雕花砚、自然雕花砚、杂行雕花砚、素砚等。龙凤题材的传统图案是洮砚代表性图案，如"二龙戏珠""龙凤朝阳""五龙闹海"等，也有宗教器物图案，更多者为飞禽走兽、花木山水、人物故事图案。洮砚盖上也适于刻字，刻有诗词名句等。现从事刻砚者有数百户，逾千余人。著名者有张建才、李茂棣、包新明、包述吉等人。

|第二节| 河西走廊民间美术

河西走廊民间美术圈包括河西的武威、张掖、酒泉。这一民间美术圈以农耕文化、汉传佛教为主体文化，文化区域内的民间美术品类十分丰富，如剪纸、绘画、木雕、砖雕、彩绘、刺绣、针扎、草编等都取得了很高的艺术成就。

一、水陆画

水陆画，是中国古代宗教民俗绘画的一种，它是道教、佛教在举行宗教仪典"放焰火""水陆法会"等活动时必须供奉悬挂的神灵图像。水陆画的内容有菩萨、天龙八部、诸神等佛教系统的神灵，也有五岳、三清、十二真君等道教系统的神灵，还有阎王、龙王、地狱中的饿鬼、畜生和一切进入六道轮回的鬼魂。可以说水陆画是集儒、释、道画之大成而纷然杂陈的一种创作，它体现了中国民间宗教的实用性、大众性和包容性的特点。甘肃河西走廊地区的武威市、山丹县、古浪县、民乐县、清水县等博物馆中，保存有明、清两代至民国时期的水陆画500多轴，这批水陆画是河西走廊地区的寺

图9-10　水陆画《面燃鬼王》

院和私人家庭为举行水陆法会而请当地民间画师杨先声、马倍、马僖绘制的，制作材料全为卷轴装，绘制装裱有纸绘纸裱、绢绘绢裱、布绘绫裱等形式，还有部分木版画和布画。这些水陆画画幅不计装裱天地边饰，一般高120～150厘米，宽70～90厘米，若计装裱尺寸，一般高260厘米，宽120厘米。这些水陆画从题材上看全是以宗教内容为主，其中各种人物的造型、勾线、设色都具有高度的艺术技巧。据记载，明清时期河西的水陆画家们，在充分继承前人绘画技法和优良传统基础上更接近广大群众的欣赏习惯和审美心理。画面用色较浓艳、大胆泼辣，用笔劲健、和谐统一（见图9-10）。河西地区的一些水陆画曾保存于当地的寺院中，新中国成立后，移交到地方博物馆。

由于年代久远，加上保护条件较差，使得这些水陆画的自然损坏较为严重。

二、裕固族刺绣

刺绣是裕固族妇女十分喜爱的手工。裕固族姑娘自幼受到母亲的熏陶和教授，从小就学会了用绣针，随着年龄增长，还要逐渐学习看样、布局、画线、配色、锁边等刺绣程序。裕固族妇女的刺绣主要用在服饰、帽子、领带、布鞋、鞋垫、袜底后跟、腰带、荷包、针线包、烟袋、手绢、帘巾、枕头套、刀鞘套、火镰套、头巾、毛巾等物品上，多采用刺绣、锁绣等刺绣工艺。裕固族妇女在日常交往中也交流刺绣技艺，把自己的服饰装扮得十分绚丽多彩。刺绣内容大多是家禽、花鸟、龙兽、月亮、太阳、山川和各种几何图案，而且构思采用形象与夸张化的奇妙手法，显得绚丽、美观，富有民族情调。

裕固人曾在民间把刺绣艺人称作"玛尔简"（珍珠），意为非常珍贵。这些享有"珍珠"美誉的刺绣艺人有安桂兰、安秀玲、安月梅等，她们现在大多已年近古稀。据说，出自她们之手的部分刺绣手工艺珍品，还被收藏在甘肃省肃南裕固族自治县民族博物馆。

三、酒泉夜光杯

夜光杯，因倒酒入杯，对月映照，杯壁反光，与酒色相映生辉而得名。"葡萄美酒夜光杯，欲饮琵琶马上催。醉卧沙场君莫笑，古来征战几人回。"唐代诗人王翰的一首《凉州词》，更使得古城凉州的葡萄美酒和酒泉的夜光杯千百年来驰名天下。自古便负盛名的酒泉夜光杯堪称中华一绝。

夜光杯是甘肃独特的工艺品，产于酒泉，历史悠久，采用祁连山老山玉、新山玉和黑水河玉雕琢而成。酒泉夜光杯结构细腻，纹理清晰，有松花纹、冰裂纹两种。酒泉生产的夜光杯墨绿似翠，白如羊脂，纹饰天然，壁薄如纸，内外平滑，光亮似镜，玉色透明鲜亮，用其斟酒，甘味香甜，日久不变。其杯形古朴典雅，光泽照人。明末清初，酒泉共有制作夜光杯的作坊十余家，工匠近百人，声誉颇著，产销兴旺，由晋、陕客商驮运西藏进行商品交换，或转销内地，甚至被外国传教士携出国外。新中国成立以来，特别是改革开放以来，酒泉夜光杯生产工艺不断改进，生产规模不断扩大，成为国内外知名畅销的工艺品（见图9-11）。

图9-11 酒泉夜光杯

|第三节| 临夏回族民间美术

图9-12　临夏砖雕

临夏回族民间美术圈以临夏回族自治州为主，属农耕商业文化和伊斯兰文化传播区，其比较精彩的民间美术种类很多，最有价值的是素有盛誉的"临夏砖雕"（见图9-12）。

临夏砖雕艺术源远流长，是极富特色的少数民族艺术品。临夏砖雕艺术是从汉代祠堂、墓室、宫殿等建筑物上的雕刻、画像砖演化而来的，它起源于北宋，成熟于明清，多用于寺庙、园林、民族建筑和民宅之中，用以装饰影壁、山墙、大门通道、屋脊栏杆等处，既有建筑结构功能、独立的观赏价值，又和整体建筑浑然一体，极具生活情趣。

临夏砖雕的制作工艺可分为"捏活"和"刻活"。所谓"捏活"是先把配置"窝"（泥巴调和黏化的过程，当地方言称为"窝"）好的黏土泥，用手工或模具捏制、压制成各种图形，然后入窑烧制为成品。其形象多为花卉虫鸟、龙凤狮虎等民间喜闻乐见的题材。所谓"刻活"，则是在烧好的青砖上用刻刀镂刻成各种图案，工艺比"捏活"复杂得多，它在表现物体的质感上更加细腻精致，形象更加生动逼真。临夏砖雕雕刻手法继承传统的砖雕技艺，用浅浮雕、高浮雕、阴线刻的手法，多见山水、花鸟题材的独幅作品，表现画面中的远、中、近景，并根据需要，各种手法相互交替运用。

现保存较为完整的砖雕作品主要集中在临夏市八坊三道桥的东公馆（修建于20世纪30年代），另外大拱北、红园、蝴蝶楼、俞巴巴寺、万寿观也有许多精美的砖雕作品。位于临夏市八坊北寺的影壁有一从清代保留至今的大幅砖雕，影壁高6米，宽13米，以雕花青砖装饰，仿木结构飞檐斗拱为壁顶，下部为雕花台座，采用三联画形式，三幅画同刻于一壁之上，主题雕刻为"墨龙三显"，左面为"丹凤朝阳"，右面为"彩凤望月"，寓意龙凤呈祥，象征太平盛世，四周装饰对称的花卉纹、几何纹。整幅作品构图形式疏密有序、形象生动、雕刻精湛、技法娴熟，为临夏砖雕之精品。

临夏砖雕艺人中的佼佼者是民国时期临夏市祁家庄人绽成元。他的雕刻风格细腻多姿，善于摄取生活的瞬间，以形态多变、生动取胜。位于临夏市城东南角的东公馆镶嵌着上百幅巨型砖雕，都出自他手，成为临夏砖雕艺术保存最多、最集中的地方。其代表作有"百子图""山村小景""双寿图""连连富贵""蝎虎捧福""芭蕉竹图""菊花竹图"等。他还曾参与临夏红园砖雕的设计和布局构图。

| 第四节 | 陇南山地、甘南藏族自治州等地的藏族民间美术

陇南山地、甘南藏族自治州等地的藏族民间美术圈包括甘南藏族自治州、陇南山地部分地区等地区，即甘南藏族自治州、陇南山区的宕昌县、岷县、武都县和文县以及河西地区的天祝藏族自治县。这一地区的民俗源于藏传佛教和古代吐蕃人、羌人的习俗，民间美术主要以藏族民间美术为主。主体文化是草原文化，民间美术围绕这一文化而存在和发展。这里的服饰以皮革、畜毛为主，也有部分棉麻和丝绸制品。餐具多用瓷碗，上面绘有团龙团凤和如意、吉祥、八宝等图案。藏传佛教的美术，还有密宗壁画、藏式绘画、布贴、堆绣、刺绣、酥油花、唐卡、佛像铸造、木版画等。

一、夏河拉卜楞寺唐卡

夏河拉卜楞寺保存数量最多、最富特色的艺术品是唐卡。唐卡是用彩缎装裱的卷轴画，形制多为竖条长幅，大小无定制，有十多厘米的微型唐卡，也有长达百米的宏幅巨制。按质地和制作工艺一般将唐卡分为三类，即印刷唐卡、绘制唐卡和织物唐卡（包括刺绣、织锦、缂丝和贴花等）。夏河拉卜楞寺的现存唐卡，以白描和工笔重彩的绘画方式，采取俯瞰式的散点透视构图，根据情节把众多的景物用云、山、石结合起来，以夸张变形的手法表现人物的个性特征，在色彩上运用黄、蓝、绿颜色，之后把白色与各色融合起来，使唐卡呈现出既对比又和谐的效果（见图9－13）。

图9-13 夏河拉卜楞寺唐卡

现存于拉卜楞寺喜金刚学院中的十一面观音、弥勒佛殿中的尊雕佛母、白度母及闻思学院中珍藏的佛本生故事、班禅大师应化史等作品，是该寺院较为精美的代表作品。

二、藏族服装

（一）甘南藏族服饰

甘南藏族人民因性别和年龄的不同，所穿服饰也有差异。姑娘们喜欢穿绿袍红马甲，腰上系带，脚穿长腰布鞋，色彩鲜艳。卓尼、临潭农业区的藏族妇女喜欢穿旗袍，外面穿一件马甲，当地藏语称"库多"。甘南藏族妇女喜欢戴一种用红珊瑚、黄腊玉、绿松石等串结起来的套辫，发式有一定规式和讲究。卓尼妇女在未成年时一般梳三根辫子，成年后，在头顶梳一条大辫子，前额至两耳的头发则梳成小辫，然后收拢到头后，

与头顶发辫合在一起，再系上一块叫"龙达"的软胎布板，板上根据家庭情况缀上金、银、铜制成的圆形饰物，有的还加上琥珀、海贝、银元之类的饰物。牧区妇女流行的发式是"碎辫子"型，即把头发编成许多根细碎辫子，下面结上红绿色或黑色丝线，头上多以玛瑙、琥珀、银元等物装饰。未婚女子头上装饰缀红珊瑚的红布块，只能梳两根辫子。舟曲县博峪地区的藏民，男女多穿黑色袍，穿衣都宽大且单薄，上身罩短上衣，腰系一条蓝色或黑色宽幅的腰带，有些妇女头缠很长的头帕，大部分地方将头帕叠成二寸宽的条，逐层外裹，长袍下端挽在一条两寸宽的白花腰带里。裤子很宽，裤口常常束起，或扎裹腿布，妇女胸前戴一个很大的银盘子，或装饰整枝珊瑚，盘子上刻着图案。男人戴大耳环，胸前佩戴"护身佛龛"，颈戴护身符"双古尔"，腰佩一把长腰刀。

（二）文县白马藏族服饰

地处陇南山区的文县白马藏族，由于多民族的杂聚，因而服饰也很独特。当地妇女胸前穿四边绣花的裹肚，中间再缀上长方形鱼骨牌，鱼骨牌上大下小，排列在胸前；将头发编成若干小辫，束成一大股，辫子上缀珠串，戴七至九枚鱼骨牌，辫子盘在头上，鱼骨牌正悬于额前；头戴夏尕儿帽（白色礼帽），帽沿边为波浪式褶纹，帽子周围绣条纹"万不断"图案，帽前插上锦鸡尾毛或白鸡毛，戴银耳环、银手镯；上身穿绣有花卉的花衣，花衣外罩大褂，大褂上绣花，袖口绣五色花边，背面绣"日月"图案，胸前燕口领敞开，露出双层花边及裹肚鱼骨牌；下穿及膝百褶长裙，腰系自织的红腰带，腰带宽26厘米，长4米，穗长33厘米，束在腰间，穗子垂于腰后。男子则身穿镶蓝或红边的交襟长袍，头戴沙尕帽，足蹬软底靴，腰系色布腰带。据有关资料证实，文县的白马藏族，为7世纪吐蕃军旅仪仗队的后裔，他们头戴的鸡翎毡帽，就是当年仪仗队的礼服帽，还有他们的五色花边服饰、鱼骨牌等，都沿袭了传统的习俗。

第十章 甘肃美术名家

一方水土养一方人，也孕育着一方的文化，更孕育着体现一方历史文化精髓的艺术家。从古至今，甘肃涌现出了一大批优秀的书画艺术家，他们中有开创书法批评先河的赵壹、"草圣"张芝、东汉"八分"书法大家梁鹄、西晋大书法家索靖、开创中国山水画北宗之先河的李思训、匾书大家胡缵宗、行草大家王了望、陇上"小子畏"唐琏、"淡远似云林，苍厚似大痴"的张美如、名满三秦的朱克敏、工艺美术大师何晓峰等；为西北美术教育做出贡献的吕斯百、韩天眷、洪毅然、刘文清、方匀等一批著名的画家；还有在敦煌艺术保护研究方面做出重要贡献的张大千、常书鸿、段文杰。他们中大部分都是甘肃籍，还有许多是客居甘肃。他们热爱陇原，立足西北，为甘肃乃至西北的美术事业做出了贡献。

|第一节| 历代书画名家

一、开创书法批评先河的赵壹

赵壹生活在汉顺帝永建（126年）至汉灵帝中平年（189年）间，字元叔，汉阳西县（今天水市西南）人，东汉著名辞赋家、书法理论家。《后汉书》本传说赵壹著赋、颂、箴、诔、书、论及杂文十六篇，现存有赋四篇、书三通及论文《非草书》一篇。其中《非草书》被称为中国书法史上第一篇理论性批评文章。在草体创始初期，人们认为草体仅仅是为了书写简便的急就，粗俗草率，没有认识到草体的表意功能，因此被视为是难登大雅之堂的俗体。为了抑草扬正，赵壹便写下了这篇著名的书法论著。在《非草书》一文中，他较为系统地阐述了草书产生的背景、特征及当时草书的流弊，体现了历史观点和经世致用的思想，对后世具有启示意义。

二、"草圣"张芝

张芝（?—约192年），字伯英，敦煌郡渊泉人（今安西县东）。全家随其父名臣张奂移居弘农华阴（今陕西），张芝喜书成癖，早晚临习前人书迹，废寝忘食，不知疲倦，不到十天，就能写坏一支新笔，一月之内，就用掉好几块墨。后来，竟然家中衣帛，不管新旧，都被他笔飞墨舞得黑白狼藉。时间久了，太常张奂府邸的一池清水也变成漆黑一片，墨波涟涟。连王羲之也感叹："临池学书，池水尽墨，好之绝伦，吾弗及也。"

张芝继承发展了杜度、崔瑗的章草，时有"出蓝"之誉，善作一笔飞白书，笔力纵横，神变无极。张芝的草书已是规范化和艺术化的标志，草书发展到张芝已不再是赴急所用的俗体，而是供人欣赏的雅品。

张芝的草书精熟神妙，冠绝古今，对中国书法的发展影响深远，为草书的艺术化和抒情性做出了贡献。被誉为"书圣"的王羲之认为，汉魏书法成就最高的仅推张芝和钟繇，其余不足观，他自认为草书不及张芝。狂草大师怀素也自谓草书收益于"二张"（张芝、张旭）。草书大家孙过庭在其《书谱》中也多次提到，张芝的草书是他一生学习的蓝本，称"张芝草圣，此乃专精一体，以致绝伦"。考查中国书法史可知，自汉末至中唐，草书领域里涌现出的韦仲、卫瓘、索靖、卫恒等大家，尤其是王羲之、王献之、张旭、怀素四位光耀千古的大师，他们的师承都源自中国书法史上第一位巨人"草圣"张芝。这是中国书法的幸运，更是甘肃的骄傲。张芝的草书《淳化阁帖》里收有5帖38行，除《秋凉平善》帖是章草，其余4帖全是今草。他著有《笔心论》5篇，可惜早已失传。他的弟弟张昶，书名仅次于兄，时人谓之"亚圣"。

三、中国山水画北宗开创者李思训

李思训是唐朝宗室李孝斌的儿子，生活在唐高宗李治至唐玄宗李隆基时期（651—742年），字健，今甘肃临洮人。李思训与其子李昭道俱为唐朝初期的山水画家，李思训生前曾任右羽林卫大将军，史称为"李大将军"，唐朝人推崇他的作品为"国朝山水第一"。他们生活、创作的时期也是中国山水画逐渐成熟的时期。

图10-1 ［唐］李思训《江帆楼阁图》

李思训学画较早，年轻时就在画坊小有名气，擅长工笔山水画。他画的山水楼阁、宴游仕女、花木走兽及佛像等，意境隽永、笔法工细、线条遒劲，尤其他画的金碧山水，更是独领风骚，以"青绿为质，金碧为文"，工巧繁丽，色彩艳丽典雅而又富于装饰感，将青绿山水发展成为富于宫廷装饰意味的"金碧山水"。"刚金碧辉映，为一家法"，是对他绘画特色的概括。

李思训的山水画师承隋代著名画家展子虔的画风，但他师古而不泥古，在继承前人的基础上又有所发展和创新，李思训的作品流传至今者极为罕见，一般认为《江帆楼阁图》（见图10-1）是他的传世之作。《江帆楼阁图》为绢本，纵长101.9厘米，横长54.7厘米，青绿设色，现存台湾台北故宫博物院。这幅作品可以看出始于展子虔的青绿山水在艺术上的继承和发展，作者以娴熟潇洒的技巧、工整细致的手法，描绘了嘉陵江春天坡岸山岩、江水浩渺的秀丽景色，是中国早期山水画的代表作品之一。

四、行草大家王了望

王了望（1605—1686年），字胜用，甘肃陇西人，原名家柱，后改名予望、了望，字荷泽，别号绣佛头陀，明清之际陇上著名书法大家、学者、诗人。他幼失双亲，家境贫寒，但天资聪颖，勤奋好学，做生员时，就以诗文和书法闻名乡里，曾任巩昌府有司之职和福建同安知县之职。

王了望书法以行草书成就最高，甘肃当代书家赵正评价其书法："大气磅礴，酣畅淋漓，豪放跌宕而不失规矩。"其传世佳作有藏于甘肃省博物馆的《风动儿家》轴、陇西县文化馆藏《读秋风萧瑟》轴、《闽水吟》轴、《书为姻家》册页等。王了望的书风起伏跌宕如江河澎湃，纵肆豪放，使人感受到作者胸中块垒倾泻而出的畅快淋漓，而又从心所欲不逾矩，颇得魏晋风度，书法评论家认为可与同时期的王铎、傅山并驾齐驱。

五、"点染云山，苍茫古秀"的唐琏

唐琏（1755—1836年），甘肃兰州人，字汝器，号介亭。唐琏在书画方面颇下功夫，他的学生任国钧说他"行本七十有余矣，而画法入唐，且能日作蝇头千字文，勤勤望倦"。他非常重视笔墨实践，强调学力功夫，说："真行草之法既明，然后效古人坐则画地，眠则画被，万类画象。务使铁砚磨穿，何患不到魏晋之室也。"他的画初学倪云林，后而继学荆浩、关仝、李龙眠，遂自成家数。《国朝画后续集》《墨香居画识》这两部书对他有很高的评价，说他"点染云山，苍茫古秀，陕人目之为小子畏"（子畏，明朝唐寅字）。唐琏论书法首在骨力，他说："学书不贵形貌，筋骨精神尚焉。"唐琏论画主张"骨格清奇，笔意生动"，"师古人不如师造化"。他在用墨方面也有独到见解，他说"古人用墨浓淡不拘，盖浓处固宜浓，淡处亦宜用浓，且浓之天然虽有定法，却无定位"。

道光十五年（1835年）的秋天，唐琏写好了自己的碑文，次年溘然长逝。

六、"淡远似云林，苍厚似大痴"的张美如

张美如（？—1834年），字尊五，号玉溪，又号第五山樵，陇上著名诗人书画家，生于甘肃武威，进士出身。张美如的书法学二王，史上称"风流圆润，运笔如行云流水极其自然"。其绘画水平与他的书法相比，更高一筹，清代的蒋宝龄在《墨林今话》中对其山水画评赞有加："工山水，淡远似云林，苍厚似大痴。"因他轻易不作画，流传下来的作品很少。张美如的《山水图册》（共九幅）和《山水图轴》现藏于甘肃省图书馆，意境深远，笔墨流畅，构图精致。他营造点染的丘壑山水，深受文人画的影响，笔墨淡远柔和，画面气韵生动。张美如品格清正、敦厚耿直，在绘画表现上自然淡泊天成，超凡脱俗，博得世人的赞誉。

七、名满三秦朱克敏

朱克敏（1792—1872年），字时轩，别号游华山人、颐道人、艮道人、凤林山樵等，甘肃皋兰（今兰州市）人，清代著名书画家。他自幼攻读经史，博览群书，诗、书、画俱佳，在陇右颇负盛名。道光十二年（1832年）任陕西蓝田玉山书院山长，后主讲于靖远乌兰书院和兰山书院，咸丰七年（1857年）任大通县（今属青海）儒学训导。

朱克敏流传于世的书画作品甚多，如在北京故宫的书法藏品中就有其佳作，多受世人瞩目。朱克敏在书法上用功尤深，篆、隶、真、草诸体皆备，尤以隶书建树最高。他35岁时向典陕甘乡试的姚元之学习隶法，并取法庄严浑厚的《衡方碑》《祀三公山碑》《校官碑》等，以其个人的审美趣味来改造隶书，将隶书发展成为自由豪迈、古拙浑穆、气魄博大的风格。他的字体不计较于隶书的蚕头燕尾，体势茂密充实、四围方整、稳健平直。朱克敏主张学习书法要以楷书入手，在《书法摘要》书稿中，提出书法八忌：点忌无头，横忌垂肩，竖忌蜂腰，钩忌鹤膝，挑忌钉头，撇忌鼠尾，拂忌断柴，捺忌撒帚。朱克敏留下的隶书联较多，有一联是在青海湟中县写的，联文云"人得交游是风月，天开图画即江山"，另一联是"浅深看水石，来往逐云山"，融隶楷于一体，古拙浑厚，笔力遒劲，属晚年作品。他留下的行楷小字甚多，有书信、诗文和笔记，结构严谨，气韵生动，世人争相收藏。

朱克敏性通达，无城府，以授徒和卖书画为生，以其高洁的人品和诗书画方面的才能，赢得了当时秦陇名人学士的青睐。据说，左宗棠出兵新疆伊犁，客居兰州期间，收礼品只收朱克敏的书法，他物一概谢绝。现北京故宫博物院的书法藏品中存有朱克敏的书法佳作。

八、工艺美术大师何晓峰

何晓峰（1934—2001年），别名何裕，字冰河，号紫芝山房主人，甘肃天水人，高级工艺美术师、中国美术家协会会员。他擅长中国画，工笔、写意兼善，对于传统诗词也有较深的造诣。他的花卉禽鸟画师法任伯年、吴昌硕等，画风清秀明丽，雅俗共赏；山水画受马远、夏圭、刘松年、唐寅等北宗一派影响较大，笔法劲健爽利，设色清润明快，气势恢宏。他曾任甘肃省天水雕漆厂总工艺美术师，为天水雕漆事业做出了突出的贡献，他设计、绘制的雕漆作品有十二扇大屏风《群仙祝寿》、四扇挂屏《花鸟》（见图10-2），深受国内外工艺美术界的好评，被授予甘肃"工艺

图10-2　何晓峰 雕填四扇挂屏《花鸟》

美术大师"称号。

|第二节| 为西北美术教育事业做出贡献的艺术家

一、西北高等美术教育的开拓者吕斯百

吕斯百（1905—1973年），江苏江阴人，我国著名的油画家、艺术教育家，1923年考入东南大学艺术系。他由于天资聪慧，勤奋好学，为人真诚，深得徐悲鸿的赏识，1927年被推荐赴法国留学，先后就读于里昂高等美术专科学校和巴黎高等美术学校，师从于新古典主义著名画家劳朗斯（Laurens）。1934年吕斯百在巴黎沙龙展出的《野味》《水果》两幅作品，同时获奖。这一时期，他形成了雄健、朴实无华、注重整体、色彩雅致、画面和谐宁静的风格（见图10－3）。同年回国后，吕斯百致力于绘画创作，作品多以农家田园、蔬菜瓜果为题材，风格更臻成熟，被誉为"田园画家"。1950年，受政府委托，率领韩天眷、洪毅然、刘文清、方匀等著名学者、教授来到兰州，创建了西北师院艺术系。他不仅是著名的画家，也是著名的美术教育家。他在优化教学过程中系统地、科学地引进了西方油画艺术教育的理论和技法，建立起一套完整的、颇有特色的教学体系，使油画教学的起点很高。在1950—1957年的7年时间里，他在西北播撒艺术的种子，为西北培养了一大批美术教师和创作人才。在繁忙的公务和教学之余，吕斯百还创作了一批代表新中国50年代油画水平的经典作品，如1952年画的《兰州卧桥》和1957年画的《又一条大桥通过黄河》等。吕斯百作品里陕甘题材很多，他独创了一种表现黄土高原的色调，他笔下的兰州、延安、陕北，很真实，生气贯通，很耐

图10-3 吕斯百作品《麦积山》

读。宗白华评价吕斯百的油画："无论静物、画像、山水，都笼罩着一层恬静幽远而又和悦近人的意味，能令人同它们发生灵魂上的接触，得到灵魂上的安慰。"

1957年冬，吕斯百告别了西北师院艺术系，调往南京师范大学任教。1973年1月，不幸在南京含冤逝世。1987年，中国美术家协会主席、吕斯百生前学友吴作人为正在兰州举办的"吕斯百先生遗作展"题词云："云开日照，人卒艺长"，对吕斯百先生的一生给予了充分的肯定。

二、融合传统与时代风尚的汪岳云

汪岳云（1891—1967年），字炳林，号钟奇，江西万载人。1920年前后肄业于北京大学中文系，后毕业于上海工业大学，早年为近代著名画家陈师曾入室弟子。汪岳云在师从陈师曾时，领略到了传统中国画的精髓，并继承了他笔墨苍劲爽健、气韵清新活泼的风格。他还曾师从著名画家张书旂，汲取了简洁准确的写生造型方式，并受到其雅俗共赏的审美趋向的影响。他的作品既有中国传统绘画艺术的扎实功底，又富生活情趣和时代新意，以雄健清逸的绘画风貌独树一帜。

1951—1967年，汪岳云在西北地区执教于多所院校，从事艺术研究、创作与教学工作。汪先生文化功底深厚，文理兼通，博学多才，继承了中国画注重诗、书、画、印全面修养的传统，讲究笔墨语言的韵味，又顺应了重视写生、强调生活情趣、要求推陈出新的时代风尚，进而形成了自己的面貌。他山水、花鸟、人物无所不精，尤喜画鸽子、桃花，画面春意盎然、生机勃勃，以寄托情思。

三、文人小写意花鸟的代表韩天眷

韩天眷（1894—1983年），斋名双天阁，生于江苏镇江，出身书香门第，自幼受到良好的传统文化熏陶与教育，喜好书画，受到海派任伯年清新明丽、雅俗共赏的画风影响，后又汲取了著名书画家吕凤子先生爽利而苍劲浑厚的笔法。1950年，韩天眷受政府委托，与吕斯百、洪毅然、刘文清、方匀等著名学者、教授来到兰州，参加西北师范学院艺术系的建设，为开拓西北艺术教育事业做出了重大贡献。

韩天眷先生擅长小写意花鸟，由于学养、功底深厚，并且特别重视观察和体验生活，所以能信手拈来，涉笔成趣，画面形象鲜活生动，生机盎然。因其擅画麻雀、八哥等小禽，故有"韩麻雀"之称。在绘画教学上他既注重传统技法和理论，强调笔墨功夫，主张"外师造化，中得心源"，又提倡学习西洋画法和理论，洋为中用，兼收并蓄。在创作上深得传统文人画精髓，提倡"不求形似求生韵"，重在立意，强调传情。韩先生从唐楷入手学习书法，后广泛学习各种碑帖，行书深得李北海的笔法意趣，运笔劲健爽利，风姿独具。他继承以书入画的传统，作品自然流淌着浓厚的书卷之气。其佳作有《东篱秋菊》《跃跃欲试》《喜上眉梢》等，《荷池之秋》入选第二届全国美展，并被文化部收藏。

四、大众美学的开拓者洪毅然

洪毅然（1913—1989年），原名洪征厚，字季远，四川达县人。西北师范学院（今西北师范大学）艺术系教授，在西北师范学院执教近40年。曾任中华全国美学学会理事、顾问，甘肃省教育学会美术教育研究会会长、甘肃美学研究会会长等职。先后著有《艺术家修养论》《新美学评论》《美学论辩》《大众美学》《新美学纲要》和《艺术教育学引论》等。

洪毅然擅长绘画，由绘画的创作与教学涉足艺术理论，由一般艺术理论进入哲学与美学的研究，因而他的美学理论深入浅出，雅俗共赏。作为20世纪中国著名的美学家，洪毅然深入挖掘先秦诸子哲学和美学，又融汇了西方美学理论，尤其深受马克思主义哲学、美学的影响，逐渐形成了一种独特的美学观点和主张，"营造起一座质朴无华的美学建筑"，被当时的同道称为"大众美学的开拓者"和"社会功利派代表"。他认为，"凡美，就是事物之一切好的内在品质之有诸内而形诸外的外部特征"。在美学上坚持以马克思主义辩证唯物论来解决美学上的问题，批评各种非马克思主义美学观点。他曾批评过朱光潜、高尔泰、蔡仪的美学观点。

洪先生力倡美育。1980年，洪先生与朱光潜等联名致函党中央，建议将美育列入国家教育方针，为推动美育进校园进课堂，他专门撰写了《艺术教育学引论》，可见洪先生付出的辛勤努力。洪先生还积极主张美学的普及。为了把深奥的美学理论通俗化，他仿效艾思奇《大众哲学》，写了本《大众美学》，用流传已久的成语或俗语作标题写了35则故事，在阐明原意或借题发挥中说明了美学问题，如《东施效颦》《情人眼里出西施》等。

五、从甘肃起家成名的黄胄

黄胄（1925—1997年），当代著名国画家，原名梁黄胄，河北蠡县人。1940年师从长安画派创始人赵望云先生学画，1945年随赵望云在西北地区写生，1948年参加中国人民解放军，随部队进驻甘肃、青海、新疆等地，任西北军区战士读物出版社美术编辑和记者。经过西北师范学院艺术系主任吕斯百的多方努力，从1950年起，黄胄兼任西北师范学院艺术系美术科教师。1955年，黄胄被调到北京军区政治部创作室任创作员，离开了甘肃。

黄胄在甘肃度过了一生中最充实、最幸福的时光，也奠定了他一生美术事业的基础。他经常到草原、沙漠采风写生，也常去兰州的古籍书店观看古今名作，大西北边塞生活成为其艺术创作的源泉。直接反映西北现实生活，是他这一时期的主要风格。他的作品从内容到形式都给人以朝气蓬勃、亲切新鲜的感受，多以速写笔法入国画，造型纯熟，顺应了时代的发展（见图10-4）。他创作的《爹去打老蒋》《苹果花开的时候》1952年荣获全国第一届美术作品展一等奖。在甘肃期间，他还影响和培养了一批美术的新生力量。

图10-4 黄胄丰收图

|第三节| 致力于敦煌艺术保护研究的艺术家

一、三年面壁兼有创造之功的张大千

1941年年初，张大千率全家人和学生从成都出发，北上甘肃，万里迢迢到达敦煌。他历经夏、秋、冬三季，对400个洞窟进行编号、登记、清理。自此，莫高窟有了从南到北、由底层至上层的科学、系统的"张氏编号"，较之以前各家编号更为规范、全面，并有初步的断代分期，至今国际上仍在沿用"张氏编号"。

1942年3月，张大千与来到敦煌的刘力上、谢稚柳、尚建初等人开始大规模临摹壁画工程，3年共临摹敦煌壁画270余幅（见图10-5）。张大千于1943年离开敦煌返回兰州。为了引起世人对敦煌石窟艺术的关注，扩大影响力，他先后在兰州、成都、重庆举办了"临摹敦煌壁画展览"，轰动一时。1943年，他出版了《大风堂临摹敦煌壁画》。画展在当时的重庆国立中央图书馆连续展出时，徐悲鸿、黄君璧、柳亚子、沈尹默、胡适之、叶圣陶、傅斯年、陈寅恪等著名书画家和文艺界名流及于右任、陈诚、孙科等政界要员纷纷前来观展，盛况空前。敦煌学倡议者陈寅恪撰文赞叹道："大千先生临摹北朝、唐、五代之壁画，介绍于世人，使得窥见此国宝之一斑，其成绩故已超出以前研究之范围。何况其天才特具，虽是临摹之本，兼有创造之功，实能于吾民族艺术上别辟一新境界，其为敦煌学领域中不朽之盛事，更无论矣。"

张大千的敦煌之行，使他自己的绘画创作得以上追北朝、盛唐气象，从而开辟了新境界，为其晚年创造泼墨泼彩画法，形成雄奇壮丽的风格，最终成就一代大师奠定了基础。

图10-5　张大千临摹敦煌佛造像

二、"大鸿飞天"——常书鸿

常书鸿（1904—1994年），敦煌研究院的创始人，敦煌石窟保护研究的开拓者和奠基者，同时还是一位爱国的画家。

1927年，常书鸿留学法国，先后在里昂国立美术专科学校和巴黎高等美术学校学习，1937年回国任教于国立艺专。

1943年秋，常书鸿举家搬迁到偏僻的大西北，在挖掘整理遗产的同时，积极筹备成立敦煌艺术研究所，于1944年担任国立敦煌艺术研究所所长。他坚持临摹、研究敦煌壁画，临绘了大量的壁画摹本，如北魏第127窟《化城喻品》、第257窟《九色鹿本生》等临摹品，代表了敦煌研究院早期临摹工作的成就，也体现了常先生对敦煌壁画色彩表现的深刻认识，以及对装饰造型的把握。工作之余，他孜孜不倦地进行着艺术创作活动，画了很多敦煌及西北地区的风景和人物写生。如20世纪40年代的《敦煌农民》、20世纪50年代的《莫高窟四月初八庙会》《在蒙古包里》等作品，表现了画家丰富的生活情趣和对敦煌西北地区的深厚感情（见图10-6）。

在他晚年完成了一批油画巨作，为探索油画民族化率先迈出了可喜的一步。1975年，常书鸿先生为兰州中川机场创作大型油画《激流颂——刘家峡》，同年在兰州创作油画《珠峰在云海中》，在北京与李承仙女士合作大型巨幅油画《献给敢于攀登科学高峰的同志们》。

20世纪50年代以来，常书鸿先生陆续发表《敦煌艺术的特点》等论文，较为全面地探讨了敦煌艺术的风格特点以及发展脉络，体现了他对敦煌石窟

图10-6 常书鸿莫高窟风景写生

艺术的研究成果。他对敦煌艺术的总结和概述，在当时具有开创意义，为后来的美术研究奠定了基础。

三、敦煌艺术研究的集大成者——段文杰

段文杰（1917—2011年），1917年8月生于四川绵阳，1945年7月毕业于成都国立艺专国画专业，1946年7月调入国立敦煌艺术研究所任考古组代组长、助理研究员。半个世纪以来，这位著名的敦煌专家青灯素笺，孜孜不倦，发表和出版了大量研究敦煌艺术的著作，临摹了大量壁画，许多著作堪称敦煌学的扛鼎之作。他曾应邀前往法国、日本、美国、印度等多个国家和地区参加国际敦煌学术研讨会，讲授敦煌学，在国内外学术界产生了广泛而深远的影响。

段文杰先生前半生主要致力于壁画的临摹保护，倾半生心血从事敦煌学的研究工作。他在敦煌莫高窟个人临摹史上创下了第一，精心临摹了不同时期的壁画380余幅，面积达140多平方米。1947年和1948年，段文杰及其同事们对莫高窟洞窟进行了一次全面的编号、测量和内容调查，他们做的洞窟编号被认为是最完整和科学的，至今仍在沿用。段文杰先生为壁画临摹确定了三条原则：一要客观忠实地再现原作面貌；二要重在传神，在精细绘制的基础上突出原作的总体神韵；三要在绘画技巧上不能低于原作水

图10-7 段文杰临摹莫高窟第130窟《都督夫人礼佛图》

平。他所临摹的《都督夫人礼佛图》就充分体现了这种精神（见图10-7）。这幅画在日本东京展出时，好评如潮，日本观众给予了极高的评价。

20世纪80年代，段文杰受聘东京大学名誉教授、日本创价大学名誉博士，并荣获日本东洋哲学研究所学术奖、日本东京富士美术馆最高荣誉奖。1998年退休，被甘肃省政府任命为敦煌研究院名誉院长。2000年文化部国家文物局授予"敦煌石窟保护研究特殊贡献奖"，全国文联授予"创作研究成就奖"，甘肃省政府和国家文物局2007年8月23日联合授予"敦煌文物和艺术保护研究终身成就奖"。

第五篇

甘肃旅游

甘肃旅游的知名度有人用"一条河、一座窟、一本书、一碗面"来概括。黄河、莫高窟、《读者》、牛肉拉面，带给南来北往的游客深刻而经典的印象。然而，慢慢走进甘肃，用心体验用心发现，你就会感知到甘肃无比丰盛的魅力。这里幅员辽阔、历史悠久、人文荟萃、民族众多，旅游资源多元并存、异彩纷呈。假如我们将甘肃的旅游资源进行简单分类，就可把它分为三大类：一是以丝路文化、宗教文化、黄河文化、三国文化、长城文化、先秦文化和现代文明为特色的人文旅游资源，二是以独具特色的西部自然风光为特点的自然资源，三是以藏、裕固、回、保安等少数民族浓郁风情为特点的民族风情资源。

甘肃自古以来就是中外游客向往的旅游目的地。这里历史悠久、文化灿烂、旅游资源富集、旅游产品独特，被誉为华夏文明的发祥地、自然奇观的博物馆、民族风情的大观园、休闲旅游的目的地。 丝绸之路三千里、黄河文明八千年是甘肃历史文化厚重的真实写照，精品丝路、绚丽甘肃是甘肃旅游产品形象的高度概括。

甘肃省内现已经形成"行、住、食、游、购、娱"六要素比较齐全的旅游产业体系。根据甘肃省旅游局统计，截至2014年，甘肃省已拥有各类旅游景区、景点370个，旅行社523家，旅游星级饭店313家。2014年全省接待游客1.26亿人次，实现旅游收入780亿元，甘肃的旅游业在迅速崛起。伴随着全省人均国内生产总值已经超过26 442元的大关，全省旅游产业迎来快速发展的黄金机遇期，甘肃省委省政府出台了《关于促进旅游业改革发展的意见》，提出建设旅游产业强省的奋斗目标，并于2014年12月22日召开了全省旅游发展大会，吹响了全省旅游业跨越发展的集结号。

甘肃省旅游局全力推进华夏文明传承创新区建设，启动敦煌国际文化旅游名城建设，推进文化旅游深度融合发展，全力打造"丝绸之路经济带"旅游黄金段，丝绸之路大景区建设全面展开的同时，培育一批布局合理、功能完善的旅游知名城市、旅游强县、特色旅游名镇、Ａ级旅游景区和旅游示范区，同时为全力开拓淡季旅游市场推出"冬春旅游季"等活动。随着甘肃省委省政府《关于促进旅游业改革发展的意见》深入实施，一批中医药养生旅游、文化旅游、自驾游、休闲度假旅游、体育旅游等新业态必将蓬勃发展，将进一步增强甘肃旅游的独特魅力。

第十一章
中国西北游，
出发在兰州

|第一节| 兰州市概况

甘肃省的省会城市兰州，位于中国陆地版图的几何中心，在西北部具有"座中四连"的独特位置。市区内群山南北对峙，黄河东西而过，是唯一一座黄河穿城而过的城市。早在西汉时，这里就设立了县治，取"金城汤池"之意而称金城，也寓意该地"固若金汤"。隋初改置兰州总管府，清康熙时隶属甘肃行省，省会也由陇西迁至了兰州。1941年正式设市，现辖城关、七里河、西固、安宁、红古五区和永登、榆中、皋兰三县，全市总面积1.31万平方千米，其中市区面积1 631.6平方千米。

兰州是西北地区重要的交通枢纽，这里铁路、公路、民航四通八达，发挥着承东启西、联南济北的重要作用。为了方便出境旅游业的发展，现已季节性地开通了中川机场直飞泰国、韩国、日本等地的旅游航线。

兰州属中温带大陆性气候，年平均气温11.2℃，可谓冬无严寒、夏无酷暑，气候温和。市区海拔平均高度为1 520米，相当于泰山的高度。这里昼夜温差大的气候特征利于当地所种水果糖分的储存，所以是闻名全国的"瓜果城"。白兰瓜、黄河蜜，清香溢口，实乃瓜中上品，民间素有"赏景下杭州、品瓜上兰州"的赞誉。冬果梨，个大肉甜，热冬果也是当地的特色甜品。除此之外还有兰州百合，瓣大肉厚，香甜可口，是高级滋补营养品，具有润肺止咳的功效；兰州的玫瑰花，花大色艳，兰州玫瑰油产量占全国的80%；兰州的黑瓜子，板大形正，被称为"兰州大板"，畅销海内外。

在文化事业方面，坚持"做西部文章、创全国一流"的思路，推出了《丝路花雨》《大梦敦煌》《龙源》等精品杰作，其中《大梦敦煌》被誉为"新世纪西部第一文化品牌"；《读者》杂志成为全国发行量最大的期刊；兰州太平鼓气势磅礴，享有"天下第一鼓"的美称；刻葫芦，形态逼真，是工艺品的上乘之作；黄河奇石，更是惟妙惟肖。

《舌尖上的中国》第一季有兰州牛肉拉面的介绍，可以说兰州的牛肉拉面享誉全国。它历史悠久、经济实惠，是独具特色的地方风味小吃，也是我国传统名食。牛肉面始于清光绪年间，由回族老人马保子首创，距今已有一百二十多年的历史了，它以"汤镜者清，肉烂者香，面细者精"的独特风味和悦目色彩赢得了国内乃至全世界顾客的好评，被中国烹饪协会评为三大中式快餐之一，成为地地道道的"中华第一面"。牛肉拉面不仅光滑爽口、味道鲜美，而且外观也很别致，当地人们描述它是"一清、二白、三红、四绿、五黄"，牛肉汤虽系十几种调料配制，但清如白水，汤上漂着鲜绿的香菜和蒜苗，几片白萝卜杂于红绿之中显得纯白，辣椒油红，面条光亮透黄。

兰州的风味小吃花样繁多，形、色、味、香各具千秋，仅煎、炸、烙、蒸、烤、煮之类，就有数十种之多，其中最著名的要数灰豆子、甜醅子、酿皮子、油果子、馓子，人称这五种风味小吃为"兰州五子"。实际上，兰州地方风味小吃远不止这些，像油茶、肥肠面、面片子、砂锅子、韭菜合子、烂热香、羊杂碎、高三酱肉、熏肉、醪糟、炒大豆等，也颇具地方特色，深受当地食客与外来游客的欢迎。

|第二节|兰州市主要旅游景点

一、五泉山公园

五泉山位于兰州市区南边的皋兰山北麓，是一处具有两千多年历史的旅游胜地（见图11-1）。五泉山海拔1 600多米，占地26万平方米，因有惠、甘露、掬月、蒙、摸子五眼泉水而得名。相传汉武帝元狩三年（公元前120年）霍去病西征，曾途经此地，并

图11-1　五泉山

驻兵于此，途中士卒疲渴，霍去病当即手执马鞭，连击五下，鞭响泉涌，遂成五泉。

惠泉成圆形，四周被绿树掩映、芳草环绕，泉水清澈见底，味甘甜，很适合烹茶，古时，又因为地势较高还可用于灌溉，因为它给人们较多的实惠，故而取名"惠泉"。

甘露泉是五泉中最高的一眼泉，地处文昌宫西边，孤亭掩护，源流纤细，久雨不淫，大旱不干，饮之犹如甘露。相传此泉合"天下太平，则天降甘露"之意而得名。

掬月泉和其他的几眼泉非常不同，因为外形像井，泉水距地面深约1.6米，每逢月夜，月影可以直射到泉的中心，如掬月盘中，因此得名"掬月"。

"蒙"为卦名，是六十四卦之一，坎上艮下，坎为水，艮为山，用"蒙"字概括东面山的形貌，具有山下有危险的意思，因而取名蒙泉。摸子泉在一山洞内，常有善男信女们进入洞中，用手在泉水中摸，如若摸着石头则认为将来会生男孩，若是摸着瓦片则意味着将来会生女孩，近代著名学者刘尔炘曾在洞门口书一对联，嘲讽这种行为是"糊糊涂涂将佛脚抱来，求为父母；明明白白把石头拿去，说是儿孙。"

据史书记载，五泉山早在唐宋时代就建有寺庙，后来寺庙全部毁于兵火。现有的寺庙建筑群落占地一万多平方米，各类建筑依山就势，鳞次栉比，其中崇庆寺、嘛尼寺、卧佛殿、地藏寺等多是明清时代的建筑。五泉山比较有名的是大肚弥勒佛，历来香火鼎盛，正月十五更是人来人往。

五泉山可分西、中、东三路游览，三路均有楼台亭阁、长栈虹桥、清泉飞瀑，但布局各异，自成体系，各有独到之处，于1955年辟为公园。公园还设有大型娱乐设施，公园西边还有动物园，现已成为兰州人休闲旅游的首选去处，也是来兰州的游客值得一游的理想目的地。

二、白塔山公园

白塔山位于兰州市黄河北岸的山麓上，海拔1 700多米，山势起伏，有"拱抱金城"之雄姿（见图11-2）。古代，这里曾是军事要冲，在山下有气势雄伟的金城关、玉迭关、王保保城；山上有层层峰峦，其中"白塔层峦"即为兰州的八景之一。

白塔山是因为山上建有白塔而得名的。据记载，该白塔始建于元代，元太祖成吉思汗在完成对大元帝国疆域统一过程中，曾致书西藏拥有实权的萨迦派法王（喇嘛教派之一，俗称花教）。当时萨迦派法王派了一位著名的喇嘛去蒙古拜见成吉思汗，但走到甘肃的兰州境内时，不幸因病逝世。之后，元朝下令在兰州修塔以纪念该喇嘛。元代所建的白塔已不存在了，现存的白塔是明景泰年间（1450—1457年）镇守甘肃的内监刘永成重建。清

图11-2 白塔山

康熙五十四年（1715年）巡抚绰奇补救增新，扩大寺址，定寺名为慈恩寺。寺内白塔身为七级八面，各级每面都有佛像，角檐有铜马，微风吹过，清脆动听。上有绿顶，下筑圆基，高约17米。塔的外层通抹白灰，刷白浆，故俗称白塔。塔建成后，几经强烈地震和战乱，却仍屹立未动，充分显示了我国古代劳动人民在建筑艺术上的智慧与才能。

白塔山于1958年辟为公园，总建筑面积8 000多平方米，分为三台建筑群，依山而筑，飞檐红柱，参差有致。各建筑以亭榭回廊相连，四通八达。关帝庙、药王店、三皇殿等道教建筑布满山间。白塔山林木葱郁，朝阳山、马头山、冠云山、环翠山峰峦层叠，现已成为人们登山远眺、避暑纳凉的好地方。

三、黄河风情线

兰州是全国唯——座黄河穿城而过的城市。从20世纪80年代开始，兰州市人民政府在黄河两岸遍植花木，建造塑像和水车，形成了一条百里风情线，可谓兰州的"外滩"。每至春夏之季，百花齐放，万紫千红，争奇斗艳，满溢花香的绿色长廊将兰州装扮得生机盎然。

在这条百里黄河风情线上，自东至西矗立着一组组城市雕塑，将兰州装扮得分外美丽多姿。其中，最具象征意义的城市雕塑首推著名女雕塑家何鄂女士的作品——"黄河母亲"（见图11-3）。"黄河母亲"雕塑位于兰州市滨河中路黄河南岸，长6米，宽2.2米，高2.6米，是由花岗岩雕制的。雕塑构图由"母亲"和一"婴儿"组成，母亲秀

图11-3　黄河母亲雕塑

发飘拂，神态慈祥，身躯颀长匀称，曲线优美，微微含笑，抬头，微曲右臂，仰卧于波涛之上；右侧依偎着一裸身婴儿，头微左顾，举首憨笑，显得顽皮可爱。雕塑构图洗练，寓意深刻，象征着哺育中华民族生生不息、不屈不挠的黄河母亲和快乐幸福、茁壮成长的华夏子孙。雕塑下基座上刻有水波纹和鱼纹图案，均源自甘肃古老彩陶的原始图案，反映了甘肃悠远的历史文化。同时，水波纹和鱼纹也反映了黄河流域的先民们对自然现象敏锐的观察力，是目前全国诸多表现中华民族的母亲河——黄河的雕塑艺术品中最漂亮的一尊，具有很高的艺术价值。

黄河风情线上其他著名的雕塑和景点还有平沙落雁、筏客搏浪、丝路古道、龙源、绿色希望、生命之源、寓言故事园等，各个形象逼真、寓意丰富，使风情线充满了生机。

黄河风情线上还有一座非常有名的桥，即中山桥，俗称"中山铁桥""黄河铁桥"，位于黄河母亲雕塑的后方，该桥始建于清光绪三十三年（1907年），是兰州历史最悠久的古桥，也是5 464千米黄河上第一座真正意义上的桥梁，因而有"天下黄河第一桥"之称。

中山桥长234米，宽7.5米，有6墩5孔，桥上飞架着5座弧形钢架拱梁。清光绪三十三年，清政府在兰州道道尹彭英甲的建议下，以及甘肃总督升允的协助下，动用国库白银36万6千余两，由德商泰来洋行喀佑斯承建，美国人满宝本、德国人德罗做技术指导，建起了黄河第一座铁桥，初名"兰州黄河铁桥"。修建铁桥所用的钢材、水泥等材料都是从德国购置，海运到天津，由京奉铁路运到北京丰台火车站，再由京汉铁路运到河南新乡，从新乡取道西安，分36批，用马车运到兰州。桥建成后，两边建了两座分别刻有"三边利济"和"九曲安澜"的大石坊。

中山桥的前身系黄河浮桥，黄河浮桥是明洪武五年（1372年）宋国公冯胜在兰州城西7里处始建的。明洪武九年（1376年），卫国公邓愈将此桥移至城西10里处，称为"镇远桥"。明洪武十八年（1385年），兰州卫指挥杨廉将浮桥移至现在的位置——白塔山下。至今兰州还存有建桥时所遗的重10吨、长5.8米的铸铁浮桥柱3根，人称"将军柱"。柱上铸有"洪武九年，岁次丙辰，八月吉日，总兵官司卫国公建斯柱于浮桥之南，系铁缆一百二十丈"的字样。当年的黄河浮桥，用24只大船横排于黄河之上，船与船之间相距5米，以长木连接，铺以板，围以栏，南北两岸竖铁柱4根，大木柱45根，有两根各长50米的粗铁绳，将船固定在河面上。冬季黄河结冰则拆除，春季则又重搭浮桥。

今天，中山桥的观赏价值、历史和文物价值，已远远大于它的交通价值，成为百里黄河风情线上又一引人注目的景观（见图11-4）。

图11-4 中山桥

四、兰州水车博览园

兰州水车博览园是最具兰州地方特色的一处4A级景区。兰州水车，又名天车、翻车，也叫老虎车。据《重修皋兰县志》记载，兰州水车是由明代兰州段家滩人段续所创。明代以前，兰州居民生活用水靠五泉山蒙泉、惠泉及红泥沟泉水，用于灌溉的水源很少。明嘉靖五年（1526年）兰州人段续考中进士后，曾宦游南方数省，对湖广地区木制的筒车产生了浓厚的兴趣，于是派人绘成图样，保存在身边，晚年回故里后致力于水车的仿造，经过多次试验，终于在嘉靖三十五年（1556年）获得成功，最早架设在现广武门外的黄河北岸，后又在今镇原路北口架设了三轮水车，以灌溉附近六百亩菜畦果园，"水车园"这个地名即由此而来。段续的水车成功后，黄河两岸的农民争相仿制，至清末时兰州已有水车157轮（据1891年统计）。到新中国成立，上至青海贵德，下至宁夏中卫的黄河岸边共有水车350多轮。1952年，兰州有水车252轮，黄河两岸更是水车林立，总提灌面积达10万亩。当时兰州市的水车之多是号称"水车之城"的叙利亚哈马市水车最多时候的8倍，成了当时世界上真正的"水车之都"。

兰州水车是一种利用黄河水流自然冲击力的水利设施，水车轮辐直径达16.5米，辐条尽头装有刮板，刮板间安装有等距斜挂的长方形水斗。水车立于黄河南岸，旺水季利用自然水流助推转动；枯水季则以围堰分流聚水，通过堰间小渠，河水自流助推。当水流自然冲动车轮叶板时，推动水车转动，水斗便舀满河水，将水提升20米左右，等转至顶空后再倾入木槽，源源不断，流入园地，以利灌溉。这种通过水车转动，自动提水灌溉农田的水利设施，是古代的"自来水工程"。

图11-5 兰州水车博览园

1994年，兰州市旅游局为再现这一古老的提灌工具，让人们重温黄河灌溉文化，在滨河南路黄河风情线上，专门设计仿建了轮辐直径高达16.5米的双轮水车，建成水车园公园，园内由双轮水车、围堰、水磨坊、服务室和游乐区组成。2005年8月26日，在水车园公园的基础上又扩建起了水车博览园，再现了50多年前黄河两岸水车林立的壮观景象。现在的水车博览园由水车园、水车广场、文化广场三部分组成，博览园以12轮兰州水车为主景，是历史上的"水车园"旧址，也成为一个展现水车文化的主题公园（见图11-5）。

五、吐鲁沟森林公园

吐鲁沟森林公园素有"青城之幽，峨嵋之秀，华山之险，九寨之奇"的美誉，位于兰州市西北160千米处的永登县连城林区腹地，属祁连山脉的东麓，是一处以奇山秀水为主体的国家4A级自然风景旅游区，占地面积5 848.4公顷，海拔1 998～3 165米。吐鲁沟因峰奇石怪、林木青翠、终年常绿而又名"吐绿沟"（见图11-6）。这里的地貌奇特，植被垂直分布极为明显，顶部是丰富的草场、辽阔的牧场，山腰处林木矗立，山脚下则是农田覆盖。园内因为地貌起伏剧烈，山势嶙峋，被誉为"神话般的绿色山谷"。

吐鲁沟历史上为多民族杂居的地区。"吐鲁"就是古代的蒙语，意为"大，好"，或"美好的果园"之意。这里受山地气候影响，降雨丰沛，沟内峰峦叠嶂，林木苍翠，曲径通幽，吐奇纳秀，不愧为一处毫无人工雕琢的原始自然风景区。

吐鲁沟森林公园分为前吐鲁沟森林景区、三岔旅游区、大吐鲁沟地貌风景区、小吐鲁沟森林风景区和吐鲁沟沟掌草原游乐区五大景区，共有驼峰岭、天窗眼、藏

图11-6 吐鲁沟

龙洞、弥勒石、通天门、金刚峰、七夕桥、灯杆石、练功台、青蟾观、石壁泻珠等47处景点可供游览。这些景致各个栩栩如生，看似人工雕琢，却是天然形成，令人惊叹。沟内有1 600多种树木花草，栖息着麝、蓝马鸡、猞猁、石羊等数十种珍稀动物，茫茫林海，古木参天，溪流淙淙，到处鸟语花香，俨然一幅自然山水画。其中星叶草、紫斑牡丹等属国家保护的珍稀濒危植物，蓝马鸡、麝等属国家二类保护动物，景区内生长的柳花、鹿角菜、蘑菇、蕨菜被称为餐桌上的"四大山珍"。

六、兴隆山国家级自然保护区

兴隆山也是一处国家4A级自然风景旅游区，它位于兰州市榆中县城西南5千米，距兰州市仅60千米，海拔2 400米，是祁连山的东延余脉部分，保护区总面积33 301公顷。兴隆山国家级自然保护区类型为森林生态系统类型，主要保护对象为野生动物马麝和天然原始老云杉林及其生态系统。夏季，兴隆山漫山绿树如茵，如同绿色的海洋，成为避暑胜地（见图11-7）。

兴隆山古因"常有白云浩渺无际"而取名"栖云山"，向有"陇上名胜"之称，因其景色奇美而被誉为"甘省之名山，兰郡之胜景"，有"陇右第一名山"之称。史载西周时期，就有人在此修行；东汉时期就有了道教建筑；唐宋时期已殿宇林立，游人不断，称为"洞天福地"；明末之时，满山神庙，皆遭贼火焚毁；康熙年间，渐有善士重建，士人以其山败而复兴，遂以兴隆为名；乾隆年间，山上道士和当地名人绅士因其"形势有力，起伏活动，到头顶起有如'兴龙之状'"而改西

图11-7 兴隆山

山名为"栖云"，改东山"兴隆"为"兴龙"；嘉庆年间，由于游人增多和商户发展，此山颇为兴隆，又改名为"兴隆山"。

兴隆山景区由东山和西山两山构成，西山的人文景观较多，亭台楼阁庙宇依山而建，有云龙桥、大佛殿、蒋介石官邸、成吉思汗衣冠冢、展览馆等；东山有烈士纪念碑，主要以登山观景为主。

⫶ 第十二章

西线——精品
丝路之旅

　　从兰州西行，依次经武威、张掖、酒泉、嘉峪关到敦煌，全长1 148千米，就是享誉世界的"丝绸之路"黄金段，也是甘肃境内重要的旅游线路。丝路风情，河西览胜，曾几何时，三千年古道、金戈铁马，商旅云集，见证了中西文化的交流，留下了辉煌的丝路文化，在这里您可以领略到世界文化遗产敦煌莫高窟，中国旅游标志马踏飞燕的故乡——武威，天下第一雄关嘉峪关，阳关、玉门关，鸣沙山月牙泉等景致，探寻鲜为人知的遗址遗迹，饱览瑰丽多姿的塞外风光。

▎第一节▎武威市主要旅游景点

　　武威，中国历史上的河西四郡之一，取"武功军威"之意，是"中国旅游标志之都"，素有"银武威"之称。面积33 249平方千米，人口187万，聚居着汉、回、蒙、土等38个民族，1986年被国务院评为全国历史文化名城。武威古称凉州，因为历史上六朝时期的前凉、后凉、南凉、北凉，唐初的大凉都曾在此建都，以后便为郡、州、府机关的所在地。它是古代中原与西域经济、文化交流的重镇，是"丝绸之路"的要隘。

　　武威特产主要有凉州熏醋、武威猪头梨、面皮、高庄馒头、甘草、奔马锅巴等，其中高庄馒头很有名气，它是用麸酵配以各种调料揉在一起发面蒸制而成的，绵软可口，无碱味，且入口即化，极适宜老幼食用；在民间，羊羔肉的声誉很高，食用方法多样，既可清蒸，又可清炖，还可煮食和手抓，尤以红烧羊羔肉多见，曾有"宁吃一顿红烧羊羔肉，不坐三请六聘九家席"之说；凉州凉粉有一般常见的豌豆制成的白凉粉、用荞麦制成的黑凉粉和用扁豆制成的黄凉粉以及用沙米制成的沙米凉粉三种；山药米拌汤是用凉州小米与洋芋做成的，当地有"要吃凉州饭，山药米拌汤"之说；米汤油馓子也是凉州的特色小吃之一，吃的时候将炸好的油馓子撅成小段，泡入扁豆米汤中；还有腊肉夹儿，俗称肉夹子，最早始于明代，是凉州的"三明治"，不论春夏秋冬食用，都很适口。到了武威，以下景点将是您的选择。

一、武威雷台汉墓

武威雷台旅游区是在原来雷台汉墓公园的基础上扩建的，雷台汉墓是全国重点文物保护单位，位于凉州区北关中路，因1969年当地农民在雷台老槐树下发现了一处东汉晚期的大型砖石墓葬，出土了中国旅游标志铜奔马而著名。雷台又称灵钧台，是古代祭祀雷神的地方，因在一高约8.5米，南北长106米，东西宽60米的长方形土台上建有明朝中期建造的雷祖观而得名。雷祖观又名雷神观，为河西道教圣地。台上现存建筑有三星殿、雷祖殿、北斗七星殿、南斗六星殿、过殿、东西配殿、廊房等。

雷台汉墓的墓和台是一个整体，墓是建在雷台内部下的，和雷台为同一时期修建。据出土的马俑胸前铭文记载，雷台汉墓系"守张掖长张君"之墓，这是一个夫妻合葬墓，约建于186—219年。墓为砖砌，当属河西地区最大的东汉墓。墓内结构由墓道、前门、甬道、前室（左右耳室）、中室（右耳室），后室构成，墓道总长19.34米。墓内刚入口处有口汉井，也是用汉砖垒砌而成的，非常奇特，如若扔纸币到井里，就会看到纸币被放大好多倍。这座墓室内部均由汉砖直接垒叠而成，没有用到水泥等任何中间材料，但绝不会坍塌，建筑技艺堪称精湛。墓室内的汉砖也令人称奇，要比现在的砖大、薄，但是抗压能力却比如今的方砖强几倍。

雷台汉墓当时出土有金、银、铜、铁、玉、骨、石、陶器等文物231件，铜车马仪仗俑99匹，其中以出土的铜奔马艺术价值最高。铜奔马又称"马超龙雀""马踏飞燕"，呈古铜色发绿，马高34.5厘米，长45厘米，重7.15千克，马呈飞奔状，三足腾空，昂首扬尾，右后足下踏一展翅奋飞回首惊视的"风神鸟"龙雀。这改变了传统天马的造型手法，又符合力学平衡原理，蕴含丰富的天马文化内涵，铸造技巧精湛，堪称青铜艺术之极品。据《汉书》载，西汉武帝为了远征匈奴，开拓疆土，派贰师将军李广利发兵西域，进行了长达4年的战争。太初四年（公元前101年）从大宛国引进大宛马，武帝非常爱惜，赐名为"天马"。据传说，这种马流的汗为红色，像鲜血一样，所以人称"汗血马"。武威因"凉州畜牧甲天下"成了良马的交易、繁殖基地，后人有"凉州大马，横行天下"之说。因此，在武威发现表现"天马行空"的铜奔马，并非偶然。

走出墓道，整个景区还栽种有诸多的柳树，因为当年左宗棠大人曾命人在这里广栽柳树，后来人们就将其称为"左公柳"，以示纪念。图12-1即为雷台汉墓出土的铜奔马仪仗队扩大版的复制再现，气势雄浑，仿佛在告知世人他们正带领着墓主人夫妇奔往西方的极乐世界。

图12-1 雷台汉墓铜奔马仪仗队

二、文庙

武威文庙位于凉州城区东南隅，坐北向南，由三部分组成，东为文昌宫，中为文庙，西属凉州府儒学院。文庙的平面呈长方形，南北长198米，东西宽152米，占地面积30 096平方米。整个建筑布局对称、结构严谨，是一组造型雄伟的宫阙式建筑群，规模宏大，气势雄壮，明清之际被誉为"陇右学宫之冠"，是凉州文人墨客祭祀孔子的圣地，是目前西北地区建筑规模最大、保存最为完整的孔庙，属全国三大孔庙之一，一进文庙便可见到站立的孔子石像，让人肃然起敬（见图12-2）。

据《凉州卫修文庙暨儒学记》碑载：武威文庙始建于明正统二至四年（1437—1439

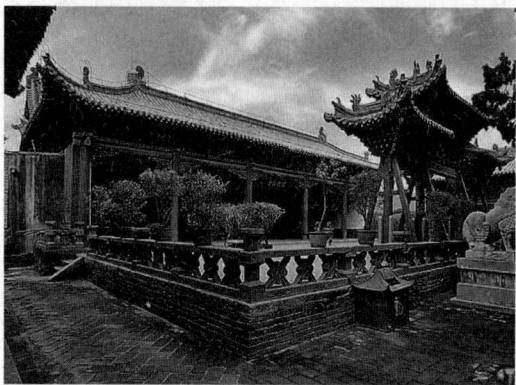

图12-2 武威文庙

年），后经明成化，清顺治、康熙、乾隆、道光及民国年间的重修扩建，逐渐成为一组布局完善的建筑群，迄今已有五百余年的历史了。该庙目前只有东、中两组建筑，儒学院已毁，其南面的忠烈祠和节孝祠尚存，明伦堂、存诚、敬德二斋及前后附属建筑也已无存。文庙内古柏参天，古朴静雅，雕梁画栋，檐牙高啄，碑匾林立，富有我国建筑庄严雄伟的特点。这里悬挂的匾额众多，都出自名人之手，保存之完整，品位之高，为世罕见，被列为"全国重点文物保护单位"。

文庙内还有一看点就是西夏碑，它具有很高的文物价值。西夏碑即重修护国寺感应塔碑。清代甘肃著名学者、武威人张澍，爱好金玉，在贵州玉屏县为官期间，引疾回家，与友同游大云寺，发掘出长期藏匿的西夏碑。西夏碑额呈半圆形状，身高2.5米，宽0.9米，厚0.3米，两面撰文。正面以西夏文篆书题名，两行八字，意为"敕建感应塔之碑文"；正文为西夏文楷书，28行，每行65字，题名两侧各有一身线刻伎乐菩萨，做翩翩起舞状。碑文内容主要是称颂先祖的功德、护国寺富丽堂皇的景象，在重新增饰宝塔时"众匠率职，百工效技"的民风民技，以及各族人民和睦相处的历史片断，背面碑额刻汉字小篆，意为"凉州重修护国寺感应塔碑铭"。

西夏碑在西夏语言文字研究方面有十分重要的价值。西夏国存在历史不长，史书对其记载很少，西夏文直到清代都无几人可知。在西夏碑文拓片传世及额济纳旗发现西夏文字典《潘汉合时掌中珠》后，才有人开始研究西夏文的构造、文字和字意。西夏碑"汉夏合璧"，便于相互比较研究，被称为"西夏文字的活字典"。

三、天梯山石窟

天梯山石窟也称大佛寺，位于凉州城南50千米处的中路乡灯山村，创建于东晋十六国时期的北凉，距今有1 600多年的历史了，也是我国开凿最早的石窟之一，它是我国早期石窟艺术的代表，是云冈石窟、龙门石窟的源头，堪称中国石窟的鼻祖，在我国佛教石窟艺术史上占有重要的地位。

天梯山石窟仅存3层，大小洞窟17处。其中最大的一处大型洞窟，高30米，宽19米，深6米，窟内有释迦牟尼大佛像1尊，高28米，宽10米，面水而立，右臂前伸，指向前方，巍然端坐。大佛塑像高度堪称中国石窟佛像之首。释迦两旁还有文殊菩萨、广目菩萨、普贤菩萨、多闻天王、迦叶、阿难6尊造像，造型生动，神态威严（见图12－3）。窟内南北两壁绘有大幅壁画。南壁上部为云纹青龙；中部为大象梅花鹿，大象背部驮有发光的经卷；下部是猛虎和树木花卉。北壁上部绘有青龙双虎；中部绘有白马、墨虎、菩提树，马背上经卷闪光；下部绘有牡丹花卉。整个壁画笔触清新、色泽艳丽、形象逼真。

图12-3　天梯山石窟

四、白塔寺

武威白塔寺，藏语称作"谢尔智白代"，即东部幻化寺，为藏传佛教凉州四寺（白塔寺、莲花山寺、海藏寺、金塔寺）之一（见图12－4）。它位于凉州区东南20千米处的武南镇白塔村刘家台庄。白塔寺遗址由寺院、塔院、塔林等建筑构成。寺院由围墙围

图12-4　武威白塔寺

住，占地277亩。塔院中的殿基存有砖砌墙基、砖铺地面，有4座城门，8座烽墩，规模宏大壮观，金碧辉煌，是元代时凉州最大的藏传佛教寺院，号称"凉州佛城"。塔院中萨班灵骨塔为主体建筑，始建于元代，明清时期开始重修。现存基座为土心砖表结构，边长2 675米、残高51米。白塔寺和萨班灵骨塔于元末遭兵燹被毁，明清时期先后重建、修缮，后又于1927年毁于大地震，现仅残存高8米、边长14米的萨班灵骨塔。2001年5月，白塔寺遗址被国务院公布为全国重点文物保护单位。

白塔寺是西藏宗教领袖萨迦班智达（萨班）与蒙元代表、西路军统帅阔端举行"凉

州会谈"的地方，也是后来萨班圆寂之地。这一历史性的会谈决定了西藏正式成为中国元朝中央政府直接管辖下的一个行政区域，标志着西藏从此纳入了中国版图，在中国多民族国家形成的进程中具有深远而特殊的意义。1992年9月21日，中国国务院发表了《西藏的主权归属与人权状况》白皮书，提出凉州白塔寺就是西藏纳入中国版图750多年的历史见证。

白塔寺遗址是藏传佛教的重要寺院，也是中国元代祖国统一的历史见证。其独特的建筑形制和出土遗物对研究藏传佛教寺院布局、藏传佛教传播等均具有很高的价值。

|第二节| 金昌市主要旅游景点

金昌地处祁连山北麓，阿拉善台地南缘，全市总面积有8 896平方千米。这里富含矿产，是中国最大的镍钴铂族金属生产基地和中国第三大铜生产基地，并以"镍都"闻名，拥有全球知名的大型有色冶金和化工联合企业——金川集团。金昌缘矿兴企、因企设市，是甘肃省最宜居的城市之一，2014年1月被中华人民共和国住房和城乡建设部命名为"国家园林城市"。

早在4 000多年前的原始氏族社会，就已有人类在此生息。商周时期，为西戎牧地。春秋战国至秦，月氏族驻牧于此；汉初，属匈奴休屠王辖地；西汉武帝起，先后置鸾鸟、番和、骊靬、显美、焉支等郡县；元设永昌路，明置永昌卫，清改为永昌县至今。

历史上多民族的融合铸就了金昌独具特色的地方味道，这里的主要风味饮食有香豆卜拉子、永昌水饺、羊肉垫卷子、永昌面皮、手抓羊肉、清汤羊肉、羊肉涮锅、胡辣羊肉、清炖羊肉等，但手抓羊肉更具地方特色，成为当地人民最喜欢的街边风味饮食之一。这里可供游人们前去欣赏的有以下景点。

一、骊靬古城

骊靬古城位于金昌市的永昌县南城头312国道旁，当地政府于1994年12月在此建造

图12-5 骊靬古城

了一个地区标志性塑像（见图12-5）。高高的基座上，耸立着三尊古罗马人的花岗石塑像，他们目光深情地眺望着远方。塑像是两男一女，中间的长者为男性，高鼻梁、卷发，着古装长袍；左右的一女一男均身材壮实，有着深凹的眼窝和卷曲的头发，一眼就能让人认出是西域人，在黑色花岗石上还刻有四个大字：骊靬怀古。塑像背后的台基上有一块黑色花岗石碑文："公元前53年，罗马帝国执政官克拉苏

集七个军团之兵力入侵安息（伊朗高原古代国家，建于公元前247年），在卡尔来遭围歼。克拉苏长子普布利乌斯率第一军团6 000人突围，越安息东界，流徙西域，经多年辗转，于公元前36年前后，相继从大月氏、匈奴，后归降西汉王朝，被安置于今金昌市永昌县者来寨。"

历史上的"者来寨"就是现在的骊靬村，在永昌县城南10千米。《汉书》记载这里是西汉时在永昌设置的骊靬县的古遗址。汉语中"骊靬"的发音来自拉丁语"legion"，是罗马军团的意思，后来西汉王朝专辟祁连山下今永昌县的者来寨予以安置，故设骊靬县，赐罗马降人耕牧为生，化干戈为玉帛，罗马人后代最集中的者来寨村，大约有300人，他们多数长着一副欧洲人的面孔，具有很典型的白种人体貌特征。其生活习惯也与周围的村子有些不同，在埋葬死者时，周围的村子的死者都是头朝北，而这里死者的放置却是头朝西。有人推测这是为了表达对欧洲故乡的思念之情。据说他们正月里还吃一种像比萨饼一样的食物，村中还流行一种类似于斗牛的游戏。

随着旅游业的发展和对骊靬古城文化的研究，目前该地已建有"骊靬怀古"群雕、"骊靬博物馆""罗马风情街"等一大批景点，吸引着众多的海内外游客。

二、圣容寺

圣容寺始建于561年，相传是由云游至此的高僧刘萨诃所建，寺庙建造在御山峡中，绵延数里。609年，隋炀帝西巡，驾临此寺，将其改名为感通寺。贞观十年（636年），唐玄奘取经回归途中曾在该寺坐禅诵经。这里香火鼎盛时，住僧多达数千之众。迄今，这里也一直是当地老百姓朝拜的重要地方（见图12-6）。

高僧刘萨诃为何要在御山峡谷建立圣容寺？敦煌莫高窟第231窟存有的两幅壁画，可详尽描述阐释：壁画描述了圣僧云游到此，遥望御山峡谷，预言御谷他日山开，必有佛陀宝像显现，世乱像必缺首，世平则身首合一。他日，雷劈山裂，御谷岩崖上果显无首佛陀宝像。557年，天下承平，凉州城东七里涧幽谷中突现佛头，人们送往御山峡谷安装，佛首"相长数尺，飞而暗合，无复差殊"。这个奇异的传说便是圣容寺的来历。

在蜿蜒两千米的御山峡谷中，现存有河西最早的唐塔，位于圣容寺所在山腰的顶部，这里还保存有部分汉、明长城，在一进寺庙院落的大门右手边的亭子中还竖有西夏

图12-6 御山峡圣容寺

六体文石刻，是用当时六个国家的文字刻撰的和平见证碑，足见当时多民族和谐统一在这里的体现，这个石刻对于研究西夏历史也是不可多得的宝贵资料。除此之外，还有西夏墓葬群、高昌王墓、花大门石刻等多处文物古迹，都是具有很高历史价值的人文景致。

|第三节| 张掖市主要旅游景点

张掖位于河西走廊中部，以"张国臂掖，以通西域"而得名，古称甘州，即甘肃省名"甘"字的由来。历史上这里是古丝绸之路的重镇，新亚欧大陆桥的要道。张掖素有"金张掖"之美称，是甘肃省商品粮基地，盛产小麦、玉米、水稻、豆类、油料、瓜果、蔬菜，特色产品主要有乌江大米、临泽红枣、民乐大蒜、高台辣椒等。这里聚居有汉、回、藏、裕固等38个民族，其中裕固族是中国唯一集中居住在张掖的一个少数民族。张掖现在是全国历史文化名城和中国优秀旅游城市，全国第二大内陆河黑河贯穿全境，拥有亚洲最大的军马场——山丹军马场。

张掖的小吃也比较有名，如搓鱼子、拉条子、臊子面、酿皮、炒炮仗、揪面片、鱼儿粉、焖羊肉、羊肉焖卷子、鸡肉焖卷子等。除此之外，张掖的豆腐脑、灰豆汤、醪糟、马场酸奶等特色饮品也是张掖人民的最爱。在张掖，只要是席宴，都会上一道特别的名为"西北大菜"的菜肴，香香的扣肉下是一个个象征吉祥意义的肉丸子和豆腐丸子，旁边点缀着嫩香的炒鸡蛋和木耳以及翠绿的青菜，美味无比。

一、大佛寺景区

大佛寺景区，位于张掖市的西南角，是丝绸之路上的一处重要名胜古迹群，有建于西夏的大佛寺、隋代的万寿木塔、明代的弥陀千佛塔、钟鼓楼以及名扬西北的清代山西会馆。

西夏的大佛寺始建于西夏永安元年（1098年），原名迦叶如来寺，明永乐九年（1411年）敕名宝觉寺，清康熙十七年（1678年）敕改宏仁寺，因寺内有最大的室内卧佛而得名，又名睡佛寺，属全国重点文物保护单位。大佛寺占地约23 000平方米，坐东朝西，史载西夏国师嵬咩因在此掘出一翠瓦覆盖的卧佛而初建大佛寺。大佛寺现仅存中轴线上的大佛殿、藏经阁、土塔等建筑。大佛寺殿面阔9间（48.3米），进深7间（24.5米），高20.2米，2层，重檐歇山顶式建筑。殿门两侧各镶以六平方米的砖雕一块，左为"登极乐天""西方圣境"，右为"入三摩地""祇园演法"。殿内有彩绘的木胎泥塑31具，为西夏遗物。卧佛也就是佛祖释迦牟尼的涅槃像，木胎泥塑，在大殿正中高1.2米的佛坛之上，身长34.5米，肩宽7.5米，耳朵长约4米，脚长5.2米。大佛的一根中指就能平躺一个人，耳朵上能容8个人并排而坐，可见卧佛的巨大（见图12-7）。1966年在卧佛腹内发现石碑、铜佛、铜镜、铜壶、佛经等，还有一块铅牌，记载了明成化年间在河西发生的一次地震，提供了河西地震史的新资料。在卧佛后有十大弟子群像，旁有优婆夷、优婆塞。两侧廊房塑十八罗汉，殿内四壁绘有《山海经》壁画和《西游记壁画》。《西游记》壁画的内容是猪八戒在高老庄娶亲的场面，这里的猪八戒还是仪表堂堂的美男子呢。

参观完大佛殿后继续向北走，便是藏经阁了，藏经阁面阔21.3米，进深10.5米，单檐歇山顶。藏经阁内珍藏有明英宗颁赐的六千多卷佛经，经文保存完好，以金银粉书写的经文最为珍贵，还藏有《大藏经》等众多佛经。再往藏经阁后游览，寺后有一33.37米高的土塔，土塔原名弥陀千佛塔，为砖土混筑密宗覆钵式塔，主塔高33.37米，为张掖五行塔之一，其一、二层台座四隅各建一小塔，风格独特，为国内罕见。

图12-7 张掖大佛寺卧佛

1977年在大佛寺附属建筑金塔殿下出土了五枚波斯银币，是古代中外贸易往来的见证。此外，该寺寺碑有明宣宗《敕赐宝觉寺碑记》、明通政使穆来辅《重修宏仁寺碑记》等。因此，该寺景区有着很高的文物价值。

二、肃南马蹄寺风景名胜区

马蹄寺风景名胜区，地处肃南裕固族自治县境内，位于距张掖市60千米的临松山下。马蹄山古名临松山，又名丹岭山、青松山，这里山峦起伏，绵延不断，即使是夏季前往游玩，仍然可见皑皑雪山直插云霄，蓝天白云，潺潺流水，松柏苍翠，绿草如茵，花草飘香，着实令人着迷。在草地上远远望去有星星点点的白色蒙古包点缀其间，这就是甘肃特有的三个少数民族之一的裕固族聚居地了。在这里您可以喝青稞酒，吃煮全羊，看裕固族民族歌舞表演，充分感受裕固族的民俗风情。

马蹄寺就位于风景区内，因山顶一石窟内的岩石上留有深深的马蹄足迹而得名，史载系天马神迹。马蹄寺由胜果寺，普光寺，千佛洞，上、中、下观音洞和金塔寺七处组成，分布在一百多平方千米的区域内。

图12-8 肃南马蹄寺石窟

马蹄寺石窟群属全国重点文物保护单位，石窟群开凿于十六国的北凉时期，距今已有一千六百多年的历史了。金塔寺、千佛洞等石窟内一些早期的形制、造像与壁画都保留着古拙挺拔和淳朴厚实的特点和风格（见图12-8）。马蹄寺是我国河西走廊的佛教圣地之一，早期这里崇信汉传佛教，元代以后藏传佛教在此兴盛，所以，汉传和藏传佛教在这里同时并存。

马蹄寺石窟群以其悠久的历史、灿烂的文化屹立于石窟艺术之林。如那气势恢弘的"三十三天"，开凿于悬崖峭壁的五层宝塔形的二十一窟，令人叹为观止；金塔寺那飘然欲仙的高肉雕泥塑飞天，在全国实属罕见；藏佛殿石窟规格之宏大，千佛洞石窟雕刻之精巧，虽非鬼斧神工，却也有梦萦魂牵之魅力。马蹄寺石窟群中，尤以金塔寺保存最完整，造像艺术上最富于特点。金塔寺洞窟虽经后代装修，但仍多保持原作风貌。人物脸型丰圆，高鼻梁，嘴小唇薄，肩宽体壮，造型饱满刚健；佛像庄重安详，菩萨裸上身，装饰华丽，形态俊美；悬塑的飞天，装束与菩萨相同，身躯扭曲作V形，略显古朴稚拙，虽不如北魏以来的飞天轻盈自如、灵动多变，却也真切感人。整窟造像结构严整、统一和谐、富丽堂皇，以圆雕、高浮雕、影塑和彩绘相结合的手法，层次分明地塑造了众多的佛教人物形象，充分显示出5世纪前后中国早期石窟雕塑艺术的高度成就。

三、张掖国家地质公园

张掖国家地质公园，是由国务院批准建设的国家级湿地保护区，被美国《国家地理》杂志评为"世界十大神奇地理奇观"之一，是内陆河流域上的第一个国家湿地公园，也是甘肃省第一个国家湿地公园（见图12-9）。公园总面积6.2万亩，其中湿地面积2.6万亩，南高北低，自然落差20米，除了黑河河道及径流新河补充水源外，地下水

图12-9　张掖湿地公园

渗出是其主要水源，北郊湿地内有天然泉眼12 202个、渠道3条、人工引水排阴沟17条。湿地植物密布，挺水植物、浮水植物、沉水植物、湿生植物、盐生植物与陆生乔灌林木、草原植被、荒漠植被镶嵌分布，形成的西部绿洲在中国西北这样干旱的地区实属罕见，就世界范围内而言，也具有独特性，具有很高的的欣赏价值。

公园位于甘州区城郊的北部，与市区紧密相连，地理位置介于东经100°06′~
100°54′，北纬38°32′~39°24′。其主体部分位于城区北郊地下水溢出的地带，与城区毗邻，可以说是离城市最近的湿地公园了，这里既有由河流、草本沼泽、湿草甸等组成的天然湿地，也有人工湖、池塘、沟渠等人工湿地，湿地类型多样，景色优美。

有文字记载，张掖城北郊自古就有"甘州城北水云乡"之称，自城区至北郊湖泊遍布，百泉喷涌，形成了近3万亩伴城而生的湿地系统。公园内这样多样化的湿地类型，是张掖绿洲这一内陆干旱区脆弱生态系统的重要组成部分，发挥着水源涵养和水资源调蓄、净化水质、维护湿地生物多样性、防止沙漠化等重要的生态功能，作为区域关键生态支撑体系，对于维护张掖绿洲及黑河中下游生态安全也具有重要意义。

四、焉支山森林公园

焉支山森林公园位于山丹县城南50千米处的大黄山林区内，在祁连山与龙首山之间，总面积680平方千米，海拔2 919米，主峰毛帽山海拔3 978米。除了美丽的自然风光之外，园内还有诸多人文景致，如唐玄宗天宝年间建的钟山寺旧址，历史上有名的"万国博览会"遗址，复建的宗教圣地玉皇殿、大佛殿等，都具有很高的历史价值和观赏意义（见图12-10）。

焉支山，又叫胭脂山、燕支山。焉支即红兰花，采其汁加入油脂，可作胭脂，故名焉支山。"失我焉支山，使我妇女无颜色。失我祁连山，使我六畜不繁衍"就是匈奴对这里的美丽和富饶的高度概括，它不仅有秀丽的风光，而且物产也很丰富，有珍贵的雪莲、蘑菇、山丹花、迎春花、马莲花、野玫瑰等各种野花，还有大黄、黄芪、沙参、秦艽等药材一百多种，野生动物有狼、狐、鹿、兔、獾、旱獭、青羊、松鼠、山鸡等。

进入公园首先看到的是钟山寺。

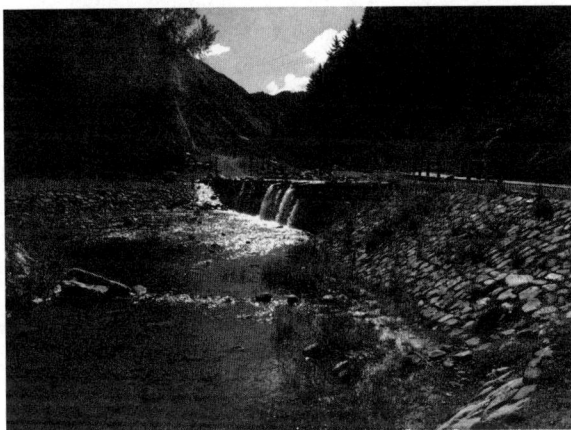

图12-10　焉支山森林公园

据历史记载，唐朝玄宗天宝年间（742—755年），封焉支山神为宁济公，河西节度使哥舒翰曾在焉支山建寺为宁济公祠。到了明代，寺内众僧和地方官吏又大加修葺，使其规模更加宏大，气势极为壮观，称为后寺。万历二十年（1592年），由山丹卫指挥使朱冠主持，又建一寺，称前寺。因为焉支山虎踞龙首、祁连两山之中，故称其寺为中山寺。明代甘肃巡抚田乐、侯东莱、都督同知张成曾铸大钟一口悬于寺中，后人又称其为钟山寺。前寺坐落于直沟门对面半山腰，后寺雄立于陡壁悬崖，沿羊肠小道方可抵达。每逢农历六月六日，为钟山寺盛大庙会，游人络绎，车马连属。在后寺南面200米处原来有一座古庙。当年红西路军军政委员会主席陈昌浩曾在此养伤疗病，住过一段时间，当地群众将这座庙称为"红军庙"，可惜已被毁坏。

焉支山不但景美，而且还有很多优美的传说，如胭脂花的故事、百花池的传说、石燕高飞的传说、山丹朝辉等，可以让您在这密布的大山里体味大自然的神秘奥妙和美妙绝伦。

五、祁丰文殊寺石窟群旅游景区

祁丰文殊寺石窟群旅游景区位于肃南裕固族自治县祁丰藏族乡境内，属全国重点文物保护单位（见图12-11）。景区中的文殊寺石窟群始建于东晋明帝太宁时期，后经过了魏晋时期的建设修缮，到唐宋时期达到了鼎盛，远近闻名。文殊寺院，也就是我们常称的"文殊大寺"，藏语称其为"嘉木样贡巴"，这里属藏传佛教格鲁派寺院，据《安多政教史》记载，文殊菩萨曾显灵于此，故将其命名为"文殊寺"，这一显灵事件在很多中外佛教著作中都有记载。

图12-11　文殊寺石窟群

文殊寺石窟群全境分为前山和后山两个区域，除了刚才提到的藏传佛教寺院外，还可见一些汉传佛教和道教的寺庙和道观，它们都能够和谐相处，说明这里文化的包容性极强。文殊寺石窟群由文殊寺、百子楼、普化寺、千佛洞、万佛塔、五百罗汉堂、观音洞七部分组成，有魏、晋、隋、唐、宋（西夏）、元、明、清不同时期的洞窟30余个，保存有珍贵佛像500余身、壁画1 200多平方米。它们分布在绵延数十里的文殊山间，十分恢宏壮观。

景区内除了这些历史悠久的辉煌古建筑和浓郁的藏民族民俗风情、特色风味小吃外，还有优美的草原自然风光、浩瀚的祁连天池和神奇的"七一"冰川。"七一"冰川是一座高原冰川，是祁连山众多冰川中的一处，因中苏科学家发现于1958年7月1日而得名。由于冰川海拔较高，游客登临时常常会遇到阴、晴、雨、雪等天气，在一日之内可经历四季，是一生中难忘的体验。"七一"冰川也是"亚洲距离城市最近的可游览冰川"。此外，祁丰文殊寺石窟群旅游景区还有怪坡、骆驼峰、药水泉等地质奇观。

|第四节| 嘉峪关主要旅游景点

嘉峪关位于河西走廊的中部，是古"丝绸之路"的交通要塞，又是明代万里长城的西端起点，是中国丝路文化和长城文化的交汇点。在这里你既可以领略到两千多年前的历史遗迹，也可以感受到一座新型的现代移民城市的干净和繁华，酒钢公司更让这座城市蓬荜生辉。

这个新兴的工业城市，外来人口众多，因而其饮食特征可以说是百味荟萃。在这里，可以尝到川味的麻辣烫、粉蒸肉、麻婆豆腐，江浙的糖汤圆、鱼汤圆，陕西的大米面皮、粳粉酿皮、肉夹饼，新疆的烤羊肉串、粉汤羊肉，江苏的葱油饼，东北风味粘火烧、豆沙切糕、枣泥糯米糕，兰州的清汤牛肉面、锅贴饺子，临夏回族的酿皮子、清真元宵等。这些美食主要汇集在振兴市场美食一条街、镜铁市场美食一条街、大唐美食街。显然，城市人口特征决定了城市的美食特征。

一、嘉峪关文物景区

嘉峪关文物景区是国家5A级旅游景区，占地面积近4平方千米，内有六大功能区，分别是：嘉峪关关城、长城博物馆、水上乐园、儿童村、仿古集市、休闲别墅。此外，还有跑马场、射箭场、植物园、少数民族帐房等辅助设施，是一个集旅游、娱乐、购物、住宿为一体的综合性旅游景区。

景区内最为有名的要数嘉峪关关城了，它始建于明洪武五年（1372年），因建在嘉峪关西麓的嘉峪山上而得名，它比"天下第一关"山海关早建9年，也是至今保存最完整的一处明代雄关，是明代万里长城的最西端，因它所建的地势险要、建筑雄伟而有"连陲锁钥"之称。关城位于嘉峪关最狭窄的山谷中部，最窄处只有15千米，城关两翼的城墙横穿沙漠戈壁，向北8千米，连黑山悬壁长城；向南7千米，接天下第一墩，整个关城由内城、外城、城壕三道防线组成重叠并守之势，可谓是"城内有城"，形成五里一燧、十里一墩、三十里一堡、一百里一城的军事防御体系。据历史记载，嘉峪关"初有水而后置关，有关而后建楼，有楼而后筑长城，长城筑而后关可守也"。嘉峪关从建关到成为坚固的防御工程，经历了一百六十多年的时间。雄关关城布局十分合理，建筑也很得法，适合战争防御的需要。关城有三重城郭，多道防线，城内有城，城外有壕，形成重城并守之势，如果敌兵来犯，可确保万无一失。

现在的关城以内城为主，黄土夯筑而成，全长640米，占地2.5万平方米，城头砖垛墙高达1.7米，西侧以砖包墙。内城有东西两门，东为光化门，意为紫气东升，光华普照；西为柔远门，意为以怀柔而致远，安定西陲。内城的墙上还建有箭楼、敌楼、角楼、阁楼、闸门楼等共14座。嘉峪关关楼是在关城建成一百多年之后修建的，史书上记载说："李端澄构大楼以壮观，望之四达"，明正德元年（1506年）八月至次年二月，李端澄又按照先年所建关的样式、规格修建了内城光化楼和柔远楼，同时，还修建了官厅、仓库等附属建筑物。

嘉靖十八年（1539年），尚书翟銮视察河西防务，认为这里必须加强防务，于是大兴土木加固关城，在关城上增修敌楼、角楼等，并在关南、关北修筑两翼长城和烽火台等，在两门外各有一瓮城围护。至此，一座规模浩大，建筑宏伟的古雄关挺立在戈壁岩岗之上，它像一队威武雄壮的战士，屹立在两山之间，伸出双臂，牢牢地守卫着丝绸之路的咽喉要道（见图12-12）。

清朝同治末年，左宗棠驻节肃州之时，又曾修整关墙和关楼，并亲笔题下"天下第一雄关"的匾额，高悬关楼。关楼城楼对称，为三层五间式，周围有廊，

图12-12　嘉峪关关城

城的四个角落皆有角楼；南北墙中段有敌楼，两门内北侧有马道达城顶，关城正中有一官井；西面城垣凸出，中间开门，门额刻"嘉峪关"三字。原有城楼，与东西两楼形制相同，三楼东西成一线。民间传说，当年建关之时，匠师计算用料十分精确，建关完毕后只剩一块砖。此砖今存西瓮城门楼后檐台之上，称为"定城砖"。西门外一里处有石碑，上刻"天下雄关"四字。东瓮城外有文昌阁、关帝庙、戏楼，城内靠北有游击衙门府一座，均为清代所建。

二、新城魏晋壁画墓

新城魏晋壁画墓在距嘉峪关市区18千米的新城乡戈壁滩上，发现于1972年。当时共发掘古墓18座，这些墓葬的结构多为三室迭造砖墓，且装饰有三至五层，或多达十层的彩绘。出土砖壁画七百余幅，大部分是一砖一画，也有几块砖组成的小幅壁画和半砖一画。砖壁画色彩鲜艳，风格独特，画技巧妙，也被称为"地下画廊"。

这里的砖壁画内容十分丰富，都是当时生活场景的再现，有农耕、采桑、畜牧、井饮、狩猎、屯垦营田、宴饮、奏乐、博弈、出行、营帐、车与、丝束等（见图12－13）。它如同漫漫丝绸之路上的一部活的百科全书，为研究魏晋时期的政治、经济、军事、文化、民族风俗及农牧外交、气候等提供了大量的可靠实物依据，并填补了我国魏晋时期绘画史上的空白。

图12-13　新城魏晋壁画墓

发掘出土的760余幅壁画中，尤以五号墓出土的《驿使图》值得特别关注。从这幅图可以推断出，中国是世界上最早开始邮驿递传的国家之一。邮驿在早期，经历了驿传和驿骑等发展阶段。汉代沿着"丝绸之路"的古道设列厅台，广置烽燧，用以传递信息。为了信息传递快捷便利，历代还在驿道上沿途广设驿站，供驿使休息打尖，换乘车骑或补充给养。我们可以想象，数千年前丝绸古道上驿使们行色匆匆、往来穿梭，骑尘滚滚不绝于道的情景。这幅画也是中国早期邮驿历史真实而又形象的记录，它对于中国邮政历史的研究，具有重大的认识意义和学术研究价值。

三、紫轩葡萄酒庄园

紫轩葡萄酒庄园可以算是甘肃境内唯一一个主题性旅游景点，在这里您可以真正领略到葡萄酒的文化。紫轩葡萄酒庄园于2010年4月正式被国家旅游局评定为国家4A级工业旅游景区。庄园总占地面积为65.4万平方米，一期工程建设规模为年产优质葡萄酒一万吨。现已完成一期工程的建设，建有压榨、发酵、储酒、灌装、研发中心等具有国际先进水平的葡萄酒生产设施。这里的主要设备均是引进的，有法国压榨机、德国错流过滤机、意大利灌装生产线、法国和美国橡木桶，其中13 700平方米的紫轩1号窖是目前亚洲单体面积最大的葡萄酒酒窖，同时建成的还有饮料生产线和装备精良的葡萄酒研发中心。

紫轩葡萄酒庄园在以酿酒为核心功能的基础上，还以葡萄酒的八个酿制基本步骤为主要展示内容，即"收获→去梗→榨浆→发酵→硫化处理→混合酒→装瓶→封瓶"。游人可以看到这些制酒过程，并可亲自体验。围绕葡萄酒这一主题，庄园的建筑都是以欧洲小镇的建筑风格为蓝本建设的，并且配备了会员制小型高级休闲会所、主题休闲区、专业地下酒窖和鉴赏中心等特色功能区。在您漫漫隔壁旅途疲惫之际，来此顿足，仿佛置身于浪漫之都法国，真不愧是一处休憩放松的好去处。

|第五节| 酒泉市主要旅游景点

酒泉，因传说泉中有金，故又名"金泉"，古称肃州，自古以来就是中原通往西域的交通要塞、丝绸之路的重镇。诗句"葡萄美酒夜光杯"的夜光杯就产于此，这一世界上独一无二、历史悠久的传统工艺品是用祁连山中的玉雕成的名贵饮酒器皿。当将美酒倒入杯中，放在月光下观看时，酒杯可透过茫茫的月光，因此而得名"夜光杯"。酒泉下辖的县级市——敦煌（"敦"，大也；"煌"，盛也），是河西四郡之一，古称"沙洲"，因为历史上的辉煌和博大精深的文化而享誉世界。

一、西汉酒泉胜迹

西汉酒泉胜迹现为酒泉公园，位于肃州城区东1.9千米处，占地面积27万平方米，其中天然湖泊5万平方米，是河西走廊唯一保存完整的汉式园林，既有大汉雄风，又有江南灵秀，迄今已有两千多年的历史。园区内有湖有泉，有山有石，分布有酒泉胜迹、月洞金珠、西汉胜境、祁连澄波、烟云深处、曲苑餐秀、花月双清、芦伴晚舟八大景区（见图12-14）。

酒泉公园的正门竖立着仿汉阙式门楼建筑，主体由子、母阙构成，风格既雄浑又不失古朴自然。中堂悬挂有张道兴和曹无所提写的两块牌匾，分别是"翰海明珠"和"泉湖胜景"，充分概括了这里的美景和历史内涵。在匾额的正上方还镶嵌一牛头浮雕，是由祁连山中的花岗岩雕成。这里的牛头浮雕是有来历的，相传在明末清初时，这里经常洪水泛滥，据说是

图12-14 酒泉公园

妖魔鬼怪在作祟，人们只好在当地的钟鼓楼西北和西南角各建一寺庙来镇压，说来也巧，这两座寺庙和钟鼓楼的地理位置形状正如一牛头，由此，当地人把酒泉城也叫"卧牛城"。

史传汉武帝元狩二年（公元前121年），骠骑将军霍去病西征匈奴，发生了河西之战，大获全胜于此，武帝赐御酒以犒赏，可是人多酒少，霍将军遂倾酒于泉中，与将士共饮，故有"酒泉"之名，现在这口泉还在。园内还有清代的"西汉酒泉胜迹"和"汉酒泉古郡"石碑，以及左宗棠手书的"大地醍醐"匾额。园内古树名木，参天蔽日，亭台楼阁，雕梁画栋，好一派"塞外江南"的美景，故而也成为游客酒泉之行的必游之地。

二、东风航天城

酒泉卫星发射中心又称"东风航天城"，是中国科学卫星、技术试验卫星和运载火箭的发射试验基地之一，是中国创建最早、规模最大的综合型导弹、卫星发射中心，也是中国目前唯一的载人航天发射场（见图12-15）。虽是军事基地，但也开放了部分区域让游人参观，从而让人们了解中国的航空航天技术水平。

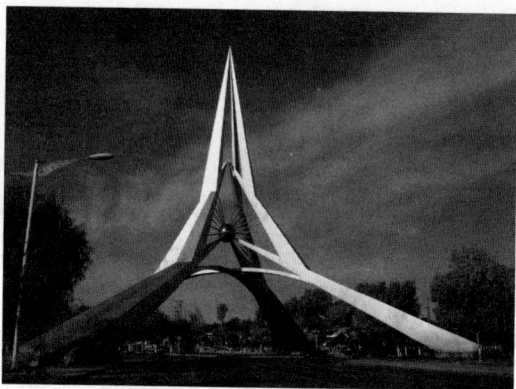

图12-15　东风航天城

东风航天城建于1958年，位于荒无人烟的巴丹吉林沙漠深处，距离酒泉市直线距离超过200千米，占地面积约2 800平方千米，海拔1 000米。这里一年四季多晴天，云量小，日照时间长，生活环境虽艰苦，但为航天发射提供了良好的自然环境条件，每年约有300天可进行发射试验。

该基地的核心建筑物是"垂直总装测试厂房"，高74米，上宽8米，下宽14米，整体重量达350多吨。这里有大型、中小型以及气象和探空火箭发射场，并设主着陆场和副着陆场两个。主着陆场在古巴丹吉林沙漠以东的四子王旗。每次载人航天发射，基地都需要动用上万人在发射场区工作，可见工作任务的繁重。几十年来，这里先后发射卫星37颗，创造了中国航天发射史上多个第一。1999年11月20日，"神舟"号试验飞船从这里发射升空，拉开了中国载人航天工程的序幕。此后"神二""神三""神四""神五""神六""神七""神八""神九""神十"相继都从这里成功发射。

游人在这里可以游览卫星发射场、卫星发射中心场史展览馆、问天阁、沙漠胡杨林等景观，感受属于我们中国人的这份骄傲和自豪。

三、敦煌莫高窟

敦煌莫高窟与洛阳龙门石窟、山西大同云冈石窟和天水麦积山石窟并称为中国四大石窟。而莫高窟则以创建年代之久、建筑规模之宏大、壁画数量之多、塑像造型之美、保存之完整、艺术价值之高，而享誉世界。看到了莫高窟就如同看到了全世界的文明，它是世界上最长、规模最大、内容最丰富的画廊，是世界上现存佛教艺术最伟大的宝库（见图12-16）。

莫高窟，俗称千佛洞，被誉为"东方卢浮宫"。"千"字足以说明这里石窟、壁画和佛教塑像之多。莫高窟这个名称最早出现在隋代第423窟的题记中，一说，是指它开凿于沙漠的高处而得名，古汉语中的"漠"同"莫"；二说，唐代沙洲敦煌县境内有"莫高山""莫高里"之名，鸣沙山在隋代也称"漠高山"，因此将石窟命名为莫高窟；三说，是梵文的音译，梵文里"莫高"是指解脱的意思。

图12-16　敦煌莫高窟

莫高窟坐落在敦煌城东南25千米处的大泉河谷里，南北长约1 600米，始建于十六国的前秦时期，历经十六国、北朝、隋、唐、五代、西夏、元等十个朝代的兴建，形成了巨大的规模。莫高窟虽遭受了千百年自然和人为破坏，但至今仍保存有洞窟492个，壁画4.5万平方米，泥质彩塑2 415尊。

清光绪二十六年（1900年），莫高窟的道士王圆箓在清理洞窟流沙时偶然发现了一个秘密——第16窟甬道的北壁，有一个不知何时封闭的小石室，里面珍藏着数以万计的经卷、手稿、文书、织绣，因这里的沙漠气候干燥，这些文物保存得非常完整，这就是神话中的聚宝洞——17窟藏经洞。王圆箓打开宝库的洞门之后，一批批外国探险家、考古学家接踵而来，有英国的斯坦因、法国的伯希和、俄国的鄂登堡、日本的橘瑞超等。他们用盗买的方法从王道士的手中骗走了大批文物，现分别收藏在英国、法国、日本、俄罗斯等地的博物馆。从此，莫高窟的珍贵文物流散到国外，其辉煌的艺术也随之介绍到了国外，震动了国内外学术界，吸引了不少学者对莫高窟的遗书和造型艺术进行专门的研究。

藏经洞为何被密封，一直是个历史悬疑。一说是11世纪初，西夏国侵入，为了保护经典的东西不被焚毁而封的；一说是收集存放的不用但又不能丢弃的神经盛典；还有一说是为了防止被其他教徒破坏而封起来的。收藏这些经典的僧侣们还俗的还俗，死的死，这个秘密就没人知道了，这些经典直到后来被王道士意外发现才展现给世人。

莫高窟的壁画直接或间接地反映了当时各族、各阶层人们的劳动生活、社会活动、风俗习惯、衣着打扮、音乐舞蹈等信息，不仅是一部生动的敦煌画史，也是一部丰富的文化史。其中佛经故事也是壁画内容的素材之一，如"九色鹿""佛本生故事""飞天"等，都形象生动，栩栩如生。"飞天"在佛教中被称为"香音之神"，是能奏乐、善飞舞、满身异香、美丽的菩萨，其中唐代的"飞天"气韵最为生动，绵长的飘带使她们优美轻捷的身躯漫天飞舞，非常优美，舞剧《丝路花雨》就是"飞天"的舞台再现。

彩塑为敦煌艺术的主体，在石窟中占据着主要位置。彩塑多为一佛二菩萨的三身组合，还有阿难、迦叶、十大弟子及罗汉、天王、金刚、力士等。莫高窟现存彩塑2 400余身。其造型从北魏前期的粗壮而逐渐演变为后期的清瘦。隋唐以后，出现了七至九身彩塑的群像，艺术风格趋向雍容华丽。特别是唐以后的许多优秀作品，如轻情柔媚的菩萨和刚劲勇猛的金刚、力士，充分体现了艺术家的娴熟技巧及注入的真情实感。这些塑像与西壁、顶部的壁画，地面上的莲花砖，构成了一个充满宗教氛围的佛国天堂。

莫高窟的建筑艺术主要指洞窟的形制，洞窟本身就是具有立体空间的建筑。这里前期的洞窟以中心塔柱式为主，中心塔柱即开凿时在洞窟中央留下的一个方柱，柱子的四面开龛，龛内塑像。到了中期，主要是以浮斗顶窟式为主，在洞窟正面的墙上开较大的龛，塑多身塑像，窟顶为覆斗式，天井彩绘精美的图案。后期，洞窟开凿得更大了，主要是殿堂窟，窟中央设佛坛，佛坛上塑多尊塑像。此外，还有禅窟、大佛窟和涅槃窟。从窟的建筑形制演变来看，充分反映了古代艺术家们将外来文化融入本民族文化中的变迁。另外值得一提的是，宋代窟檐五座和散布其周围的十几座舍利塔，再加之壁画中绘制的亭台、楼阁、殿堂、寺庙、城池、民居、野店等，成为无比丰富的建筑艺术宝库，同时也是一部敦煌建筑史。

20世纪40年代，被誉为"敦煌艺术的保护神"的常书鸿先生从国外来到敦煌，在异常艰苦的条件下成立了"国立敦煌艺术研究所"，对年久失修的莫高窟进行了清理、保护。新中国成立后，成立了"敦煌文物研究所"，1963年，国务院拨款对残破不堪的洞窟进行了全面的加固和维修，使这座古老石窟的外貌焕然一新。1984年成立了"敦煌研究所"，下设11个研究机构，对敦煌艺术进行了全面的保护和研究。今天，莫高窟以崭新的姿态，欢迎中外游客前来观光，迎接中外学者进行国际学术文化交流。

四、鸣沙山月牙泉

鸣沙山又叫神沙山、沙角山，处在腾格里沙漠的边缘，东起莫高窟崖顶，西接党河水库，绵延40千米，总面积约200平方千米。顾名思义，鸣沙就是会鸣叫的沙子，鸣沙山正是因为有了这些会鸣叫歌唱的沙子而得此美名。那么，鸣沙山究竟能发出怎样的声音呢？一种说法是所谓"自鸣于天"，意思是不需要人力，自然而然发出的鸣叫。据史书记载，即使是在晴朗的天气，风停沙静，沙山山体也能发出"丝竹管弦"一样的美妙声音，这声音能够传得很远很远，在敦煌城中都可以听到。这就是在《敦煌县志》中被誉为"敦煌八景"之一的"沙岭晴鸣"。另一种说法是"和声于人"，意思是应和人的活动而发出声响。这种声响无论是在登山，还是滑沙时都能听得到。东汉辛氏《三秦记》中说："人欲登峰，必步下入穴，即有鼓角之声，震动人足"。就是说当我们爬山的时候，由于沙子非常松软，脚下必然会踏出一个个的地穴，我们的脚也会被细沙埋没，这时，沙子就会发出如"鼓角"一样的声响，就连我们的脚也能感受得到沙粒的震动。同样，当我们从山上滑下时，山体随即发出嗡嗡隆隆的鸣声，轰然作响，有如地府管弦、天籁之音。

这鸣沙山的沙子为什么能发出声响呢？据说在很久很久以前，八仙之一的张果老在仙界住得实在有些寂寞，就想下凡来旅游。他听说敦煌一带风光独特，人杰地灵，是个不错的选择，于是，便倒骑了毛驴，下凡来了，他还顺便让毛驴驮了两袋"镇魔神沙"。有一天，张果老骑着毛驴来到了敦煌城南。一到这里，他就被这儿的风景深深吸引住了。正当他陶醉忘形之时，一件意想不到的事发生了，一个淘气的小孩把毛驴身上的沙袋给扎破了。顿时，沙子倾泻而出，毛驴受了惊吓狂奔不停。沿着毛驴奔跑的路线，沙子源源不断地流了出来，形成沙山，而毛驴脚印踏过的地方，都会有甘泉涌出，这些泉水以后就汇集成美丽的月牙泉。等毛驴停下的时候，张果老的"镇魔神沙"也流完了。结果，这里的妖魔鬼怪全都给镇压住了。从那以后，只要一起风，被压在神沙下面的鬼怪们就会呜呜哭泣，反思自己的罪过。

这当然是传说，经过科学家们的反复勘测和研究，发现鸣沙山发出声响的原因，与沙粒的排列结构、摩擦振动以及鸣沙山特殊的地理环境有着密切的关系。沙子能不能发出声响，关键要看沙粒表面有没有"共鸣腔"，也就是一些小小的孔洞。鸣沙山的沙子，经过长期风蚀、水蚀及化学溶蚀，成为表面光滑而又多孔的球状沙粒，这些孔洞就成为发声的音箱。这样的沙粒，当遇到风吹、滑沙等外力使它快速运动时，就会因为互相摩擦、碰撞而产生微弱的振动声响。无数沙粒的声响汇聚在一起，产生"共振放大"的效应，从而使我们能够听到沙鸣的声音。加上我们看到的沙山地形，四周几乎都是山峰，只有东北面留有一个缺口，中间形成了一个低谷，这又是一个天然的共鸣箱。当人们滑沙导致流沙急速下泻而发出声响时，这种声音一方面因为共振而被放大，另一方面又因为特殊的地形而形成雷鸣一样的巨大回声。难怪人们把能发出声响的沙子叫"沙哨""音乐沙"，原来它们不是普通的沙子，这些小小精灵一个个都是自带音箱的音乐"演奏家"，正是它们齐心协力的合奏，才让我们听到了天籁之声！

这里的沙子还有一个与众不同的地方，这些沙子不是一种颜色，而是有红、黄、绿、白、黑五种颜色。这就是被称为鸣沙山之宝的"五色沙子"。

鸣沙山被评为中国最美五大沙漠之一。如果有风，我们还会看到"沙旗"景观。这种景观形成于山脊部位，当风把大量的沙粒吹起，到了山脊时，被凌空抛向另一侧，形成短暂的"挂沙"现象。这时的飞沙，就像一面迎风招展的旗帜，十分壮观！

月牙泉因形似半月而得名，汉代称为沙井，唐代称药泉。千百年来，月牙泉始终与鸣沙山相伴，周围沙山重重，流沙环绕（见图12-17）。按照常理，泉水处在沙山的包围之中，流沙与泉水之间仅隔数十米，极容易被沙粒埋没。但是，让人称奇的是不管有多大的风沙，沙子都不会被吹到泉水之中。这就是史书上所说的"绵历古今，沙不填之"的天下奇观！游人至此，谁能不为这样的奇迹而感到惊讶呢？月牙泉周围都是高耸的沙峰，只有东北有一个较宽的缺口。显然，这样的地形对月牙泉起到了很好的保护作用。因为，沙子不会自己移动，只有借助于风的力量才能进入泉区，而月牙泉周围独特的地形正好巧妙地避免了这种情况的发生。东北虽然有较大的缺口，但敦煌很少刮东北风，偶尔刮东北风，也会被东边的沙丘阻挡，使沙子不能进入泉区。敦煌多北风，风力也大，不过北面是大片的绿洲，来沙量不大。风小时，沙子难以越过北边高耸的山峰。风大时，沙

图12-17　鸣沙山月牙泉

子会顺着北坡向上漂飞，从而越过月牙泉上空，落到南山中去。西北风最多，风力也强，对月牙泉的威胁最大。不过，当西北风沿着山坡下来时，风向发生改变，向西南吹去。部分进入泉区的风，遇到的是一个环形山洼，形成向上做离心运动的旋风，反而把带来的沙子和白天被游人踩落的沙子吹向四周的山坡或者抛向山峰的背面。所以，风沙不仅没有埋没月牙泉，而且人们还惊奇地发现，由于白天爬山、滑沙等活动被大量踩落的沙子，到了第二天又神奇地恢复原貌了。这让我们不得不佩服大自然的神奇力量！

月牙泉长约200米，宽处可达50米，水质甘醇，清澈如镜，宛如沙海中一颗晶莹闪光的翡翠，镶嵌在沙山群峰之中。泉内生长着"铁背鱼""七星草"，相传人吃了以后，可治疑难杂症，也可以延年益寿，长生不老，所以又有"药泉"之称。当地有"铁背鱼、七星草、五色沙子三件宝"的说法。

泉水南岸有东西长约300米，南北宽100多米的台地，台地上原有古建筑群100多间，从东向西有娘娘殿、龙王宫、菩萨殿、药王洞、经堂、雷声台、玉泉阁等，亭台楼阁，临水而设，可供游人休息赏景。可惜的是，这些建筑在"文革"中多被毁坏，现在我们看到的建筑，多为近年来所建。

在民间，自汉唐以来当地百姓就有每逢端午节到鸣沙山"滑沙听雷"、在月牙泉"龙舟竞渡"的风俗，清代后又有农历四月二十八举行"药王庙会"和六月六日在泉边采集艾草煎汤沐浴等民俗活动，这些活动一直沿袭至今。

近年来，中央和甘肃省地市各级政府高度重视月牙泉的保护与管理，修建了仿古建筑月泉阁、听雷轩、墨池云和山门，建成了市区和月牙泉风景区的旅游道路，开发出骑骆驼、滑沙、驾驶沙漠越野车、卡丁车、跳伞，以及沙浴、沙疗等旅游服务项目。目前，鸣沙山月牙泉风景区已初步建成集旅游观光、休闲健身、沙漠体验、文化交流和地质科研于一体的综合性风景名胜区。

五、雅丹国家地质公园

雅丹国家地质公园位于敦煌市西184千米处，是由风蚀作用形成的雅丹地貌景观，属于古罗布泊的一部分（见图12-18）。电影《英雄》《天脉传奇》《齐天大圣孙悟空》等影视作品就是在此拍摄的。这里宛如一座中世纪的古城，世界许多著名的建筑都可以在这里找到它的缩影，令世人瞠目。夜幕降临之后，尖厉的劲风发出恐怖的啸叫，犹如千万只野兽在怒吼，令人毛骨悚然，雅丹国家地质公园也因此得名"魔鬼城"。雅丹国家地质公园以其独特的大漠风光、形态各异的地质奇观、古老的民间传说，吸引了无数勇敢的探险者前来揭开"魔鬼城"神秘的面纱，探寻大自然的奥秘。

图12-18 雅丹国家地质公园

传说原来这里是一座雄伟的城堡，城堡里的男人英俊健壮，女人美丽善良，他们勤于劳作，过着丰衣足食的无忧生活。但是随着财富的聚积，邪恶逐渐占据了人们的心灵，他们开始沉湎于玩乐和酒色，开始争夺财富，城里到处充斥着尔虞我诈与流血打斗，每个人的面孔都变得狰狞恐怖。天神为了唤起他们的良知，化作一个乞丐来到城堡并告诉人们，是邪恶使他从一个富人变成乞丐，然而乞丐的话并没有奏效，反而遭到了城堡里的人们的辱骂和嘲讽。天神一怒之下把这里变成了废墟，城堡里所有的人都被压在废墟之下。所以，每到夜晚，亡魂便在城堡内哀鸣，希望天神能听到他们忏悔的声音。

雅丹国家地质公园景区东西长约25千米，南北宽约18千米，面积达398平方千米，被划分为南、北两个大区。北区集中连片，以雅丹地貌为主，总体为南北走向；南区以风蚀谷、风蚀残丘、风蚀柱等为主，分布相对分散，总体呈东西走向，主要由风蚀作用形成的雅丹地貌景观组成。走进雅丹国家地质公园，宛如进入了一座神奇的自然迷宫，一座座土丘隆集荒漠，峰回路转，各种造型的雅丹地貌变幻出不同的姿态，有的像乘风破浪的大型舰队，在大海上鼓帆远航；有的又像无数条蛟龙，在大海中翻滚腾舞，穿梭游戏；有的似亭台楼阁，争奇竞异，变化无穷，气象万千，引人入胜，令人惊叹。一座雅丹地貌就是一座巧夺天工的自然雕像。

园区南部较为多见的风蚀谷与风蚀残丘，是由于暴雨把地表侵蚀成很多沟谷而形成的，然后，风再沿着这些沟谷吹蚀，这样暴雨与风多次反复侵蚀，谷地逐渐扩大加深，发展成峡谷，称为风蚀谷。另外，部分风蚀残丘由于其砂泥层中垂直节理特别发育，又经过多次暴雨的反复切割与风蚀作用，松软的沙土石被卷走，原来块状的岩石被切割成一条条的石柱，成为风蚀柱。这些风蚀柱让强风又刀刻斧凿般地雕成一个个似物似人、似禽似兽的造型，千姿百态，惟妙惟肖。风蚀柱受风特别的磨蚀作用，靠近地表的地方，气流中携沙量多，磨蚀作用强，使其下部凹进上部突出，再进一步发展成蘑菇状，成为风蚀蘑菇。进一步发展，风蚀蘑菇就变得很不稳定，当大风吹来时，使之摇动，成为摇摆石。风蚀柱的根部也常常由于风的吹蚀作用而形成凹坑，成为风蚀洼地。散布在地表的卵石或砾石，在风沙和相互间的作用下，可以被磨蚀成多个磨光面，而且边棱清晰鲜明、造型奇特，这种石块称为风棱石。风棱石的形成非常奇妙，嵌在泥质物中的卵石由于泥质物被蚀去而裸露，其上部先受磨蚀，形成光滑面，后来卵石滚动，另一部分又受磨蚀，形成另一光滑面，类似作用多次进行。另外，风棱石也可以是由于风向变化，卵石从多个方向受到磨蚀的结果。

散布于保护区西南部的纵向沙垄地貌，其形成是由于在和缓起伏的沙地上，地面无障碍，向阳的缓坡在阳光直接照射下，强烈加热，形成上升气流，背阴的气流来补充，在单向风的作用下，就形成以单向风为轴的螺旋流，向前推进，风从低洼处将砂粒吹向高处堆积，成为纵向沙垄。另外，由中更新世湖泊沉积物中发育的各种沉积构造如平行层理、交错层理、波痕、泥裂等地貌，作为很好的沉积学研究资料在园内分布。

"雅丹"这个词，在维吾尔语中意是指"具有陡壁的小山包"，实际上就是对雅丹地貌很形象的描述。19世纪末至20世纪初，瑞典人斯文赫定和英国人斯坦因，赴罗布泊地区考察，在撰文中采用了这个词汇。于是，"雅丹"一词就成了世界上地理学和考古学的通用术语，即指隆起的土堆，专指干燥地区的一种特殊地貌。

雅丹地貌的形成有两个重要的因素：一是发育这种地貌的地质基础，也就是必须有湖泊沉积地层；二是外力侵蚀，就是沙漠中强大的定向风的吹蚀和流水的侵蚀。在风的长期磨蚀作用下，小山包的下部往往遭受较强的剥蚀作用，并逐渐形成向里凹的形态。如果小山包上部的岩层比较松散，在重力作用下就容易垮塌形成陡壁，从而形成雅丹地貌。这里雅丹地貌属于古罗布泊的一部分，在地质上位于新生代（距今约6 500万年）敦煌——疏勒河断陷盆地的中心部位。雅丹地貌的岩石形成于距今约70万年的中更新世，为一套河湖相的砂泥质沉积物，颜色呈灰色、灰绿色和土黄色。古老的盆地中心层理水平，边缘的层理交错，局部还保存着很多虫迹化石，显示着古代河流和湖泊的特征。由于岩层产状水平，垂直节理发育，较松软岩层在大自然疾风暴雨的漫长风化中，形成了各种雅丹风蚀地貌。置身于此，一定会让您感受到大自然的神奇和伟大！

六、阳关文物旅游景区

阳关文物旅游景区位于敦煌市西南70千米处的大漠之中（见图12-19）。唐代大诗人王维的一首《渭城曲》，"劝君更尽一杯酒，西出阳关无故人"使阳关家喻户晓。阳关始建于西汉武帝"列四郡，据两关"时期。它凭水为隘，据川当险，与玉门关南北呼应，为汉王朝防御西北游牧民族入侵的重要关隘，也是丝绸之路上中原通往西域及中亚等国的重要门户。在宝石东来、丝绸西去的年代里，它为东西方经济文化交流发挥过重要作用，所以"阳关大道"也被誉为康庄光明之路。魏晋时，在此设置阳关县，唐代设寿昌县。宋代以后，由于"海上丝绸之路"的兴起，陆路交通逐渐

图12-19 阳关

衰落，关遂废圮。旧《敦煌县志》把玉门关与阳关合称"两关遗迹"，列敦煌八景之一。

多少年来，经过无数战争的洗礼和风沙的掩埋，现在我们所看到的阳关只有一座古烽燧和一些断壁残垣。站在阳关的制高点墩山上，放眼四周，向南有古董滩，曾因地面暴露大量汉代文物，如铜箭头、古币、石磨、陶盅等而得名。经专家考证，这里就是阳关古遗址所在地；东南有唐寿昌城及出天马的汉渥洼池故址；向西南有绵延的古丝路南道；向远望去，阿尔金雪山的皑皑白雪及浩瀚戈壁尽收眼底，周边还有很多汉晋墓葬群星罗棋布，加上周边大漠绿洲自然景观的辉映，整个景区显得格外壮观。

为了让人们记住阳关在历史上曾发挥过的重要使命，景区兴建了阳关博物馆，为仿汉建筑风格，占地约10万平方米，是目前中国西北地区最大的遗址博物馆。馆区主要有两个大型展厅，分别是"两关汉塞"和"丝绸之路"，主要由一些出土的和民间征集来的古文物及部分绘画雕塑等组成，完全呈现出了汉代的建关背景及阳关在历史上起到过的重要作用。馆区还有汉阙牌楼、都尉府等十大仿古建筑，在这里游客们可以亲自体验一把当时古人出关时的情景，在阳关都尉府申请办理通关文牒，出关验牒，策马重走阳关大道；还可以穿过兵营登上点将台，身着将军盔甲学古代将军发号施令，过一把将军的瘾。

景区周边是被誉为"敦煌吐鲁番"的阳关镇，因为敦煌独特的气候条件，日照时间长，昼夜温差大，而且土质是以沙质土壤为主，所以这里产的葡萄特别甘甜。大家游览完景区之后，便可以尽情品尝这一美味了。

⁞⁞⁞ 第十三章

南线——回藏
风情草原风光游

　　由兰州出发南行经临夏过夏河到合作，形成了以回藏民俗风情、宗教艺术和草原风光为特色的"雪域藏地，甘南魅影"旅游线路。甘南地区比较完整地积淀和保存了藏民族传统的游牧文化、藏传佛教文化和民俗文化，成为外部世界观察和研究整个藏民族文化的重要窗口。临夏回族自治州丰富的伊斯兰宗教艺术和"花儿"艺术，成为国内富有特色和吸引力的表现穆斯林文化缩影的资源富集地，为游人带来"麦加印象之旅"的强烈感知和体验。这是甘肃民族民俗旅游资源最具特色、魅力的旅游地。

|第一节| 临夏回族自治州主要景点

　　临夏回族自治州地处甘肃省中部西南面，西倚巍峨雄壮的积石山与青海省毗邻，南靠奇峻翠秀的太子山与甘南藏族自治州搭界，北濒湟水与兰州市接壤，现辖临夏市、东乡族自治县、积石山保安族、东乡族、撒拉族自治县等七县。这里是个多民族、多宗教共存的地方，主要有回、汉、东乡、保安、撒拉、土、藏等22个民族，也是全国仅有的两个回族自治州之一。东乡族和保安族是以临夏为主要聚居区的两个甘肃特有的少数民族。

　　临夏主要的特色产品有：彩陶仿制、葫芦微雕、小型砖雕、古动物化石复制品、洮临奇石、牛羊角工艺品、民族服饰、"花儿"音像制品、保安腰刀民族工艺品等旅游商品。

　　油香是回族的传统面食，香酥可口，手抓羊肉、烩羊杂碎、炒面片、发子面肠、黄酒肉、盖碗茶等都是久负盛名的地方美食。

一、炳灵寺石窟

　　炳灵寺石窟是中国著名的六大石窟之一，现已被纳入黄河三峡景区的炳灵峡之中。要游览炳灵寺石窟首先需要到刘家峡水电站大坝上，再乘坐游艇或船在高原平湖上行54千米，向西拐进炳灵峡口，过姊妹峰后，方可到达。

炳灵寺石窟开凿于小积石山大寺沟沟口内，是我国著名的佛教艺术胜地（见图13－1）。小积石山因其特殊的地质构造和大自然的鬼斧神工，加之飞霞流火般的丹霞地貌，形成了雄奇壮美的炳灵石林。它们千峰林立，万笏朝天，山山写意，峰峰象形，有着很多的神话传说。在此开窟，是有其历史原因的：这里地势险要，是黄河上的重要渡口，历来是兵家的必争之地，是丝绸之路陇西段的交通要道，有丝绸之路陇右南线"临津古渡"之称，西秦曾动用大量的人力、物力和财力，耗时三年在这里的黄河上架桥，以跨过黄河天险；桥高有五十丈，刻在飞石上的"天下第一桥"字样现在仍然可辨。

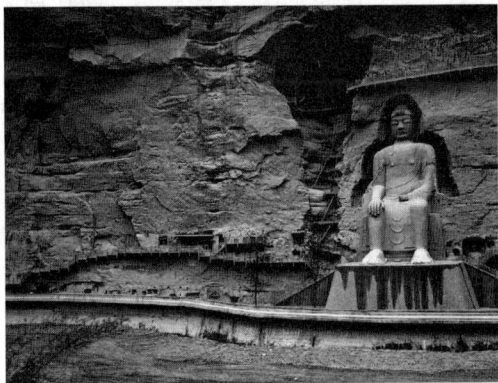

图13-1 炳灵寺石窟

炳灵寺石窟始建于西秦建弘元年（420年），历经了北魏、西魏、北周、隋、唐、元、明、清各代的扩建或重修，最早称为"唐述窟"，"唐述窟"是羌语，意为"鬼窟"，唐代叫"龙兴寺"，北宋称为"灵岩寺"，明朝永乐年后改为"炳灵寺"或"冰灵寺"。"炳灵"为藏语，是"仙巴炳灵"的简化，意为"千佛"或"十万弥勒佛洲"。

炳灵寺石窟现存洞窟34个，龛149个，石雕像694身，泥塑像82身，壁画约900平方米，墨书和石刻造像题记6则。全窟分为上寺、洞沟、下寺三处。上寺距下寺2.5千米，始建于隋代。其中下寺是最为壮观的，分布在长200米、高60米的悬崖上，始建于十六国的西秦。当时鲜卑族统治着这里，他们笃信佛教，石窟建造由此进入了高峰时期，现在这里规模最大、时代最早、内容最丰富的洞窟要数第169窟了，它是炳灵寺石窟的精华所在，是西秦的代表窟。从窟龛的造像题材和壁画内容来看，造像题材比较简单，大小不一，分布不规则，以佛、菩萨、供养人等为主。但壁画的内容比较丰富，背、项光图案较为复杂，同时又有了简单的佛说法图、十方佛、千佛、飞天、伎乐、供养人以及多宝塔和维摩变等，这些均成为了研究我国早期佛教信仰和佛教艺术的珍贵资料。第169窟的重要价值还在于，在该窟内发现了我国目前最早的、有明确纪年的题记。该题记铭文结尾署"建弘元年（420年）岁在玄枵二月廿四日造"。这一题记的发现，不但使我们了解了炳灵寺创建的准确年代，而且为我们研究云冈石窟、龙门石窟及河西石窟群的发展演变，提供了有力的证据和新的线索。其余第172窟和第1龛，第126、128、132窟，第2、124、125龛和第16窟等几组也比较有名。此时期的造像雕凿的多为"胡神"的佛和菩萨，除去姿态、手印、衣着等固有式样外，大多摒弃了印度犍陀罗佛像的特征，开始渐渐融入工匠自己对本土生活的感受和审美要求，注入了自身和中国信众的情感和理想内容。尤其明显的是，在塑像及壁画人物的近旁都有粉底墨书的名榜，这显然是对汉代以来传统形式的继承。

这里的佛龛多为覆钵式塔形，是别处的石窟所少见的。西秦时期的佛像和胁侍菩萨的头顶多作成磨光的高髻，额头扁平，面目清瘦，袈裟质感轻薄，衣纹贴体，充分显示了早期造像的特点。之后，唐代在这里又兴起了建造的第二个高峰，比较著名的有第46号龛、第50号龛和第51号龛等。唐代窟龛中的造像组合，多为一佛、二菩萨（或四菩萨）、二天王，也有的是一佛、二罗汉、二菩萨和二天王。这一时期炳灵寺石窟造像的特点与唐代石窟造像的整体风格相似，都是强调健康丰腴的美，但也有自己的独到之处，如面型较长，动态夸张，起伏处棱角分明，刀法也更显粗犷有力。11世纪，西夏与宋交战，天下第一桥被毁，古桥消失在历史中，丝绸之路也从此改道而行，虽在元、明两代，炳灵寺石窟也还有修妆，但石窟开凿已趋于没落了。

二、黄河三峡

黄河三峡位于永靖县境内，因有三座峡而得名，分别是：炳灵峡景区、刘家峡景区和盐锅峡景区。这里的景色特点可以概括为"山环水，水绕山，水之秀丽，山之雄浑，珠联璧合，相映成景"，是众多游人神往的旅游胜地（见图13-2）。刘家峡、盐锅峡、八盘峡三座大坝在黄河上巍然而起，炳灵湖、太极湖、毛公湖三大人工湖泊浩荡高峡之间，更勾勒出风情万种的绚丽画卷。

黄河从积石峡奔涌而出，便进入炳灵峡。这里最引人注目的就是炳灵寺石窟。出了炳灵峡，映入您眼帘的便是刘家峡水库——炳灵湖了，它是我国最大的高原人造湖之一，水面宽阔，水质优良，这里是陇原水域最大、水质最优的水产养殖基地，同时也为水上竞技运动提供了理想的场地，被确定为国家皮划艇队训练基地和甘肃省体工二大队水上训练基地。湖区北岸有白塔寺，是久负盛名的佛门圣地，白塔耸立在碧水蓝天的大背景中，尤为引人注目。沿河而上约5千米处是"吧咪山"，因有始建于明成化年间的吧咪山金花仙姑神庙而得名。相邻是"松树岘"，楼阁处是抱龙山。过洮河口，雄伟壮观的刘家峡大坝便出现在眼前。刘家峡水电站是我国自行设计、自行施工、自行制造设备、自行安装、自行管理的百万千瓦级大型水电站，以发电为主，兼有防洪、灌溉、防凌、养殖、水运、旅游等综合效益。大坝高147米，相当于一座四十多层的大楼的高度，巍然矗立在黄河之上。厂房则在大坝之下，山体之中。五座发电机组日夜发出隆隆的轰鸣声。整座厂房布局十分严谨合理，若遇电站大坝泄洪时，站在刘家峡黄河大桥上，展现在眼前的是一道雄伟壮观的人工瀑布。黄河水从溢洪道倾泻而下，似从天上而来，惊涛拍岸，彩练当空。

龙汇山无疑是黄河三峡风景区的又一亮点。这里群山如涛，新松点翠，亭台楼宇隐

图13-2 黄河三峡景区

约其间。"保护母亲河"行动的标志工程"读者林"就在山中。四周群山相携，黄河洮水交汇，水电站大坝相依，炳灵湖碧波连天，游人至此，无不赞叹。如登上耸立山峰之上的"黄河楼"，刘家峡县城便尽收眼底，一览无余。

黄河出刘家峡便转弯向西而去，又在盐锅峡大坝前形成了一个人造湖泊，因为形状像太极，故名太极湖。太极湖中有大小岛屿9个。夏季，岛上芦苇郁郁葱葱，栖息着天鹅、灰鹅等38种、两万多只候鸟，是甘肃著名的鸟岛，也是黄河上游最大的自然湿地，总面积达4 000亩。佛教名寺罗家洞则位于黄河南岸，开凿在高崖绝壁之上，佛窟的崖口为悬空式檐阁，斗拱飞椽，甚为壮观，相传是明朝初年时，尼泊尔王子来中国修炼、成佛的地方。太极湖西南岸的岗沟寺，每年农历四月二、三日，不但香火兴隆，更有"花儿"歌会，届时，"花儿"声会响亮整个山谷。

沿太极湖顺流而下，盐锅峡水电站又会展现在眼前。盐锅峡水电站位于太极湖的末端，是黄河上游第一座水电站，始建于1958年9月，是黄河三峡又一璀璨的明珠，和刘家峡水电站一起成为现代文明在黄河三峡的标志性展现。在盐锅峡水电站上游相邻处的老虎口，约2平方千米的区域内，有世界上最大的恐龙足印群化石地质遗迹，已揭露的2 000多平方米的岩层层面上，共发现了10类150组1 724个足印化石，同时还发现了首例翼龙和鸟脚印化石，这是生活在距今1亿7千万年前的侏罗纪或早白垩纪恐龙所留的足印遗迹，其规模之大、种类之多、保存之完好、清晰度之高、立体感之强，均为世界少有，其中的样本个体，是世界上目前发现的最大恐龙足印化石。这些恐龙足印化石群，为黄河三峡增添了神秘的魅力，也为我们打开了人类窥视黄河古文明的窗口。

这里的早期文明有仰韶文化、齐家文化、马家窑文化遗址等，境内的汉唐古城，名载史册。长城、烽火台、古渡口仍辉映着黄河浪涛。民间艺术百花齐放，有被誉为戏剧"活化石"的傩舞，还有"花儿"，秧歌曲、贤孝等民间曲艺艺术，它们就如同绽放的一朵朵艺术奇葩，为这里添光加彩。

三、和政松鸣岩

和政松鸣岩位于和政县吊滩乡小峡之中，与太子山逶迤相连，顶峰海拔2 730米，景区面积33平方千米，由南无台、西方顶、玉皇峰、鸡冠山四峰组成。这里青峰接云，千年古松直插云霄，四季云雾缭绕，终年流水潺潺，鸟语花香，每当山风劲吹，松涛声震荡峡谷，松鸣石壁，因而起名"松鸣岩"。又传说神笔马良每次作完画之后，便把他那支神笔搁置于此，故又称此山为笔架山。景区内云杉、冷杉、马尾松遍布山野，古树参天遮蔽，四季苍翠，古有"须弥翠色"之景名，列"宁河八景"之首。

据文献记载，松鸣岩佛寺初建于明永乐二年至正统二年（1404—1437年），系河州都督刘昭自捐俸银并倡导民众捐钱修建，至清同治年间，先后建起大殿、二殿、三殿、玉皇阁、圣母宫、南无台及西方顶等处的殿宇，后这些建筑大多毁于战乱，到民国十八年（1929年）建县时，无一保存。现在所看到的都是在原址上重建的，有大殿、独岗寺、山门等古典建筑，佛事活动也随之兴盛起来。

松鸣岩是河州"花儿"的发祥地之一，又是临夏州内最大的"花儿"会场。每当野牡丹遍山开放时，各地游人和"花儿"歌手便云集于此，尽展歌喉，唱"牡丹"，漫"少年"，"龙华盛会"因此得名。

传说龙华圣母有三个女儿，大姐金霄，二姐银霄，三姐碧霄，也就是财神赵公明的三个师妹。农历四月二十八这天，大姐驾祥云从天而降，来到松鸣岩上空时，将松子撒遍全山，二姐和三姐约好于五月初五降临和政。她们也照大姐的样子，二姐从天庭带来了花椒籽，为当地人民带来了福音；三姐把带来的葱花籽撒在了寺沟前面的岭上，每年四五月份，金黄色的葱花开满山岭，所以这座山岭又叫"葱花岭"。在松鸣岩主峰建有娘娘殿，供奉着金霄娘娘（又称"云霄娘娘"），在娘娘殿旁边还建有百子宫，在当地民间她又被称为"送子娘娘"。距松鸣岩两三千米外就能看见"独松迎客"这道风景，松树旁边还有一座碑，这座山叫拉栽山，而这个碑就是拉栽山山神之牌位，

松鸣岩花儿会，俗称"四月八花儿会"，始于明代成化年间，距今已有五百多年的历史，农历四月二十六日至四月二十九日历时四天，四月二十八日则是花儿会的高潮。"花儿"，是即兴演唱的引吟诗，演唱形式自由活泼。松鸣岩花儿会有独唱、对唱、齐唱、咪咪独奏等演唱形式，并有自制的四弦子、咪咪等乐器伴奏，其内容有对新生活的赞美，有对生产劳动的颂扬，有历史故事，更多的则是美丽动人的情歌。"河州花儿"在演唱时多采用当地方言，具有浓郁的地方色彩，称之为"野花""少年""牡丹""阿哥的肉"，"河州令""牡丹令"尤为盛行。花儿会举办期间，临夏、和政、广河、康乐、夏河、临洮等地的汉、回、东乡、保安族等民间歌手都会云集于此，唱出美丽的"牡丹"，漫出心中的"少年"，咪咪声此起彼伏，歌声响彻山谷，其情其境令人如痴如醉，流连忘返。

松鸣岩牌坊门高17.8米，宽22米，呈三门四柱式，由于这里风特别大，因此建成了钢混式结构，牌匾上书著名书画家应中逸先生所题的"松鸣岩"与"松涛岩鸣"。在佛教中，三门即方便门、无为门、无相门。守护在牌坊门两侧的石狮是用花岗岩人工雕刻而成的，左侧为雄狮，它脚踩绣球，象征对权力的追求和威猛精神；右边则为雌狮，脚下所踩为一只幼狮，象征子孙绵延。这也是中国古代男主外、女主内的传统思想的一种体现。

据民间传说，明朝建立后，朝廷派刘昭任河州都督，把守从临潭冶力关至积石山积石关共24道关隘，和政县的陡（斗）石关是24关之一，而松鸣岩就位于陡（斗）石关关口。来到三孔桥，只见山脚下有一块巨石，这就是拜佛石。山上有一洞穴，名"黑虎洞"，革命烈士肋巴佛曾避难于此。过了三孔桥，顺着台阶往上走，便来到了松鸣岩寺院的头山门，山门的佛龛里供奉着四位守护神，即四大天王。在南五台雷部殿的东侧有一佛殿，名达摩殿，供奉着达摩初祖，继续前行，还有肋巴佛纪念亭。

松鸣岩由三座主峰构成，从南至北依次为西方顶、南无台、鸡冠岭，在鸡冠岭的北面还有一座小的山峰，称为"独岗"。在西方顶山底下，则有一块从中间裂开的巨石，

称为"剑裂石"。松鸣塔则坐落在大殿对面的拜殿山顶，是一座六角九级佛塔。仰天池是位于松鸣岩主峰玉皇峰左侧的一泓清泉，泉水一年四季清澈，旱而不涸，盈而不溢，饮之清凉无比，甘甜解渴。

|第二节| 甘南藏族自治州主要景点

甘南藏族自治州是全国10个藏族自治州之一，地处青藏高原东北边缘，甘肃省西南部，甘、青、川交界处。全州总面积4.5万平方千米，州内有藏、汉、回、土、蒙等24个民族。

青稞酒、冬虫夏草和洮砚是甘南藏族自治州的主要特产。藏族人家每日三餐都有奶茶、油条、糌粑，还有酸奶、肉饺、肉包、面条和手抓羊肉等，花样甚多。

一、拉卜楞寺

拉卜楞寺位于甘南藏族自治州夏河县，它与西藏的哲蚌寺、色拉寺、甘丹寺、扎什伦布寺，青海的塔尔寺合称为我国黄教六大宗主寺（见图13-3）。拉卜楞寺，简称"拉章扎西旗"。据说，第一世嘉木样选定大夏河旁的扎西旗为寺址，是出于对大师的尊崇，所以在寺名前冠以"拉章"，称"拉章扎西旗"，久而久之"拉章"转音为"拉卜楞"，意为佛宫所在之地。这里保留有全国最好的藏传佛教教学体系，被世界誉为"世界藏学府"。拉卜楞寺在历史上号称有108属寺，是甘南地区的政教中心，鼎盛时期僧侣多达4 000余人。

拉卜楞寺由一世嘉木样活佛建于清康熙四十八年（1709年）。据历史记载，第一世嘉木样受蒙古和硕特部前首旗河南亲王察汗丹津之请，返回故里建拉卜楞寺。第一世嘉木样时期，建有闻思学院和续部下院。到第二世嘉木样时，增建时轮学院，且拉卜楞的势力日益发展，所属寺院

图13-3 拉卜楞寺

和部落急剧增加，政教合一制度进一步强化，学经制度也日趋完善，确立了以教授显密二宗为主，医药、历算、辞章、音韵、书法、声明、雕版、印刷、绘画、歌舞等为辅的学习体系。到了第三世嘉木样时期，又建成医药学院。第五世嘉木样时又建喜金刚学院、续部上院，并扩建了各种佛殿。

寺院内的建筑可分为石木结构和土木结构两类，前者，外石内木，有"外不见木，内不见石"之说，建筑形式有藏式、汉宫殿式和藏汉混合式，顶部全为鎏金，富丽堂

皇。拉卜楞寺下设六大学院，一个显宗学院，五个密宗学院，分别为闻思学院、时轮学院、医学院、喜金刚学院、续部上院、续部下院。其中最大的是闻思学院，又称大经堂，是"磋钦措兑"会议的场所，为全寺之中枢，可容纳3 000僧人同时诵经。1946年，五世嘉木样又建了前殿院，至此，大经堂成为有前殿楼、前庭院、正殿和后殿共数百间房屋，占地10余亩的全寺最宏伟的建筑。大经堂正殿内悬挂乾隆皇帝御赐"慧觉寺"匾额，内设嘉木样和总法台的座位及僧人诵经坐垫，供有释迦牟尼、宗喀巴、二胜六庄严、历世嘉木样塑像，还悬挂有精美的刺绣佛像及幢幡宝盖等，显得十分华丽，且藏有《甘珠尔》等经典。后殿正中供奉着鎏金弥勒大铜像，后殿左侧供奉着历世嘉木样大师的舍利灵塔，以及蒙古河南亲王夫妇和其他活佛的舍利灵塔，一共14座。

除了各学院的经堂外，拉卜楞寺还有众多的佛殿。佛殿是朝拜的场所，较为著名的有宗喀巴佛殿、千手千眼观音殿、弥勒佛殿。弥勒佛殿又称"寿槽寺"，坐落在大经堂的西北，高六层，纵深各五间，初建于1788年。该殿为藏汉混合式结构，最高层为宫殿式的方亭，四角飞檐，上覆盖鎏金铜狮、铜龙、铜宝瓶、铜法轮、铜如意，在阳光照耀下金碧辉煌，故俗称"大金瓦寺"。除此之外，还有释迦牟尼佛殿、白伞盖菩萨殿、救度母殿、白度母殿、寿安寺、悟真寺、普祥寺、图丹颇章和护法殿等。整个寺庙现存最古老也是唯一一座第一世嘉木样活佛时期所建的佛殿，是位于大经堂旁的下续部学院的佛殿。

拉卜楞寺的各个经堂佛殿分别分布在不同的区域，与僧舍一起形成很多的街区。有些经堂并没有院落，而是直接面向广场和街道，这也是拉卜楞寺的一大建造特色。拉卜楞寺的外围是转经长廊，这里有1 700多个转经筒，周长约7里，转上一圈需要一个多小时。在转经长廊不远的地方有一座庙宇建筑，是经堂。

拉卜楞寺的酥油花也是一大特色，其展出的规模仅次于青海塔尔寺。酥油花是以酥油为原料的一种高超的手工油塑艺术，具有悠久的历史，形态逼真，颜色丰富。来这里旅游，您可以随时看到朴实、虔诚的当地藏民们转着经筒，从而被这一浓郁的宗教信仰氛围所感染。

图13-4　冶力关风景区

二、冶力关

冶力关国家4A级旅游景区位于甘南藏族自治州临潭县的东北部，景区面积约300平方千米，海拔1 900～3 926米，年平均气温5.1℃～6.7℃，是避暑圣地，景区山水秀美，被誉为"生态大观园"和"兰州的后花园"（见图13-4）。这里兼华岳之险、藏峨眉之秀、具西湖之柔，被美国最具权威的旅游杂志《视野》《探险》

评选为人一生要去的世界50个地方之一。

冶力关风景区分为莲花山、西峡、东峡和冶海湖四个景区。主要景观有莲花山、冶木峡、冶海湖、赤壁幽谷、巨型卧佛、黄捻子、香子沟冶力关风景区等景观。莲花山位于冶力关东边15千米处，主峰海拔3 578米，因形似一朵盛开的莲花而得名。西峡位于冶木河上游，东峡位于冶木河下游，上游水清澈见底，下游的水流湍急，主要景点有：老虎嘴、喜泉飞瀑、天然巨型卧佛、将军睡千年等。冶海湖位于冶力关以北5千米处的白石山与庙花山之间，海拔2 610米，长5千米，宽几十米到几百米不等，是一处天然的淡水湖泊。湖畔山头修有常爷庙，供的是明朝开国大将常遇春的塑像，所以也把这里叫作"常爷池"。

香子沟是一片原始森林，林中建有像栈道一样的石板路，由于树木众多，这里有着充足的负氧离子，吸入令人心旷神怡！景区中还有重点保护树种——红杉。这种树很好辨认，因为它总在褪皮，也因如此，据说当地人管它叫"厚脸皮树"，它们褪去的片片树皮，经阳光一照，发出温暖的光芒，显出几分神秘的生机；伸展着的树皮，如旗帜一样，昭示着生命的神圣！翻越山顶，可进入"苔藓保护区"，来到这里，你不得不佩服大自然的力量。一块块原本光秃秃的大石，布满了厚厚的苔藓，就像地毯一样。想必正是这些苔藓，又为生长在大石上的树木提供了水分和营养，不然，在这种乱石堆积的地方怎么会生长有茂密的森林？"赤壁幽谷"是在一条深谷之中，集中了相当可观的丹霞地貌。这里的丹霞，有自己的特点，并不逊于国内其他丹霞景点，绿色的山坡衬托出一座座"丹霞"山峦，形态各异，丰富多彩，游人走在下面，仰望山峰，就像进入了一个奇妙的世界。"冶海湖"是一个堰塞湖，湖面不是很大，水位也比较低，可以坐船游玩，晚上可以参加篝火晚会，藏族风格的有"卓玛""扎西"，会的不会的，都可以跟着起舞。在这里，没有观众，只有"演员"。

三、卓尼大峪沟

卓尼大峪沟旅游区位于卓尼县木耳乡大峪沟，总面积10 5214.6公顷。景区迭山主峰扎伊克嘎海拔4 920米，沟口海拔2 500米，相对高差达2 400余米。这里的生物呈垂直分布状，迭山雪线以上为裸岩，以下依次为高山草场、原始森林、低山草甸、灌木、农作物等。大峪沟共有9条支沟，依次为桑布沟、阿角小沟、阿角大沟、燕麦沟、扎崖它沟、巴什沟、涅座沟等，分布在大峪沟的东南。

这里不仅有美轮美奂的景观，更有丰富的原始生物，如针叶冷杉、云杉、松柏等天然乔木、灌木共19科31属100余种，药类植物140余种，国家二、三类保护动物20余种，羊肚菌、黑木耳等菌类10多种，各种山珍野果满山遍地，俯拾即是。

大峪沟按山形水系构成划分，全境由五大版块组成，自西向东依次为旗布沟、八十里沟、尼嘎尼玛沟、阿角小沟、桑布沟五大景区，有主要景点200余处。云江峡是第一个景点，峡的两岸石壁侧立，陡峭嵯峨，大峪河穿峡而过。旗布沟自然形成三个台阶，古老的旗布寺便坐落在这里，该寺创建已有800多年的历史了，是大山深处超凡脱俗的一片净土。大峪沟旗布林卡位于集旗布寺、旗布原、旗布峡、旗布林四位一体的景致中心，展现给我们的是一派吐蕃遗风、贵族园林的自然人文景观。旗布林卡度假村就在这旗布原上，建有风格别具的瓦房、玲珑雅致的小木楼和富有民族特色的帐篷。

大峪沟的美在于山雄石奇、水丽林秀（见图13-5）。步入大峪沟，钻过石峰一线天，便峰回路转，展现在眼前的是一座座天然雕塑的佛祖、美女、将军、诗人、农夫、牧童及各种动物造型，它们形态逼真、活灵活现。三角石姊妹峰，是沟内奇峰的代表作，看上去是一块巨大的石头突如其来，如刀削斧凿，棱角分明的三角形并列成三个石峰兀立石巅，更显得神奇无比。当绕石而过，回头再看却形成了一座相依相偎的"姊妹峰"。迎"三角石"逆水而行，眼前便巨石当道，如一座雄伟的丰碑矗立在天地间，故称为"丰碑"。这里又有"一夫当关，万夫莫开"的一线天、三叠瀑。中八十里沟水与阿角大沟水交汇的峡谷口，两只形似巨猿的石崖，嘴对嘴相距

图13-5　大峪沟风景区

咫尺，称为"石猿对吻"。安子峡谷有"五指峰""飞来石""太白峰""格萨尔头像""格萨尔马蹄""渡母奶桶"等奇峰，更有数不清的造像生动逼真的"孔雀开屏""三熊啸天""群龙探首""雄狮下山""象鼻吸水""神龟爬山""鹦鹉戏猴""金鸡报晓"等奇峰怪石。大峪沟的奇峰怪石，分布面积之广、数量之丰，世所罕见。大峪沟水的特点是清、奇、美。历史上最古老的氐羌民族也在这里留下了足迹，他们的民间神话传说、民间歌舞及优美动人的民间叙事诗等文化沉积令这里更加富有内涵。

四、拉尕山

舟曲的拉尕山位于白龙江上游的立节乡境内，景区面积约26平方千米，海拔1 400～2 800米，亚热带、温带和寒带植被在景区内垂直分布明显，自然风光秀丽，有"拉噶仙境"的美誉（见图13-6）。同时，这里民族风情也很浓厚，整个拉尕山上随处可以看到白塔、麻尼经轮、经幡和寺院等藏传佛教的标志物。山上有"赤壁神窟""碧海青天""转经亭""勇士布阵""桦树坪""拉尕山天池""神羊

图13-6　拉尕山

径""黄花天池"等大小31处景点，是一处融藏寨、溪流、草地、森林为一体的独特自然人文景观，就像一块绿色的翡翠镶嵌在白龙江南岸的青山秀谷中。

"拉尕山"是藏语，意为神仙最喜欢的地方。传说格萨尔王驾临拉尕山上空，见到这里水草肥美、空寂幽静，如同世外仙境、人间天堂，于是在此牧马了一个月。民间每年春秋两季牧民们都在此放牧，牲畜们各个神骏健壮，可供王的勇士行阵骑射，故拉尕山还有个谐音名叫"达巴"，藏意即跑马射箭比武，从那以后，拉尕山也就成了历代朝廷贡产战马的地方了。王在拉尕山脚下的占单村停留，村里美丽的姑娘们为王献茶，因此占单村又叫"金的"。占单寺，藏语又称"杰迪"，是指姑娘敬茶之意，位于拉尕山的必经之处，始建于唐朝，是白龙江流域藏传佛教格鲁派的重要寺院，寺内存的法舞服装、面具可上溯到清朝时期，《大藏经》《般若经》和各种唐卡陈列其中，经卷丰富，唐卡甚多，神话壁画更是琳琅满目。

占单寺和华阳古城遗址将拉尕山左右拱抱起来。华阳古城遗址，是始建于汉代的一座要塞，当地人叫华阳城。西晋时西羌人的宕昌国的王城曾一度设立在此，因女王长期执政，国王称忽廉女帝，独居一方，素有"女儿国"之称。这里的山门是三角山门，据《舟曲史话》记载，相传山门所在之处曾有一巨石，堵塞溪流，格萨尔王用神剑劈开巨石，有一三角形小石块落入沟中，格萨尔王见此石不大，就默念咒语附石，保佑附近生灵不为妖魔鬼怪所害，故后人在此建三角山门以祈求平安吉祥。在拉尕山的西侧有一山峰，峰顶上一巨石，远远看去很像格萨尔王的勇士骑坐眺望，石上的古藤乱伸如同战袍的飘带，在巨石旁有一棵参天古柏，当地人称它为"降魔棒"，这就是"勇士布阵"。南山脚下有一小湖泊，称作"圣水湖"。

沿景区公路进沟南行，一会儿就能看见一道三面环山、壁立千仞的石峡，一条瀑布从左边的石崖喷泻而出，再继续前行，就可看见巨大的石壁上写着"赤壁神窟"四个大字，在这周围赭赤色的石崖上有十多处天然石窟。相传，格萨尔王与王妃到此后驱妖镇魔，福荫百姓，王离开时，留下一侍女与寨王成亲，妖魔渐兴时，侍女同寨王将妖魔驱下大山。为防魔障入侵，两人在此日夜死守，并在崖下凿石窟燃火取暖。久而久之，他们站在崖上远望的身躯渐渐化成了有形的灵魂，和石窟一起被永远地定格在绝壁之上。而他们的女儿佐瑞，辅佐新的寨王，逃脱了暴虐的邻寨寨主的欺压，教会了寨民种植新的作物，养蚕织布，熬土为盐，冶矿打铁，共同守护着拉尕山安宁幸福的生活。时至今日，这一带的百姓仍然跳着当年向佐瑞学习的舞蹈，而这种舞蹈也被亲切地称为"佐瑞"。

每逢农历五月初五，这里都举行隆重的祭山仪式。祭山台设在大草坡与桦树坪之间的一个山梁上，向着白龙江中上游最高峰的名叫宝协地的神山，进行插箭祭祀，前来祭山的每个村庄都要携带一个标志性的箭杆，插到祭台中央，举行传统的祭祀仪式。祭山节期间，男子们要进行摆阵，女子们则跳佐瑞舞。这种古朴的民间活动，最初源自藏族先民聚集在神山脚下，宣誓出征的习俗，摆阵诵词的内容大都是英勇强大、坚如神山磐石之类的。它不仅体现出敬畏神山圣水的远古遗风，而且诉说着部族的历史渊源，还展示出藏民族崇尚英武的精神风貌。届时，整个景区热闹非凡，游人们也可参与其中过把瘾。

第十四章
东线——胜迹寻根朝觐游

由兰州出发东行经定西过陇西到天水，这一线路是典型的"文化寻根，陇中情韵"特色旅游线路。这里有以陇西李家龙宫为代表的李氏寻根朝觐文化，以天水伏羲、女娲为代表的炎黄子孙祭拜文化、以大地湾文化、先秦文化、三国文化等为代表的早期文明，和以麦积山、水帘洞、大像山等石窟为代表的石窟艺术文化，这条线路具有多样的文化类型，共同构成其独特的旅游资源。

| 第一节 | 定西市主要旅游景点

定西地处黄河上游，甘肃中部，是一片古老、广袤、神奇的土地，历史悠久，这里是黄河上游文明的重要发祥地，有新石器时代著名的马家窑文化、齐家文化、寺洼文化和辛甸文化。这里的土壤气候极适合种植药材，中药材资源十分丰富，有300多种，定西市陇西县被誉为"中国黄芪之乡"，渭源为"中国党参之乡"，岷县为"中国当归之乡"。定西也是"马铃薯之乡"，所产的马铃薯形整、质优、储存期长、淀粉含量高。

定西的主要风味饮食有：陇西腊肉、烧鸡粉，韭菜腊肉包、荞粉、醪糟、饸饹面、担担面，岷县点心、腌驴肉、临洮洋芋搅团等。

一、贵清山 / 遮阳山国家森林公园 / 汪氏墓地

图14-1 贵清山风景区

贵清山位于距离漳县县城72千米处的草滩乡叭嘛村附近，总面积72平方千米，林地6万余亩，是陇中黄土高原奇秀的自然风景区，被誉为"陇中小华山"（见图14-1）。森林公园包括以分水岭、露骨山、独秀石、酒店驿、遮阳山、木寨岭为主要景点的遮阳山景区和以新寺镇、滴水崖、西方景、贵清峡、西武当为主要景点的贵清山以及汪氏墓地景区。东为贵清

山，西为遮阳山，两山东西对峙，交相辉映。整个风景区南北长15千米，东西宽2～5千米，它连接了周围18个村庄，故又有"贵清十八村"之称。

贵清山是石灰岩地带，这里群峰林立，怪石如云，森林公园面积3.2万亩，原始森林遍布，被誉为"天然植物园"。这里分为顶峰和贵清峡两大旅游区，区内群峰耸立、千姿百态、古木参天、林海苍郁，汇集了诸多的飞瀑流泉，栖息着多种珍禽异兽。查明的乔灌木29科99种，药用植物500余种，仅禅林就有千年古松200余亩。还有金钱豹、狗熊、苏门羚、红腹锦鸡、蓝马鸡等国家保护动物20余种。这里不但自然资源丰富，人文景致也颇多，在海拔2 340米的山顶，就有建于明隆庆年间的古刹寺院，500年香火经久不衰。除此之外，还有铁牛禅师坐化灵岩古洞、姜维上马石、清道光年间漳县籍河南巡抚王宪的"贵清十景"诗等。

遮阳山因"日出而为山所蔽"得名，总面积有36平方千米，由西溪、东溪和夷门峡三个景区组成。西溪由金家沟和若干岔峡组成，全长7.5千米，为遮阳山的旅游精华所在，境内主要有临溪巨石、芸叟洞、三醉石、题诗崖、仙人祠、青羊洞、八音井、常家洞、锡庆寺、蛤蟆石等历史胜迹和自然风景50余处，还有诸多宋明时期的题刻，北宋著名诗人张舜民题刻的"西溪"和"丢史洞"至今仍清晰可见。而东溪景区是以全长10千米的铺沟为主的几个岔峡。夷门峡景区有深410米的大王洞，洞内有石钟乳、石笋、石柱等。

汪氏墓地位于漳县城南的小井沟西畔，是元朝开国功臣汪世显的墓地。墓地规模较大、历史较长，墓主人身份较高，陪葬品之丰富，为国内少见。这是一座典型的元代墓葬，墓室结构独特，下部是方形砖砌墓，上部是圆形穹庐顶，并以铜镜封顶，状似蒙古包，墓壁上装饰有雕砖、壁画、回廊和楼台，具有较高的历史和艺术价值。

二、李家龙宫陇西堂

唐贞观十二年（638年），太宗诏令天下，以陇西为李姓的郡望。从此，海内外李姓的郡望、堂号均以陇西命名。李家龙宫遗址就位于陇西县境内的南安乡一心村庙儿巷，相传这里是李氏家族的聚居地（见14-2）。唐朝中期，这里建有上、中、下三组雄伟的建筑，称为李家龙宫，此后，李氏后裔便在此祭祀祖先，这里也成为天下李氏主要的祭祖场所。主祭堂里悬挂"陇西堂"匾额，堂内供有李姓始祖利贞公（理利贞）、李氏先祖泊阳公（李耳）、李氏先祖伯佑公（李崇）三人的三尊牌位，还有汉白玉雕刻的李族祖像。

图14-2 李家龙宫陇西堂

清代，陇西堂前部建有戏台和五座

楼，后部有龙宫建筑群和五座假山，称为前五楼、后五山，后来均为兵灾所毁，现只存有龙宫建筑群11座，建筑面积约800平方米；假山两座和牌楼（头天门）；李氏族人还绘制保存有李家龙宫图一幅。之后，逐渐修缮了李家龙宫的西主殿、北天第一门也做了恢复原貌性的维修。

目前，全球李氏宗亲祭祖大典都定期在这里举行。届时，世界各地的李氏宗亲都会不远万里，专程来此缅怀先祖创业之难，祭扫始祖发迹之地，拜谒李氏先祖列祖列宗，追寻华夏文明，这是世界李氏族人兴旺发达的象征，也是一次历史性的家族大团圆。

| 第二节 | 天水市主要旅游景点

天水是甘肃旅游的东部门户，有陕甘川宁四省通衢之称，是丝绸之路西入陇上的第一重镇，其独特的区位优势，宜人的气候资源，优美的自然环境，浓郁、纯朴的民俗风情，已是甘肃省内游的核心目的地和甘肃省东北部、东部和南部的游客集散中心。天水，因"天河注水"而得名，是中华民族的重要发祥地之一，被誉为"塞上小江南"，这里人杰地灵，能出"白娃娃"。

天水的"花牛"苹果在海内外市场享有盛誉。特色菜品有虾酱肉、粉蒸肉、梅菜扣肉以及各种传统的扣碗子、杂烩、里脊、带把肘子、冰糖蒸菜、猴戴帽等，打卤面、浆水面、清真碎面、面鱼、呱呱等一大批独具特色的地方风味小吃，历经千年，经久不衰。

一、麦积山石窟风景区

麦积山石窟风景区位于天水市东南45千米的麦积区南侧，是西秦岭山脉北支小陇山前山区的孤峰，是典型的丹霞地貌，山体相对高度142米，峰顶呈圆锥状，红色砂砾岩层略近水平，因形如农家的麦垛而得名（见图14-3）。

图14-3 麦积山石窟风景区

麦积山石窟是中国的"四大石窟"之一，其不同于其他石窟的最大特点就是：洞窟所处位置极其惊险，大都开凿在悬崖峭壁之上，洞窟之间全靠架设在崖面上的凌空栈道通达，十分险峻，若攀登上这些蜿蜒曲折的凌空栈道，不禁让人惊心动魄。古人曾称赞这些工程为："峭壁之间，镌石成佛，万龛千窟。碎自人力，疑是神功。"也有人说麦积山石窟是"砍完南山柴，修起麦积崖"，是"先有万丈柴，后有麦积崖"，足见当时开凿洞窟、修建栈道的难度。麦积山石窟始创于十六国后秦（384—417年）时期。据史书记载，著名禅僧玄高、昙弘曾在此讲学，当时达到了"聚集僧人三百"的规模，可见当时香火的旺盛。之后，北魏、西魏、北周三朝，也大兴崖阁，造像万千。麦积山石窟以其精美的泥塑艺术而著称，所以被称为"陈列塑像的大展览馆"和"一座大雕塑馆"。唐开元二十二年（734年）天水一带发生大地震，崖面中部塌毁，分窟群为东崖和西崖两部分，即五代时所谓东阁和西阁，现存大小窟龛194个，54个位于东崖，140个分布在西崖，共保存了从4世纪末到19世纪约1 500年间的泥塑、石雕7 200多件，壁画1 300多平方米。

麦积山中的洞窟很多修成的是"崖阁"形式，在东崖泥塑大佛头上15米高的是七佛阁，这是典型的汉式崖阁建筑，建在离地面50米以上的峭壁之上，开凿于6世纪中叶。这里的雕像，大的有16米，小的仅有10厘米左右，其中第44窟造像被日本人称为"东方的维纳斯"。西秦的第78窟、第128窟造像的僧衣细致地绘出了图案。建于七十余米高的七佛阁上的塑像非常俊秀，过道顶上残存的壁画精美绝伦。其中西端顶部的车马行人图，无论从哪个角度看，车马所走方向均不相同，堪称国内壁画构图之经典之作。

第13号窟是摩崖大佛造像，也叫"东崖大佛"，是整个麦积山石窟中最大的一组造像，中间主尊佛释迦牟尼高16米，左胁侍为文殊菩萨，右胁侍为普贤菩萨，均高13米，开凿于隋代。南宋绍兴十五年（1145年）对其进行了重塑，在佛头白毫部位放有一宋朝耀州瓷碗，可见当时不乏虔诚的信徒。

第4窟是"上七佛阁"，第9窟为"中七佛阁"，第28、29、30窟组成"下七佛阁"，它们遥相呼应，相映成趣。第3窟被称为"千佛廊"，因内有众多佛，被称为"千佛"，始凿于北周，是仿造宫殿和园林建造的长廊建造的，现存297尊佛像，以栈道为界，分为上层两排和下层四排。第4窟俗称"散花楼"，是一座殿堂般的洞窟，也是麦积山最宏伟壮观的洞窟，洞窟宽31.7米，高16米，深13米，也是开凿于北周时期。传说当年佛现身说法时，散落的花瓣不是往下飘的，而是全随风向天空飘去。来到此，您不妨向空中扔些纸片，看看它们是如何飘的。

第5窟也称为"牛儿堂"，开凿于隋末唐初，是一座仿宫殿式洞窟，佛堂外的一尊天王像很值得一提，天王是鸠摩首罗天，脚下踩一头神牛犊，因为天水地处地震带，历史上曾发生过几次较严重的地震，人们认为这头牛犊一动，就会带来地震灾害，因此天王死死地踩住牛犊以保一方平安。

第98洞窟，开凿于北魏，我们称其为"西崖大佛"，主尊为阿弥陀佛，高13米，两边为观世音菩萨和大势至菩萨，均高9米，之后在修复大佛时，在其胸部发现了宋代的"钱币璎珞"，这件璎珞由288枚钱币串缀而成，有汉代的五铢、宋代的雍熙通宝、元丰通宝，具有很高的历史价值。

麦积山石窟的塑像体现了1 500余年来各个时代塑像的基本特点，可以说是中国泥塑艺术发展史的再现。泥塑可以分为突出墙面的高浮雕、完全离开墙面的圆塑、粘贴在墙面上的模制影塑和壁塑四大类。麦积山的塑像有两大明显的特点：强烈的民族意识和世俗化的趋向。除早期作品外，从北魏塑像开始，差不多所有的佛像都是俯首下视的体态，都有和蔼可亲的面容，虽是天堂的神，却更像世俗的人。

麦积山景区风景秀丽，天水八景之首的"麦积烟雨"，是指雨过天晴后麦积山的景象如同仙境一般。香积山也位于麦积山风景名胜区内，为秦岭西段丹霞地貌和喀斯特地貌的相接地带，即黄河流域与长江流域的分水岭，香积山主峰香子山（海拔1 900米），山上建有香积寺，此处有一观景点是观赏麦积山石窟的最佳景点，在这里麦积山全貌可尽收眼底。位于香积山半山腰的是香子洞，属于喀斯特地貌溶岩洞穴，结晶灰岩，洞口高8米、宽4米，深度约100米，洞口滴水岩、水刻岩面可谓壮观，飞来石恰如其"缝"，游人只能屈身入洞。洞内石壁上钟乳组成的游龙逼真奇特，十分珍稀。香积山还有分水岭、天然石佛、石猴望月、石臼、摩陀池等景观。全山景色秀美、鸟语花香，是不可多得的一处宝地。

二、伏羲庙

伏羲庙，原名"太昊宫"，俗称"人宗庙"，位于天水市秦州区内，始建于明成化十九年至二十年间（1483—1484年），前后历经九次重修，形成了现在这样规模宏大的建筑群。伏羲庙占地面积6 600多平方米，是目前全国保存最完整的明代祭祀伏羲的庙宇，也是国内规模最大的伏羲祭祀建筑群，被誉为"华夏第一庙"（见图14-4）。

伏羲庙是临街而建的，现已将庙东西200米左右的街坊全部纳入仿古一条街内，规模更加宏伟。伏羲庙院落重重相套，四进四院，庙内的古建筑呈宫殿式建筑模式，包括戏楼、牌坊、大门、仪门、先天殿、太极殿、钟楼、鼓楼、来鹤厅等；新建筑有朝房、碑廊、展览厅等。整个建筑群是面北朝南的。牌坊、大门、仪门、先天殿、太极殿沿纵轴线依次排列，朝房、碑廊沿横轴线对称分布，布局均匀，具有鲜明的中国传统建筑艺术风格。

在参观庙宇之前，首先看到的是门前的"开天明道"牌坊，这是明嘉靖二年（1523年）建造的。起初匾额上是"太昊宫"三个字，后来遗失了。直到清乾隆六年（1741年），西宁道杨应琚进京觐见后返回，路过天水的途中，天水知州李铉请他书写"开天明道"的匾额，才补了这里的空缺。这块牌坊是檐楼三架庑殿顶，依旧可以看出是明代的风格。牌坊下各立一石，刻有铭文，其内容是告诫过往行人：走到这里时，骑马者应该下马，乘轿者应该下轿，以表示对伏羲的尊敬。

图14-4 伏羲庙

大门又称门坊，现在有五间，上面书"与天地准"的匾额，这是明代甘肃著名学者胡缵宗所提。进入大门便是前院了，在院落的左右是陈列馆。继续前行是中院，中院是一个典型的四合院，主体建筑是先天殿，先天殿又称"正殿"或"大殿"，通高26.7米，纵深13.5米，面宽7间，通长26.7米，是供奉伏羲的地方。大殿雄踞于宽阔的露台之上，重檐歇山顶，龙吻屋脊，上有雕花天公宝刹，显得高贵典雅，气度非凡。殿内供奉的是伏羲，这里的伏羲是泥塑彩绘像，浓眉长须，以树叶为衣，手托八卦，赤膊跣足，俨然一副原始部族首领的形象。他的神情聪慧凝重，目光炯炯，是名副其实的"开天明道""人文始祖"的化身。这一塑像也是全国最大、最精彩的伏羲塑像。大殿顶棚以井口天花和藻井配合装饰。井口天花是伏羲六十四卦卦象图，正中的藻井画着洛河河图和伏羲先天八卦图，即是装饰，又颂扬了伏羲的业绩。大殿里面的右边有个浑身有鳞、长着翅膀的龙马，这就是古代传说中的吉祥物，它本是龙，但又是个马的形状，从河中走来，鳞片下藏着图，就是藻井上画着的河图，也就是八卦。左边是一对叠在一起的磨盘，上面刻画着"河图洛书"，民间流传着这样一个故事：在伏羲时代，天降洪水，只有伏羲和他的妹妹女娲幸免于难。为了使人类得以繁衍，他们决定结为夫妇，但这样做不合伦常，两人很为难。最后两个人各自背着一块磨盘上了昆仑山的南北两山，让各自所带的磨盘一起从山顶往下滚。他们发誓，如果两石结合，就表示上天同意他们结为连理，结果天遂人愿，磨盘滚到山脚居然合二为一，于是二人成婚，繁衍了后来的人们。

伏羲庙的后院内遍布古柏，为明代所植，原有64株，象征伏羲六十四卦之数，现存37株。古柏挺拔苍翠，浓荫蔽日。伏羲庙大门内侧东西墙角原有古槐两株，相对而立，现仅存东边的一株，树干中空，经鉴定为唐代所植。

每年这里都会举办规模盛大的公祭活动和一年一度的伏羲文化旅游节，公祭仪式已被列为中国首批非物质文化遗产。

三、玉泉观

玉泉观被誉为"陇东南第一名观"，它坐落在天水市城北的天靖山下，占地面积4.15万平方米，始建于元大德三年（1299年），也被称为"城北寺""崇宁寺""卦山寺"等，后来由于它附近的山上有一处极好的山泉，泉水清澄甘洌，且能治愈眼疾，被命名为"玉泉"和"明眼泉"，因"名山有玉泉"，后来山上建道观，就逐渐被人们称为玉泉观，并成为天水地区的道教圣地（见图14-5）。

玉泉观现存建筑为明清时重建。玉泉观的主要建筑包括玉皇阁、三清宫，坐北

图14-5 玉泉观

朝南，倚山就势，并以它们为中心形成规模宏大的道教宫观建筑群。山门前有长长的石级；进入山门过遇仙桥后，有太阳和太阴小庙；过通仙桥再上，就有青龙、白虎殿；穿过这两座大殿，上面是牌坊式的玉皇阁大门，上面悬挂着"人间天上"的匾额；玉皇阁内供奉着道教最高的首领玉皇大帝，被称为"四御"之一的玉皇大帝，正月初九是他的生日，所以这一天也是朝关的日子，也称"上九会"。从正月初八晚到正月初九晚，玉泉观灯火通明，旗幡高挂，香烟缭绕，钟磬齐鸣，人头攒动，这里居住的道士们开始衣冠整洁地诵经拜忏。子时（晚11时—次日1时）为进香高峰期，谓之"烧头香"。正月初九是庙会的第一天，由宫灯、旗幡、香伞、对联和圣像等组成的仪仗队、夹板队和鼓乐队为庙会活动增添了许多喜庆。其中最引人注目的是秦州夹板舞，也称打夹板，是祭神古乐的延续。随着夹板队的出现，庙会活动达到顶峰。这天，朝观的人上山时都要买一束冬青草（俗称吉祥草）戴在胸前，据说可以消灾免病，带来吉祥，象征着人们祈望吉祥，希望过上"四季常青"的好日子的美好愿望。

在玉皇阁的两旁有为道教神仙雷祖和三官大帝修建的大殿，这里的核心建筑是正殿三清宫，也叫老君殿，里面供奉着道教主要神仙元始天尊、灵宝天尊、道德天尊的雕像，大殿前就是赫赫有名的"玉泉"了，说是泉，其实是一口井，井上建六角亭。山顶有小庙，相传为明魏忠贤生祠。侧边有雷祖庙、三官殿、诸葛祠、托公祠、三清阁、选胜亭、静观亭、苍圣殿。"玉泉仙洞"，相传为芦、梁、马三真人羽化之地。洞的西南有一碑亭，内藏元代书法家赵孟頫草书四帖，上书五言绝句四首，笔法苍劲圆浑、质朴豪放。

四、南郭寺

南郭寺，又名"妙胜院"，是"陇右第一名刹"，位于天水市城南2千米处，占地2.67万平方米。这里树木葱茏，古柏参天，为天水八景之一的"南山古柏"，唐代诗人杜甫的"山头南郭寺，水号北流泉。老树空庭得，清渠一邑传"，就是对这里的描述（见图14-6）。

图14-6 南郭寺寺门

整个寺院坐南面北，院墙东西横向逶迤，院内建筑依山就势，布局三进七院，以三座山门与三座正中殿宇呼应作纵向轴线，自西向东组成西院、中院、东院三个院落，套院隔墙设门，以相贯通。西院是南郭寺的主院，包括山门、钟鼓楼、天王殿、大雄宝殿、东西二配殿、东西二禅林院以及卧佛院。其中，西牌坊门前有两株千年的唐代古槐，树围达七米多，虬枝揽云，茂叶蔽日。大雄宝殿院内砖砌勾栏围护着两株生长达2 300—2 500年、南北欹侧的千年古柏，南向一枝黛色霜皮，干枯如紫，直插云霄，但顶端仍是青春焕发，枝叶茂盛；西北向一枝已枯；北向一枝巧架于槐树枝杈上，更神奇的是，它的已劈开的枯干中寄生着一株胸围达108公分的黑蛋树（朴树），和老树"相依为命"，据考全国只此一株，非常神奇，这就是杜甫笔下的"老树"。而东禅林院则为"杜少林陵祠"，内塑有诗圣杜甫及其二子宗文、宗武像；西禅林院现为南郭寺公园接待处和办公室；卧佛院紧邻西禅林院，有卧佛殿一座，内供缅甸玉体卧佛一尊。该院内原有七级舍利砖塔一座，也叫隋塔，据史载，此塔建于隋仁寿二年（602年），后由于地震等原因倒塌，现塔基尚存，按常规，塔基下为地宫，藏有舍利。

中院有关圣殿宇三间，也叫财神殿，传说最早曾是南郭寺的藏经楼，但毁于大火，清乾隆年间在其旧址上改建关圣殿、月季园、盆景园和花架通道。

东院有马房、观音殿及湫池宫等建筑，为清末民国初年建筑。观音殿前新修八角亭，内有北流泉，还有位于北流泉以南的"二妙轩"诗碑廊一座，因集书法名家王羲之、王献之等人的书法于一体，诗妙、字妙，故称"二妙"，碑体总长35.6米，高4.36米。寺内现存三段前蜀乾德三年（921年）的佛顶尊胜陀罗尼经幢，为五代十国遗物，现残存三段。东侧山势险要，建有观景亭，在这里可以眺望天水市的全景。南郭寺背面的山坡上，有一片天然白杨林，郁郁葱葱，景色宜人。

::: 第十五章
北线——黄河
奇观石林风光游

由兰州出发北上白银，形成了以黄河奇观石林、铁木山、乌兰山、桃花山、屈吴山、寿鹿山、哈思山及石器文化遗址为特色的旅游线路。黄河孕育了白银人，也孕育了他们悠久的历史。半山文化遗址、吊沟古城汉墓、糜滩石器文化遗址、景泰龟城、明代长城、钟鼓楼、寺儿湾石窟、法泉寺石窟、北城滩城堡遗迹、牛门洞新石器新彩陶遗址等文化遗迹展示了白银的文化风貌。

| 第一节 | 白银市概况

白银市是全国唯一一座以贵金属命名的城市，正如其名字一样，白银充满着神奇和魅力。据志书记载，白银矿藏的开采，始于汉代。文字记载，明朝洪武年间，"松山之南，矿炉二十座"，采矿点就有三十多座，最盛时，采矿人多达三四千，官方曾在现市政府驻地设立办矿机构"白银厂"，有"日出斗金"之说，白银缘此而得名。

白银的历史也很悠久，现已发现的新石器时代的遗址就有16处之多，说明距今5 000多年前就已有人类在这里生活了，他们以畜牧业和简单的农业为生，因此，这里的文化遗存景观较多。

白银市位于甘肃省中部、黄河上游，因铜矿储量和开采居全国之首，又称"铜城"，现辖白银、平川两个区和靖远、景泰、会宁三县，市府驻地是白银区。

"小口大枣"是靖远县的特产，因原产于石门乡小口村而得名，具有"久旱亦可结实"的种植优势，所以，极为适合在这样干燥的地域栽培。鲜枣果大粒重、香脆可口，干枣久放不干、肉厚味浓、营养丰富，是食用和药用兼可的优良食品。

靖远羊羔肉是又一种有名气的独特地方风味美食。其特色在于独特的滩羊品种、独特的生长环境、独特的加工方法、独特的药膳滋补价值。因为白银境内的屈吴山、哈思山、云台山水草丰茂、气候凉爽，有益于生长柴胡、麻黄、益母草、蒲公英、黄芩、桔梗、薄荷、甘草等众多草药、又因为山中水质良好、矿物富集，羊羔们日食药草，夜饮矿泉水，从而使羊肉细胞成分改变，造就了肉质细嫩、味道鲜美的靖远羊羔，这里的羊羔肉远近闻名，销往省内外，甘肃省内诸多有名气的食府，羊肉原料全部取自这里。

|第二节| 白银市主要旅游景点

一、景泰黄河石林

黄河石林集中国地质、地貌之大成，国内独有，世界罕见，堪称"中华自然奇观"，它位于白银市景泰县东南部，距县城有70千米，景区面积50平方千米，由古石林群、黄河曲流、龙湾绿洲、坝滩戈壁等景致巧妙地组合在一起，山和水相依，有动有静，峰林映水，水绕山林。其中古石林群占地10平方千米，大约形成于210万年前的下更新世五泉山组洪积沙砾岩层，岩层是垂直节理，裂隙发育分明，是由于新构造运动、雨洪侵蚀及重力崩塌等作用，形成的由众多高达80～200米的峭壁、岩柱组成的峰林和峰丛地貌景观（见图15-1）。

石林景观与黄河曲流山水相依。龙湾绿洲与坝滩戈壁，是两种生态、两类自然资源，却是一河之隔，对比强烈，绵延沙丘与河心洲遥遥相望。"龙湾绿洲"是以龙湾村命名的，它位于黄河岸边，依山傍河，良田阡陌，林木葱郁，瓜果飘香，一派原生态村落景象，置身于此，恍若置身于世外桃源。黄河九曲，龙湾多娇。从黄河石林景区顺流而下约48千米，可见有"中华之最"美誉的发电工程的一个泵站，为难得的人文景观，其间水路宽畅平缓，两岩风光清新浪漫，如果乘船观景，则更加有锦上添花之效。西行到寿鹿山顶，您可以看到明代古城永泰城。

图15-1 景泰黄河石林

石林景区陡崖凌空，可谓气象万千。沿着沟谷而行，便峰回路转，恍若置身于"迷宫"之中。立于石林沟谷中，向四周仰望，全是高达几十米甚至两百米形态各异的石柱，造型犹如雕塑大师之梦幻杰作，典型的有"屈原问天""木兰远征""月下情侣""八戒醉酒""烟云墨雨""千帆竞发""雄狮捍门""猎鹰回首""霸王别姬"，等等，各个形象逼真，令人遐想不尽。景区内还有一些独具特色的沟谷，如老龙沟、金龙沟、豹子沟等，与黄河相映成趣。

景区内现有观光大巴、环保电瓶车、"黄河源头第一漂"羊皮筏子、快艇冲浪、索道、卡丁车、毛驴车、马匹、农家乐、篝火晚会等娱乐服务项目。独特的旅游资源、神奇的人文环境，使黄河石林逐步成为西部一颗璀璨的明珠，成为西部科考探险、影视拍摄的首选目的地之一。在这里先后拍摄了《天下粮仓》《神话》《大敦煌》《老柿子树》《英雄志》《书剑恩仇录》《花木兰》《决战刹马镇》等三十余部影视剧。这里由于离兰州市区较近，往往成为市民们一日游的首选地，您不妨也来体会一下这大自然鬼斧神工所造就的奇迹，一定会让您震撼的。

二、会宁县红军长征会师地

会宁县北与靖远县接壤，南与通渭县毗邻，西连定西、榆中县，东靠静宁县和宁夏的西吉、海原县，历来为兵家的必争之地。会宁古城，城辟四门，东为"东胜门"，西为"西津门"（1958年，"西津门"更名为"会师门"），南为"通宁门"，北为"安静门"。城郭形如凤凰展翅，故也有"凤城"之称。

红军长征会师旧址位于县城西关，1936年10月中旬，中国工农红军第一、二、四方面军三大主力红军终于在这里实现了大会师，这是长征胜利结束的重要标志，是中国革命走向胜利的转折点和里程碑。

会宁会师遗址地的主要建筑物有始建于明洪武六年（1373年）的古城墙，城门为拱卷顶，高7.5米，城墙高8.2米，城墙两端各向下延伸30米，南面砖砌阶梯可登城墙，还有文庙大成殿，以及邓小平同志亲笔题名的"三军会师纪念塔"、徐向前元帅亲笔题名的"会宁红军会师革命文物陈列馆"，以及张震将军揭幕的将帅碑林、会师楼等。

会师楼，始建于明朝，是会宁古城的象征，也是红军三军会师的象征，它为歇山顶楼阁建筑，上下两层，砖木结构，面宽三间，南北开门，下层为革命文物陈列室。1986年4月20日，在距离会师楼100米处破土动工修建了会师塔，塔高28.78米，共11层，下9层三塔环抱，至10层合为一体，11层收顶。邓小平同志题写的"中国工农红军一、二、四方面军会师纪念塔"，是以汉白玉拓成16米长的阴文条幅，白底红字，镶嵌在塔的正面。塔为钢筋混凝土结构，塔中螺旋式阶梯可一直通到塔顶（见图15-2）。

图15-2 红军长征会师塔

从史料记载来看，会宁县下辖的33个乡镇都曾经留有红军的足迹，会师楼纪念馆陈列的近千件珍贵的图片和文物中，几乎涵盖了红军长征时期大部分的珍贵资料，其中一些红军用过的物品都是首次向公众展出。在这里我们可以缅怀当年红军长征过程的艰辛，珍惜现在我们所拥有的美好、和平生活。

第十六章

东北线——道源胜境
黄土风情休闲养生游

由兰州出发经定西过平凉到庆阳，形成了以平凉崆峒山道教文化、庆阳黄土风情旅游为基础，包含文化旅游、生态旅游、红色旅游、农业观光旅游、休闲养生等内容的旅游路线。可谓"红色记忆，沧桑陇东"陇东地区既是中华民族的发祥地之一，又是革命老区，境内留存的化石、石窟、庙宇、烽燧、革命旧址等遗迹，闪耀着悠久的历史文明之光，加之绚丽多彩的农耕民俗文化，共同构成了风格雄浑的黄土高原文化。

| 第一节 | 平凉市主要旅游景点

平凉位于甘肃省东部，陕、甘、宁三省（区）的交汇处，横跨陇山（关山），是古"丝绸之路"的必经重镇，素有陇上"旱码头"之称。这属于陇山东麓，泾河上游，是关中西去北上的古道要冲，又依六盘三关之险，历来是兵家必争之地。土地总面积1.1万平方千米。

平凉的风味食品既有地方特色，也兼有陕西风味。最著名的有四喜腊肉、静宁烧鸡、静宁大饼、华亭核桃饺子、泾川罐罐馍、灵台清炖甲鱼等。近年来，静宁的红富士种植也颇具规模，红富士苹果远销海内外，以个大、皮薄、甜脆可口而闻名。

一、崆峒山景区

崆峒山位于平凉市城西12千米处，属六盘山支脉，海拔1 485～2 123米之间，北依关山，南望太统，背负笄头，面临泾水，总面积约83.6平方千米，集自然美、历史美、人工美、传说美于一身，素有"西镇奇观""西来第一山""天下道教第一山"的美誉，被宗教界誉为"十二仙山""七十二境地"之一。目前，景区包含前山景区、五台景区、香山景区、后峡景区和十万沟生态景区，已开发游览面积14平方千米（见图16－1）。

图16-1　崆峒山景区

关于崆峒山名称的来历，历来有很多说法。第一种说法，与道教"空空洞洞，清静自然"的观念有关。"空洞"与"崆峒"，古音相同，但是我们无从判断到底是先有崆峒山这个名称呢，还是先有道教"空空洞洞，清净自然"的观念；第二种说法，据史书记载，早在商周时期，这里是空同氏部族的居住地，所以崆峒就变成这座山的名称了。但是这样就本末倒置了，因为从来都是先有标志物再有族号国号的，也就是说，应先有崆峒山再有空同氏部族；第三种也是比较被大家认可的一种，就是来源于"崆峒崆峒，遍山空洞，洞洞相连，山山相通"。崆峒山上有数不清的洞穴。从文字学的角度来说，物体内部虚空就是"空"字和"同"字，而山有洞穴，自然就是"崆峒"了。

崆峒山素有"八台、九宫、十二院、四十二座建筑群、七十二处石府洞天"之说，八台指的是东、西、南、北、中五台以及八仙台、灵龟台和赵时春读书台，九宫指的是问道宫、王母宫、紫霄宫、飞升宫、南崖宫、净乐宫、太清宫、遇真宫和子孙宫，十二院指的是舒花寺、法轮寺、宝庆寺、真诚寺、茶庵寺、舍利寺、栖云寺、香山寺、莲花寺、海觉寺、文殊寺、弥陀寺，七十二石府洞天指的是玄鹤洞、广成洞、钻羊洞、朝阳洞、老君洞、金银洞、归云洞、玉女洞、灵官洞、三教洞等。

儒释道三教合一的现象在崆峒山体现得淋漓尽致。崆峒山因道家供奉的上古神仙广成子在山中修炼得道而被尊为道教宗主山。明嘉靖初年，崆峒山被列为全国道教十二大"十方常住"之一，由全真龙门派第十代掌门苗清阳任全山主持。自此，道教在崆峒山上代代相传，现已传至第30代。佛教在崆峒山也历史悠久，有一千五百多年的历史了。早在唐代时，山上佛教活动已具相当规模，据铸造于金代大安二年（1210年）的一口铁钟上的铭文记载，崆峒山中台至皇城的上天梯石台阶就是仁智禅师在唐贞观年间开凿的，还有唐太宗为山上明慧禅院御赐田地的记载。到清朝初年，崆峒山佛教寺院已达19处。崆峒山还培育了一批儒家学者，最著名的有汉代的王符，他是和王充齐名的古代唯物主义思想家，著有《潜夫论》。晋代大医学家皇甫谧隐居崆峒山中采药著述，研习针灸，著成《针灸甲乙经》。明代前七子之一的李梦阳号崆峒子，还有"明八大才子"之一的赵时春，以上四人早年都曾在崆峒山潜心读书，是崆峒山的钟灵毓秀造就了这一批旷世之才。儒释道共存，体现的是崆峒山包纳一切、大度的和谐气氛，这也成为崆峒山有别于其他名山的独特现象。

崆峒山是中国武术发祥地之一，也是崆峒派武术的发祥之地，崆峒派武术是与少林、武当、峨嵋、昆仑齐名的五大武术。中国第一部辞书《尔雅》中就记载说："空同之人武"。崆峒武术与道教文化紧密相连，神秘奇诡，特点独特，实为我国武术奇葩。2001年5月，第一届崆峒武术节在崆峒山隆重举行，著名武侠小说泰斗金庸先生欣然题词"崆峒武术，威峙西陲"，以示祝贺。

二、泾川王母宫、大云寺

泾川王母宫位于泾川县城西1千米的回山之上，景区内主要有王母宫、瑶池、回屋、石窟四个景点。道教中的西王母，俗称王母娘娘，王母宫就是西王母降生、发祥地和其祖庙所在地。相传当年西王母见完汉武帝后，返回时过泾川，对这里的山水恋恋不舍，临别时一再回头观望，故将这座山起名回山，进而在此建宫殿。自从汉武帝元封元年（公元前110年）泾川回山修建祭祀西王母的殿堂——王母宫以来，到现在已有两千一百多年的历史了，后来又陆续建成了西王母大殿、东王公大殿等主体建筑。

"回屋"建在回山之下，泾汭二河汇流处，相传是西王母居住的地方，也是西王母和东王公相会之处。回屋为仿古建筑，呈"回"字结构，内有《回中降西王母处》大型石崖壁画，壁画前有西王母塑像。瑶池传说是西王母的宫廷，位于回山山麓，这里树木参天，泉水叮咚，当年西王母举办蟠桃会就是在这里。每年农历三月二十日，是西王母的生日，王母宫都要举行西王母盛会，前来拜谒者人山人海，香火十分旺盛。

王母宫石窟开凿于北魏永平三年（510年），依山开凿，平面呈"回"字形，外有三层楼窟檐，窟高11米，宽12.6米，深10米，塔柱四周及窟壁三面雕有佛像200余尊，有大小佛龛22个，有千佛、力士、菩萨以及驮宝塔的白象，多为北魏作品（见图16-2）；在中心塔柱正面塑有佛像一尊，高约4米，石胎泥塑，体态丰满，为唐代作品。王母宫碑碣众多，其中以"王母宫颂碑"最为著名，有"瑰宝"之称。

大云寺距离王母宫石窟不远，因内供奉有14粒佛祖真身舍利而闻名。仁寿元年（601年），隋文帝下诏，意在全国30个州建19座舍利塔。泾州（泾川旧称）大兴国寺兴建，14枚舍利被高僧送往泾州，在该寺兴建舍利塔和地宫，并限定10月15日午时"同时下石函"，将舍利供奉于地宫之中，开创了中国舍利入函供奉的先河，而大兴国寺就在全国这19座寺院之列。

图16-2 王母宫石窟遗址

690年，武则天登基称帝，又敕令诸州兴建大云寺，珍藏《大云经》。泾州大云寺在隋代大兴国寺原址上兴建，并把原塔基下的石函和舍利取出，请了当时制作金银器工艺水平最高的工匠，选择当时最珍贵的珠玉宝石，做成鎏金铜匣和金棺银椁，并用琉璃瓶盛装14粒佛祖骨舍利再配以石函，于694年重新瘗葬放入地宫，建塔供奉。因此，14粒舍利子有5层包装，十分讲究，其包装反映了当时泾州城的豪华和佛教的兴盛。

现在在大云寺的遗址上建有大云寺博物馆，主要由山门、碑亭、钟鼓楼、舍利塔四部分构成，整体建筑风格以仿唐为主。其中最惹眼的是大云寺舍利塔，它高95米，为四

图16-3　大云寺舍利塔

角檐形仿唐建筑七级浮屠的佛塔（见图16-3），佛塔共分三部分，第一部分为地宫，沿台阶而下即可见到，地宫是舍利塔的心脏，它供奉着来自古印度、沉寂了400多年的佛祖释迦牟尼的佛骨舍利（14粒），地宫高出地面6.8米，采用仿唐风格，这里共有46个台阶，寓意事事顺、四季顺、时时顺。地宫有三层，第一层为展厅，以雕塑形式展示佛经故事；第二层为佛祖佛骨舍利供养厅，在此，我们可以看到金棺、银椁、铜匣，最主要是可以一睹佛界圣物；第三层为镇塔之宝《佛经》等物，目前谢绝参观。佛塔的第二部分是塔基，沿塔基四周可以观赏泾川美景。第三部分为七层佛塔主体，沿塔中心可以攀援，也可乘观光电梯直上。

三、南石窟寺

南石窟寺位于泾川县城东北 7.5千米的下蒋家村泾河北岸的山崖上，窟群坐北面南，是中国北魏至唐代的佛教石窟寺（见图16-4）。据《南石窟寺之碑》所记，该窟开创于北魏永平三年（510年），开窟人为泾州刺史奚康生，与庆阳的北石窟寺并称为"姊妹窟"。

南石窟借鉴了龙门石窟清秀典雅的模式，七尊立佛都简化了螺髻，高鼻齐额，硕耳垂轮，鼓目半合，形态自然丰满，表情端庄慈祥；右手掌心朝前自然端起，左手则抬起后平伸于前，掌心朝外指略弯，作号召或说法状；身披通体袈裟，垂及膝下，两袖宽大，折叠反卷，颈项袒露，在胸前结丁字璎珞，腰带作结状；衣纹雕刻精致，平直流畅，阴阳有致，层次分明，有随风飘动之感。造像的整个艺术风格淳朴实在又温文含蓄，别具一格。

民国初年出土于泾川王家沟村的《南石窟寺之碑》，具有很高的历史价值和书法价值，尤其是碑文的记载为后来庆阳北石窟寺的发现做出了重大贡献。1925年，北京大学陈万里先生在考察南石窟寺时不仅清理、认定第4号窟为唐窟，而且还找到了《南石窟寺之碑》的碑首，并进一步论证了北石窟存在的必然性。29年后，在距南石窟北约45千米的荒郊，终于找到了北石窟寺。

图16-4　南石窟寺石窟

|第二节| 庆阳市主要旅游景点

庆阳市位于平凉的东北方位，境内有30个少数民族近6 000人在这里居住，是中华民族发祥地之一，远在20万年以前，人类就在这里繁衍生息，7 000多年前就有了早期农耕。

庆阳民俗文化独树一帜。刺绣、剪纸、皮影、道情和民歌堪称庆阳"五绝"。庆阳民歌有"黄土歌魂"之称，唱遍全国的《咱们的领袖毛泽东》《绣金匾》《军民大生产》三首革命歌曲，就是庆阳人孙万福、汪庭有等农民歌手的佳作。评剧精品、电影《刘巧儿》讲述的就是华池县农民封芝琴争取婚姻自主的真实故事。在陇东道情的基础上孕育诞生的陇剧，是甘肃唯一的新剧种。庆阳剪纸巧夺天工，以香包为代表的民间刺绣源远流长。庆阳已获得中国民俗学会命名的中国香包刺绣之乡、徒手秧歌之乡、民间剪纸之乡、窑洞民居之乡、道情皮影之乡、周祖农耕文化之乡、荷花舞之乡、中国民俗文化及民间工艺美术调研基地、中国民俗艺术教研基地等称号。另外，五蝠皮鼓被命名为"庆阳一绝"，温泉乡公刘庙被命名为"华夏公刘第一庙"。

庆阳地区的饮食文化也是源远流长，臊子面、荞剁面、羊羔肉、搅团、羊肉泡、灌肠等传统名吃，以其独有的地方特色和诱人味道，驰名陇原大地。

一、北石窟寺

北石窟寺位于庆阳市的西南25千米处，在蒲河和茹河交汇之东岸的海拔1 083米的覆锺山下。北石窟寺与泾川县的南石窟寺是同时代开凿的，南北辉映，直线相距45千米，故此石窟也称"北石窟寺"（见图16-5）。

北石窟寺肇造于北魏宣武帝永平二年（509年），和南石窟寺同为北魏泾州刺史奚康生主持创建，历经西魏、北周、隋、唐、宋、清各代的相继增修，形成了一处较大规模的石窟群，是丝路北道上的重要石窟。

北石窟开凿在背靠青山、面对碧流，长12米、高20米的赭红色石崖之上，开凿有窟龛295个，大小雕像2 125尊，窟龛密集，形如蜂房，高20米，长120米，是陇东地区内容最为丰富的石窟。石窟分上中下三层，其中以奚康生创建的165号窟最大，它是以七佛为内容的大型窟。七佛造像宏伟精湛、庄严肃穆，不失北魏造像的光彩和魅力。伴之七佛而雕造的弥勒菩萨、骑像菩萨、手持日月的阿修罗都是富有艺术感染力的成功作品。除此而外，还有240号窟的北周造像，显示了敦朴厚重的风

图16-5 北石窟寺

度。北石窟寺以唐代窟最多，最有代表性的是建于武则天如意元年（692年）的第32号窟。窟内的大小雕像面容丰腴、秀目含情、飘然欲动、姿态动人，堪称盛唐艺术精品，说明唐代造像在艺术上达到了新的成就。窟内还保存着隋、唐、宋、金、西夏、元等各代的题记150多则，是研究历史、书法的珍品。题记确切记载了石窟的开凿年代，为研究历代社会生活的发展变化，提供了很有价值的文字资料。

这些绵亘千余年的雕刻艺术，凝结着劳动人民的智慧，是古代艺术匠师们辛勤劳动的结晶，为我们留下了丰富的精神财富。

二、周祖陵

周祖陵所在地是华夏农耕文化的发祥地，因山顶有一座墓冢——周先祖不窋的陵而得名（见图16-6）。早在夏太康年间，周先祖不窋尊崇父愿，传承农耕，不顾自己年迈体弱，率族人徙居于此，拓荒垦田，教民稼穑，作屋筑室，以避寒暑，养蚕为丝，始代毛革，劈山通道，削土营城，务修礼乐，涤除陋俗，肇创华夏民族农耕文化，奠定了周王朝发祥的基础。他死后，其子鞠鞠，曾在此山为父守孝三年，被称为"庆阳孝子第一人"。

图16-6 周祖陵山

周先祖不窋既殁，葬于庆城东山，历代建行宫，修庙堂，祭祀不断，被誉为"华夏周祖第一陵"，现有岐黄文化景区、周祖农耕文化景区、庆阳农耕文化体验园景区、孝道文化景区四部分。孝道文化景区还建有二十四孝馆、邑孝馆、忤逆馆，共雕塑各种故事情节50组，刻画各种人物150多人。

周祖大殿，红墙黄瓦，内有周祖不窋与曾在庆阳创业奠基的子鞠、孙公刘等的彩色塑像。周祖端坐中央，神采飘逸，气宇轩昂。大殿内的后墙壁上，绘有周先祖艰辛创业、勤劳耕耘和教民稼穑的种种图景。大殿南北两侧的碑廊和栖凤亭、鉴亭，为游人了解周王朝盛衰兴替和鉴赏古贤今人诗赋题词精粹提供了一方天地。在左右分列的周祖大殿碑楼和周祖陵遗址图碑、周代世系图碑楼和周祖陵规划图碑中间的御路上，有象征四面八方"龙的传人"团聚的48盘彩龙和意寓周祖不窋驾凤飞临庆阳的神奇传说的8只凤凰等雕画。

从山脚拾阶而上，有象征周王朝800余年基业的800余级登山石阶，依山势或陡或缓，游人的视野随着台阶而上逐渐开阔，及至登上山巅，庆阳城的秀美山川和古城新貌便尽收眼底。景区周围尚有红军一二九师三八五旅旧址、陕甘宁边区甘肃工委旧址、鹅池洞、慈云寺、《黄帝内经》千家碑林等景点。

第十七章
东南线——峡谷天池溶洞生态游

由兰州出发经定西临洮，过岷县到陇南，形成了一条以峡谷天池溶洞旅游资源为主的生态旅游线路，这里的生态环境和人文资源保存着浓厚的原始色彩，境内奇峰异洞，与人文景观交相辉映，真所谓"山水珍奇，烟雨陇南"。境内的官鹅沟、阳坝风景区、天池等景点突出的生态和休闲度假特色使该线对游客具有极强的吸引力，特别是冬、春淡季与甘肃传统旅游产品可以形成很强的互补性。

|第一节| 陇南市概况

陇南位于甘肃东南部，毗邻四川、陕西两省，是甘肃省唯一的长江流域地区，属亚热带向暖温带过渡地区，气候温润宜人，总面积2.79万平方千米，境内江河小溪密布，森林覆盖率高，是绝好的养生修养之处。因地处秦巴山地与岷山山脉、黄土高原交汇地带，形成了南北地貌为一体、集多种珍贵动植物资源于一处的奇特地区，独特的地形地貌特征使陇南一山有四季、十里不同天的景观随处可见。

这里是甘肃野生动物种类最多的地区，市内有各类野生动物350多种，占甘肃省野生动物种类的50%以上，甘肃省400多种鸟类也大多集中在陇南的山区地带，属于国家重点保护的稀有异兽珍禽达20多种，包括世界稀少，而我国独有的国宝——大熊猫，占全国总数的1/10，还有有"美猴王"之称的金丝猴，以及羚牛、褐马鸡和藏羚羊等，足以见证这里自然条件的优越。

在民俗文化方面，陇南独特的地理位置，形成了社会文化鲜明的边缘性和多元化特色。西河乞巧节深受史学界关注和游人青睐；文县白马藏族盛大节日活动"池哥昼"也称面具舞，场面庄重热烈，既有神秘的宗教气氛，又充满浓郁的娱乐色彩；宕昌官鹅沟和新城子"陆定意姿格"以及敬山神舞，热烈奔放，充满原始宗教的淳朴和神秘，令人流连忘返。

陇南小吃花样也很多，比较有名的小吃有：洋芋搅团、玉米面鱼、米皮、面皮、酸菜面片、荞粉、鸡蛋面茶、麦仁酒、韭菜扁食、锅盔。

|第二节| 陇南旅游

一、万象洞

万象洞位于武都县向西约15千米处的白龙江南岸地带杨庞村的山腰处，是岩溶洞貌，即喀斯特类景观，已有2.5亿年的历史了，是北方规模最大、景观最美的溶洞，也是目前开发最大的地下天然艺术宫殿（见图17-1）。因其洞中有洞、乳石遍布、琳琅多姿、包罗万象而得名"万象洞"，可与桂林芦笛岩、肇庆七星岩相媲美，既具有北国雄奇的特质，又有南国灵秀之美，享有"华夏第一洞""地下文化长廊""地下艺术宫殿"等盛誉。

图17-1　武都万象洞

万象洞原名仙人洞、五仙洞，民间盛传五位仙人曾经在此修炼，因而得名。洞内深不可测，有石乳、石花、石柱、石笋、石幔等，现已开发11个景区，120多个景观，有月宫、天宫和龙宫三大洞天。根据记载，从南北朝时期开始就有祖先游万象洞，历代名人所留墨迹、石碑也随处可见，统计共有100多处，诗词题刻有768首，其中以民国时期高一涵在洞中所题"别有洞天"和赵朴初同志题写的"万象洞"最受注目。

进到洞内，映入眼帘的是一个高大宽敞的大厅，也就是第一景区——月宫。洞口有一个形如卧兽的巨石，向形似满月的透光石洞张望，这一奇特的景观被称为"犀牛望月"；又像一条忠实的大狗，在审视出入的游人。再往前继续走，便可以看到由无数石幔组成的长约10米、宽约2.8米的石帘，自上垂下，名曰"石帘垂布"，如若重重敲击，会有雷鸣似的巨响。在不远处是"五岳朝天"，有宛如白玉雕铸的五根石柱，这里还有从洞顶垂下的石钟乳和地上生出的石笋垂直相接，二者相距不到0.3米，起名"天地交泰"。

通过一道光洁而具有飘逸感的卧龙坝走廊后，就来到了有名的第二景区——龙宫，坝上看似有二龙蟠伏，其鳞甲浮动，仿佛一触即飞。过了"溜马槽"，就是"黄龙滩"，这儿有仙人的"炼丹井"，还有"仙人床"，床头有仙人枕、仙人灯、仙人履。再之后就是全洞最狭窄的地方"风洞"，这里凉风飕飕。继续前行，便进入了天宫，在天宫进入一重又一重的门，穿过无数玉砌的瑶阶和雕楼柱石的崇楼高阁，所有美景会不断地涌现出来。这里还有一处绝景，称为"伟人会晤"，其形态就像马克思和毛泽东的会晤。

万象洞的长和深，谁也说不清，据说有豪情壮志者，背着干粮前行，走遍全洞，有

"万象洞有整个山之大"一说，读者要是有足够的勇气不妨一试!

二、官鹅沟

官鹅沟，明神宗万历年间称"关恶"沟，"关恶"一词为羌语，意为"峡谷"，1950年1月设立乡政府时因"关恶"一词带有贬义，故改"关恶"为"官鹅"。又传说，古宕昌国时，官鹅沟是专门饲养御用贡品鹅的地方，因此该沟被称为官鹅沟。官鹅沟景区紧靠宕昌县城，全长32千米，总面积约17 637公顷，森林覆盖率为75.1%，沟内前14千米为13个色彩斑斓的湖泊，后18千米为松柏茂密的原始森林，有9道高耸入云的险峻峡谷，有11处从山顶或半山悬崖上直泻而小的大小瀑布，有60余处令人赞叹的景点，最深处为高山草甸和终年不化的雪山（见图17-2）。

官鹅沟的景色我们可以这样来概括：一是水美。13个大小不等、形态各异的湖泊，犹如一串绿色的翡翠镶嵌在沟内，湖水清澈透底，随湖底地貌高低呈不同颜色，那些倒映在湖中的古树像一条条巨龙卧在湖底。二是雄伟。景区海拔1 760～4 150米，群山错落，雄伟处绝壁悬崖直插云霄。三是奇险。在湖泊和雪山之间，9道险峻深幽的峡谷让人惊叹不已。在长数百米、高数百米、宽仅10米的各种形态的峡谷中，瀑布飞泻直下。四是富饶。官鹅沟是一个天然动植物园，栖息着毛冠鹿、苏门羚、黑熊、蓝马鸡、褐马鸡、林麝等30余种珍稀动物，生长着云杉、冷杉、油松、落叶

图17-2 官鹅沟风景区

松、华山松、桧柏、栎类、桦木、白杨等乔木，灌木有牡丹、五角枫、芍药、野丁香、黄杨、虞美人、马兰花、杜鹃等700多种植物。

景区内主要景点有庙滩（张爷祠）、佛光满洞、通天门、尖山、幽谷洞天、峡中卧虎、罗汉峰、龙洞流泉、石壁泻珠、瀑布云烟、虎口瀑、水帘瀑、五瀑峡、猿人壁、九天飞瀑、珍珠落九天、青天一线、小路峡、莲花峰、梯子崖、金刚峰、五指峰、枕头峰、望郎峰、老人峰、雪山雾罩、山盘冰柱、石出积宝、三界峰、群峰叠嶂、紫槽潭、大湾杜鹃、森林浴场共33处。

官鹅沟还是一个地质迷宫。在约6千米长的狭谷两边的悬崖上，呈现着各种各样复杂的地质构造现象，让人百思不得其解，疑惑它是如何形成的？而地质工作者们则认为这是最难得、最全面的地质构造现象陈列馆，是最好的地质教学实验课堂，它可以让人们在旅游中学到不少科普知识。

在官鹅沟自然风景区内，您还可以领略到羌寨风情。现今居住在林区的藏胞们便是魏晋南北朝时期建立的宕昌国的古羌人后裔，他们至今仍保留着古羌时期的建筑风格和

生活习俗，板屋错落，水磨转悠，劳动间暇的藏族妇女身着节日盛装，弹起口弦，唱起藏歌，一派羌藏风情，来到这里一定会让您流连忘返的，恍若置身于世外桃源。

三、《西狭颂》

在甘肃省陇南市成县，距离县城12千米的天井山麓、鱼窍峡中，有一方名播千载、蜚声中外、在中国艺术史上、熠熠生辉、闪烁千古的东汉摩崖石刻，这就是《西狭颂》（见图17-3）。《西狭颂》的全称为《汉武都太守汉阳阿阳李翕西狭颂》，当地民间又俗称《黄龙碑》，1982年，建碑亭保护。宋人曾巩《元丰类稿》中称为《汉武都太守李翕西狭颂》，因其碑刻上方有"惠安西表"四字篆额，亦有人称为《惠安西表》。

图17-3 《西狭颂》石刻

《西狭颂》石刻建造于东汉灵帝建宁四年，即171年，坐落于峡谷中天井山麓西南侧的山崖间，此石刻为一篇完整的文字，共有385字，全篇高220厘米，宽340厘米，全文记叙了时任武都太守李翕的生平履历，即其在太守任期内率民众修凿西狭道路为当地造福的事迹，文字生动，颇尽颂扬之能事，多具感情色彩。字体则是汉代通行的隶书，每字直径为9~10厘米，结体方正，笔画舒展，从书法角度欣赏，其字体于规整中多有纵逸之气，很多点划多具有篆书遗意。《西狭颂》在目前传世的汉代隶书碑刻中艺术造诣是最高的。

四、康县阳坝

康县阳坝，堪称陇上江南的缩影、"绿色明珠"，是康县山水风光最集中的地方。景区内森林茂密、河流纵横、山川盆地相间、茶园竹楼遍布、南竹棕榈成林，使这里成为陇上的"西双版纳"。"绿"是阳坝最大的特点，它如同绿色的生态长廊。阳坝，谐音"氧吧"，因为绿色满园，自然负氧离子充沛，如同天然氧吧（见图17-4）。

阳坝景区概括起来有五个方面的特点：

一是景区面积大。景区方圆面积508平方千米，可分为三大景区：以"三潭四瀑五湖四海"为核心的梅园沟景区，以红豆谷、一线天、白玉洞为一线的龙神沟景区，以阳坝镇老街、太平奇石、老鹰茶树

图17-4 阳坝一角

为一线的太平景区。而其中最具影响力的要数梅园沟的"三潭四瀑五湖四海"了。三潭，即奇石滩、殉情潭、月牙潭。四瀑，即海棠谷Ⅰ、Ⅱ号瀑布、桃园瀑布、天桥瀑布。五湖，即梅子湖、斑竹湖、玉簪湖、天鹅湖、青龙湖。四海，即石海、梅园群海、琴海、竹海。

二是景区内动植物资源非常丰富。境内生长着名贵的中药材570多种，生活着大熊猫、大鲵、金丝猴、羚羊等300多种野生动物，有野生植物1 000多种，其中红豆杉、香樟、银杏、白皮松等国家珍稀树种38种，林木真菌100多种，境内林草覆盖率69.2%，康南高达80%以上。

三是茶园与生态的美妙结合。这里茶园溢绿，青山叠翠；竹海听涛，梅园问茶；莽莽绿海如濯如洗，幽幽竹林如梦如幻。您可以尽情享受大自然赐予的宁静和安详。

四是区域位置优越。阳坝和天水麦积山、四川九寨沟、武都万象洞、成县鸡峰山形成天然的旅游一条线。又与毗邻的广元、汉中的旅游名胜紧紧相连。距咸阳机场360千米，距广元机场184千米，距陕西省略阳火车站仅72千米，交通十分便利。

五是地域文化特征明显。阳坝有女婚男嫁的风俗。相传，当年太平天国农民起义失败之后，一部分人来到康南定居了下来，并传承下了"女婚男嫁"的风俗。还有干江坝民俗文化，包括祭山神舞、民间山歌小曲、锣鼓草歌等。

阳坝是一个童话般的世界，这里还流传着许多古老的传说。如天鹅湖里的金蟾和天鹅的爱情、龙神沟龙的传说、海棠谷梦头仙子和海棠仙子的传说。传说美丽动听，在您欣赏美景的同时听着这些传说，任凭想象，一定会给您的旅途增添无穷的乐趣。

参考文献

[1] 刘基, 刘再聪. 华夏文明在甘肃 (历史文化卷) (上、下). 北京: 人民出版社, 2013.

[2] 刘光华. 甘肃通史. 兰州: 甘肃人民出版社, 2009.

[3] 范鹏. 甘肃宗教: 理论分析、文化透视、历史追踪、现状扫描. 兰州: 甘肃民族出版社, 2006.

[4] 彭金山, 王知三. 中国民俗知识·甘肃民俗. 兰州: 甘肃人民出版社, 2008.

[5] 武文. 甘肃民俗. 兰州: 甘肃人民出版社, 2004.

[6] 马自祥, 马兆熙. 甘肃少数民族民俗文化概览. 北京: 民族出版社, 2005.

[7] 罗韵希, 王正伟, 马建春, 等. 回族风情录. 成都: 四川民族出版社, 1994.

[8] 雷金瑞, 陈金生. 西北少数民族文化. 兰州: 甘肃文化出版社, 2010.

[9] 李并成. 甘肃历史文化在中国文化史上的地位. 陕西社会主义学院学报, 2006(2).

[10] 郝成铭, 朱永光. 中国工农红军西路军·文献卷 (上、下). 兰州: 甘肃人民出版社, 2004.

[11] 李忱. 甘肃民族研究论丛. 兰州: 甘肃人民出版社, 2002.

[12] 甘肃藏敦煌文献编委会, 甘肃人民出版社, 甘肃省文物局. 甘肃藏敦煌文献 (1~6卷). 兰州: 甘肃人民出版社, 1999.

[13] 陈英. 甘肃历史文化. 兰州: 甘肃民族出版社, 2003.

[14] 黄钟, 蒲蕊. 甘肃民间歌曲概述. 兰州: 兰州大学出版社, 1992.

[15] 王沛. 河州花儿研究. 兰州: 兰州大学出版社, 1992.

[16] 王采. 裕固族音乐文化研究. 北京: 线装书局, 2013.

[17] 瞿学忠, 卓发江. 甘南藏族民歌 鲜活的 "百科全书". 兰州晚报, 2010-05-16.

[18] 丁晓莉. 哈萨克族民族音乐文化研究. 兰州: 甘肃民族出版社, 2011.

[19] 民间艺术: 苦水的 "高高跷". 甘肃日报, 2006-09-04.

[20] 窦世荣, 路笛. 徒手秧歌之乡. 庆阳史话, 2008-01-10.

[21] 马保真, 陈建强. 甘肃省甘南州卓尼民间歌舞 "格尔" 重现异彩. 甘南日报, 2014-03-11.

[22] 王茜. 甘肃省第一批非物质文化遗产保护项目: 南梁说唱初探. 甘肃科技纵横, 2011(1).

[23] 甘肃七百年戏曲 "高山戏" 焕发青春. 中国新闻网, 2011-12-09 [2015-6-10]. http://www.chinanews.com/cul/2011/12-09/3520758.shtml.

[24] 陇剧艺术: 戏剧艺术中的奇葩. 中国庆阳文化民俗荟萃, 人民网社会专题, 2006-12-28 [2015-6-15]. http://culture.people.com.cn/GB/22226/76505/5225447.htm

[25] 甘肃省环县《环县道情皮影》编委会. 环县道情皮影. 北京：中国社会出版社，2006.

[26] 刘山三，刘汉良. 陇中小曲. 兰州：敦煌文艺出版社，2007.

[27] 张维贤，张志坚. 敦煌曲子戏. 甘肃农民报，2012-03-24.

[28] 路玲. 兰州太平鼓的传承与发展. 中国文化报，2005-03-17.

[29] 谢艳春，屈曌洁. 敦煌舞的审美特征. 民族艺术研究，2005(3).

[30] 安邑江，马国俊. 甘肃美术史话. 兰州：甘肃文化出版社，2009.

[31] 朱玉厚. 源远流长的甘肃工艺美术. 兰州：兰州大学出版社，1992.

[32] 吴月，王会绍，王明庸，等. 甘肃风物志. 兰州：甘肃人民出版社，1985.

[33] 程金城. 中国西部艺术. 兰州：敦煌文艺出版社，2002.

[34] 谢生保. 甘肃河西水陆画简介——兼谈水路法会的起源和发展. 丝绸之路，2004(S1).

[35] 甘肃省教材编审室. 甘肃历史. 兰州：甘肃教育出版社，1992.

[36] 高伟，秦斌峰. 甘肃导游词. 北京：中国旅游出版社，2003.

后记 Postscript

　　为了让甘肃学生广泛深入了解自己生活的这片大地，了解它的过去和现在，了解它的自然和人文，了解它的沧桑与辉煌，增强建设家乡的责任感和使命感，我们组织编写了这本系统介绍甘肃地域历史与文化的乡土教材。全书共由五部分组成，在系统介绍甘肃历史文化生成背景的情况下，分别介绍了甘肃有代表性的文化、文学、艺术和旅游等方面的内容。编写过程中，我们希望能达到系统性、知识性和通俗性的统一，但由于时间和能力的限制，有许多方面还存在瑕疵，还有许多需要修正的地方，我们会继续努力予以完善。

　　本书的第一篇由雷金瑞完成；第二篇由金生翠和韩括完成；第三篇由丁晓莉完成；第四篇由吴晓玲和万婷完成；第五篇由潘静和牛海桢完成。全书统稿由汪建华和雷金瑞完成。

　　本书被列入兰州文理学院2014年地方教材建设重点工程，在编写过程中得到了来自学校各方面的支持，同时引用了省内外许多学者的学术成果，在此一并谢过。

编者

2015年10月